21 世纪应用型精品规划教材　旅游管理专业

旅游经济学

石　斌　主编

清华大学出版社
北京

内容简介

本书以经济学、市场学的相关理论为依据，系统地介绍了旅游经济学的基础知识和基本理论，对旅游经济活动进行了全面的概括和分析，反映了旅游产业的新现象和新动态。全书共 11 章，包括导论、旅游产品与开发、旅游需求与供给、旅游市场、旅游价格、旅游消费及效果、旅游收入与分配、旅游投资决策、旅游经济结构、旅游经济效益和旅游经济发展战略及旅游规划。书中给出了大量反映旅游产业实际的案例和习题，力求通过旅游实例阐述相关概念、原理、方法和应用，为教师备课、学生学习提供了最大方便。

本书既可作为高等学校应用型本科或高职高专旅游管理类、酒店管理类、会展管理类专业及相关专业的教材，也可作为旅游行业的培训用书，还可作为旅游管理人员、高校教师的参考书。

本书封面贴有清华大学出版社防伪标签，无标签者不得销售。
版权所有，侵权必究。举报：010-62782989，beiqinquan@tup.tsinghua.edu.cn。

图书在版编目(CIP)数据

旅游经济学/石斌主编. —北京：清华大学出版社，2012(2023.2 重印)
(21 世纪应用型精品规划教材　旅游管理专业)
ISBN 978-7-302-29823-6

Ⅰ. ①旅… Ⅱ. ①石… Ⅲ. ①旅游经济学—高等学校—教材 Ⅳ. ①F590

中国版本图书馆 CIP 数据核字(2012)第 195678 号

责任编辑：曹　坤　彭　欣
封面设计：杨玉兰
责任校对：周剑云
责任印制：曹婉颖

出版发行：清华大学出版社
　　　　网　　　址：http://www.tup.com.cn, http://www.wqbook.com
　　　　地　　　址：北京清华大学学研大厦 A 座　　　邮　　编：100084
　　　　社 总 机：010-83470000　　　邮　　购：010-62786544
　　　　投稿与读者服务：010-62776969, c-service@tup.tsinghua.edu.cn
　　　　质量反馈：010-62772015, zhiliang@tup.tsinghua.edu.cn
　　　　课件下载：http://www.tup.com.cn, 010-62791865

印 装 者：三河市人民印务有限公司
经　　销：全国新华书店
开　　本：185mm×230mm　　　印　张：20.5　　　字　数：444 千字
版　　次：2013 年 1 月第 1 版　　　印　次：2023 年 2 月第 11 次印刷
定　　价：59.00 元

产品编号：045708-03

前　言

经过 30 多年的发展，我国旅游业取得了可喜的成绩，旅游经济在国民经济中的地位和作用日益重要。同时，我国的旅游教育事业也蓬勃发展，截至 2010 年末，全国共有高等旅游院校及开设旅系(专业)的普通高等院校 967 所，在校生 59.61 万人。

但我们也必须注意到，近年来，我国的旅游人才供需矛盾愈发突出。一方面，旅游企业尤其是酒店业亟须大量的高素质人才，"有知识、有文化、有形象"的大学生已成为一种稀缺资源；另一方面，旅游院校的毕业生在旅游行业就业的比例越来越低。究其原因，一是旅游企业在经营管理中对旅游经济规律把握不够，低价恶性竞争突出，从而导致其不能提供有足够竞争力的薪酬体系以吸引高素质人才；二是部分旅游院校在人才培养中，脱离了旅游产业的实际，过分强调旅游的学科性质，从而造成旅游教育"中专办得比大专(高职)好，大专(高职)办得比本科好"的尴尬局面。如何解决当前旅游人才的供需矛盾，不仅是旅游人才的需方——旅游企业要面临的问题，也是旅游人才的供方——旅游院校必须思考和解决的问题。

教材建设是高校人才培养质量的关键环节，为满足高等院校尤其是应用型本科院校、高职院校旅游人才培养的需要，使教材进一步贴近旅游产业实际，反映旅游产业的最新动态，我们编写了《旅游经济学》一书。本书具有如下特点。

1. 紧贴旅游产业实际，反映旅游产业的最新动态

旅游业是一个应用性、实践性很强的产业，这就要求旅游教育必须紧贴产业实际，如实反映旅游产业的新现象、新动态，并运用相关学科的知识和理论分析总结旅游业的运行规律。本书运用旅游经济学的相关理论，分析了诸如"2012 年海南三亚'宰客门'事件"、"2011 年各景区的十大异类营销事件"、"2011 年陕西楼观赵公明财神庙旅游新产品开发"及近些年旅游投资成败的经典事件等。

2. 案例导入，并以案例分析的形式评价学生的学习成果

本书每章由案例导入引出问题，提出要解决的任务，在正文中还穿插了大量的"袖珍型"案例，最后又以一个综合性的案例结尾，用以考查学生对每章内容学习成果的把握。本书在案例的选择上坚持"经典、最新"原则，将旅游业中诸如"印象·刘三姐"、"河南焦作现象"、"无锡统一嘉园"等经典案例融入其中，并选择了近年来的"华清池长恨歌"、"赴台游"、"2012 年油价上调对旅游价格的影响"等新案例。

3. 用"专栏"的形式增加相关知识，拓展学生视野

本书还运用"专栏"形式对与教学内容相关的知识做了介绍，力求使学生从不同的视角更全面地掌握学习内容。例如，本书介绍了"各国的带薪休假制度"、"意大利景区门票的管理制度"、"旅游业对中国、美国经济的影响"等专栏。

本书由西安思源学院石斌担任主编，马妍担任副主编，具体编写分工为：石斌一至九章，马妍十至十一章。

本书在编写过程中，参考了国内外的一些论著和文献，引用了一些数据和资料，在此予以说明并表示诚挚的感谢。

由于编者水平有限，书中的不足和疏漏之处在所难免，恳请读者批评指正。

编 者

目 录

第一章　导论 1

　第一节　旅游经济概述 3
　　一、旅游经济的活动形成 3
　　二、旅游经济的概念 4
　　三、旅游经济的性质 5
　　四、现代旅游经济活动的特征 7
　　五、旅游经济活动的作用 9
　第二节　旅游经济学概述 12
　　一、国外旅游经济学的产生与发展 12
　　二、中国旅游经济学的产生与发展 14
　　三、旅游经济学的研究对象 15
　　四、旅游经济学的研究内容 16
　　五、旅游经济学的特点 18
　　六、旅游经济学的研究方法 19
　本章小结 21
　习题 21

第二章　旅游产品与开发 27

　第一节　旅游产品的概念及特征 28
　　一、旅游产品的概念 28
　　二、旅游产品的特征 31
　第二节　旅游产品的构成 33
　　一、旅游产品的一般构成 33
　　二、旅游产品的需求构成 35
　　三、旅游产品的供给构成 36
　第三节　旅游产品的类型 46
　　一、按旅游产品的功能和市场存在
　　　　形态分类 47
　　二、按旅游产品的开发分类 49
　　三、按旅游产品的销售方式分类 50

　第四节　旅游产品的开发 52
　　一、旅游产品的生命周期 52
　　二、旅游产品开发的原则 54
　　三、旅游产品开发的内容 56
　　四、旅游产品开发的策略 57
　本章小结 59
　习题 60

第三章　旅游需求与供给 65

　第一节　旅游需求 66
　　一、旅游需求的概念 66
　　二、旅游需求的形成条件 67
　　三、旅游需求的指标体系 71
　第二节　影响旅游需求的因素和
　　　　　旅游需求的一般规律 74
　　一、影响旅游需求的因素 74
　　二、旅游需求的一般规律 79
　　三、旅游需求弹性与弹性系数 82
　第三节　旅游供给 85
　　一、旅游供给的含义与内容 85
　　二、影响旅游供给的因素 85
　　三、旅游供给规律 86
　第四节　旅游供给与旅游需求的
　　　　　均衡机制 88
　　一、旅游供求关系 88
　　二、旅游供求矛盾 89
　　三、旅游供求矛盾的均衡机制 90
　本章小结 94
　习题 95

第四章　旅游市场 99

　第一节　旅游市场概述 101

一、旅游市场的概念 101
　　二、旅游市场的特点 102
　　三、旅游市场的分类 103
第二节　旅游市场细分 107
　　一、旅游市场细分的概念和标准 107
　　二、旅游目标市场的选择 111
第三节　旅游市场竞争 114
　　一、旅游市场的竞争性因素与
　　　　垄断因素 114
　　二、旅游市场竞争的类别 116
　　三、旅游市场竞争的目标 118
　　四、旅游市场竞争的策略 120
第四节　旅游市场开拓 122
　　一、旅游市场开拓的重要性 122
　　二、旅游市场调查、分析和预测 ...123
　　三、旅游市场开拓的策略 126
本章小结 128
习题 128

第五章　旅游价格 133

第一节　旅游价格概述 134
　　一、旅游价格的概念 134
　　二、旅游价格的特点 135
　　三、旅游价格的分类 136
第二节　旅游差价和优惠价 139
　　一、旅游差价 139
　　二、旅游优惠价 141
第三节　影响旅游价格制定的因素 143
　　一、内部因素 143
　　二、外部因素 145
第四节　旅游定价方法和策略 147
　　一、旅游定价方法 147
　　二、旅游定价策略 151
本章小结 156
习题 156

第六章　旅游消费及效果 161

第一节　旅游消费的特点及类型 163
　　一、旅游消费的特点 163
　　二、旅游消费的类型 164
第二节　旅游消费方式 166
　　一、旅游消费方式的概念 166
　　二、影响旅游消费方式的因素 167
第三节　旅游消费效果 170
　　一、旅游消费效果的含义 170
　　二、旅游者消费效果的衡量 171
　　三、旅游目的地消费效果的衡量 ...175
　　四、旅游消费效果的评价 176
本章小结 179
习题 180

第七章　旅游收入与分配 183

第一节　旅游收入概述 185
　　一、旅游收入的概念与作用 185
　　二、旅游收入的分类 187
　　三、旅游收入的指标 190
　　四、影响旅游收入的因素 194
第二节　旅游收入的分配 196
　　一、旅游收入的初次分配 196
　　二、旅游收入的再分配 198
第三节　旅游收入的乘数效应 201
　　一、乘数效应概述 201
　　二、简述旅游收入乘数效应 202
　　三、旅游外汇漏损 204
本章小结 209
习题 210

第八章　旅游投资决策 215

第一节　旅游投资概述 217
　　一、投资的概念 217
　　二、投资的分类 218

第二节　旅游业的项目建设 219
　　一、旅游业的项目建设及其分类 219
　　二、旅游业项目建设的一般程序 221
第三节　旅游投资的可行性研究 222
　　一、投资项目可行性研究概述 222
　　二、投资项目可行性研究的种类 223
　　三、旅游投资项目可行性研究的
　　　　内容 225
第四节　旅游投资决策 227
　　一、确定型决策 228
　　二、风险型决策 228
　　三、不确定型决策 229
第五节　旅游投资决策的方法与
　　　　风险分析 232
　　一、旅游投资决策的方法 232
　　二、风险分析 235
本章小结 239
习题 240

第九章　旅游经济结构 245

第一节　旅游经济结构概述 247
　　一、旅游经济结构的特点 247
　　二、旅游经济结构的合理化原则 248
第二节　旅游行业结构 248
　　一、旅游行业结构的概念 248
　　二、旅游行业结构的合理化和
　　　　高级化 252
　　三、旅游行业结构的影响因素 253
第三节　旅游地区结构 254
　　一、旅游地区结构的一般含义 254
　　二、旅游地区结构的影响因素 254
　　三、旅游地区结构合理化的标志 255
　　四、我国旅游地区结构的
　　　　发展趋势 255
第四节　旅游产品结构 259
　　一、旅游产品结构概述 259
　　二、我国的旅游产品结构 259
第五节　旅游业的组织结构 260
　　一、旅游业组织结构概述 260
　　二、旅游业组织结构的特点 261
　　三、旅游业组织结构的合理化 262
第六节　旅游业的所有制结构 263
　　一、旅游业所有制结构的含义 263
　　二、旅游业所有制结构的
　　　　合理化原则 263
　　三、我国旅游业的所有制结构 264
本章小结 266
习题 267

第十章　旅游经济效益 273

第一节　旅游经济效益概述 274
　　一、旅游经济效益的概念 274
　　二、旅游经济效益的范畴 274
　　三、旅游经济效益的影响因素 275
第二节　旅游微观经济效益 276
　　一、旅游微观经济效益的含义 276
　　二、旅游企业的收入与成本 276
　　三、旅游企业的利润 278
　　四、旅游企业经济效益的
　　　　评价指标 279
　　五、关于旅游企业微观经济效益的
　　　　分析 283
第三节　旅游宏观经济效益 286
　　一、旅游宏观经济效益概述 286
　　二、关于旅游宏观经济效益的
　　　　分析 287
　　三、提高旅游宏观经济效益的
　　　　途径 289
本章小结 291
习题 292

第十一章　旅游经济发展战略及旅游规划 295

第一节　旅游经济发展战略 296
　一、旅游经济发展战略概述 296
　二、制定旅游经济发展战略的必要性和原则 297
　三、旅游业的发展道路与战略选择 297
　四、旅游经济发展模式的类型 300
第二节　我国的旅游经济发展战略 302
　一、我国旅游业的发展道路和发展阶段 302
　二、我国旅游业的发展战略 304
第三节　旅游规划 308
　一、旅游规则概述 308
　二、旅游规划的类别 308
　三、旅游规划的理论体系 309
　四、旅游规划的编制及实施程序 312
　五、旅游规划的内容 313
　六、旅游规划的基本模式 313
本章小结 314
习题 314

参考文献 318

第一章

导 论

【学习目标】

通过本章的学习,要求理解旅游活动与旅游经济活动的关系,理解旅游经济的概念和性质,熟悉现代旅游经济活动的特征,掌握旅游经济活动的作用,了解国内外旅游经济学的产生和发展,了解旅游经济学的研究对象、研究内容和特点,掌握旅游经济学的研究方法。

【关键词】

旅游活动　旅游经济　旅游经济学

案例导入

黔东南10万人通过旅游开发脱贫致富

虽已进入冬季,但雷山县西江千户苗寨的游客仍络绎不绝。铜鼓广场上,苗家姑娘、小伙的歌舞声不断,摆在风雨桥上的长桌宴,让游客们吃个新鲜、吃个热闹。

在黔东南的很多少数民族村寨,从事歌舞表演的是农民、做餐饮服务的是农民、搞景点接待的也是农民。当地老百姓成为景区可持续发展的推动者和受益者。

贵州省高级工艺师、"黔东南名匠"顾永冲曾经在省内外走村串巷从事银饰加工。随着雷山旅游业的发展,顾永冲2007年回到雷山,注册了公司进行银饰加工,并在西江和雷山开了两家店,每年纯收入达30万元以上。西江村民李珍早年外出打工,但后来西江旅游的发展使她看到了商机,于是回到家乡贷款30多万元,投资开办了农家乐。如今,她的农家乐年纯收入达100余万元,日最高收入达到1.1万元,她也成为致富的带头人。

黔东南州以旅游服务扶贫,用扶贫带动旅游发展。"十一五"以来,全州实现旅游收入381亿元,其中乡村旅游收入89.12亿元,占旅游收入的23.39%。2010年,全州已开发民俗型、歌舞型、节庆型和博物馆型等15个不同类型的乡村旅游产品。凯里的南花,雷山的郎德、西江,从江的岜沙、小黄、银坛,黎平的地扪、肇兴,榕江的车江,台江的施洞等一批以乡村观光旅游、乡村体验旅游和乡村度假旅游为主题的民族文化旅游产品也日趋成熟。

在乡村旅游发展的过程中,农民逐渐改变了靠山吃山、靠水吃水的传统生活方式,退耕还林还草,房前屋后栽花种草,并参与到旅游业发展中来。2010年,全州共有乡村旅游接待户3212户、乡村旅馆195户、手工艺作坊3143户、旅游运输从业户470户。黎平、肇兴通过发展乡村旅游,日接待游客可达800余人次,西江苗家乐已经发展到138户,民族工艺品店发展到75家。

黔东南已编制完成乡村旅游规划31个,确定开发与重点保护的民族民间文化旅游村寨和乡镇120个,已创建国际乡村旅游示范点1个,全国农业旅游示范点12个,全省乡村旅游示范点4个。全州10个少数民族还保持着古朴而神秘的原生态文化,民族节日达200多个,有41项民族民间非物质文化遗产列入国家级重点保护名录。"十一五"以来,黔东南累计投入资金3亿元用于完善民族村寨旅游基础设施建设,其中新建旅游公路1800千米。

截至2010年12月,黔东南乡村旅游累计接待游客549.36万人次,实现旅游总收入24.19亿元,直接参与旅游经营的农户8330户,旅游直接吸纳劳动力就业达4.1万人次,间接就业达7万人次,2万余户、10万余人通过发展乡村旅游实现了脱贫。

(资料来源:http://www.xinhuanet.com/chinanews/2010-12/24/content_21711796.htm)

黔东南10万人通过旅游开发脱贫致富的经验表明,旅游经济活动对国民经济、社会文化及环境等方面具有积极的促进作用。

第一节　旅游经济概述

一、旅游经济的活动形成

旅游活动早在古代便已出现，而旅游经济活动则是商品经济发展到一定阶段的产物。从旅游活动形成和发展的历史过程来看，旅游最初只是少数人的活动，仅限于帝王、皇室成员、贵族及特权阶层，由于当时生产力水平很低，交通运输条件较差，旅游经济活动得以产生的物质条件尚不具备。因此，旅游最初表现为一种社会文化活动，其经济属性很少。

直到19世纪上半叶，随着西方工业化社会的发展，社会生产力大幅度提高，商品经济迅速影响全球经济的发展，产生了一大批新兴有产阶级，他们有足够的财富与闲暇时间，可以经常外出旅游，因而成为当时商务旅游和度假旅游的主要推动者和组成者。出此，旅游经济活动的需求要素基本形成。

作为旅游经济活动另一要素的旅游供给，在英国产业革命和世界经济浪潮的推动下以前所未有的速度发展。在欧美一些国家成立了专门为满足游客需要、以获取利润为目的旅游经营行业及组织，如餐饮业、旅馆业、旅游交通运输业等，它们构成了最初的旅游供给体系。然而，对旅游经济发展有决定意义的标志性组织形式——旅行社，则创建于19世纪中叶，旅行社作为旅游供给体系中的核心成员，将各自独立存在的旅游供需双方连接起来，这使旅游活动开始呈现有组织、有计划、有交易的特点，并使旅游产业的进一步演进成为可能。

旅游经济活动是在旅游活动和商品经济发展到一定程度时萌生的，是在旅游供给与旅游需求的相互运动中完成的。可以设想，旅游者在外出旅游的过程中会不可避免地产生各种各样的需要，具体包括食、住、行、游、购、娱等，这必然会形成相当程度的商品与货币交换关系。一方面，旅游者为满足旅游活动中的各种需要，必须支付一定数量的货币购买旅游产品；另一方面，旅游供给者要投入大量的资金和人力开发旅游资源，建造旅游设施，组织旅游服务，然后才能将旅游产品按一定的价格出售给旅游者。当然，旅游供给与旅游需求的交换以旅游产品的价值为基础，以价格的形式在旅游市场上实现。由此可见，旅游经济活动是商品经济发展的必然结果，本质上反映了旅游供需双方之间通过产品交换发生的经济联系，是这些联系所产生的经济现象和经济关系的总和。

通过旅游产品交换关系进行的旅游活动就是旅游经济活动。随着世界范围内旅游活动的兴起，参与旅游经济活动的人越来越多，旅游消费者的活动范围也不断扩大，旅游活动中的产品与服务交换关系也将不断拓展，旅游业正逐渐成为世界上最大的产业之一。

专栏 1-1　旅游业对美国经济和中国经济的贡献

1. 旅游业对美国经济的贡献

美国在 1992 年用于旅游服务的消费达到 3618 亿美元，其中，国内旅游消费占 85%，国际旅游消费占 15%。1993 年，美国旅游消费额为 3970 亿美元。当年，美国从 4600 万国际旅游者身上获取了 750 亿美元的收入，而 4500 万美国人到国外旅行共花去了 530 亿美元，创造了 220 亿美元的"旅游贸易"顺差。

旅游业在美国的 GNP 中占 6%，位居第三，仅次于汽车业和食品业。1992 年，有 600 万美国人直接从事旅游工作，使之成为雇用劳动力最多的第二大行业，仅次于卫生服务业。1992 年，美国旅游业的工资收入为 992 万美元，是全国钢铁与制造业工资收入之和的 4 倍。美国旅游业的就业人数在过去 10 年中增加了 56.3%，是全国平均增长率的两倍。1992 年，联邦政府、州和地方从旅游消费中征得的税收为 516 亿美元。

2004 年，美国旅游业实现旅游总收入 9607 亿美元，其中直接旅游收入为 5486 亿美元，包括销售旅游商品在内的间接旅游收入为 4121 亿美元。2004 年，美国的旅游总收入比上一年增长 6.7%，其中酒店收入增长 5.9%，航空运输收入增长 6.9%，餐饮服务收入增长 9.7%。

2. 旅游业对中国经济的贡献

自 1950—2000 年的 51 年间，世界旅游业发展迅猛，年均增长速度 7%，超过了汽车、钢铁、石油等传统产业，成为世界第一大产业。据世界旅游及旅行理事会(WTTC)发布的报告，2005 年，世界旅游经济总量达到 6.2 万亿美元，占同期全球 GDP 的 10.6%；旅游投资 9180 亿美元，占全球总投资的 9.4%；旅游就业人口 2.2 亿人，占世界总就业人口的 8.3%。

改革开放 30 多年来，中国旅游业从无到有、由小到大，入境游客(过夜)在世界的排名由 1980 年的第 18 位上升到 2005 年的第 4 位，旅游外汇收入在世界的排名由第 34 位上升到第 7 位。2005 年，全国旅游总收入 7686 亿元，占全国 GDP 的 4.2%，旅游业已经成为国民经济最具活力的增长点之一。世界旅游组织预测，到 2015 年，中国旅游业在世界旅游市场中的份额将达到 8.6%，中国将成为世界入境旅游第一大国和出境旅游第四大国。

据专家分析，旅游业涉及国民经济 29 个部门、108 个行业。据世界旅游组织统计，旅游业每收入 1 元人民币，可带动相关产业增加 4 元人民币的收入；旅游从业者每增加 1 人，可增加 4.2 个社会就业机会；旅游业产出每增加 1 万元，社会总产出可相应增加 3 万元；旅游业每投资 8 万元，可提供 5 个就业岗位，高出工业就业率 2～5 倍。据国家发改委预计，今后 10 年内，旅游新增就业岗位 4000 多万个，年均增加直接就业岗位 70 万个，间接就业岗位 350 万个。

(资料来源：郝索. 旅游经济学[M]. 北京：中国财政经济出版社，2009.)

二、旅游经济的概念

旅游经济现象是在商品经济充分发展的基础上，由旅游活动采取市场交换形式所形成的各种经济现象和经济关系的总和。旅游经济现象包含许多矛盾，其中旅游需求和旅游供给的矛盾是主要矛盾。此外，还有需求中旅游者的旅游欲望与支付能力的矛盾、旅游者之间争夺旅游"热线"和"热点"的矛盾、旅游企业之间争夺客源的矛盾、旅游企业收益与成本之间的矛盾等。旅游经济现象虽然纷繁复杂，但透过纷繁复杂的经济现象可以发现，旅游经济主要由三大要素构成，即旅游者、旅游产品经营者、旅游目的地国家(地方)政府。这三大要素相互依存、相互制约，彼此协调发展，构成了旅游经济的运行过程。三大要素的要求同时满足，是一国或地区旅游业顺利发展的条件。

对旅游经济概念的理解，需要把握以下两点。

(一)旅游经济活动由旅游者和旅游产品经营者双方互动构成

旅游者代表旅游需求一方，其旅游欲望是潜在的旅游需求，如果得到充分的财力和闲暇时间的支持，潜在的旅游需求就会成为现实的旅游需求。因此，它决定了旅游活动及旅游经济现象的可能范围。旅游产品经营者或者旅游业则代表旅游供给一方，其生产能力、提供产品的品种和质量，决定了旅游者的经济需求能否得到满足，从而也就决定了旅游活动和旅游经济现象的实际范围。旅游需求与旅游供给之间形成了辩证统一的关系：旅游需求的旺盛或者衰退，直接影响到旅游供给的数量和质量；而旅游供给的数量和质量又反过来制约着旅游需求的兴旺程度。

(二)旅游需求与旅游供给之间联系的焦点是旅游产品

旅游者为了满足自己的旅游需求，必须支付货币以购买旅游产品；旅游企业为了自己的生存和发展，则必须售出旅游产品以收取货币。在现代市场经济条件下，一切旅游产品与服务均以商品的形式出现，并随着需求和供给的变化而变化。旅游者既然支付了货币，就有权获得自己满意的产品；旅游业各企业及从业人员若想收取货币，则必须提供能够满足旅游者旅游需求的合格的旅游产品。如果某种旅游产品质量低劣，必然会导致旅游者的需求欲望降低，又由于旅游产品属于非生活必需品，甚至会导致旅游购买欲望的完全消失。因此，切实保证旅游产品和服务的质量，是旅游业生存和发展的首要前提。

由此，基于旅游者的旅游活动而形成的，旅游者和旅游产品经营者之间针对旅游产品而展开的，旅游需求和旅游供给之间错综复杂的矛盾运动表现，就是旅游经济现象。

三、旅游经济的性质

旅游活动发展成为旅游经济活动，并成为国民经济的重要组成部分，是现代科学技术进步、社会生产力提高和商品生产与交换长期发展的结果。因此，旅游经济是以旅游活动为前提，以商品经济为基础，依托科学技术手段，反映旅游活动过程中旅游者和旅游经营

者之间按照各自利益而发生经济交往所表现出来的各种经济活动和经济关系的总和。旅游经济作为社会经济的重要组成部分，具有以下主要特征。

(一)旅游经济是一种商品化的旅游活动

在自然经济条件下，旅游活动主要表现为旅游者依靠自己的力量而满足自我需求的活动，因而一般不涉及旅游产品的生产和交换；而旅游经济是建立在商品经济基础之上的，是以旅游产品的生产和交换为主要特征的旅游活动，因而必然要产生经济活动中的供需双方和交换的对象。一方面，只有当市场上存在着旅游经济活动的需求主体——旅游者时，才可能产生大量的旅游需求。旅游需求的规模数量、消费水平、旅游目的、游览内容等，不仅决定着旅游经济活动能否有效地进行，而且对旅游经济发展的规模和水平具有决定性的影响和作用。另一方面，只有当市场上存在着旅游经济活动的供给主体——旅游经营者时，才有可能为旅游者提供各种旅游产品，满足旅游者的各种需求。因此，旅游经营者既是旅游产品的生产者，又是旅游产品的经营者，是保证旅游产品价值得以实现，并促进旅游经济活动有效进行的重要前提和基础。此外，现代商品生产和交换的发展，还为旅游活动的商品化提供了相应的媒介和手段。这样，旅游活动便完全建立在以旅游产品为对象、以旅游者和旅游经营者为主体、以货币为交换媒介的基础上，真正成为一种商品化的社会经济活动。

(二)旅游经济是一种综合性的服务活动

旅游活动虽然不是以经济活动为目的，但其整个活动过程是以经济活动为基础。特别是在现代旅游活动中，旅游者要有效地实现其旅游需求就离不开食、住、行、游、购、娱等各种综合性服务。因此，从供给角度来看，旅游经济是一种以服务为主、并涉及众多企业和行业的经济活动。这种服务性经济活动，既可以借助物的形式提供，也可以通过劳动本身发挥作用来提供。正如马克思所强调的："服务无非是某种使用价值发挥效用，而不管这种使用价值是商品还是劳动。"由于旅游经济是一种以服务为主的经济活动，因而不仅要为旅游者提供包括食、住、行、游、购、娱等在内的各种直接旅游服务，而且还要为旅游者提供汇兑、通信、医疗、保健、商务等多种辅助性服务。因此，旅游经济活动不仅涉及旅行社、旅游饭店、旅游餐馆、旅游交通等企业，还涉及金融、邮电、医院、公安、海关、商检等相关企业和部门。所以，旅游经济实质上是以旅游为目的、以经济为基础、以服务为主的综合性经济活动。

(三)旅游经济是一个相对独立的经济产业

旅游经济在其长期的发展过程中，逐渐发展成为一个相对独立的经济产业。特别是在第二次世界大战以后，旅游经济的发展速度之快、综合经济效益之高、产业带动力之强、吸收劳动力就业效应之大，以及其发展的光明前景，促使许多国家特别是发展中国家都把旅游业作为经济发展的重点产业予以积极地扶持和发展，从而进一步促进了旅游产业规模的迅速扩大和产业结构体系的不断完善。产业范围的全球性扩展不仅使旅游业成为现代经济发展中的"朝阳产业"，而且成为第三产业中的"龙头产业"，带动了第三产业及相关物质生产部门的发展，并在整个社会经济发展中占有十分重要的地位和作用。

四、现代旅游经济活动的特征

(一)旅游经济活动的大众性

现代旅游的一个重要特征就是，旅游不再是少数富有阶层的特权，大众旅游已成为旅游经济活动的主体。我国国内旅游的抽样调查结果可以反映这种大众性：1997年，我国国内旅游人数为6.44亿人次，国内旅游收入达2112亿元人民币；2010年，我国国内旅游人数达21.03亿人次，国内旅游收入12 579.77亿元人民币，入境旅游人数1.34亿人次，入境过夜旅游人数5566.45万人次，出境旅游人数5738.65万人次，全国旅游业总收入1.57万亿元人民币。

(二)旅游经济活动的全球性

现代旅游已不再局限于一国之内，其触角不仅遍布发达国家或地区，而且还向全世界延伸。它突破了国家疆界与地区范围的限制，使旅游活动成为全球性的跨时空行为。与此相应，世界或洲际性的旅游组织，如 PATA(Pacific Asia Travel Association)、WTO(World Tourism Organization)和 WLRA(World Leisure and Recreation Association)等也相继成立。

(三)旅游经济活动的综合性

旅游经济活动是一种包括食、住、行、游、购、娱等一系列需求的综合性消费活动。相对于旅游需求的综合性特征，旅游供给也表现出综合性的特点，即旅游产业既包括旅游景区、旅行社、饭店等核心行业，也包括交通、文物、园林和商业等相关行业。

(四)旅游经济活动的特殊性

与一般的商品经济活动一样，旅游经济活动作为一种旅游产品的交换过程，它也是由购买环节与销售环节组成的。但是旅游产品的交换并不会引起产品本身的移动，而是旅游者产生了购买动机后，通过自身的移动实现对旅游产品的生产与消费(见图1-1)，同时旅游产品交换过程中并不发生产品所有权的转移，而是旅游者对旅游产品具有暂时的使用权。旅行社出现以后，旅游产品的购销分为两个相对独立的环节，旅游产品可以一次组合、多次销售，而产品所有权始终掌握在经营者手中，其使用权却可以多次出让，由此形成了旅游经济活动中旅游产品不移动、旅游产品的所有权和使用权相分离的特殊性。

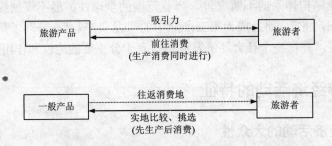

图 1-1　旅游产品与一般产品消费过程比较

专栏 1-2　2010 年中国旅游业实绩

2010 年，我国旅游业明显复苏，全年保持较快增长。国内旅游市场平稳较快增长，入境旅游市场实现恢复增长，出境旅游市场继续加速增长。全年共接待入境游客 1.34 亿人次，实现国际旅游(外汇)收入 458.14 亿美元，分别比上年增长 5.8%和 15.5%；国内旅游人数 21.03 亿人次，收入 12 579.77 亿元人民币，分别比上年增长 10.6%和 23.5%；中国公民出境人数达到 5738.65 万人次，比上年增长 20.4%；旅游业总收入 1.57 万亿元人民币，比上年增长 21.7%。

1. 入境旅游业实绩

(1) 入境旅游人数 13 376.22 万人次，比上年增长 5.8%。其中，外国人 2612.69 万人次，增长 19.1%；香港同胞 7932.19 万人次，增长 2.6%；澳门同胞 2317.29 万人次，增长 2.0%；台湾同胞 514.06 万人次，增长 14.6%。

(2) 入境过夜旅游者人数 5566.45 万人次，比上年增长 9.4%。其中，外国人 2127.64 万人次，增长 20.2%；香港同胞 2609.45 万人次，增长 2.3%；澳门同胞 392.89 万人次，增长 2.1%；台湾同胞 436.47 万人次，增长 13.9%。

(3) 国际旅游(外汇)收入达 458.14 亿美元，比上年增长 15.5%。

2. 国内旅游业实绩

(1) 全国国内旅游人数 21.03 亿人次，比上年增长 10.6%。其中，城镇居民 10.65 亿人次，农村居民 10.38 亿人次。

(2) 全国国内旅游收入 12 579.77 亿元人民币，比上年增长 23.5%。其中，城镇居民旅游消费 9403.81 亿元，农村居民旅游消费 3175.96 亿元。

(3) 全国国内旅游出游人均花费 598.20 元，比上年增长 11.7%。其中，城镇居民国内旅游出游人均花费 883.00 元，农村居民国内旅游出游人均花费 306.00 元。

(4) 在春节和"十一"两个"黄金周"中，全国共接待国内游客 3.79 亿人次，实现旅游收入 1812 亿元。

(资料来源：国家旅游局政法司. 2010 年中国旅游业统计公报[OL]. 2011-11-1. http://www.cnta.gov.cn/html/2011-11/2011-11-1-9-50-68041.html)

五、旅游经济活动的作用

(一)增加外汇收入

通常获取外汇的途径主要有两种：一是通过对外贸易获得外汇；二是通过非贸易途径获得外汇。在新的贸易保护主义背景下，旅游业以较低的换汇成本(约为一般贸易成本的 2/3)和较高的换汇率成为非贸易外汇收入的重要来源。由于旅游业提供的主要是劳务性产品，因而消耗的物质产品相对较少，这对于发展中国家来说，具有重要的现实意义。通过旅游活动换取的外汇，在弥补外贸逆差和平衡国际收支等方面发挥着越来越大的作用。2008 年，我国旅游外汇收入达 400 亿美元；2009 年，我国旅游外汇收入达 396.75 亿美元；2010 年，我国旅游外汇收入达 458.14 亿美元；2011 年我国地方国际旅游(外汇)收入情况如表 1-1 所示。

专栏1-3 2011 年我国地方国际旅游(外汇)收入情况

表 1-1 2011 年我国地方国际旅游(外汇)收入情况

地 区	外汇收入/万美元 RECEIPTS(US$10,000)	同比增长/% GROWTH/%	名次排列 POSITION
北 京 BEIJING	541 600	7.36	4
天 津 TIANJIN	175 553	23.67	9
河 北 HEBEI	44 765	27.64	23
山 西 SHANXI	56 719	22.08	20
内蒙古 INNER MONGOLIA	67 097	11.48	18
辽 宁 LIAONING	271 314	20.09	7
吉 林 JILIN	38 528	26.35	25
黑龙江 HEILONGJIANG	91 762	20.34	17
上 海 SHANGHAI	575 118	-9.30	2
江 苏 JIANGSU	565 297	18.18	3
浙 江 ZHEJIANG	454 173	15.56	5
安 徽 ANHUI	117 918	66.32	12
福 建 FUJIAN	363 444	22.03	6

续表

地 区	外汇收入/万美元 RECEIPTS(US$10,000)	同比增长/% GROWTH/%	名次排列 POSITION
江 西 JIANGXI	41 500	19.93	24
山 东 SHANDONG	255 076	18.36	8
河 南 HENAN	54 903	10.08	21
湖 北 HUBEI	94 018	25.16	16
湖 南 HUNAN	101 434	11.93	14
广 东 GUANGDONG	1 390 619	12.30	1
广 西 GUANGXI	105 188	30.48	13
海 南 HAINAN	37 615	16.69	26
重 庆 CHONGQING	96 806	37.66	15
四 川 SICHUAN	59 383	67.71	19
贵 州 GUIZHOU	13 507	4.24	27
云 南 YUNNAN	160 861	21.53	10
西 藏 TIBET	12 963	25.14	28
陕 西 SHAANXI	129 505	27.47	11
甘 肃 GANSU	1 740	17.44	30
青 海 QINGHAI	2 659	30.01	29
宁 夏 NINGXIA	620	3.45	31
新 疆 XINJIANG	46 519	150.88	22

(资料来源：国家旅游局网站，http://www.cnta.com)

(二)加快货币回笼

就我国而言，货币回笼的主要渠道有商品回笼、财政回笼、信贷回笼和服务回笼等。在国家物质生产能力有限、消费结构性矛盾突出的情况下，依靠商品回笼货币的能力显然是有限的。信贷回笼固然能在经济过热时缓解市场的供求矛盾，但仍然存在随时变成购买力而冲击市场的可能。因此，转移人们的购买意向、鼓励人们多消费服务产品就成为必要的货币回笼渠道。旅游货币回笼是通过旅游接待服务收费，将旅游者多余的货币转归旅游经营单位，然后回笼到国家银行来实现社会多余货币所有权的转移。

(三)扩大就业机会

旅游业属于综合性的劳动密集型产业，它的发展可以带动其他产业的发展。根据世界旅游组织(WTO)的测算，旅游资源丰富的第三世界国家，如果增加的旅游收入为 3 万美元，将增加 2 个直接就业机会和 5 个间接就业机会。在我国，由于劳动力成本较低，旅游业吸纳劳动力就业的比例将会更高一些。因此，发展旅游业可以大量增加直接从业人员或间接从业人员的数量。"十一五"期间，我国旅游业直接就业人数达 1350 万人。2011—2015 年，预计每年新增旅游直接就业 70 万人，到 2015 年直接就业人数将达到 1700 万人。

(四)带动相关产业的发展

发展旅游业能够直接或间接地带动或促进交通、金融、邮电、商业等相关行业的发展，使第三产业在国民经济中的比重加大。据有关人士测算，在我国，旅游业每增加 1 美元收入，第三产业则相应增加 10.7 美元。据法国旅游业协会主席菲利普·邦贝尔热分析："43%的旅馆、咖啡店和饭店的收益同旅游业直接相关；航空运输收益的 42%同旅游业有关，铁路运输收益的 23%、汽车的 12%、农业的 8%、建筑业的 6%同旅游业相关。"

(五)促进地区经济繁荣

国际旅游可以使物质财富从客源国转移到接待国，使国际财富在不同国家之间进行再分配，国内旅游则可以使社会财富在不同地区之间进行再分配。通过旅游者的流动，可以刺激各地区旅游业的发展，进而推动各地区的社会发展，促进各地区的经济繁荣，并缩小地区之间的经济差别。

(六)促进国际交流与国家稳定

旅游活动也是一项不同国家、地区和民族文化传播、交流与共享的过程。通过旅游者的流动，可以加深世界各国人民之间的相互了解，增强人们对本民族文化的认识，提高人们的综合素质，从而对国家稳定与世界和平产生积极的影响。

(七)带动贫困地区脱贫致富

贫困问题是全人类面临的巨大难题，世界上许多国家都十分关注并提出多种解决问题的对策及措施。实际上，贫困地区多数是经济不发达地区，同时也是旅游资源富集的地区。因此，通过开发贫困地区的旅游资源，大力发展旅游业，不仅有利于充分发挥贫困地区旅游资源富集的优势，开发特色鲜明、品质较高的旅游产品；而且能够通过旅游开发及旅游业的发展，带动贫困地区及其周边地区人民群众的脱贫致富，从而加快贫困地区的开发和社会经济的发展。

总之，旅游经济活动对目的地国家或地区的社会文化、社会环境、生活方式、价值观念和道德水准等方面都会产生一定的影响。如果政策得当，则有利于目的地国家或地区的民族文化的发掘与发展，有利于旅游目的地资源开发与生态环境的相互促进，而且还可以改善当地居民的生活方式，提高其道德水平，尤其对落后国家和地区的现代文明进程具有显著的推动作用。

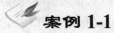

案例 1-1

贵州："十一五"期间42万人依托旅游业发展脱贫

"十一五"期间，贵州省旅游业发展迅速，旅游扶贫效果显著。2010年全省开展乡村旅游的自然村寨突破3000个，实现旅游收入178亿元。"十一五"以来，全省共有42万贫困人口依托旅游业致富。

贵阳禾丰乡依靠乡村旅游声名鹊起，当地农民也尝到了发展旅游业的甜头，有的农民年收入超过10万元，是2006年前的5倍多。2005年禾丰乡的贫困人口大概有七八千人，到2011年只剩下了几百人。

"十一五"期间，贵州全省旅游接待人数和旅游总收入年均分别增长33.05%和34.31%。其中，2010年达到1060亿元，是2005年251.14亿元的4倍；旅游总收入在全国的排名从2005年的第23位上升到2009年的第17位，提前一年完成"十一五"规划的主要目标。

（资料来源：http://www.cpad.gov.cn/data/2011/0307/article_344014.htm）

第二节　旅游经济学概述

一、国外旅游经济学的产生与发展

国外对旅游经济活动的研究始于20世纪初，并在20世纪60年代得到了长足的发展。旅游经济学作为一门探讨旅游供需市场交易行为本质及其规律性的学科，是在旅游经济活动的基础上建立的，其研究活动是由浅入深、从部分到全局展开的。

在旅游经济学研究的初级阶段，欧洲处于领先地位，因为欧洲大陆是当时旅游活动和商品经济最发达的地区。

自1845年托马斯·库克成立了世界上第一家旅行社以来，欧美等一些国家也相继推出了以旅游活动为经营对象的旅行社或相似的旅游组织。由于旅行社的中介和带头作用，旅游经济活动的两大要素——旅游供给与旅游需求及其相关要素迅速组合起来，并使旅游经济活动蔓延到了全世界。世界范围内的旅游带来了庞大的客流、资金流及文化流，由此激发了人们对旅游经济活动的早期研究。

最初论述旅游经济问题的是意大利人博迪奥，他曾任意大利统计局局长。在研究了意大利的外国旅游者的情况后，他运用了统计分析方法，于1899年发表了题为《关于在意大利的外国人的流动及其花费耗用》的论文。该论文的发表标志着旅游经济研究的开端。此后，意大利的尼切夫罗及贝尼尼等分别于 1923 年和 1926 年发表了《在意大利的外国人的流动》和《关于旅游者移动的计算方法的改良》等论文。

以上表明，旅游经济现象对当时的国际社会产生了巨大影响，旅游者的旅游活动不仅可以加强国与国之间的政治和文化联系，而且对旅游客源国和旅游目的地国的经济也会产生极大的推动作用。

博迪奥等人正是鉴于旅游活动的巨大经济作用，开始分析和研究旅游经济活动的。但博迪奥等人只是对旅游经济活动的某个方面进行分析，没有将旅游经济活动作为一个完整的体系加以研究。1927 年，罗马大学讲师马里奥蒂出版了《旅游经济讲义》一书，这部论著的出现，标志着旅游经济学从对个别现象的分析转向对整个学科体系的研究。

此后，一些专家和学者纷纷开始讨论和研究旅游经济活动。1935 年，柏林大学旅游研究所所长格克思曼发表了《一般旅游论》；1942 年，瑞士的克拉蒲·芬扎伊卡出版了《一般旅游论概要》，分别从经济学和社会学的角度研究了旅游经济活动。

上述研究开始注意到旅游经济活动的规律性及其在国民经济中的地位和影响，其中的一些研究成果为旅游经济学体系的建立奠定了基础。

应当指出，第二次世界大战前的旅游活动受到当时社会生产力的限制，影响范围仅局限于欧美大陆，远未形成全球性的态势。旅游业在国家经济和社会生活中的作用还不十分显著，其规律性还未表现出来。因此，这期间的研究大多是浅层次的，具有一定的局限性和片面性。

第二次世界大战以后，旅游活动进入了一个新的发展阶段，大众旅游蓬勃兴起，旅游业对国民经济和社会生活的作用日益显著。旅游业作为一项新兴产业，一方面直接带动了为游客服务的行业的发展，另一方面间接影响着其他部门的经济运行。同时，旅游业在对地区经济的同步发展，对国家的收支平衡，对国民的充分就业，对产业结构的优化等方面都产生积极的作用。

许多国家认识到了这一点，并将旅游业列入国民经济和社会发展规划之中，鼓励学者、企业、协会及有关机构加强对旅游经济活动的研究。概括起来说，对旅游经济活动的研究主要包括以下四个方面的内容。

(一)旅游业的性质

这方面的代表性著作有 1969 年美国迈克尔·彼得斯的《国际旅游业》，1979 年英国伯卡特的《旅游业的过去、现在和未来》，1980 年美国唐纳德·伦伯格的《旅游业》，以及美国夏威夷大学朱卓仁的《旅游业》。

这些学者论述了旅游业的产业性质，包括旅馆业、旅行社业和交通运输业等；阐述了旅游业与旅游经济活动的关系，即旅游业的形成以旅游经济活动为前提，而旅游经济活动的发展又促进了旅游业的繁荣。

(二)旅游市场营销

这方面的研究主要是运用经济学的供给与需求原理,结合旅游经济活动的特点,分析了旅游市场的特殊性和旅游市场营销的战略和策略,叙述了旅游产品的定价原则、促销手段、销售渠道和旅游需求的预测方法等。

这方面的代表性著作有罗伯特·门克因托希和夏西肯特·古普塔的《旅游的原理、实践与哲学》,瓦汉·克拉蓬和罗斯菲尔的《旅游市场营销》,以及布赖恩·阿切尔的《旅游需求预测》。

(三)旅游业的经济效益

这方面的研究主要运用了收入一产出分析和乘数效应原理,集中比较了旅游投资与收益,研究了旅游活动对旅游目的地国的社会经济产生的影响,从客观上探讨了旅游产业的经济地位问题。

这方面的论著主要有1955年意大利特依西的《旅游及旅游收入的经济理论》,1978年英国布赖恩·阿切尔的《发展中国家的旅游业的某些经济考虑》、《旅游增值:目前的研究水平》,1979年澳大利亚工业局的《澳大利亚旅游业的经济利益》,1983年亚太经社理事会有关文件中的《亚太经社理事会地区旅游业的经济作用的研究回顾》和《旅游经济作用分析:方法论》等。

(四)旅游规划与旅游资源开发

从事这方面工作的主要是政府有关部门及机构,也有少数专家和学者,他们主要研究旅游资源的测量与评价,旅游目的地的开发与规划等方面的内容。

这方面的著述主要有1981年美国商业部经济发展局的《通过发展旅游业创造经济增长与就业》的报告,1987年亚太经社理事会有关文件中的《旅游工程建设中优先次序的确定》、《通过标准分析促进旅游建设与实施》,美国朱卓仁的《度假地的开发与管理》,新西兰道格拉斯与皮斯的《旅游开发》等。

以上著作从不同层面和不同角度对旅游经济进行了系统的研究,它们具有一个共同的特点,即重视对旅游经济活动的运行和发展规律的研究,重视对旅游经济系统和综合性的研究。这些研究最终促成了旅游学科体系的形成。

二、中国旅游经济学的产生与发展

我国对旅游现象的研究是随着改革开放而逐步开展起来的。一方面,由于我国发展旅游业的特殊背景,对旅游现象的研究首先是从旅游的经济影响切入的,而且在很长一段时间内,对旅游经济的研究主导并替代了对旅游现象的综合研究,这一点与国外的旅游研究并没有太多的差别;另一方面,由于培养人才的迫切要求,我国旅游经济研究走的不是标准的"论文—专著—教科书"的发展路径,而是首先从教材建设切入的。

20世纪70年代末期以后,我国实行的对外开放政策有力地推动了旅游经济的发展,并为旅游经济的研究提供了丰富的素材,学术界、教育界和政府有关部门对旅游经济问题的研究迅速开展,并取得了一定的研究成果。在于光远先生的提议下,1979年全国经济科学规划会议将旅游经济学列入国家经济科学研究重点项目序列。1980年,第一次全国旅游经济座谈会提出,要建立中国自己的旅游经济学,以适应旅游业和旅游教育事业的发展。1980年,沈杰飞与吴志宏合写的论文《建立适合我国实际的旅游经济学科》(载于《社会科学》1980年第六期)在介绍国外旅游经济理论研究发展现状的基础上,从建立一门学科的逻辑起点出发,对旅游经济的研究对象、研究内容进行了深入的探讨。1982年,王立纲与刘世杰出版了《中国旅游经济学》,提出了旅游经济的一些基本范畴,对我国旅游发展道路、旅游业的基本性质及旅游资源开发等问题做了有益的探索。特别是1987年著名经济学家孙尚清主持了《中国旅游发展战略研究》的重大课题,提出了中国旅游业要"适度超前发展"的战略,把中国旅游经济的研究从理论推向实践。此后,以黄辉实(1985、1990)、林南枝和陶汉军(1986、1994、2000)、陈纲(1987)、张汝昌(1990)、张辉(1991)、罗明义(1994)、王大悟和魏小安(1998)、邹树梅(1998、2001)、郝索(1999)等为代表的一批学者分别出版了不同版本的《旅游经济学》。

20世纪90年代以来,中国旅游业迅速发展,其在国际上的影响也不断扩大,旅游经济学的研究有了进一步的发展。1993年,魏小安与冯宗苏主编的《中国旅游业:产业政策与协调发展》一书,从制定科学的旅游产业政策角度论述了我国旅游经济的诸方面结构。1999年,由王大悟与魏小安共同主编的《新编旅游经济学》从学科建设的高度全面论述了旅游经济学与旅游学的关系、旅游经济学与旅游学其他分支学科的关系,比较清晰地勾画了旅游经济学学科建设的理论框架结构,并在此基础上对旅游市场、旅游产业和旅游经营管理等问题进行了全面、深入的论述。2001年,罗明义所著的《旅游经济分析——理论·方法·案例》一书以案例为研究对象强调了旅游经济分析方法,标志着我国旅游经济研究由初期的定性化研究开始向定量化研究转变。总之,20世纪90年代以来,中国旅游经济的研究进入高潮,各种旅游经济学著作和论文如雨后春笋般不断问世,为迅速发展的旅游教育和研究提供了丰富的参考资料,也为旅游经济学教材的完善提供了理论指导和实践参考,从而推动了旅游经济学的成熟和发展。

三、旅游经济学的研究对象

任何一门学科都具有不同的研究对象,这是由各门学科不同的规定性决定的。要确立一门学科，首先要确定这门学科的研究范围或领域，其次要确立它们的研究角度，同样的研究范围或领域，又可以从不同的角度来研究。例如，旅游现象可以从经济、管理、心理、地理等角度来研究，从而形成了旅游经济学、旅游管理学、旅游心理学、旅游地理学等学科分支。正是由于研究角度的多样化，才形成了一个由多种学科分支构成的学科体系。

旅游经济学是从经济学角度研究旅游现象的一门学科分支，是旅游学科体系的一部分。旅游经济学的研究对象是旅游经济现象及其运动规律。旅游经济学的研究对象不同于其他部门经济学，也有别于旅游学的其他学科分支。它既包括旅游经济过程，即生产、流通、分配、消费各个环节，又包括物和人的生产力要素，以及自然、社会、历史等内在的经济因素；既涉及旅游经济领域本身，如中央和地方、部门、企业之间及国家、企业与个人之间的利益关系的协调，又涉及旅游经济与其他经济部门的关系；既研究我国旅游经济发展，又研究与国外旅游者或旅游资源的经济联系。

旅游活动中的经济现象和经济关系，在其内在的本质联系上，包含两种类型的经济规律。一是旅游经济领域中的一般经济规律。旅游经济是整个国民经济的一部分，因而它的运动必然要遵循社会经济发展的一般规律，如供求规律、价值规律、外汇货币交换规律等。但是，这些规律在旅游经济中是以特有的形式表现出来的。旅游经济学对一般经济规律的研究，着眼点在于这种特殊的表现形式。二是旅游经济内部特殊的经济规律。旅游经济作为国民经济结构中的一种特殊类型，具有矛盾的特殊性。这就决定了旅游经济内部有其固有的特殊规律，如旅游业的结构、旅游消费形式、旅游市场等，都有自己特殊的运动规律。在这两种类型的经济规律中，旅游供给与旅游需求的矛盾是旅游经济活动中的基本矛盾，这一矛盾贯穿于旅游经济活动的始终，旅游供求矛盾在其运动过程中必然产生多种经济现象和经济关系。

旅游经济学通过对旅游经济活动运行过程中各种经济现象和经济关系的研究，揭示作用于旅游经济活动的基本因素及其内在规律性，寻求解决这些矛盾、调节这些关系的最佳手段或策略，如价格手段、营销策略、投资决策、产业政策等，以此来推动旅游业协调、稳定、持续的发展。

综上所述，旅游经济学的研究对象和任务主要表现在以下几个方面。
(1) 研究旅游经济的形成过程及规律。
(2) 研究旅游经济的运行机制及实现条件。
(3) 研究旅游经济在国民经济中的地位及发展条件。
(4) 研究旅游经济的国家宏观调控与管理。

四、旅游经济学的研究内容

旅游经济学是从经济学的视点研究旅游活动中的经济现象、经济关系和运动规律的一门学科分支。也就是说，旅游经济学主要研究旅游经济活动中各个环节的相互关系及其内在的规律性。具体来说，旅游经济学的研究内容主要包括以下六个方面。

(一)旅游产品的开发(生产)与供给

经济活动首先都是以产品的生产作为出发点，产品的供给必须以产品的生产为前提。旅游产品不同于其他物质产品，旅游产品主要表现为无形的服务，而服务的提供又有其自身的特点。因此，研究旅游产品的开发与供给问题时，首先要研究旅游产品的科学含义、构成与特点，把握旅游产品的生命周期，并根据旅游产品的市场供求及影响因素，制定合理的旅游产品开发策略，以实现旅游产品的供求平衡。

(二)旅游需求及旅游需求与供给的矛盾运动和调节机制

旅游需求是旅游经济发展的前提，需求不足和需求过旺都会对旅游供给产生重大影响，二者之间既存在适应关系，又存在不适应关系。正是这种相互适应和不适应的矛盾统一关系不断推动着旅游经济的发展。在这种关系中，适应是短暂的，不适应是经常的。因此，需要运用经济的、行政的和法律的手段对其进行调节。如何运用各种手段进行调节，以实现旅游经济的持续发展，是旅游经济学研究的重要内容之一。

(三)旅游产品消费

旅游产品消费是旅游经济活动的重要环节。旅游产品的消费不像物质产品消费那样发生在生产活动之外，而是在生产活动过程之中的现场消费，它直接构成了旅游经济活动的一部分。因此，必须研究旅游者的消费倾向、消费行为和消费结构，探寻旅游消费的合理化途径，以实现旅游者消费的最大满足。

(四)旅游市场及开拓策略

旅游产品的供给和销售离不开旅游市场。因此，必须加强对旅游市场的研究，掌握不同细分市场的特点及竞争态势，采取合适的市场开拓策略，并遵循价值规律对旅游产品的价格进行合理的分类，掌握各种科学的定价方法和策略，以促进旅游产品的销售。

(五)旅游收入、成本及效益

追求旅游经济效益是旅游经营者从事旅游经营活动的主要目标，也是旅游目的地国家(或地区)发展旅游业的基本目标之一。因此，要研究旅游的经营成本及投资，研究旅游的收入及分配，研究旅游的效益指标体系，并通过对旅游的宏观和微观经济效益分析，从而对旅游经济效益的实现作出合理的评价。

(六)旅游经济结构及可持续发展

旅游经济活动涉及方方面面的关系，既有旅游供给地区各级旅游主管部门之间、不同旅游企业之间、旅游主管部门与旅游企业之间以及它们同国民经济有关部门与企业之间的关系，也有旅游供给地区同旅游客源地及其他旅游产品供给地之间的关系。这些关系都是一定经济联系的反映，它们对旅游经济的发展都会在不同程度和不同方向上产生影响。因此，要通过研究旅游经济结构，包括旅游产品结构、产业结构、地区结构、所有制结构等，以寻求旅游经济合理化；要研究旅游经济的发展格局和发展模式，以探寻促进旅游经济发展的最佳模式。

五、旅游经济学的特点

经济学是研究人类社会在各个发展阶段上各种经济活动、经济关系和经济规律的学科总称。旅游经济学是现代经济学的一个分支，是以经济学的一般理论为指导，研究旅游经济活动中各种经济现象、经济关系和经济规律的科学。因此，旅游经济学同其他学科相比较，具有以下不同于其他学科的特点。

(一)旅游经济学是一门应用性学科

旅游经济学与经济学之间既有区别又有联系。经济学是把整个社会经济作为一个整体，从生产、交换、分配和消费诸环节的内在联系及其矛盾运动中揭示整个社会经济发展的一般规律性，属于理论经济学的范畴。旅游经济学则是以经济学的一般理论为指导，专门研究旅游经济活动中的特有现象及矛盾，揭示旅游经济发展的规律及其条件、范围和表现形式，从而指导旅游经济健康发展，因而具有较强的应用性，属于应用经济学的范畴。

(二)旅游经济学是一门部门经济学

旅游经济学本质上属于部门经济学的范畴。部门经济学是针对某一部门或领域的经济活动进行研究，从而揭示该部门经济运行的内在规律及其外在形式的科学。旅游经济学作为一门部门经济学，是研究旅游经济活动过程中各种经济现象之间的内在联系，揭示旅游经济运行中的特殊矛盾及规律，并把经济学的一般原理用于指导旅游经济活动，以促进旅游业健康、持续的发展。

(三)旅游经济学是一门专业基础学科

旅游经济学是旅游专业的基础学科，但又不同于旅游学和旅游管理学。旅游学是以世界为整体，研究旅游活动产生、发展及其运行规律的科学，目的是揭示旅游活动的内在性质、特点及发展趋势；而旅游经济学则是在旅游学理论指导下，揭示旅游活动在经济领域中所发生的矛盾运动及经济关系的发展规律等；旅游管理学则是在旅游经济学的指导下，研究旅游经济活动的合理组织及科学管理，以提高旅游经济运行的效率和效益。因此，旅游管理学实质上是旅游经济学的延伸，是在旅游经济学揭示了旅游经济运行规律的前提下进行的经济管理活动。

(四)旅游经济学是一门新兴的边缘科学

旅游经济学随着其形成和发展已逐渐形成一门独立的学科，具有区别于其他学科的不同特点。但是，由于旅游经济活动的综合性特点，使旅游经济学同其他学科相比较，实际上是一门新兴的边缘科学。因为研究旅游经济不仅要以经济学、旅游学的理论为指导，还必须借助各种学科的理论及研究成果来丰富旅游经济学的研究内容。例如，运用心理学、地理学、资源学、社会学、统计学、市场学等学科理论和方法来综合考察旅游活动在经济领域中的各种反映，才能加深对旅游经济内在规律及其运行机制的认识，更好地掌握旅游经济的理论和方法。

六、旅游经济学的研究方法

(一)理论联系实际的方法

科学的理论来源于实践又指导着实践，理论是对实践的概括和总结，同时又必须接受实践的检验。在旅游经济学的研究中，必须坚持理论与实践相结合的方法，通过旅游实践活动丰富和完善旅游经济理论。

在旅游经济研究中，要特别注意基础研究与应用研究并重，一方面通过分析、解决旅游经济活动中的实际问题，充实、深化旅游经济理论；另一方面将理论研究成果运用于旅游实践，促进旅游基础理论与实践活动的全面发展。

(二)系统分析的方法

旅游经济活动是社会活动的一个组成部分，是多维系统中的一个子系统，因此应该摒弃从单一角度考虑问题的方法，不能局限于旅游经济活动的一隅之地，而应该从不同角度，运用多方面的知识来研究旅游经济活动的总体特征，从整体上掌握旅游经济的理论体系。由于旅游经济活动是不断发展变化的，在系统分析时要考虑其动态特点，这种动态性的系统分析也可以视为开放性的分析。

(三)定性与定量相结合的方法

一切客观事物都具有质的规定性与量的规定性，旅游经济活动亦然。因此，旅游经济研究必须采取定量分析与定性分析相结合的方法,通过定性分析揭示事物的本质特性与规律性,使定量分析有明确的方向;通过定量分析认识事物的程度和范围,使理论观点通过数量分析更精确、更科学。

定性方法和整体归纳范式相关。使用定性研究方法的特征:①它是一种归纳法,是根据真实世界来建构事物的本质;②它把世界看成由多重客观事实构成;③研究者与参与者的关系是主观的;④研究者本质上被研究对象视为局中人;⑤研究设施是非结构化的;⑥研究者对研究过程中形成的象征性课题感兴趣;⑦抽样方法不是随机的;⑧资料用文字表述而不是用数字表述;⑨现象的描述通常采用叙述形式。

定量研究和实证主义范式或假设演绎范式相关。它的使用特征:①它是一种演绎法;②它把世界看成由因果关系组成;③研究者和参与者的关系是客观的;④研究者从本质上被研究对象看成是局外人;⑤研究设计是结构化、系统化和可重复化的;⑥研究者确定变量并检验变量之间的关系;⑦抽样方法是随机的;⑧资料是用数字表述的;⑨资料分析采用的是统计分析工具;⑩研究结果的表述以统计图表为基础。

(四)抽象思维与形象思维相结合的方法

旅游是一种多元化的社会现象,旅游经济活动也具有综合性的特点,既有很强的经济性,也有较多的人文色彩。而且,旅游经济活动在我国刚刚兴起,其本质特征和内在规律性并未充分显示,大量的现象和情况仍需描述或归纳。因此,旅游经济研究采用经济学科的抽象法和人文学科的形象法,有利于我们由浅入深、由表及里地了解旅游经济活动的全貌。

案例 1-2

乡村旅游带动经济繁荣

"乡村旅游带动了人气,我们的生意也是水涨船高,现在的生活真的没得说!"大圩镇"阿庆嫂"渔庄负责人吴大珍说。只有初中文化的她最初是养鸭的,后来靠着都市农业、乡村旅游带来的滚滚"客流",依水建起了以土菜和垂钓为主的农家乐,每年的营业额超过300万元,后来又在市内投资建起了连锁店。

在大圩镇,类似吴大珍这样的村民不在少数。靠山吃山,很多村民的生活越来越好。2003年,在包河区委宣传部牵头策划下,大圩镇先后举办了"大圩新安植树节"、"绿色大圩菜花节"和"葡萄文化旅游节"。大圩镇乡村旅游越来越火,每年几十万中外游客来大圩镇参观、采摘、垂钓,并带动了农产品产销两旺,群众也办起了数百家农家饭庄、休闲茶社和垂钓中心,实现了农业一产与旅游三产的有效结合。2006年,大圩镇被国家旅游局授予"全国农业旅游示范点"称号。

第一章 导论

在包河区，有许多像大圩镇一样的案例。为了提升包河区都市休闲观光农业的品位和档次，包河区突出"巢湖"元素，着力打造"城区园林化、城郊森林化、道路林荫化、社区生态化"的生态园林化滨湖新区。

旅游搭台、节庆促销、市民休闲、百姓受益，实现生态环境保护建设与经济社会和谐发展，是大圩镇生态建设的点睛之笔，也开辟出了一条财富之路。绿色大圩葡萄文化节、滨湖风筝表演大赛、巢湖水上风情游等，带来了火爆的人气，鼓起了农民的腰包。2011年，仅在春色滨湖旅游节期间，其综合收益就过亿元。2012年，包河区正着手将东大圩、牛角大圩、大张圩建成环巢湖旅游的三颗明珠。"包河都市农业游"已成为合肥乃至全省乡村旅游的知名品牌，各种农产品产销两旺，一产与三产有效结合，农业增效、农民增收显著。

（资料来源：中安在线，http://ah.anhuinews.com/qmt/system/2012/04/15/004903621.shtml）

本章小结

旅游作为一种多元化的社会经济现象，已逐渐成为人们日常生活中不可缺少的一部分。目前，迫切需要对旅游活动进行科学的分析和理论指导，使之能够健康、持续地发展。本章阐述了旅游经济活动产生与发展的过程，指出了现代旅游经济活动的特征及其在经济、社会等方面的作用。作为旅游学科体系中的一个重要分支学科，本章比较全面地介绍了旅游经济学的形成、发展及其研究对象、研究内容和研究方法等。

旅游经济活动是商品经济发展的必然结果，本质上反映了旅游供需双方之间通过产品交换发生的经济联系。它是这些联系所产生的经济现象和经济关系的总和。现代旅游经济活动具有大众性、综合性、全球性、特殊性等特点。旅游经济活动在增加外汇收入、加快货币回笼、扩大就业机会、带动相关产业的发展、促进地区经济繁荣、促进国际交流与国家稳定、带动贫困地区脱贫致富等方面具有积极的作用。

旅游经济学是从经济学角度研究旅游现象的一门学科分支，是旅游学科体系的一部分。旅游经济学的研究对象是旅游经济现象及其运动规律。旅游经济学的研究方法主要有理论联系实际、系统分析、定性与定量相结合、抽象思维与形象思维相结合等方法。

习 题

(一)单项选择题

1. 2010年，我国国内旅游人数达21.03亿人次，这反映了现代旅游经济活动的(　　)。
   A. 大众性　　　　　　　　　　　　　B. 全球性

C. 综合性 D. 特殊性

2. 旅游经济活动是一种包括食、住、行、游、购、娱等一系列需求的消费活动,这反映了现代旅游经济活动的( )。
  A. 大众性   B. 全球性
  C. 综合性   D. 特殊性

3. 世界上第一家旅行社是( )。
  A. 美国运通公司   B. 香港中国旅行社
  C. 托马斯·库克旅行社   D. 日本国际观光局

4. 最初论述旅游经济问题的学者是( )。
  A. 博迪奥   B. 马里奥蒂
  C. 克拉蒲·芬扎伊卡   D. 格克思曼

5. 旅游经济学从对个别现象的分析转向对整个学科体系研究的标志是( )。
  A. 马里奥蒂《旅游经济讲义》一书的出版
  B. 格克思曼《一般旅游论》的发表
  C. 克拉蒲·芬扎伊卡《一般旅游论》的出版
  D. 博迪奥《在意大利的外国人的流动》的发表

6. 旅游经济活动中的基本矛盾是( )。
  A. 旅游供给与旅游需求的矛盾
  B. 旅游收入与旅游分配的矛盾
  C. 旅游客源国与旅游目的地国之间的矛盾
  D. 旅游经济活动和国民经济之间的矛盾

(二)多项选择题

1. 现代旅游经济活动的特征有( )。
  A. 大众性   B. 全球性
  C. 综合性   D. 特殊性
  E. 区域性

2. 旅游经济活动包含的两类规律是( )。
  A. 旅游经济领域中的一般经济规律
  B. 旅游经济内部特殊的经济规律
  C. 需求引导供给规律
  D. 对立统一规律
  E. 旅游经济与国民经济相适应的规律

3. 下列属于旅游经济一般规律的是( )。
  A. 供求规律   B. 价值规律

C. 外汇货币交换规律 　　　　　　D. 旅游消费规律
E. 旅游业的结构规律
4. 货币回笼的渠道有(　　)。
  A. 商品回笼　　　　　　　　　B. 旅游回笼
  C. 财政回笼　　　　　　　　　D. 信贷回笼
  E. 服务回笼
5. 旅游经济活动的作用有(　　)。
  A. 增加外汇收入　　　　　　　B. 加快货币回笼
  C. 扩大就业机会　　　　　　　D. 带动相关产业的发展
  E. 促进国际交流

(三)名词解释

1. 旅游经济活动　　　　2. 旅游经济学　　　　3. 系统分析方法

(四)简答题

1. 简述旅游经济活动产生和发展的过程。
2. 现代旅游经济活动的基本特征是什么？
3. 旅游经济活动的作用有哪些？
4. 旅游经济学的研究对象和研究内容分别包括哪些方面？
5. 简述旅游经济学的特点。
6. 简述旅游经济学的研究方法。

(五)论述题

1. 联系实际，分析旅游经济活动对当地经济的贡献。
2. 为什么说旅游需求与旅游供给的矛盾是旅游经济活动的主要矛盾，是推动旅游经济发展的动力？

案例分析题

"全民参与旅游"帮助中国西南落后地区"脱贫奔小康"

在云南西双版纳傣族自治州景洪市的傣家村寨里，22岁的导游玉光香溜穿着傣族的花布筒裙，带着几位北京游客逛傣家竹楼、吃傣味饭、过泼水节，体验原汁原味的傣族生活。

按照传统观念，这个年龄的傣族姑娘早该嫁人了，可玉光香溜并不着急。村寨被纳入原生态傣族园景区后，这个见多了世面的姑娘开始耐心地等待自己真正喜欢的人出现。

伴随着中国西部大开发的脚步，旅游业已成为西部地区的特色优势产业和新兴支柱产业。地方政府将旅游与扶贫结合起来，不少贫困民众不离土、不离乡，就地参与旅游开发，保护了原始生态，实现了增收乃至脱贫致富。

"如果村寨不搞旅游，我和姐妹们肯定出去打工了，不会再回来。"玉光香溜说，"现在多好，我可以留在妈妈身边，平时做导游，不忙的时候帮家里干活儿，每个月有七百多元工资。"

无论是傣族园里的"傣家乐"，还是野象谷、原始森林公园，凡是旅游项目都有用工需求，当地人慢慢被吸收进来，做起了照相生意，开上了旅游车，还有的做清洁，搞后勤管理，村里的姑娘们出来跳民族舞、参与泼水节、展示织布技艺，都是可以领到工资的。

据统计，近10年来，中国西部12个省区市的旅游总收入在GDP中所占的比重已达8.6%，半数以上西部省区市的这一比重超过或接近10%。

然而，在一些旅游地区，看似非常热闹，但实际上主要还是靠商铺售卖旅游纪念品和特色物品作为创收手段，而且这些商铺的主人大多又是外地人。这样一来，旅游税收再高，也和当地老百姓享受旅游带来的实惠没有多大关系。因此，必须让当地老百姓更多地参与到旅游服务中去。

"需要统筹考虑景区利益和景区内农民的利益问题。"云南迪庆藏族自治州旅游局副局长党志坚说，在普达措国家公园，旅游部门按照居住地处于景区的位置、户数的人口和经济状况，将藏族群众的补偿标准分了3个标准，第一类核心区藏族家庭可以补到最低每年2.5万元到3.5万元，第二类补到每年2万元到2.5万元，第三类边缘地区藏族家庭也能补到每年5000元到1.5万元。住在普达措国家公园内的霞给村村民扎西说，"除了得到旅游补贴外，自己还参与到景区的工作中来，担任景区保洁员，每个月有1500元左右的收入。"

专家表示，通过全民参与，旅游产业的快速发展不仅拉动了西南地区的经济增长，而且带动了群众脱贫致富，为增加就业作出了重大贡献。

在世界自然遗产地贵州荔波，昔日不起眼的布依山寨已然变成了游客纷至沓来的"农家乐"群落，全县旅游从业人员由2007年的1500人跃升至现在的上万人。荔波县委书记闵路明表示，"游客增多带动了消费增长，也促进了农民增收，2008年以来，荔波县人均收入增速一跃成为黔南自治州第一，我们争取在三到五年时间内，使全县三分之一以上的农民都能吃上'旅游饭'。"

2009年，世界银行执行董事会批准了"贵州文化与自然遗产保护发展项目"，从2009—2014年为贵州提供6000万美元贷款，加上国内配套，总投资为5.65亿元人民币，旨在"更好地保护当地自然和文化遗产，并在此基础上发展旅游，增加当地民众收入，脱离贫困，同时推动包括少数民族社区的可持续发展。""我们做旅游，就是要保护一方山水，传承一方文化，促进一方发展，致富一方百姓。"贵州省旅游局局长傅迎春说。

在位于四川阿坝藏族、羌族自治州的九寨沟风景区，门票收益实行分配"利益联动"。从每张门票220元中提出7元，作为当地居民生活保障金，以补偿退耕、禁牧、禁猎、拆违等费用，仅此一项，当地居民每人平均年收入1.5万元。此外，每张门票提出10元给景区所在的漳扎镇财政，提出8元给九寨沟县财政，专门用于景区外围生态保护。

九寨沟景区高起点保护生态、多渠道提高藏民收入，使贫穷的高寒农牧区发展成为农民人均年收入高达两万元的"最富裕的藏寨"，成为国际上处理"世界遗产"与原住民关系的范例和中国兼顾经济、社会、生态三个效益的成功个案。

2010年，西南各省区都在谋划进一步发展旅游业，以此带动更多贫困人口脱贫致富。云南省力争到2015年建设成为国际区域性重要旅游目的地、中国面向西南开放的重要旅游集散地和重要通道。

贵州省正计划培育和壮大乡村旅游集群，到2015年，在全省建成20个左右的乡村旅游集聚发展示范精品区，由此带动2000个以上村寨开展乡村旅游，使200万以上的农民通过发展乡村旅游得到实惠。

问题：

(1) 结合案例，分析旅游经济活动的作用。

(2) 根据中国西南落后地区通过发展旅游"脱贫奔小康"的经验，谈谈各地区在发展旅游业的过程中，应如何处理好与当地居民的关系。

(资料来源：曹霁阳，关桂峰，余里. "全民参与旅游"帮助中国西南落后地区"脱贫奔小康"(OL).
http://finance.jrj.com.cn/2010/09/2410518227921.shtml)

第二章

旅游产品与开发

【学习目标】

通过本章的学习,要求理解旅游产品的概念及特征,掌握旅游产品的一般构成、需求构成和供给构成,熟悉旅游产品的类型,掌握旅游产品生命周期,理解旅游产品开发的原则和内容,掌握旅游产品开发的策略。

【关键词】

旅游产品　旅游产品构成　旅游产品类型　旅游产品开发　旅游产品生命周期

案例导入

天津观光旅行社成功开发"革命传统教育游"产品

2001年初,天津观光旅行社的总经理周凯在进行市场分析时发现,当年是中国共产党成立80周年,一些高等学校打算组织学生到革命老区进行革命传统教育。周总经理认为,应该抓住这一契机,设计和开发"革命传统教育游"产品。由于这种产品以前未曾面市,究竟能否成功,周总经理并没有十分的把握。于是,他首先到革命老区河北省平山县西柏坡村进行实地勘察,了解当地的景点、参观线路、接待设施、导游水平以及往返于天津和西柏坡村所需的时间。同时,他还与当地的乡、村干部及接待单位的负责人座谈,了解景点门票、食宿的价格。通过实地勘察,周总经理认为新产品有成功的可能。新产品不仅有较大的市场需求,能够吸引较多的旅游者,而且由于西柏坡村及附近地区可用于接待旅游者的住宿设施数量较少必须提前预订才能保证在旅游旺季时的供给。于是,他便同当地的旅馆和招待所签订了客房包租协议,以较低的价格包租了当年的全部客房。同时与有关部门签订了交通、景点、住宿、餐饮等供应协议,以较低的价格采购到质量较高的各种旅游服务产品。

此时,由于北京、天津等地的旅游者报名踊跃,各家旅行社应接不暇。但是,由于西柏坡村及其附近地区的住宿设施已经被天津观光旅行社全部包租,其他旅行社只好将旅游者安排到平山县,甚至石家庄住宿。这样既增加了往返的交通费用,也减少了旅游者在西柏坡的停留时间,从而引起了部分旅游者的不满。

(资料来源:肖树青. 旅行社经营管理[M]. 北京:北京交通大学出版社,2010.)

天津观光旅行社"革命传统教育游"产品成功的经验表明,旅游产品是一项整体性很强的产品。旅游企业在开发产品的过程中,必须意识到旅游产品不仅是由旅游资源这一个要素构成的,还是旅游资源、旅游设施和旅游服务三大要素的综合。

第一节 旅游产品的概念及特征

一、旅游产品的概念

何谓旅游产品?要简明准确地回答这个问题并不是那么容易的。因为现代旅游活动是一种综合性的社会经济和文化活动,要满足旅游者物质、精神等多方面的需求,从而要求旅游产品的内涵也必须是丰富多样的。所以,从不同的角度可能得到不同的旅游产品的定义,这就要求必须从以下三个方面来全面、准确地掌握旅游产品的概念。

第二章 旅游产品与开发

(一)从旅游市场角度所定义的旅游产品

从旅游市场角度来看,旅游产品是指旅游者和旅游经营者在市场上交换的,主要用于旅游活动中所消费的各种物质产品和服务的总和。根据旅游市场中旅游者和经营者所交换的情况,旅游产品有单项旅游产品、组合旅游产品和整体旅游产品之分。

1. 单项旅游产品

单项旅游产品主要是指旅游者在旅游活动中所购买和消费的有关住宿、餐饮、交通、游览、娱乐等某一方面的物质产品或服务。例如,订购一间客房、享用一顿美餐、游览一次景点等活动都属于单项旅游产品。单项旅游产品通常只能满足旅游者某一方面的旅游需求。

2. 组合旅游产品

组合旅游产品主要是指旅游经营者根据旅游者的需求,把食、住、行、游、购、娱等多种要素组合而成的产品,又称为旅游线路产品。在旅游活动中,单项旅游产品只是组合旅游产品的一个部分,只有通过旅行社将它们组合起来形成旅游线路产品,才能更好地满足旅游者综合性的旅游需求。

3. 整体旅游产品

整体旅游产品主要是指旅游经济活动中,某一旅游目的地能够提供并满足旅游者需求的全部物质产品和服务,又称为旅游目的地产品。其包括若干个单项旅游产品和若干条旅游线路产品,能够有效地满足旅游者的多样性旅游需求。

综上所述,由于旅游产品是一种特殊的产品,既不同于工农业生产的物质产品,也不同于一般服务行业所提供的纯服务性产品,因此团队旅游者大多数购买由旅行社安排的旅游线路产品或整体旅游产品;而散客旅游者或团队中个别旅游者,则根据自己的特殊需要购买单项旅游产品。

(二)从旅游者角度所定义的旅游产品

从旅游者的角度来看,旅游产品是指旅游者花费一定的时间、精力和费用所获得的一段旅游经历和感受。这个经历和感受包括旅游者从离开居住地开始,到达旅游目的地旅游,直到旅游结束又回到居住地的全部过程中所接触的各种事物和所接受的各种服务的整个经历和感受。

由于人们的旅游需求是不断变化的,因此旅游产品不同于一般物质产品具有稳定的形态,而是随着旅游者需求的变化而相应动态变化的。旅游产品的动态性一方面体现了其满足旅游者需求的适应性,即在旅游产品的内容、组合结构、服务质量上存在一定的差异性,以满足旅游者不断变化的旅游需求;另一方面也增加了旅游产品质量管理的难度,从而要求构成组合旅游产品或整体旅游产品的各种单项旅游产品和服务,在质量上应当是均一的、结构上应该是配套的,以保证整个旅游活动过程中各个环节的衔接和配合,从而使旅游者获得愉快的旅游经历和良好的旅游感受。

(三)从旅游经营者角度所定义的旅游产品

从旅游经营者角度来看,旅游产品是指旅游经营者凭借一定的旅游资源、旅游设施等有形的物质载体,向旅游者提供的、以满足旅游者需求的各式各样的物质产品和劳务的总和。

从供给方面来看,旅游产品最终主要表现为活劳动的消耗,即旅游服务的提供。旅游服务不同于一般的商业性服务,其与一般服务的最大区别在于旅游服务是一种与有形物质结合在一起的服务。一方面旅游服务的使用价值不是以物的形式来体现其效用,而是通过人的活动,即通过旅游行业员工提供的劳务来发挥其有用性;另一方面旅游服务又必须借助一定的旅游资源、旅游设施和其他条件,有时甚至要消耗一定的物质产品才能有效实现。因此,旅游产品是一种物质产品和劳务相结合的特殊产品。

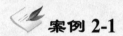

案例 2-1

秦岭旅游产品的优化组合

太白山的皑皑积雪,秦岭南北流淌的河流,密林深处的熊猫,汉中洋县的朱鹮……央视十套热播的"大秦岭",在向人们呼唤关注陕西的生态旅游。

对于陕西人来说,秦岭是一座生命之山、生态之山,是我国南北水系、地理、地质、气候的分界线,也是我国最具发展潜力的生态旅游资源聚集长廊。秦岭涵盖陕西6市44县区,是陕西旅游业重点区域,也是生态旅游强劲发展的热土。

"关中——天水经济区"建设的全面启动给陕西整个旅游产业带来了全新的发展机遇。2008年初,陕西省委、省政府实施旅游突破发展战略,秦岭生态旅游成为全省旅游业转型升级、调整产品的率先发展项目。秦岭地区还将有一大批新型旅游景点走向市场,而西岳华山、金丝大峡谷等,还将在秦岭旅游发展中发挥龙头作用。

在秦岭脚下由东至西的华山、蓝田、临潼、咸阳、眉县等温泉度假旅游产品已初具规模,随着市场需求的不断提升,众多的集自然山水、历史文化、温泉体验等为一体的旅游产品将层出不穷。陕西会以彰显"人文陕西、山水秦岭"品牌为目标,着重推进大秦岭旅游、温泉旅游和提升农家乐水准。

(资料来源:http://epaper.xplus.com/papers/xbxxb/20100324/n51.shtml)

二、旅游产品的特征

旅游产品作为一种以服务为主的综合性产品，其生产不同于一般物质产品的生产。一般物质产品的生产过程是独立于消费过程之外的，而旅游产品的设计组合虽也独立于消费者之外，但其生产只有与消费过程相结合，完成对消费者的服务，才能算完成生产过程。因此，旅游产品除了具有一般物质产品的基本属性外，还具有自己独特的产品特征。

(一)无形性

虽然旅游产品构成中的确有一部分物质产品供应，如航班的机位、住宿的客房、餐饮、景点设施等，但服务性的产品供应(如导游、接待服务等)却占有很大比重，旅游线路、日程、节目的设计编排，更属于构成旅游产品不可缺少的软件部分。因而，旅游产品的无形性首先表现在旅游产品的主体内容是旅游服务。只有当旅游者到达旅游目的地享受到旅游服务时，才能感受到旅游产品的使用价值；而当旅游者在作旅游目的地的选择时，一般见不到旅游产品的形体，在他们心目中只有一个通过媒介宣传和相关渠道介绍所得到的印象。其次，旅游产品的无形性还表现在旅游产品的价值和使用价值不是凝结在具体的实物上，而是凝结在无形的服务中。只有当旅游者在旅游活动中享受到交通、住宿、餐饮和游览娱乐的服务时，才认识到旅游产品使用价值的大小；也只有当旅游者消费这些服务时，旅游产品的价值才真正得以实现。旅游产品的这一特性表明，在大体相同的旅游基础设施条件下，旅游产品的生产及供应可以具有很大差异。因此，旅游产品的深层开发和对市场需求的满足较多地依赖于"软开发"，即无形产品的开发，也就是提高旅游服务的质量和水平。

(二)综合性

旅游经营者出售给旅游者的旅游产品，通常包括食、住、行、游、购、娱等在内的综合性产品。因此，旅游产品的综合性首先表现在它是由多种旅游吸引物、交通设施、住宿餐饮设施、娱乐场地及多项服务组成的综合性产品。这种综合性既体现为物质产品与服务产品的综合，又体现为旅游资源、基础设施和接待设施的结合。其次，旅游产品的综合性还表现为旅游产品的生产涉及众多的部门和行业。其中有直接向旅游者提供产品和服务的饭店业、餐饮业、交通部门、游览点、娱乐场地及旅行社等旅游企业和部门，也有间接向旅游者提供产品和服务的部门和行业，如工业、农业、商业、制造业、建筑业、轻工业、纺织业、食品业、金融、海关、邮电、文化、教育、园林、科技、卫生、公安等；既有物质资料生产部门，又有非物质资料生产部门；既有经济类部门，又包含非经济类的政府部门和行业性的组织等。这一特征表明，旅游产品作为一种综合性产品，其开发所涉及的因素较复杂，制约条件也较多。

(三)依存性

旅游产品的原料或资源投入中,有很大一部分属于公共物品。某些旅游吸引物(如自然景观或人文景观)基本上属于公共物品,具有非排他性与一定程度的消费非竞争性,因而旅游产品对于公共物品具有较强的依存性,没有良好的基础设施和相关条件,旅游产品的生产和供给就会十分困难。首先作为旅游产品构成中的许多景观是自然存在或历史遗留的,并由政府投资进行建设与保护,因而是一种公共物品,任何旅游者都可以自由观赏,任何旅游经营者都可以将其作为自己销售的旅游产品的一部分而获利。其次作为旅游产品构成中的基础设施是全社会所共同享有的,这些基础设施以服务于社会各个行业的公益性目的而存在,旅游产品在其组合过程中只是部分地利用或暂时性利用,并不排斥其他行业或部门对公共基础设施的利用。当然,并非所有的旅游吸引物都是公共物品,如企业以赢利为目的而投资兴建的某些景点就不是公共物品,某些可供游人观赏的景观也并非都具有公共物品的消费非竞争性,因为这些景点本身会受到游客容量限制,而使其具有一定的竞争性。

(四)同一性

旅游产品是一种特殊的最终消费品,其满足的是人的精神文化需求,因而旅游产品具有生产与消费的高度同一性。首先,与物质产品的生产相比较,旅游产品是一种经过深度加工的高附加值产品,原来分散存在于各个行业的不同产品,经过旅游经营者的设计、开发、组合与销售,大大提高了其原有价值,所附加的多数为劳务性价值。其次,旅游产品只有进入消费过程才能实现其价值。由于旅游产品生产与消费的时空同一性,必须有现场消费的旅游者,旅游产品才开始生产,旅游者一旦离开生产立即终止。因此,旅游产品生产不像物质产品生产那样可以暂时储存起来,旅游产品的同一性决定了旅游产品不仅不能储存,而且一旦旅游消费结束则旅游产品就自然解体,因而是一种最终消费品。

(五)替代性

虽然现代旅游消费越来越成为人民大众的基本生活消费,但它毕竟不同于基本物质生活消费,而要受到政治、经济、社会等各方面复杂因素的影响,表现为较高的需求弹性和替代性。首先,旅游产品与其他商品之间存在互相替代关系,旅游产品的价格同其他商品价格的不同变化,会引起旅游产品需求量的变化。例如,旅游产品的价格下降而当地娱乐业价格不变,则意味着旅游需求量将增加而娱乐业的需求量将减少。其次,旅游产品本身也具有很强的替代性。外出旅游是为了获得一种新鲜的体验,不同的旅游目的地各有千秋,消费者选择的余地很大,选择亦带有随机性,这就导致了不同旅游目的和不同类型的旅游产品之间的相互替代性很强。实践表明,旅游产品的需求价格弹性、需求收入弹性和交叉弹性都比较高,从而使旅游产品经营具有较大风险,竞争也很激烈。

(六)脆弱性

旅游产品是一种高风险的产品，易受各种因素的影响而发生变动。首先，旅游产品是一种综合性产品，包括食、住、行、游、购、娱等要素，一旦各要素间比例关系失调，就会直接影响旅游产品价值的实现。其次，旅游产品又是一种外向型产品，贸易壁垒、汇率变动、国际市场竞争及客源国政治、经济的变化，都会影响旅游客源的变化。此外，各种自然灾害，如地震、季节变化、疾病流行、环境污染、生态恶化等因素，都会影响旅游产品的销售和价值的实现。因此，旅游产品具有脆弱性的特点。

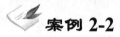

案例 2-2

"5·12"地震对四川旅游业的影响

"5·12"汶川特大地震给四川旅游产业造成了巨大损失。全省旅游业的直接经济损失达到 548 亿元。其中，有形资产损失达到 466 亿元；旅游产能损失，即旅游生产能力损失 82 亿元。2008 年 8 月 30 日，四川省攀枝花会理又发生了 6.1 级地震，虽然尚未造成游客伤亡，旅游基础设施和服务设施损失也比较有限，但对四川省旅游恢复又增加了新的困难。

地震灾害对四川省旅游业的直接破坏范围虽然是局部的，但对旅游经济的影响却是全局的和深远的。地震在 2008 年动摇了游客来川旅游的信心，乃至影响了全国旅游市场。全省灾区旅游行业震后基本处于关闭和歇业状态。2008 年 5—8 月份，全省旅游总收入分别比 2007 年同期下降了 64.9%、45%、20.6%和 19.5%。1—8 月，全省累计完成旅游总收入 652.2 亿元，同比下降 19.1%。其中，接待入境旅游人数 41.7 万人次，外汇收入 1.3 亿美元，分别比 2007 年同期下降了 56.6%和 56.1%。可以说，四川旅游产业发展正面临着前所未有的严峻形势，包括灾区在内的全省旅游业的恢复重建和市场振兴的任务十分艰巨。

(资料来源：四川旅游政务网，2008-9-5)

第二节　旅游产品的构成

一、旅游产品的一般构成

现代市场营销理论认为，任何产品都是由三个部分所组成的，即产品的核心部分、形式部分和延伸部分。核心部分是指产品满足消费者需求的基本效用和核心价值；形式部分是指构成产品的实体和外形，包括款式、质量、商标、包装等；延伸部分是指随产品销售和使用而给消费者带来的附加利益。因此，根据现代市场营销理论，旅游产品的一般构成也同样由核心部分、形式部分和延伸部分组成。

(一)旅游产品的核心部分

旅游产品的核心部分是指旅游吸引物和旅游服务,它是满足旅游者从事旅游活动最基本的需要,也是整个旅游产品的基本部分。

旅游吸引物是指一切能够吸引旅游者的旅游资源及各种条件,它既是一个地区能否进行旅游开发的先决条件和旅游者选择旅游目的地的决定性因素,也是构成旅游产品的基本要素。旅游吸引物的存在形式,既可以是物质实体,也可以是某个事件,还可能是一种自然或社会现象。旅游吸引物按属性可划分为自然吸引物、人文吸引物、特产吸引物三大类。自然吸引物包括气候、森林、河流、湖泊、海洋、温泉及火山等自然风景资源;人文吸引物包括文物古迹、文化艺术、城乡风光、民族风情及建设成就等人文旅游资源;特产吸引物主要包括土特产品、风味佳肴、旅游工艺品等。

旅游服务作为旅游产品的核心部分,是依托旅游资源和旅游接待设施向旅游者提供的各项服务。旅游产品除了在餐饮和旅游活动中消耗少量的有形物质产品外,大多是接待服务和导游服务。按照旅游活动的过程,旅游服务可分为售前服务、售中服务和售后服务三部分。售前服务是旅游活动前的准备性服务,包括旅游产品设计、旅游线路编排、出入境手续、货币兑换等;售中服务是在旅游活动过程中向旅游者直接提供的食、住、行、游、购、娱及其他服务;售后服务是当旅游者结束旅游后离开目的地时的服务,包括送到机场、车站,办理有关离境手续,托运行李、委托代办服务等。

(二)旅游产品的形式部分

旅游产品的形式部分是指旅游产品的载体、质量、特色、风格、声誉及组合方式等,是旅游产品核心部分向生理或心理效应转化的部分,属于旅游产品向市场提供的物质产品和劳务的具体内容。

旅游产品的载体主要是指各种旅游接待设施、景区景点、娱乐项目等,是以物化劳动表现出来的,具有物质属性的实体,是整个旅游产品不可缺少的载体。尽管有的旅游吸引物,如阳光、气候、海水、森林、名山大川等属于自然生成物,不包括任何人类劳动的成分,但这些自然物却是旅游产品不可缺少的自然基础;而文物古迹、园林景观、文化遗址、历史名胜等则属于古代人类的劳动结晶,其蕴涵丰富的文化价值,也是旅游产品必不可少的载体。

旅游产品的质量、特色、风格及声誉,是依托各种旅游资源、旅游设施而反映出来的外在价值,是激发旅游者的旅游动机、吸引旅游者进行旅游活动的具体形式。由于旅游资源和旅游接待设施等方面的差别,从而形成了旅游产品不同的品位、质量、特色、风格及声誉,即旅游产品的差异性。

旅游产品也是一种组合性产品，即对构成旅游产品的各种要素进行有机组合，以更好地满足旅游者的多样性需求。由此，组合方式也成为旅游产品的形式部分，而不同的组合方式则形成不同的旅游产品。

(三)旅游产品的延伸部分

旅游产品的延伸部分是指旅游者购买旅游产品时获得的优惠条件、付款条件及旅游产品的推销方式等，是旅游者进行旅游活动时所得到的各种附加利益的总和。虽然延伸部分并不是旅游产品的主要内容，但旅游者在旅游过程中购买的是整体旅游产品，因而在旅游产品核心部分和形式部分的基本功能确定之后，延伸部分往往成为旅游者对旅游产品进行评价和决策的重要组成因素。因此，旅游经营者在进行旅游产品营销时，应注重旅游产品的整体效能，除了要突出旅游产品核心部分和形式部分的特色外，还应在旅游产品的延伸部分上形成差异性，以赢得市场竞争的优势。

二、旅游产品的需求构成

旅游产品是一种直接面向旅游者的最终消费品，因而从消费需求角度出发，可以就旅游者需求程度和消费内容两方面来分析旅游产品的构成。

(一)按旅游者的需求程度分析

按旅游者的需求程度分析，旅游产品可分为基本旅游产品和非基本旅游产品。基本旅游产品是指旅游者在旅游活动中必需购买的，而且需求弹性较小的旅游产品，如住宿、饮食、交通等都是旅游活动中必不可少的；非基本旅游产品是指旅游者在旅游活动中不一定购买的，而且需求弹性较大的旅游产品，如旅游购物、医疗保健服务、通信服务等。基本旅游产品和非基本旅游产品的划分，有助于旅游经营者针对不同的旅游消费需求，提供不同内容的旅游产品，满足旅游者的多样性消费需求；同时，也有助于旅游者在选择和购买旅游产品过程中，有计划地调整自己的消费结构和消费水平，使旅游活动更加轻松舒适，以达到益身益心的旅游目的。

(二)按旅游者的消费内容分析

按旅游者的消费内容分析，旅游产品主要由食、住、行、游、购、娱等组成，即要求旅游经营者分别向旅游者提供饮食、住宿、交通、游览、购物、娱乐等方面的消费内容。饮食和住宿是向旅游者提供基本旅游条件的消费；交通是向旅游者提供实现旅游活动的主要手段；游览是向旅游者提供旅游活动的中心内容；购物是向旅游者提供辅助性消费的内容和形式；娱乐则是向旅游者提供一些愉悦的参与性体验和感受。从旅游者的消费结构来看，旅游产品食、住、行、游、购、娱六个要素的消费潜力是不同的。饮食、住宿和交通存在着一定的消费极限，增加消费的途径是提高饮食质量、增加服务内容和多档次经营；游览和娱乐的消费弹性较大，增加消费的方式是尽可能增加游乐项目，丰富游乐的内容；购物的消费弹性最大，因而要通过大力发展适销对路、品种多样的旅游商品来提高旅游的消费水平。

三、旅游产品的供给构成

从旅游供给的角度来看，旅游产品是由旅游资源、旅游设施、旅游服务、旅游商品和旅游便捷性等多种要素构成的。

(一)旅游资源

旅游资源是指一切对旅游者构成吸引力的自然现象和社会现象及事物的总和。它既是一个地区能否进行旅游开发的前提条件，也是吸引旅游者的决定性因素。旅游资源按其属性一般分为自然旅游资源和人文旅游资源两大类。自然旅游资源是依照自然发展规律天然形成的旅游资源，是可供人类旅游享用的自然环境，它寓于自然界一定的空间位置、特定的形成条件和历史演变阶段，包括地文景观、水域风光和生物景观三大类。人文旅游资源是在人类历史发展和社会进程中，由人类社会行为促使形成的具有人类社会文化属性的悦人事物，其形成和分布不仅受历史、民族和意识形态等因素的制约，还受自然环境的深刻影响，包括古迹与建筑、休闲求知健身和购物三大类。旅游资源的具体分类如表2-1所示。

旅游资源作为旅游活动的对象物，其本身就具有吸引旅游者的功能，同其他资源相比最大差异就是能够激发旅游者的旅游动机，并促成旅游行为。根据不同旅游资源的特点，通过开发和组合可以为旅游者提供各种观光游览、休闲度假、科学考察、探险寻秘、文化交流等旅游活动，以满足人们丰富生活、增长知识、陶冶情操等多方面的需求。旅游资源是旅游业赖以存在和发展的基础，旅游资源合理得当的开发，会使旅游资源得到永续的利用，并产生良好的经济效益、社会效益和生态效益，从而促进旅游业的持续发展。

表2-1 旅游资源的分类

主 类	亚 类	基本类型
A 地文景观	AA 综合自然旅游地	AAA 山丘型旅游地　AAB 谷地型旅游地　AAC 沙砾石地型旅游地　AAD 滩地型旅游地　AAE 奇异自然现象　AAF 自然标志地　AAG 垂直自然地带
	AB 沉积与构造	ABA 断层景观　ABB 褶曲景观　ABC 节理景观　ABD 地层剖面　ABE 钙华与泉华　ABF 矿点矿脉与矿石积聚地　ABG 生物化石点

续表

主 类	亚 类	基本类型
A 地文景观	AC 地质地貌过程形迹	ACA 凸峰　ACB 独峰　ACC 峰丛　ACD 石(土)林　ACE 奇特与象形山石　ACF 岩壁与岩缝　ACG 峡谷段落　ACH 沟壑地　ACI 丹霞　ACJ 雅丹　ACK 堆石洞　ACL 岩石洞与岩穴　ACM 沙丘地　ACN 岸滩
	AD 自然变动遗迹	ADA 重力堆积体　ADB 泥石流堆积　ADC 地震遗迹　ADD 陷落地　ADE 火山与熔岩　ADF 冰川堆积体　ADG 冰川侵蚀遗迹
	AE 岛礁	AEA 岛区　AEB 岩礁
B 水域风光	BA 河段	BAA 观光游憩河段　BAB 暗河河段　BAC 古河道段落
	BB 天然湖泊与池沼	BBA 观光游憩湖区　BBB 沼泽与湿地　BBC 潭池
	BC 瀑布	BCA 悬瀑　BCB 跌水
	BD 泉	BDA 冷泉　BDB 地热与温泉
	BE 河口与海面	BEA 观光游憩海域　BEB 涌潮现象　BEC 击浪现象
	BF 冰雪地	BFA 冰川观光地　BFB 常年积雪地
C 生物景观	CA 树木	CAA 林地　CAB 丛树　CAC 独树
	CB 草原与草地	CBA 草地　CBB 疏林草地
	CC 花卉地	CCA 草场花卉地　CCB 林间花卉地
	CD 野生动物栖息地	CDA 水生动物栖息地　CDB 陆地动物栖息地　CDC 鸟类栖息地　CDE 蝶类栖息地
D 天象与气候景观	DA 光现象	DAA 日月星辰观察地　DAB 光环现象观察地　DAC 海市蜃楼现象多发地
	DB 天气与气候现象	DBA 云雾多发区　DBB 避暑气候地　DBC 避寒气候地　DBD 极端与特殊气候显示地　DBE 物候景观
E 遗址遗迹	EA 史前人类活动场所	EAA 人类活动遗址　EAB 文化层　EAC 文物散落地　EAD 原始聚落
	EB 社会经济文化活动遗址遗迹	EBA 历史事件发生地　EBB 军事遗址与古战场　EBC 废弃寺庙　EBD 废弃生产地　EBE 交通遗迹　EBF 废城与聚落遗迹　EBG 长城遗迹　EBH 烽燧

续表

主类	亚类	基本类型
F 建筑与设施	FA 综合人文旅游地	FAA 教学科研实验场所 FAB 康体游乐休闲度假地 FAC 宗教与祭祀活动场所 FAD 园林游憩区域 FAE 文化活动场所 FAF 建设工程与生产地 FAG 社会与商贸活动场所 FAH 动物与植物展示地 FAI 军事观光地 FAJ 边境口岸 FAK 景物观赏点
	FB 单体活动场馆	FBA 聚会接待厅堂(室) FBB 祭拜场馆 FBC 展示演示场馆 FBD 体育健身馆场 FBE 歌舞游乐场馆
	FC 景观建筑与附属型建筑	FCA 佛塔 FCB 塔形建筑物 FCC 楼阁 FCD 石窟 FCE 长城段落 FCF 城(堡) FCG 摩崖字画 FCH 碑碣(林) FCI 广场 FCJ 人工洞穴 FCK 建筑小品
	FD 居住地与社区	FDA 传统与乡土建筑 FDB 特色街巷 FDC 特色社区 FDD 名人故居与历史纪念建筑 FDE 书院 FDF 会馆 FDG 特色店铺 FDH 特色市场
	FE 归葬地	FEA 陵区陵园 FEB 墓(群) FEC 悬棺
	FF 交通建筑	FFA 桥 FFB 车站 FFC 港口渡口与码头 FFD 航空港 FFE 栈道
	FG 水工建筑	FGA 水库观光游憩区段 FGB 水井 FGC 运河与渠道段落 FGD 堤坝段落 FGE 灌区 FGF 提水设施
G 旅游商品	GA 地方旅游商品	GAA 菜品饮食 GAB 农林畜产品与制品 GAC 水产品与制品 GAD 中草药材及制品 GAE 传统手工产品与工艺品 GAF 日用工业品 GAG 其他物品
H 人文活动	HA 人事记录	HAA 人物 HAB 事件
	HB 艺术	HBA 文艺团体 HBB 文学艺术作品
	HC 民间习俗	HCA 地方风俗与民间礼仪 HCB 民间节庆 HCC 民间演艺 HCD 民间健身活动与赛事 HCE 宗教活动 HCF 庙会与民间集会 HCG 饮食习俗 HGH 特色服饰
	HD 现代节庆	HDA 旅游节 HDB 文化节 HDC 商贸农事节 HDD 体育节

数量统计

8 主类	31 亚类	155 基本类型

注：如果发现本分类没有包括的基本类型时，使用者可自行增加。增加的基本类型可归入相应亚类，置于最后，最多可增加 2 个。编号方式为：增加第 1 个基本类型时，该亚类 2 位汉语拼音字母+Z、增加第 2 个基本类型时，该亚类 2 位汉语拼音字母+Y。

(资料来源：郝索. 旅游经济学[M]. 北京：中国财政经济出版社，2009.)

专栏 2-1　中国的世界文化遗产

世界文化遗产和自然遗产是人类祖先和大自然的杰作,有效保护世界文化遗产和自然遗产就是保护人类文明和人类赖以生存的环境。1972年11月16日,联合国教科文组织大会第17届会议通过的《保护世界文化和自然遗产公约》,对文化遗产、自然遗产和文化景观分别规定了定义。

文化遗产——文物:从历史、艺术或科学的角度来看,具有突出、普遍价值的建筑物、雕刻和绘画,具有考古意义的成分或结构,铭文、洞穴、住区及各类文物的综合体;建筑群:从历史、艺术或科学的角度来看,因其建筑的形式、同一性及其在景观中的地位,具有突出、普遍价值的单独或相互联系的建筑群;遗址:从历史、美学、人种学或人类学的角度来看,具有突出、普遍价值的人造工程或人与自然的共同杰作以及考古遗址地带。

自然遗产——从美学或科学的角度来看,具有突出、普遍价值的由地质和生物结构或这类结构群组成的自然面貌;从科学或保护的角度来看,具有突出、普遍价值的地质和自然地理结构以及明确划定的濒危动植物物种生态区;从科学、保护或自然美的角度来看,具有突出、普遍价值的天然名胜或明确划定的自然地带。

文化景观——由人类有意设计和建筑的景观:包括出于美学原因建造的园林和公园景观,它们经常(但并不总是)与宗教或其他纪念性建筑物或建筑群有联系;有机进化的景观:它产生于最初始的一种社会、经济、行政以及宗教需要,并通过与周围自然环境的相联系或相适应而发展到目前的形式;关联性文化景观:这类景观列入《世界遗产名录》,以与自然因素、强烈的宗教、艺术或文化相联系为特征,而不是以文化物证为特征。庐山风景名胜区是我国"世界遗产"中的唯一文化景观。

中国于1985年12月12日加入《保护世界文化和自然遗产公约》,于1986年开始向联合国教科文组织申报世界遗产项目。1999年10月29日,中国当选为世界遗产委员会成员。1987年至2011年6月,中国先后被批准列入《世界遗产名录》的世界遗产已达41处,具体如表2-2所示。

表2-2　中国的世界遗产名录

地域名称	批准时间	遗产种类
长城	1987.12	文化遗产(附1)
明清皇宫(北京故宫、沈阳故宫)	1987.12	文化遗产(附7)
陕西秦始皇陵及兵马俑	1987.12	文化遗产
甘肃敦煌莫高窟	1987.12	文化遗产
北京周口店北京猿人遗址	1987.12	文化遗产
山东泰山	1987.12	文化与自然双重遗产

续表

地域名称	批准时间	遗产种类
安徽黄山	1990.12	文化与自然双重遗产
湖南武陵源国家级名胜区	1992.12	自然遗产
四川九寨沟国家级名胜区	1992.12	自然遗产
四川黄龙国家级名胜区	1992.12	自然遗产
西藏布达拉宫	1994.12	文化遗产(附2、附3)
河北承德避暑山庄及周围寺庙	1994.12	文化遗产
山东曲阜的孔庙、孔府及孔林	1994.12	文化遗产
湖北武当山古建筑群	1994.12	文化遗产
江西庐山风景名胜区	1996.12	文化遗产
四川峨眉山—乐山风景名胜区	1996.12	文化与自然双重遗产
云南丽江古城	1997.12	文化遗产
山西平遥古城	1997.12	文化遗产
江苏苏州古典园林	1997.12	文化遗产(附4)
北京颐和园	1998.11	文化遗产
北京天坛	1998.11	文化遗产
重庆大足石刻	1999.12	文化遗产
福建武夷山	1999.12	文化与自然双重遗产
四川青城山和都江堰	2000.11	文化遗产
河南洛阳龙门石窟	2000.11	文化遗产
明清皇家陵寝：明显陵(湖北钟祥市)、清东陵(河北遵化市)、清西陵(河北易县)、盛京三陵	2000.11	文化遗产(附5、附6)(附8)
安徽古村落：西递、宏村	2000.11	文化遗产
山西大同云冈石窟	2001.12	文化遗产
云南三江并流	2003.7	自然遗产
高句丽王城、王陵及贵族墓葬	2004.7	文化遗产
澳门历史城区	2005.7	文化遗产
四川大熊猫栖息地	2006.7	自然遗产
安阳殷墟	2006.7	文化遗产
中国南方喀斯特	2007.6	自然遗产
开平碉楼与村落	2007.6	文化遗产
福建土楼	2008.7	文化遗产

续表

地域名称	批准时间	遗产种类
江西三清山	2008.7	自然遗产
山西五台山	2009.6	文化遗产
登封"天地之中"历史建筑群	2010.7	文化遗产
中国丹霞	2010.8	自然遗产
杭州西湖	2011.6	文化遗产

附1：2002年11月中国唯一的水上长城辽宁九门口长城通过联合国教科文组织的验收，作为长城的一部分正式挂牌成为世界文化遗产。

附2：2000年11月拉萨大昭寺作为布达拉宫世界遗产的扩展项目被批准列入《世界遗产名录》。

附3：2001年12月西藏拉萨罗布林卡作为布达拉宫历史建筑群的扩展项目被批准列入《世界遗产名录》。

附4：2000年11月苏州艺圃、藕园、沧浪亭、狮子林和退思园五座园林作为苏州古典园林的扩展项目被批准列入《世界遗产名录》。

附5、附6：2003年7月北京市的十三陵和江苏省南京市的明孝陵作为明清皇家陵寝的一部分收入《世界遗产名录》。

附7：2004年7月，沈阳故宫作为明清皇宫文化遗产扩展项目列入《世界遗产名录》。

附8：2004年7月，盛京三陵作为明清皇家陵寝扩展项目列入《世界遗产名录》。

非物质文化遗产又称无形遗产，是相对于有形遗产，即可传承的物质遗产而言的概念，是指各民族人民世代相承的、与群众生活密切相关的各种传统文化表现形式(如民俗活动、表演艺术、传统知识和技能，以及与之相关的器具、实物、手工制品等)和文化空间。具体如表2-3所示。

表2-3　入选联合国教科文组织"人类口述和非物质遗产代表作"的中国项目

名　　称	批准时间
昆曲	2001.5
古琴	2003.11
新疆维吾尔木卡姆艺术	2005.11
蒙古族长调民歌	2005.11
书法、篆刻、剪纸、雕版印刷和端午节等22个项目	2009.9
中医针灸、京剧	2010.11

(二)旅游设施

旅游设施是指向旅游者提供各项服务所凭借的物质条件的总和。旅游设施虽不是确定游客流向的主要因素，但它的不完善或不配套将直接削弱旅游接待能力，阻碍旅游者对旅游吸引物的追寻。

一般认为，旅游设施可以分为旅游基础设施和旅游服务设施。旅游基础设施是指旅游地建设的基本设施，是为了城镇居民生产和生活需要而提供给大家共同使用的设施，如水热电的供应系统、排污系统、通信系统、交通运输系统等。这些基础设施不直接为旅游者服务，但它是旅游部门和企业必不可少的物质基础。旅游服务设施是旅游经营者直接服务于旅游者的凭借物，如度假村、饭店、农舍式小屋等，它们在规模、档次、功能上存在着一定的差别，可以满足旅游者的多层次需求。这些设施不仅服务于旅游者，也为当地居民服务。旅游基础设施与旅游服务设施相辅相成，任何一个方面的缺乏或不完善，都会影响旅游经济活动的正常运行。

(三)旅游服务

旅游服务是旅游产品的核心，旅游经营者除了向旅游者提供餐饮和旅游商品等少量有形物质产品外，大量提供的是各种各样的接待、导游等服务。因此，旅游产品的无形性也主要是由它的服务性质所决定的。旅游服务的内容主要包括服务观念、服务态度、服务项目、服务价格和服务技术等。

服务观念是旅游从业人员的价值观，是从事服务工作的前提。旅游服务所表现的是一种人与人的关系，因而只有建立完整的合乎实际的服务观念，达到社会认知、自我认知和工作认知的协调一致，才可能具有积极主动的服务精神和服务态度。

服务态度是服务观念的具体化，是服务质量的外在集中表现，不仅表现出服务人员对旅游者的尊重和理解，而且也表现出服务人员的气度、修养和文明素质，因此是旅游者关注的焦点，也是提高旅游服务的重点。

服务项目是依托旅游服务设施向旅游者提供的各种服务，服务项目内容的多少和服务效率，不仅决定着是否能为旅游者提供方便、快捷和高效的服务，也是增强旅游企业竞争力的关键所在。

服务价格是旅游服务内容和质量的货币表现形式，与服务内容和质量有着密切的关系。通常，质价相符，旅游者满意；质优价低，旅游产品竞争力强；质低价高，旅游者不满意，因此不同的价格反映所提供的不同等级的服务，这是国际旅游业的通行原则。

服务技术是搞好旅游服务工作的基础，高超而娴熟的服务技术会成为一种艺术表演，使旅游者从中获得享受，满足旅游者的旅游需求，并提高旅游企业的形象和信誉，因此服务技术水平的高低就成为评判旅游企业服务质量的标准。

专栏 2-2　服务是什么

服务究竟是什么呢？服务的英文是"SERVICE"，除了字面意义，还有没有其他意义呢？

我认为"S"表示微笑待客(Smile for everyone),"E"就是精通业务上的工作(Excellence in everything you do),"R"就是对顾客的态度亲切友善(Reaching out to every customer with hospitality),"V"就是要将每一位顾客都视为特殊的和重要的大人物(Viewing every customer as special),"I"就是要邀请每一位顾客下次再度光临(Inviting your customer to return),"C"就是要为顾客营造一个温馨的服务环境(Creating a warm atmosphere),"E"则是要用眼神表达对顾客的关心(Eye contact that shows we care)。

(资料来源:郝索.旅游经济学[M].北京:中国财政经济出版社,2009.(有改动))

(四)旅游商品

旅游商品是指旅游者在旅游活动中所购买的,对旅游者具有实用性、纪念性、礼品性的各种物质形态的商品。旅游商品反映了旅游目的地国家或地区的文化和艺术,能够使旅游者更好地了解旅游目的地国家或地区的文化传统,并留下美好的回忆。旅游商品主要有旅游工艺品、旅游纪念品、文物古玩、金银玉器、土特产品及书法绘画等。由于旅游商品的种类多、价格高、消费潜力大,因此是旅游产品的重要组成内容,也是旅游创汇的重要来源。

(五)旅游便捷性

旅游便捷性是旅游产品构成中的基本因素之一,它不仅是连接旅游产品各组成部分的中心线索,而且是旅游产品能够组合起来的前提条件,具体表现为进入旅游目的地的难易程度和时效标准。旅游便捷性的具体内容主要包括以下几个方面:一是有良好的交通通达条件,如现代化的交通工具和方式,国际和国内交通运输网络衔接与联系的方便程度等。二是通信的方便条件,包括通信设施具备与否,其配套状况、规模、能力及线路布置等是否方便、快捷。三是出入境签证手续的难易、出入境验关程序、服务效率和咨询信息等,不仅影响到旅游目的地的客流量大小,而且对旅游产品的成本、质量、吸引力等都有重要的影响。四是旅游目的地的社会承受能力,主要是指当地社会公众对旅游开发的态度、社会公众舆论、社会治安状况、社会管理水平、人口密度、交通管理等状况,这些都是影响旅游便捷性的重要因素。

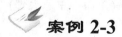

案例 2-3

旅游服务:于细微处见真情

三年前,韩国一家大集团副总裁到澳大利亚出差,当他住进丽滋·卡尔登饭店(Ritz Carlton hotel,1992 年美国国家品质奖服务类奖得主)后,他打电话给该饭店客房服务部门,要求将浴室内原放置的润肤液换成另一种婴儿品牌的产品,服务人员很快满足了他的要求,但事情并没有结束。三周后,当这位副总裁住进美国新墨西哥的丽滋·卡尔登饭店时,他发现浴室的架子上已经摆放着他所熟悉的润肤液,一种回家的感觉在他心中油然而生……"凭借信息技术和多一点点的用心,丽滋·卡尔登饭店使宾至如归不再是口号。"丽滋·卡尔登饭店澳大利亚地区品质训练负责人琴·道顿说出了卡尔登饭店成功的秘密。在丽滋·卡尔登全球联网的电脑档案中,详细记载了超过24万个客户的个人资料。这是每一个顾客和卡尔登员工拥有的小秘密,使顾客满意在他乡。

(资料来源:郝索.旅游经济学[M].北京:中国财政经济出版社,2009.(有改动))

专栏2-3 我国5A级旅游景区

我国的旅游景区质量等级划分为五级,从高到低依次为AAAAA、AAAA、AAA、AA、A级旅游景区。AAAAA是一套规范性标准化的质量等级评定体系,是全国旅游景区(点)最高等级荣誉,代表了世界级旅游品质和中国旅游精品景区的标杆,较AAAA级旅游景区更加注重人性化和细节化,更能反映出游客对旅游景区的普遍心理需求,突出以游客为中心,强调以人为本。申报5A景区要通过旅游交通、游览区域、旅游安全、接待能力等12道关卡,评选难度系数不亚于申报世界遗产,甚至超过了申报世界遗产的难度。截至2012年2月8日,全国共有130家国家AAAAA级旅游景区。

江苏(11家)

苏州园林(拙政园、虎丘、留园)、苏州昆山周庄古镇景区、南京(钟山—中山陵园)景区、中央电视台无锡影视基地三国水浒景区、无锡灵山大佛景区、苏州吴江同里古镇景区、南京(夫子庙—秦淮河)风光带景区、常州恐龙城休闲旅游区、扬州瘦西湖景区、南通濠河风景区、泰州姜堰市溱湖旅游景区。

浙江(9家)

杭州西湖风景区、温州雁荡山风景区、舟山普陀山风景区、杭州淳安千岛湖风景区、嘉兴桐乡乌镇古镇、宁波奉化(溪口—滕头)旅游区、金华东阳横店影视城景区、嘉兴南湖旅游区、杭州西溪湿地旅游区。

河南(8家)

郑州登封嵩山少林景区、洛阳龙门石窟景区、焦作(云台山—神农山—青天河)风景区、安阳殷墟景区、洛阳嵩县白云山景区、开封清明上河园、平顶山鲁山县(尧山—中原大佛)景区、洛阳栾川县(老君山—鸡冠洞)旅游区。

广东(7家)

广州长隆旅游度假区、深圳华侨城旅游度假区、广州白云山风景区、梅州梅县雁南飞茶田景区、深圳观澜湖休闲旅游区、清远连州地下河旅游景区、韶关仁化丹霞山景区。

山东(6家)

泰安泰山景区、烟台蓬莱阁旅游区、济宁曲阜明故城(三孔)旅游区、青岛崂山景区、威

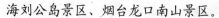

海刘公岛景区、烟台龙口南山景区。

湖北(6家)

武汉黄鹤楼公园、宜昌三峡大坝旅游区、宜昌三峡人家风景区、十堰丹江口市武当山风景区、恩施州巴东神龙溪纤夫文化旅游区、神农架生态旅游区。

北京(6家)

故宫博物院、天坛公园、颐和园、(八达岭—慕田峪)长城旅游区、明十三陵景区、恭王府景区。

湖南(5家)

张家界(武陵源—天门山)旅游区、衡阳南岳衡山旅游区、湘潭韶山旅游区、岳阳(岳阳楼—君山岛)景区、长沙(岳麓山—橘子洲)旅游区。

陕西(5家)

西安秦始皇兵马俑博物馆、西安华清池景区、延安黄陵县黄帝陵景区、西安大雁塔—大唐芙蓉园景区、渭南华阴市华山景区。

云南(5家)

昆明石林风景区、丽江市玉龙雪山景区、丽江古城景区、大理崇圣寺三塔文化旅游区、中科院西双版纳热带植物园。

河北(5家)

承德避暑山庄及周围寺庙景区、秦皇岛山海关景区、保定安新白洋淀景区、保定涞水县野三坡景区、石家庄平山县西柏坡景区。

四川(5家)

成都(青城山—都江堰)旅游景区、乐山峨眉山景区、阿坝藏族羌族自治州九寨沟景区、乐山大佛景区、阿坝藏族羌族自治州松潘县黄龙风景名胜区。

新疆(5家)

昌吉州阜康市天山天池风景名胜区、吐鲁番葡萄沟风景区、阿勒泰地区布尔津县喀纳斯景区、伊犁地区新源县那拉提旅游风景区、阿勒泰地区富蕴县可可托海景区。

重庆(4家)

大足石刻景区、巫山(小三峡—小小三峡)、武隆喀斯特旅游区(天生三桥、仙女山、芙蓉洞)、酉阳桃花源景区。

福建(4家)

厦门鼓浪屿风景名胜区、南平武夷山风景名胜区、三明泰宁风景旅游区、福建土楼(永定—南靖)旅游景区。

安徽(4家)

黄山市黄山风景区、池州青阳县九华山风景区、安庆潜山县天柱山风景区、黄山市黟县皖南古村落—西递宏村。

江西(4家)

九江庐山风景名胜区、吉安井冈山风景旅游区、上饶三清山旅游景区、鹰潭市贵溪龙虎山风景名胜区。

上海(3家)
东方明珠广播电视塔、上海野生动物园、上海科技馆。

辽宁(3家)
沈阳植物园、大连(老虎滩海洋公园—老虎滩极地馆)、大连金石滩景区。

黑龙江(3家)
哈尔滨太阳岛景区、黑河五大连池景区、牡丹江宁安市镜泊湖景区。

吉林(3家)
长白山景区、长春伪满皇宫博物院、长春净月潭景区。

山西(3家)
大同云冈石窟、忻州五台山风景名胜区、晋城阳城县皇城相府生态文化旅游区。

甘肃(3家)
嘉峪关文物景区、平凉崆峒山风景名胜区、天水麦积山景区。

宁夏(3家)
石嘴山平罗县沙湖旅游景区、中卫沙坡头旅游景区、银川镇北堡西部影视城。

海南(3家)
三亚南山文化旅游区、三亚南山大小洞天旅游区、保亭县呀诺达雨林文化旅游区。

广西(2家)
桂林漓江景区、桂林兴安县乐满地度假世界。

贵州(2家)
安顺黄果树大瀑布景区、安顺龙宫景区。

内蒙古(2家)
鄂尔多斯达拉特旗响沙湾旅游景区、鄂尔多斯伊金霍洛旗成吉思汗陵旅游区。

天津(2家)
天津古文化街旅游区(津门故里)、天津蓟县盘山风景名胜区。

青海(1家)
青海湖景区。

第三节 旅游产品的类型

随着旅游需求的多元化发展,旅游产品的类型也在不断增加。由于旅游产品概念的复杂性,目前还没有形成统一公认的旅游产品分类标准体系。常见的分类方法主要有以下几种。

一、按旅游产品的功能和市场存在形态分类

按旅游产品的功能和市场存在形态分类，旅游产品可分为观光旅游产品、度假旅游产品、事务旅游产品和专题旅游产品。

(一)观光旅游产品

观光旅游产品是满足旅游者观赏自然风光和人文风情等需要的旅游产品。观光旅游产品是一种传统旅游产品，也是我国目前旅游市场上的主导旅游产品。由于旅游需求的差异，使观光旅游产品的形式多种多样，常见的有自然观光旅游产品和文化观光旅游产品。自然观光旅游产品是为了满足人们亲近自然、享受自然、回归自然的需求而设计开发的，如针对名山大川、风光地貌、森林生态、湖泊湿地、草原风光等奇特的自然现象所开发的旅游产品。文化观光旅游产品是为了满足人们求知、访古、朝拜等旅游目的而开发的，如历史古迹、民族文化、博物馆、美术馆和主题公园等。这些旅游产品共同的特征是"走马观花"，旅游活动中参与性的内容较少。不过，随着现代旅游的发展，也有部分观光旅游产品融入了更多的文化内涵和休闲度假的内容，使观光旅游产品的内容更加丰富多彩和富有吸引力。

(二)度假旅游产品

度假旅游产品是指旅游者利用假期进行休养和消遣的旅游方式。度假旅游通常有海滨旅游、乡村旅游、森林旅游、野营旅游等。度假旅游强调休闲和消遣，通常要求自然景色优美，有良好的气候、令人满意的住宿设施、完善的文体娱乐设施及便捷的交通、通信条件等，是深受国内外旅游者喜爱的旅游产品。

(三)事务旅游产品

随着世界各国经济、科技、文化的发展，国际贸易持续增长，各国之间在政治、经济、技术、文化等方面的交流日益频繁，这就导致国际间以及地区间有关人员交往数量的快速增加，从而形成了特殊的事务旅游消费群体。事务旅游具有目的的选择取决于工作需要或由他人决定、停留时间短、对服务要求高、消费水平高以及受季节影响小等特点。常见的事务旅游产品有商务旅游、会议旅游、购物旅游、节事旅游和探亲访友旅游等。

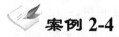

案例 2-4

旅行社分抢"品果游"蛋糕

上海旅游集散中心2004年启动的"品果游"活动，体现出了较大的市场潜力空间。还未到周末，市场就将车票预订一空，原本一些线路周末只发两班车，结果有关方面不得不

两次增开班车。曾经出现的加班车司机对旅游线路不熟悉、"品果游"导游配备不全的现象，都是由于对市民"品果游"热情估计不足造成的。2004年，南汇滨海桃源和嘉定马陆葡萄园尤其受欢迎，前者周末日均有300多位品桃者前往，后者则每天接待七八百位游客，买葡萄的车队在路边竟排出千余米。

上海旅游集散中心为2005年的"品果游"做了充分准备：将原来的两三条"品果游"线路增加到五六条，并都一一提前"踏线"考察；只在周末才有的"品果游"班车，现在几乎天天都有，车辆增加了若干。同时，上海一日旅行社还新配备了10多名市郊"品果游"导游。市郊景点的积极性也高了，纷纷加大配套设施建设，有的甚至自行在市区开设班车，组织人们"品果游"。嘉定马镇2005年又新开辟出一处葡萄园，供市民前往采摘。此外，为避免市民旅行单调，2005年的"品果游"还与景点结合起来。

(资料来源：http://www.ctws.cn/tyzx/NewsInfo.asp?id=369)

(四)专题旅游产品

专题旅游产品是为了满足人们特定的旅游需求而开发的旅游产品。这里的特定旅游需求是指旅游者有着除观光、度假、休闲以外的带有明确主题的旅游目的。专题旅游产品的开发对资源、技术、人才等方面提出了更高的要求，具有广阔的发展前景。专题旅游多采取团体形式，旅游团多由同一职业或具有共同兴趣的人员组成。一般来说，旅游者在旅游过程中比较关注专题性活动的安排，希望能够在游览各种旅游景点的同时，与同行进行专业方面的交流。常见的专题旅游产品主要有修学旅游、科学考察旅游、宗教旅游、探险旅游等。

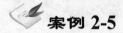

案例 2-5

海南旅游岛的旅游主题选择

滨海度假休闲游：滨海度假、海岛休闲、海上运动、潜水活动。

特色高尔夫旅游：依托海南岛19家各具特色的高尔夫球会，组织和举办不同类型的高尔夫赛和多种高尔夫活动。

自驾观光休闲游：海南岛文明生态村自驾休闲游、自驾车观光游、自驾车探奇游、特色房车休闲游等。

海岛温泉度假游：海滨温泉、山野温泉、花园温泉、园林温泉、温泉乐园和温泉SPA。

海岛会议奖励游：策划、组织各种会展到海南岛举行；策划、组织海南岛奖励旅游产品，鼓励各类单位和企业选择海南岛观光或度假产品作为奖品。

海南岛度假购房游：海南岛的生态、健康、安全使房产增值潜力巨大，而且通过组织"海南岛度假购房游"使更多的成功人士在海南岛实现"第二居所"的梦想。

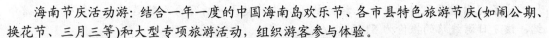

海南节庆活动游：结合一年一度的中国海南岛欢乐节、各市县特色旅游节庆(如闹公期、换花节、三月三等)和大型专项旅游活动，组织游客参与体验。

特色美食购物游：利用海南的丰富美食和土特产，推出海南特色美食购物游。

热带雨林探奇休闲游：以热带雨林和海南特色动植物观赏为主要内容，组织修学游、夏令营和冬令营、热带雨林度假和雨林探奇旅游。

豪华邮轮度假游：组织邮轮旅游，将豪华邮轮和航空联动、邮轮旅游和其他特色旅游结合，使邮轮游客尽情品味海南。

市县一地深度游：组织以各个重点旅游市县为目的地的短程深度体验游。

海南民俗体验游：结合新的假期制度，挖掘海南各地民俗文化特色和内容，推出假期主题的海南乡村民俗体验线路，如来海南岛(包括各地乡村)过年、过中秋、过端午、过清明节等。

(资料来源：http://travel.sohu.com/20081230/n261506613.shtml)

二、按旅游产品的开发分类

为了有效满足旅游者的需求，必须对旅游产品进行开发，按照对旅游产品的开发程度分类，旅游产品可分为全新旅游产品、换代旅游产品和改进旅游产品等。

(一)全新旅游产品

全新旅游产品是指为了满足旅游者新的需求，运用新技术、新方法、新手段或对新的旅游资源进行创新开发而形成的旅游产品，包括新的旅游景点、新的旅游饭店、新的旅游项目、新的旅游线路，以及新的专项旅游活动等。全新旅游产品开发一般周期长、投资多、风险大，而且有很大的难度，由此必须认真研究，科学地开发。

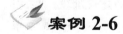

"神六"发射地成旅游热点

随着"神六"的成功发射，位于阿拉善盟境内的东风航天城(酒泉卫星发射基地)成为旅游热点，国内一些旅行社纷纷看好这项旅游业务。2006年11月，温州市一家旅行社就打起了航天城旅游的牌子，推出到东风航天城旅游的新线路。

根据旅行社的线路安排，酒泉与嘉峪关、敦煌、乌鲁木齐等组合成一个7日游。游客到酒泉被安排在行程的第二天，届时将可以参观从这里发射了的37颗卫星和"神二"、"神三"、"神五"等发射基地的历史展览馆，以及聂荣臻元帅墓和为了祖国的航天事业而长眠在这里的烈士们的陵园。游客还可以近距离地观看发射过"神二"、"神三"的2号发射架、东方红卫星发射场、火箭搭配车间等，近距离地接触"神二"、"神三"的发射架。

为了突出航天旅游的特点，旅行社还会给首发团的游客每人赠送一个火箭模型。据介绍，该7日游线路的报价为5180元/人。

(资料来源：http://tm.17uu.com/)

(二)换代旅游产品

换代旅游产品是指对现有旅游产品进行较大的改造。例如，对旅游饭店进行改造而提高服务档次和质量，对旅游景点进行改造而丰富游览内容，在旅游度假中增加保健旅游产品，把一般公园改造为主题公园等。换代旅游产品的开发周期虽然相对较短、风险较小，但创新不够。因此，必须针对旅游者的需求变化来进行旅游产品的换代。

(三)改进旅游产品

改进旅游产品是指对原来的旅游产品不进行较大的改造，而是通过局部的改变或添加部分内容以增强旅游产品的吸引力，从而巩固和拓展客源市场。例如，旅游饭店增加服务内容，旅游景区增加新景点，旅游线路增加新内容等。

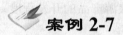

案例 2-7

川陕甘渝打造"三国旅游精品线路"

近年来，以易中天《话说三国》为标志，海内外涌动着一股"三国潮"，"读三国、品三国、游三国"蔚然成风，尤其是在日本、韩国、越南等国，民间关注三国、研究三国已经成为一种新时尚。于是，与三国文化"走"得最近的四川、陕西、甘肃、重庆一跃成为含金量极高的"旅游富矿"。

2009年4月，由四川、陕西、甘肃和重庆三省一市携手打造的"三国文化旅游精品线路"正式启动，这标志着川陕甘渝"三国文化旅游精品线路"进入了新的建设阶段。"三国文化旅游"是以《三国志》记载的三国历史为根据，以《三国演义》为主导，以游览三国文化遗址、遗迹、纪念性建筑、历史人物的出生地、居住地、墓地遗迹与三国文化有关的现代人造景观，体验三国文化为主要内容的专项旅游线路和文化旅游活动。三国遗址主要分布在四川、陕西、甘肃、重庆、湖北、河南、江苏等中国的七个省市。联合打造"三国"旅游品牌将有助于整合形成综合竞争力，实现共赢。

(资料来源：http://news.269.net/news/index.shtml)

三、按旅游产品的销售方式分类

按旅游产品的销售方式分类，旅游产品可分为团体包价旅游、散客包价旅游和自助旅游等。

(一)团体包价旅游

团体包价旅游是指旅行社根据旅游市场需求,把若干旅游者组成一个旅游团体,按照统一价格、统一行程、统一内容进行的旅游活动。团体包价旅游是一种大众化旅游产品,在国际旅游市场上占有十分重要的地位。其特点是:①旅游者一旦购买了团体包价旅游产品后,只要随团旅游即可,一切旅游活动均由旅行社负责安排,既方便便宜又安全可靠;②旅行社一旦销售出团体包价旅游,就要配备领队和导游,并负责安排好食、住、行、游、购、娱等一切活动及全程安全等;③把旅游者的食、住、行、游、购、娱等全部包下来,但也可以只包其中一部分。

(二)散客包价旅游

散客包价旅游是指旅游者不参加旅游团体,而是以一个人或一家人向旅行社购买某一旅游产品的包价旅游。散客包价旅游一般没有较多的约束,比较自由,根据旅游者需求灵活安排。这种方式受到旅游者的广泛欢迎,因而在国际国内旅游市场上发展很快,也是现代旅游发展的趋势。但是,散客包价旅游不能享受团体旅游的优惠,因而其价格一般都高于团体包价旅游。

(三)自助旅游

自助旅游是指旅游者不通过旅行社组织,而是自己直接向航空公司、车船公司、旅游饭店、旅游景区预订或购买单项旅游产品,按照个人需求及偏好进行的旅游活动。自助旅游一般不通过旅行社,故通常不归为旅游产品。但是,由于其购买的是单项旅游产品,是由自己组合的旅游线路产品,所以从本质上也可视为旅游产品。

专栏 2-4　散客游与团队游之间的艰难权衡

散客游又称自助或半自助旅游,在国外称为自主旅游(Independent Tour),是由游客自行安排旅游行程,零星现付各项旅游费用的旅游形式。如今,这种旅游形式风靡大江南北。

三亚的统计数据显示,散客游正在成为旅游的主力军。据三亚南山景区统计,2011 年 10 月 6 日入园游客 8300 余人次,其中散客是主要客源,散客比例同比保持增长势头。当日出行到南山景区的自驾车辆多达 850 辆次,主要以琼、粤、桂、渝等地的小车为主,三亚市的出租车频繁出入南山数百辆次。

天涯海角景区相关负责人介绍,10 月 6 日景区游客量近 1.2 万人次,散客和团队各占一半。三亚亚龙湾云天热带森林公园有限公司总经理李萍说,一般在法定节假日期间,散客游经常会跟团队游客平分秋色,最高时散客游比例达 60%。

来自三亚湘投银泰度假酒店的统计数据显示,10 月 1 日至 6 日,这家酒店的平均入住率为95%,其中,散客入住比例高达85%;旅游淡季,这个比例平均为80%左右。

也有部分游客和景区负责人认为,并非所有人都能轻松自如地选择自助游,因为付出的时间成本等代价远远大于团队游。来自广东湛江的游客翟东说,散客游成本较高,团队游比较省心。

其实,绝大部分游客在出行前会有一个散客游与团队游的"权衡"过程。有游客反映,散客游适合有钱又悠闲的人。刘巍说,他每次选定一个地方,出发前要花时间对当地的住宿、餐饮特色、交通等做一些功课。如果对当地情况不了解,可能会在购物时被宰,或者吃不好,这些都会影响自己出行的心情和质量。"如果没有时间研究,交给团队安排,可能相对稳妥一些。"他说。

(资料来源:三亚旅游官方网,2011-10-09)

第四节 旅游产品的开发

一、旅游产品的生命周期

产品生命周期是指一个产品从进入市场开始到最后退出市场的全部过程,这个过程大体要经历投入、成长、成熟、衰退的周期性变化。旅游产品亦是如此,也有其投入期、成长期、成熟期、衰退期四个阶段的生命周期变化(见图2-1)。一项旅游活动、一个旅游景点、一条旅游线路、一个旅游目的地等,都将经历这一由兴至衰的过程。旅游产品生命周期的各个阶段通常是以销售额和利润额或累计增长率变化来衡量的,通常旅游产品处于不同生命周期阶段会具有不同的特点。

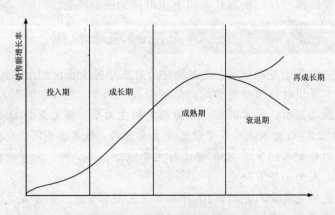

图2-1 旅游产品生命周期

(一)旅游产品的投入期

旅游产品的投入期是指各种新的旅游景点、旅游饭店、旅游娱乐设施建成后，与旅游服务组合成新的旅游线路并正式推向旅游市场。在这一阶段，由于旅游产品尚未被旅游者了解和接受，销售量增长缓慢而无规律，增长率也起伏波动；旅游企业的接待量很少，投入费用较大，经营单位成本较高。因此，为了使旅游者了解和认识旅游产品，旅游企业需要作大量的广告和促销工作。在这一阶段内，旅游者的购买很多是试验性的，几乎没有重复购买；旅游企业通常也采取试销态度，这样企业销售水平低，利润极少，甚至亏损。但处于这一阶段时，市场上一般还没有同行竞争。

(二)旅游产品的成长期

旅游产品的成长期是指旅游景点、旅游设施及旅游地开发初具规模，旅游服务逐步配套，旅游产品基本定型并形成一定的特色。由于前期宣传促销开始体现效果，这时旅游产品在市场上也开始有一定的知名度，产品销售额迅速增长，增长率一般在10%以上。旅游者对产品有所熟悉，越来越多的人购买这一旅游产品，重复购买的选用者也逐步增多；旅游企业的广告费用相对减少，销售成本大幅度下降，从而利润迅速上升。处于这一阶段时，其他旅游企业看到该旅游产品销售很好，就有可能组合相同的旅游产品进入，从而市场上开始出现竞争。

(三)旅游产品的成熟期

旅游产品的成熟期是指旅游市场上的潜在顾客逐步减少，大多数旅游者属于重复性购买，市场需求量已到达饱和状态，旅游产品的销售额达到最高点，增长幅度越来越小，一般在1%~10%。在成熟期，由于很多同类旅游产品进入市场，扩大了旅游者对旅游产品的选择范围，使市场竞争十分激烈，加上新产品对原有旅游产品的替代性，差异化成为旅游市场竞争的核心。通常，在成熟期的前期销售量可能继续增加，增长率保持在5%~10%；中期处于增减幅度较平稳状态，增长率一般在1%~5%；后期的销售增长率则趋于零或略有下降；利润增长也将达到最高点后转呈下降趋势。

(四)旅游产品的衰退期

旅游产品的衰退期是指旅游产品进入更新换代阶段。在这一阶段，新的旅游产品已进入市场并逐渐代替老产品。旅游者或丧失了对老产品的兴趣，或由新产品的兴趣所取代。除少数名牌产品外，大多数旅游产品销售增长率日益下降，价格不断下跌而使利润迅速减少，甚至出现亏损。这时，若不能采取有效措施使旅游产品进入再成长期以延长旅游产品生命周期，则旅游产品将由于销售和利润的持续下降而逐渐退出旅游市场。

根据以上对旅游产品生命周期的分析可以看出，旅游产品都有一个类似"S"形的生命周期规律性。由于旅游产品在不同生命周期阶段中具有不同的特点，因而必须针对旅游市场需求及时进行旅游产品的更新换代，适时开发旅游新产品或改造过时的旅游产品，才能保持旅游业持续、稳定的发展。

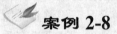

案例 2-8

深圳世界之窗娱乐项目的开发与生命周期

深圳世界之窗是一个以弘扬世界文化精华为主题的大型文化旅游景区。从 1994 年 6 月 18 日正式开业以来至 2006 年共接待中外游客 3000 万人次，经营收入 33 亿元，实现利税 13 亿元。在游客入园人数和经营收入方面连续 11 个春节黄金周均列深圳市主题公园第一。

1998 年以来，深圳世界之窗实现了年年有新项目、年年有新活动、年年有新节目的发展目标。世界之窗根据市场需要不断推出新的旅游产品，先后开发了探险漂流、滑雪场、丛林穿梭、数码影院等十多个大型项目；开发一个新项目、形成一个新景点、推出一种新文化，使景点由开业之初的 118 个增加到 130 余个；策划了国际啤酒节、世界歌舞节、樱花节、摇滚音乐节及埃及、印度、南美文化周等一系列精彩的主题活动；推出了"东方花坛"、"梦之旅"、"创世纪"、"飞越无限"、"拥抱未来"和"跨世纪"等多台大型演出，特别是大型史诗音乐舞蹈"创世纪"，荟萃了世界文明发展史的精彩片段，以战争与和平为主题，运用现代演艺技术，展现出"想不到的恢弘壮丽，看不尽的盛事繁华"，赢得了广泛的赞誉，已演出近 2000 场，观众人数超过 600 万人次，成为全国旅游行业最具特色和代表性、最吸引游客的经典文化产品。2006 年，深圳世界之窗又推出了一台以爱情为主题的新晚会《千古风流》奉献给广大游客。这样，景区通过不断地创新发展，增加了景区功能，实现了由静态观赏型向观赏、参与、娱乐复合型的转变，不断增强主题公园的生命力，使游客重游率持续提高，景区的生命周期也在不断创新中延续。

(资料来源：魏小安. 创造未来文化遗产[M]. 北京：中国人民大学出版社，2006.)

二、旅游产品开发的原则

在旅游产品开发中，无论是对旅游景区景点、宾馆饭店、餐饮娱乐的开发，还是对旅游线路的组合，首先都要对市场需求、市场环境、投资风险、宏观政策等诸多因素进行深入分析，制定多个比较可行的旅游产品开发方案，再比较选择既符合市场需要又符合旅游目的地特点，且具有竞争力的开发方案。因此，必须要求在旅游产品开发中遵循以下开发原则。

第二章 旅游产品与开发

(一)市场导向原则

旅游产品的开发必须以市场为导向，牢固树立市场观念，以旅游市场需求作为旅游产品开发的出发点。没有旅游市场需求的产品开发，不仅不能形成有吸引力的旅游产品，而且还会造成对旅游资源的不良开发和对生态环境的破坏。

坚持市场导向原则，要根据社会经济发展及对外开放的实际状况，正确进行旅游市场定位，以确定客源市场的主体和重点，明确旅游产品开发的针对性，提高旅游产品开发的经济效益。同时，还要根据市场定位、调查和分析市场需求和供给，把握目标市场的需求特点、规模、档次、水平及变化规律和趋势，从而开发出适销对路、具有竞争力的旅游产品，以确保旅游产品的生命力经久不衰。

(二)效益观念原则

旅游业是一项经济产业，因而必须始终把提高经济效益作为旅游产品开发的主要目标。同时，旅游业又是一项文化事业，要求在讲求经济效益的同时还必须讲求社会效益和环境效益，也就是从整个旅游产品开发的总体水平考虑，谋求综合效益的提高。

坚持效益观念原则，一是要求不论是旅游地的开发，还是某条旅游线路的组合，或是某个旅游项目的投入，都必须进行项目可行性研究，认真进行投资效益分析，不断提高旅游产品开发的经济效益。二是要讲求社会效益，在旅游产品开发中要充分考虑当地社会经济发展水平；考虑政治、文化及地方习惯；考虑人民群众的心理承受能力，形成健康文明的旅游活动，并促进地方精神文明的发展。三是要讲求生态环境效益，按照旅游产品开发规律和自然环境的可承载力，以开发促进环境保护，以环境保护提高开发的综合效益，从而形成保护—开发—保护的良性循环，创造出和谐的生存环境。

(三)产品形象原则

旅游产品是一种特殊商品，是以旅游资源为基础，对构成旅游活动的食、住、行、游、购、娱等各种要素进行有机组合，并按照客源市场需求和一定的旅游线路而设计组合的产品。因此，拥有旅游资源并不等于就拥有了旅游产品，而旅游资源要开发成旅游产品，还必须根据市场需求进行开发、加工和再创造，组合成特色鲜明、适销对路的旅游产品，从而树立良好的旅游产品形象。

坚持产品形象原则，要以市场为导向，根据客源市场的需求特点及变化进行旅游产品的设计；要以旅游资源为基础，把旅游产品的各个要素有机结合起来进行设计和开发，特别是要注意在旅游产品设计中注入文化因素，增强旅游产品的吸引力；要充分考虑旅游产品的品位、质量及规模，突出旅游产品的特色，努力开发具有影响力的拳头产品和名牌产品；要随时跟踪分析和预测旅游产品的市场生命周期，根据不同时期旅游市场的变化和旅游需求，及时推出旅游新产品，不断改造和完善旅游老产品，从而保持旅游业的持续发展。

三、旅游产品开发的内容

旅游产品开发的内容主要是根据旅游市场需求，对旅游资源、旅游设施、旅游人力资源及旅游景点等进行规划、设计、开发和组合。它主要包括三方面内容：一是对单项旅游产品的开发；二是对旅游线路的设计和组合；三是对旅游目的地的综合规划和开发。

(一)单项旅游产品开发

单项旅游产品开发一般是指对某一旅游景点、旅游接待设施、旅游娱乐、旅游购物等单个项目的开发。其中，旅游景点的开发是单项旅游产品开发的重点。

(二)组合旅游产品开发

组合旅游产品开发，即旅游线路的开发。旅游线路开发就是把旅游资源、旅游设施和旅游服务综合地联系起来，并与旅游者的期望相吻合，与旅游者的消费水平相适应的旅游产品。通常，旅游产品开发成功与否与旅游线路能否为旅游者所接受密切相关，因为旅游线路是旅游者消费并满足其旅游需求的具体体现。

从开发过程来看，旅游线路开发充分反映了旅游产品与物质产品在开发方式上的区别。一般物质产品是人们借助于劳动工具将劳动对象加工改造为特定的外貌和内质全然不同的符合人们新需求的有形产品；而旅游产品则是旅游从业人员凭借已开发的旅游资源和已建成的旅游设施和其他服务设施，组合成各种不同的旅游线路以满足旅游者多方面的旅游需求。

旅游线路开发的种类可以从不同角度进行划分。按旅游线路的性质不同，可划分为普通观光旅游线路和专项旅游线路两大类；按旅游线路的游程时间不同，可划分为一日游线路与多日游线路；按旅游线路使用的主要交通工具不同，可分为不同的交通工具旅游线路；按旅游线路使用对象的不同性质，可分为团体旅游线路和散客旅游线路。

(三)旅游目的地综合规划和开发

旅游目的地是旅游产品的地域载体。旅游目的地的开发是在旅游经济发展战略的指导下，根据旅游市场需求和旅游产品特点，对某一区域内旅游资源进行的开发，通过建造旅游吸引物、建设旅游基础设施、完善旅游服务，使之成为旅游者集散、停留、活动的目的地。

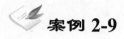

案例 2-9

用高科技打造陕西历史文化旅游新看点

陕西临潼华清池景区耗巨资创作出中国首部大型山水历史舞剧《长恨歌》，以"两情相悦"、"恃宠而骄"、"生离死别"、"仙境重逢"四个层次 11 幕情景，由 300 名专业演员组成强大阵容，以势造情、以舞诉情，在故事的原发地、艺术地再现了这一动人的爱情故事。

该剧斥资亿元，阵容强大，气势恢弘。它以骊山山体为背景，以华清池九龙湖做舞台，以亭、榭、廊、殿、垂柳、湖水为舞美元素，运用领先世界水平的高科技手段，营造了万星闪烁的梦幻天空、滚滚而下的森林雾瀑、熊熊燃烧的湖面火海，以及三组约 700 平方米的 LED 软屏和近千平方米全隐蔽式可升降水下舞台，将历史与现实、自然与文化、人间与仙界、传统与时尚有机交融，演绎了一篇神奇的历史乐章，成就了一个杰出的艺术典范。

此外，陕西汉阳陵博物馆的展示厅在国内首次采用了特殊玻璃全封闭的保护与展示手段，为遗址创造了一个尽可能接近发掘前的原始环境，使游客在充满神秘感的环境中近距离、多角度欣赏这座巨大的文物宝库。该博物馆采用现代的先进理念和技术手段，成为目前世界第一座紧贴帝陵封土，将文物和游客分隔在两个不同湿度、温度环境中，并利用最先进的影视成像技术演示当年历史事件的地下博物馆。

(资料来源：http://www.yndaily.com/html/20080407/news_99_23827.html)

四、旅游产品开发的策略

旅游产品开发是一项非常重要的工作，为了最有效地利用资源，最大限度地满足旅游者的旅游需求，在旅游产品开发规划的指导下，必须采取正确、合理的旅游产品开发策略。常用的旅游产品开发策略主要有以下几种。

(一)市场型组合策略

市场型组合策略是针对某一特定旅游市场而提供其所需要的产品。例如，旅行社专门为某一客源市场提供观光、修学、考古、购物等多种旅游产品；或者以青年市场为目标，开发探险、新婚、修学等适合青年口味的产品。市场型组合策略有利于旅游企业集中力量对特定的目标市场进行调研，充分了解各种需求，并开发出满足这些需求的多样化、多层次的旅游产品。但由于这种策略所选择的目标市场较单一，市场规模有限，从而会使旅游企业的旅游产品销售受到限制。

案例 2-10

"世界级"超强组合的文化精品显示巨大生命力

2004年3月20日,"印象·刘三姐"山水实景正式在桂林阳朔书童山下公演,顿时在全国演出业中"一石激起千层浪",举起了一面高端文化产品成功闯市场的旗帜。

《印象·刘三姐》将世界级的名胜风景——桂林山水风光、世界级的民族文化品牌——"刘三姐"、世界级的艺术大师——张艺谋等三个"世界级"超强组合在一起,在美丽的漓江河畔,创造性地打造出世界级的民族文化艺术精品。

"印象·刘三姐"以方圆两千米的漓江水域为舞台,以12座山峰和广袤天穹为背景,将壮族歌仙刘三姐的山歌、广西少数民族风情、漓江渔火等多种元素创新组合,融入桂林山水之中,诠释了人与自然的和谐关系。全场演出超过70分钟,演出人员超过700人,其中三分之二是当地渔民等非专业演员,整个演出如梦如诗、气势恢弘。

整个剧目有67位中外著名艺术家加盟创作,修改109次演出方案,投资近1亿元人民币,历经5年零5个月完成。它开创了世界和中国山水实景演出的先河,突破了"一面舞台三面墙"的传统剧场结构,赋予观众全新的视听感受,实现了艺术形式的创新,成为之后中国以及世界所有实景"印象"演出系列的开山"鼻祖"。

"三个'世界级'超强组合,注定了'印象·刘三姐'将成为一个长期具有较强的市场号召力的高端文化品牌和社会各界持续高度关注的文化现象。""印象·刘三姐"面世后,一位知名文艺评论家这样评论。事实正如其所预言的那样,到2008年年底,"印象·刘三姐"演出总场次近2000场,观众约300万人次,票房收入约6亿元人民币。2008年全年,"印象·刘三姐"的观众量在100万到105万人次,仅门票收入就达1.8亿元人民币。

(资料来源:http://news.xinhuanet.com/focus/2009-04/29/content_11240531.htm)

(二)产品型组合策略

产品型组合策略是指以某一种类型的旅游产品去满足多个目标旅游市场的同一类需求。例如,某旅行社主要开发观光旅游产品或生态旅游产品等,来满足所接待的各种各样的旅游者。采取这种策略,一方面旅游产品线路单一,所以经营成本较少,易于管理;另一方面可集中旅游企业资源并不断完善和开发某种旅游产品,进行该旅游产品的深度加工,培育精品和名牌旅游产品,从而树立鲜明的旅游形象。但是,采取这种策略会使旅游企业产品类型单一,增大了旅游企业的经营风险。

(三)市场-产品型组合策略

市场-产品型组合策略是指旅游企业开发、经营多种旅游产品,并推向多个不同的旅游市场。例如，某旅行社同时经营观光旅游、度假旅游、购物旅游、会议旅游等多种旅游产品，并以欧美市场、日本市场、东南亚市场等多个旅游市场为目标市场。采取市场-产品型组合策略，可以满足不同旅游市场的需要，扩大市场占有份额，减少经营风险等。但由于同时开发多种旅游产品，使企业经营成本增大，因此要求旅游企业具备较强的实力，才能有效地采用市场-产品型组合策略，切实推进旅游产品的开发。

本章小结

　　旅游经济现象包含许多矛盾，其中旅游需求和旅游供给的矛盾是主要矛盾。旅游需求与旅游供给之间联系的焦点是旅游产品。本章从旅游产品的概念出发，探讨了旅游产品的特征、旅游产品的构成、分类以及旅游产品的开发等。

　　旅游产品是一个综合性的概念，因此从不同的角度可能得到不同的旅游产品定义。从旅游市场的角度来看，旅游产品有单项旅游产品、组合旅游产品和整体旅游产品之分；从旅游者角度来看，旅游产品是指旅游者花费一定的时间、精力和费用所获得的一段旅游经历和感受；从旅游经营者角度来看，旅游产品是指旅游经营者凭借一定的旅游资源、旅游设施等有形的物质载体，向旅游者提供的、以满足旅游者需求的各式各样的物质产品和劳务的总和。旅游产品具有无形性、综合性、同一性、依存性、替代性和脆弱性六大特点。

　　从不同的角度分析，旅游产品有不同的构成：从市场营销的角度来看，旅游产品由核心产品、形式产品和延伸产品构成；按旅游者的需求程度分析，旅游产品可分为基本旅游产品和非基本旅游产品；按旅游者的消费内容分析，旅游产品主要由食、住、行、游、购、娱等组成；从旅游供给的角度来看，旅游产品是由旅游资源、旅游设施、旅游服务、旅游商品和旅游便捷性等多种要素构成。同样，根据不同的标准，旅游产品也有不同的类型：按旅游产品的功能和市场存在形态可分为观光旅游产品、度假旅游产品、事务旅游产品和专题旅游产品；按对旅游产品的开发程度可分为全新旅游产品、换代旅游产品和改进旅游产品等；按旅游产品的销售方式可分为团体包价旅游、散客包价旅游和自助旅游等。

　　和一般产品一样，旅游产品也具有生命周期，同样要经历投入期、成长期、成熟期和衰退期。因而，必须针对旅游市场需求及时进行旅游产品的更新换代，适时开发旅游新产品或改造过时的旅游产品，才能保持旅游业持续、稳定的发展。在旅游产品的开发中，要坚持市场导向、效益观念和产品形象原则，在旅游产品开发规划的指导下，采取市场型组合策略、产品型组合策略和市场-产品型组合策略等进行正确、合理的旅游产品开发策略，从而最有效地利用资源以最大限度地满足旅游者的旅游需求。

习 题

(一)单项选择题

1. 某旅行社推出的"华东五市游"旅游产品属于(　　)。
   A. 单项旅游产品　　　　　　　　B. 组合旅游产品
   C. 整体旅游产品　　　　　　　　D. 自助旅游产品
2. 旅行社为旅游者代订酒店、机票等业务，这属于(　　)。
   A. 单项旅游产品　　　　　　　　B. 组合旅游产品
   C. 整体旅游产品　　　　　　　　D. 自助旅游产品
3. 旅游产品的核心部分是(　　)。
   A. 旅游吸引物和旅游服务　　　　B. 旅游产品的载体和质量
   C. 旅游产品的推销方式　　　　　D. 旅游产品的特色和风格
4. 下列说法正确的是(　　)。
   A. 基本旅游产品需求弹性较小
   B. 基本旅游产品需求弹性较大
   C. 住宿、饮食、交通等属于非基本旅游产品
   D. 旅游购物、医疗保健服务、通信服务等属于基本旅游产品
5. 下列属于事务旅游产品的是(　　)。
   A. 观光旅游　　　　　　　　　　B. 度假旅游
   C. 会议旅游　　　　　　　　　　D. 探险旅游

(二)多项选择题

1. 旅游产品的供给构成有(　　)。
   A. 旅游资源　　　　　　　　　　B. 旅游设施
   C. 旅游服务　　　　　　　　　　D. 旅游商品
   E. 旅游便捷性
2. 旅游产品按销售方式可分为(　　)。
   A. 团体包价旅游　　　　　　　　B. 散客包价旅游
   C. 自助旅游　　　　　　　　　　D. 事务旅游
   E. 专题旅游
3. 下列属于旅游产品特征的是(　　)。
   A. 无形性　　　　　　　　　　　B. 综合性
   C. 同一性　　　　　　　　　　　D. 脆弱性

E. 依存性
4. 按旅游者的需求程度分析，旅游产品可分为(   )。
   A. 基本旅游产品   B. 旅游资源
   C. 旅游设施   D. 旅游服务
   E. 非基本旅游产品
5. 旅游产品开发的策略主要有(   )。
   A. 市场型组合策略   B. 产品型组合策略
   C. 市场-产品型组合策略   D. 营销策略
   E. 多元化经营策略

(三)名词解释

1. 旅游产品   2. 旅游资源   3. 旅游设施
4. 旅游服务   5. 基本旅游产品   6. 非基本旅游产品
7. 团体包价旅游 8. 散客包价旅游   9. 旅游产品生命周期

(四)简答题

1. 旅游产品的特征是什么？
2. 简述旅游产品的构成。
3. 旅游产品是如何分类的？
4. 如何认识旅游产品的生命周期及特点？
5. 简述旅游产品开发的原则和策略。

(五)论述题

结合实际，谈谈如何进行旅游产品的开发。

 案例分析题

西安中国道文化展示区旅游新产品——赵公明财神庙十大看点

西安楼观中国道文化展示区首个项目赵公明财神庙于 2011 年 7 月 19 日盛情开放，接纳八方游客。赵公明财神庙的正式开放，使更多向往传统文化、寄情于山水的都市人有了更多的旅游体验。游客在财神庙里不仅感受到财神文化的博大精深、风土民俗的浓郁质朴，也能品尝到地方特色的美食。

看点一：全息光影沙盘——既是介绍也是景点

现代数字技术的应用是赵公明财神庙景区最大的亮点之一。在景区主入口的游客服务中心，"三维全息光影沙盘展示"打破了传统意义上的光影沙盘，增加了纯数字内容的多媒体展示功能、全息三维立体展示功能、互动功能。通过声、光、电、图像、三维动画以及

计算机程控技术与黑纱全息相融合,可以充分体现区位特点,达到一种惟妙惟肖、变化多姿的立体动态视觉效果。它能使观众对景区概况有全面、立体、直观的整体理解,比传统沙盘更具震撼力和感染力。对参观者来说是一种全新的体验,并能产生强烈的共鸣。

看点二:482尊财神像——领略财神文化的深髓

走进财神庙景区,恢弘的财神文化扑面而来,处处显现着中国古老而传统的财神民俗文化。在财神殿正殿二层财神文化展示区,以别样的形式讲述着中国财神文化的源远流长。

这里收集了大量与财神有关的物品,包括雕塑、壁画、文字资料等,共有来自全国各地的财神像482尊,让游客了解中国的财神民俗文化。此外,庞大的微型雕塑群展现了民间自古以来流传下来的喜迎财神、拜财神、逛庙会的情景,402个小泥塑人个个神态自若、栩栩如生,游客还可以从人群中找到如今已经消失的小行当。

看点三:"道·梦空间"——体验如梦似幻的诗画空间

在赵公明财神庙财神殿一层领略了大型道文化多媒体互动体悟剧《道·梦空间》,这是游客不能错过的节目。本剧如诗似梦的场景布置、行云流水的舞蹈表演,受到了游客的拍手叫绝。

整场演出打破了以往观众区与舞台的严格划分,以360°环幕及多媒体全息投影技术让人真正置身于如梦如幻的4D场景,以"音诗画"的表演形式,表现了"道法自然"的文化内涵,烘托营造了美如幻境的道家思想意境,让观众置身于玄妙而深远的道家哲学的诗画梦境。

看点四:全息360财神像——体验财由天降的神秘和激动

一座锥体中的特殊棱镜当中,华夏正财神赵公明头戴黑铁冠,手执玄铁鞭,胯下骑一匹黑虎,勇猛威武。这就是在财神殿二层财神文化展示区里的全息360财神像。全息360是由特殊透明材质制成的四面锥体,四个视频发射器将光影信号发射到这个锥体中的特殊棱镜上,汇集到一起后形成具有真实维度空间的立体影像。当游客靠近全息360赵公明影像时,财神就会与游客展开互动。此外,财神殿二层的互动体验区采用二维数字技术让游客与"众财神"零距离接触。摇钱树是传说中的一种宝树,在互动体验区的摇钱树下面是LED屏,根据游人晃动树的力度不同会掉下多少不等的铜钱。

看点五:有明堂——卡通财神的确"有名堂"

在财神殿一层和财神街设有以财神文化为主题的商品概念店有明堂,这里的商品不同于其他普通的商品,具有很强的独特性和唯一性。

有明堂作为首个拥有自主知识产权的全产业链旅游纪念品品牌,其设计灵感来源于赵公明财神庙的文化背景,设计有正财神赵公明、关羽、文昌帝君、妈祖、黄大仙、土地神等与财富有关的人物,表现形式为纸偶公仔、纸偶明信片、假面浮雕、手机挂件、装饰品等。特别是Q版财神像打破了以往财神在人们心中固有的形象,很受人喜爱,足以让游客爱不释手。

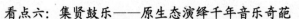

第二章 旅游产品与开发

看点六：集贤鼓乐——原生态演绎千年音乐奇葩

在2011年7月19日赵公明财神庙开放之时，有众多的民俗演出为游客送上了丰盛的文化大餐。被誉为中国古代音乐"活化石"的集贤鼓乐更是演出活动中的一大亮点，开园后集贤鼓乐的演出在赵公明财神庙财神殿一层剧院进行。全新的集贤鼓乐演出继承了最原汁原味的音乐要素，全面挖掘集贤鼓乐的文化延展，采用了国际化的包装，将集贤鼓乐的物化特征全面升华及扩展，还原了集贤鼓乐皇家交响乐的恢弘现场，为游客带来了1300年前"皇家交响乐团"的顶级文化体验。

看点七：登临问道阁——秦岭楼观风貌尽收眼底

在财神庙之西的田峪河畔，有一座巍峨的塔式建筑屹立在水域之岸，木栏飞檐，花纹精致，屋脊施吻兽，挑角垂风铃。这就是整个楼观道文化展示区的地标性建筑——问道阁。

问道阁外6层内13层杂式屋顶建筑，总高为47米，是赵公明财神庙的制高点。登临问道阁，整个财神庙景区的如画美景尽收眼底，抬眼南望，群山起伏，巍峨秦岭悠悠，田峪河水粼粼。问道阁不仅是观景的最佳平台，以后也将成为说经论道的最佳场所。

看点八：民俗风情荟萃——民俗演出轮番上演

除了集贤鼓乐之外，周至秦腔、渭旗锣鼓、高跷、竹马、牛斗虎、财神文化大巡游等特色民俗演出也是全天候轮番登场，给游客带来了原汁原味的乡土风情表演。开园当天，600人的财神巡游方阵声势浩大地在赵公明财神庙南侧财富文化广场开锣，正式拉开了赵公明财神庙开园大幕。东西南北中五路财神齐聚一堂，共同庆贺赵公明财神庙的落成开放。在整个巡游队伍中，大家喜闻乐见的八仙过海、渭旗锣鼓、跑竹马、地油子、芯子等欢庆民俗活动一应俱全，新型仙鹤道具是本次巡游队伍中的亮点，为游客奉献了一场民俗风情荟萃的饕餮盛宴。

看点九：漫步财神街——闻到了千年前的味道

青砖灰瓦、古色古香、乡土文化、特色美食俱全的财神街是财神文化展示区的一大特色，让游客眼前一亮，不虚此行。

财神街里民俗小吃品类众多，游客可以品尝到当地特色的农家小吃，体验到乡野风情。周至百桌宴起于明清，由殷实富户出资牵头，坊里百姓出力相辅，搬来木桌凳，砌起"泥垒灶"，凑在一起尽兴喝酒聚餐，祈求喜庆、盼丰收、保平安，有"长街迢遥两三里，日日香尘街上起"的盛况，如今财神街大开百桌宴，以地方美食款待八方来客，共饮老酒，共祈平安。

看点十：田峪河景观——参悟"上善若水"

微波粼粼，小桥、栈道、水车、码头……这是田峪河水景观光区。道家讲究"上善若水"，田峪河水景观光区为赵公明财神庙景区提供了良好的水岸门户形象，通过四个入口广场的设计，展现了自然、闲适的特点，在成为城镇居民度假休憩最佳场所的同时，也成为秦岭驴友户外体验的"驿站"。

（资料来源：http://news.sina.com.cn/c/cul/2011-07-19/163622840993.shtml）

问题:
(1) 赵公明财神庙在开发中遵循了哪些原则？
(2) 赵公明财神庙的开发，体现了旅游产品的哪些内涵和特征？
(3) 赵公明财神庙的成功开发，对旅游产品的开发有何启示？

第三章

旅游需求与供给

【学习目标】

通过本章的学习,要求理解旅游需求、旅游供给、旅游需求价格弹性、旅游需求收入弹性等的概念,理解旅游需求的形成条件,熟悉影响旅游需求和旅游供给的因素,掌握旅游需求和旅游供给的一般规律,了解旅游需求的指标体系,理解旅游需求与旅游供给的均衡机制。

【关键词】

旅游需求 旅游供给 旅游供给规律 旅游需求规律 旅游供求均衡

案例导入

专人引大陆游客景区排队，台游火暴背后存在供需矛盾

2011年春节长假已结束，阿里山依旧游人如织，狭小的神木站经常出现赶搭火车下山的大陆游客。六七名台"农委会林务局"嘉义林管处人员帮忙维持秩序，麦克风中不时传出"请排队，要做有礼貌的人"……据报道，大陆游客必到的阿里山森林游乐区，春节期间就为抢搭小火车出现打架纠纷，没想到几天后又有两拨游客再为同样原因群殴。为避免再发生类似冲突，当地管理部门在神木站上下车动线派员引导，调度派出所和森林警察维持秩序。

对于接连发生的抢搭冲突，台"农委会林务局"嘉义林管处原描述为"偶发事件"。不过，负责人杨宏志表示，"确实有些大陆游客没有排队习惯"，但也只能婉言相劝，"人家大老远来玩总不好厉声呵斥。"

两次冲突都被游客拍下现场画面上传至网络引发了不少议论。之前的一些事情也因此联想起来：两年前江苏常州的赵根大在台湾野柳风景区刻字，台北故宫专门为大陆游客竖起"请轻声细语"的牌子……

大声喧哗、随便插队、乱涂乱抹甚至拳脚相加不是小节，大陆游客自身的问题的确不容回避。台湾也从中看到了大陆游客赴台游持续火暴背后存在的供需矛盾。国民党"立委"蒋乃辛提案要求在3个月内检讨各景点的接待能力。

（资料来源：http://www.jynews.net/Item/274219.aspx）

大陆游客赴台游持续火暴引起的供需矛盾现象说明，旅游需求和旅游供给之间的矛盾是旅游经济活动中存在的一对最基本的矛盾，尤其在我国实行"黄金周"以来，这对矛盾更为突出，如何解决这一矛盾，已成为旅游界关注的焦点。

第一节 旅游需求

一、旅游需求的概念

从经济学意义上说，需求是指在一定时期内和一定条件下，消费者愿意并且能够购买的商品或服务的数量。当消费者的消费对象是旅游产品时，这种需求就是旅游需求。因此，就一般经济意义而言，旅游需求是指在一个特定时期内有旅游欲望和闲暇时间，消费者在

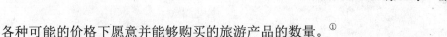

各种可能的价格下愿意并能够购买的旅游产品的数量。[①]

正确理解旅游需求的概念，需要掌握以下几点。

(1) 一定时期通常是指一年，一定条件是指影响需求量的各种因素(如价格、收入等)不变。

(2) 需求量是愿意而且能够购买的数量，但不是已经购买的数量。旅游需求产生于人们要利用旅游活动满足自身需要的欲望。从其产生的条件来看，只有人们对某种旅游产品或服务的消费具有一定的支付能力时，人们的需要才会转化为经济学意义上的需求，因此经济学只考虑有支付能力的旅游需要。

(3) 旅游需求是指一种旅游产品(包括服务)的需求量与其价格之间的关系。例如，某市场上 A 旅游产品价格为 8000 元时，一年内计划购买的消费者有 5 万人次。当价格分别为 7000 元、6000 元、5000 元等不同价格时，一年内计划购买的消费者分别为 6 万人次、7 万人次、8 万人次。这种需求量与价格之间的对应关系就是该市场上一年内 A 旅游产品的需求。

二、旅游需求的形成条件

(一)客观条件

1. 可自由支配收入

随着社会经济的发展和国民收入的增加，人们的消费水平、消费结构、消费方式不断向高层次演进。在国民消费演进和跃升的过程中，用于满足生存需要的开支相对下降，而用于满足享受需要和发展需要的开支比重相对上升，各国旅游发展的经验表明，当人均国民收入达到 300～450 美元时，人们就会产生国内旅游的需求，从而构成近距离的旅游消费；当人均国民收入达到 800～1000 美元时，人们就会产生邻国旅游的需求，从而构成区域性的旅游消费；当人均国民收入达到 3000 美元以上时，人们就会产生远程旅游的需求，从而构成洲际性的旅游消费。

可自由支配收入是指扣除全部税收和社会预支消费(如健康保险、人寿保险、退休基金、住房公基金等)及日常生活消费后剩余的收入，一般通过恩格尔系数[②]来衡量。可自由支配收入不仅是旅游需求形成的前提，而且对人们选择旅游目的地、旅游类型、旅游等级和旅游方式也有极大影响。

---

① 厉新建，张辉. 旅游经济学——理论与发展[M]. 大连：东北财经大学出版社，2002.

② 恩格尔系数是 19 世纪德国的恩斯特·恩格尔提出的，是指一个家庭或个人收入中用于食物支出的比例。系数越低，表明可自由支配收入水平越高；反之，则成相反方向变化。

2. 闲暇时间

联合国的《消遣宪章》将闲暇时间定义为:"闲暇时间是指个人完成工作和满足生活要求之后,完全由本人支配的一段时间。"闲暇时间又称余暇时间,它是旅游需求得以形成的又一重要条件。

闲暇时间按长短可分为三种:每个工作日后的闲暇时间、周末闲暇时间、假日闲暇时间。闲暇时间因长短不同,对旅游需求的作用也不同,第一种闲暇时间一般只用于看电影、看电视、闲谈等活动;第二种闲暇时间可以产生近距离的短期旅游,如国内一日游等;第三种闲暇时间则可以产生中长距离的远程旅游,如跨省旅游或国际旅游等。

随着社会生产力的发展和劳动生产率的提高,人们的闲暇时间会不断增多。西方国家每周的工作时间一般是 35 个小时左右,每周两个休息日,20 世纪 60 年代后,西方各国普遍实行了带薪休假制度,除周末和法定节假日外,带薪假期一般在 20~40 天不等。目前,我国每周的工作时间为 40 小时,每周两个休息日,加上传统的节假日,带薪假期占一年的 1/3 以上。

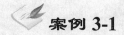

案例 3-1

好卖点还是无市场

北京飞扬旅行社为了迎接 2000 年的圣诞节,策划了一个赴欧洲旅游团的大型项目。旅游团规模预计在 200 人左右。飞扬旅行社的促销口号是:"到圣诞老人的故乡欢度新世纪的第一个圣诞节!"飞扬旅行社在 1999 年 11 月下旬开始启动市场,可到了 12 月 10 日只有 28 人报名参团,飞扬旅行社只好缩小组团规模,并取消预订的大量酒店客房、飞机票和交通工具等。

本以为这次促销活动有很好的卖点,可以获得非常火暴的市场响应,却没有料到会有如此惨淡的结局。飞扬旅行社总经理李宏利百思不得其解,怎么也想不明白问题出在了哪里。为了找到答案,他进行了一次市场抽样调查。当调查报告出来后,他才恍然大悟:在中国,圣诞节不是法定节日,没有假期,许多有意参团的旅游者只能忍痛放弃出游计划。李总经理非常后悔没有在组织本次大型促销活动之前进行市场调查,如果事前进行了充分调查,就不会出现如此被动的局面,也不会造成如此大的经济损失。

(资料来源:梁昭. 旅游市场营销[M]. 北京:中国人民大学出版社,2006.)

3. 旅游的可进入性

旅游的可进入性包括一定的交通通达性条件、可旅游区域范围的划定、签证便利性条件等。

任何旅游活动都离不开一定的交通运输条件,特别是远程旅游及国际旅游,更加讲求交通运输条件的舒适和方便。随着现代科学技术的进步，为人类提供了便利的交通运输条件，从而促进了旅游需求的产生和旅游业的发展。现代航空运输业的发展，极大地缩短了旅游的空间距离；大型民航飞机、高速公路、空调客车、高速列车等交通运输的现代化，促使旅游者在旅游活动过程中的空间移动更加舒适、方便和安全。这些不仅有效地刺激了人们的旅游需求，催化了人们的旅游行为，而且缩短了旅途时间，减少了途中的劳累及单调，又进一步加快了国际旅游业的发展，使旅游业进入了一种全球化发展的新趋势。

虽然旅游业在全球范围内日益兴起，但并不是任何国家和地区都是无条件开放旅游目的地。尽管现代交通运输业飞速发展，但是如果国家与国家之间互不开放旅游目的地，也会影响两国之间的旅游往来；反之，国家与国家之间相互开放旅游目的地，可以全面推进国际旅游的发展。因此，可旅游区域范围的划定成为影响和制约一个国家或者一个地区旅游业发展的因素，也是影响旅游需求的重要基础条件。截至 2009 年底，中国公民出境旅游目的地国家和地区扩大至 139 个，已实施 104 个。2010 年，我国公民出境旅游目的地新增的国家分别为朝鲜、密克罗尼西亚、乌兹别克斯坦、黎巴嫩、加拿大、塞尔维亚共和国和伊朗伊斯兰共和国。

此外，在一定区域范围内，国家之间签证的方便、快捷，也会极大地拉动旅游需求，促进该地区旅游业的发展。例如，俄罗斯游客集中的国家如土耳其、埃及、泰国等均对俄实行了互免签证制度。泰国自实行对俄游客免签后，俄赴泰旅游数量陡增 5 倍。中国香港自 2009 年与俄实行免签政策后，俄赴港游客数量已翻了几番。

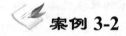

案例 3-2

青藏铁路运输旅游者突破 1000 万人次，带动了西藏旅游业

自 2006 年 7 月 1 日青藏铁路通车，2011 年，乘坐列车进出藏的旅游者突破了 1000 万人次，青藏铁路对西藏旅游业的辐射带动作用日益增强。

西藏自治区旅游局副局长王松平介绍，2006 年青藏铁路开通后，当年即实现了西藏旅游人数的大幅攀升，突破了 200 万人次；2007 年，青藏铁路旅游效应进一步显现，全年接待海内外游客超过 400 万人次；到 2010 年，西藏旅游接待海内外旅游者超过 600 万人次，乘坐铁路进藏旅游者占总人数的比例从 2006 年的 26%增加到 2010 年的 42%。

青藏铁路的通车突破了制约西藏旅游业发展的交通瓶颈。同时，青藏铁路自身也成为旅游者青睐的"旅游产品"，众多游客专程选择乘坐青藏铁路列车进入西藏，以此体验全球海拔最高的铁路。王松平说，青藏铁路开通后五年内，西藏旅游业得到了超常规、跨越式的快速发展，青藏铁路无疑带来了强大的助推力。

(资料来源：http://travel.hsw.cn)

综上所述，可自由支配收入、闲暇时间和旅游的可进入性，是旅游需求形成的三大客观条件。

专栏 3-1　各国的带薪休假制度

荷兰人有世界上最吸引人的休假制度，只要是全职雇员，每年都可享受至少 24 天带薪假期，有些公司的假期甚至长达 27～28 天。此外，弹性工作制还为员工提供了更多的选择。比如，周一有很多商店、小企业一般在上午 11 时甚至下午 1 时开始营业，员工可以尽情地享受一个周末后再睡个懒觉。再比如，荷兰员工每周的工作时间为 38～40 个小时，有些公司允许员工每天加个班为自己攒出一个休息日。荷兰人的年假可以分多次休，很多企业还发放专门的度假津贴。有些公司老板甚至愿意出钱让员工赶快去休假，以便他们能时时保持精神饱满的工作状态。

法国的假日很多，除了周末两天的休息日以外，每年还有 11 天的法定假日(元旦、五一、国庆、第一次世界大战停战日、第二次世界大战停战日以及 6 个宗教节日)，另外还有 5 周带薪年休假，总计 140 天。除此之外，每个员工还享有每年 12 天的职业培训假期(视公司的具体情况而定)。为了让假日更加惬意，法国人还建立了"假日搭桥"的办法。也就是说，如果法定假日和周末休息日只差一天，如 7 月 14 日国庆日是周四，那么周五就称为"桥"，可以和周六、周日连在一起休息(有些像我国的"十一"、"春节"长假)。

在联合国工作，除了正常的休息日外，每月还可以有两个工作日作为带薪休假，可以当月休，也可攒在一起休。此外，还有每年一次的探亲假期，一般有一个月到 6 个星期的时间。这是联合国为在异国工作的职员规定的，休假期间可以报销全家的往返机票。

(资料来源：王辉耀. 学者新论：关于改革中国公众假期六大建议[OL]. 人民网)

(二)主观条件

旅游意识或观念是人们产生旅游需求的主观条件。当一个人具备了外出旅游的客观条件，有时间、有能力购买某一旅游产品时，如果没有意识到自身的旅游需要，或者说没有旅游的意愿时仍然不会产生旅游需求。换言之，一个人只有具备了旅游的客观条件，同时又具有相应的旅游意识或旅游观念时，现实的旅游需求才能最终形成。当具备能够满足这种需求的客观实物时，现实的旅游需求则以旅游动机的形式表现出来，当人们产生旅游动机并采取了相应的旅游行动后，现实的旅游需求又转化为已实现的旅游需求或未满足的旅游需求，进而继续推动着人们的心理需求过程。社会环境、个人经历、文化素养以及年龄、性别、个性等因素，对人们旅游意识或旅游观念的形成具有重大的影响，并且在一定程度上导致了旅游动机在类型上的差异。旅游需求的演进过程如图 3-1 所示。

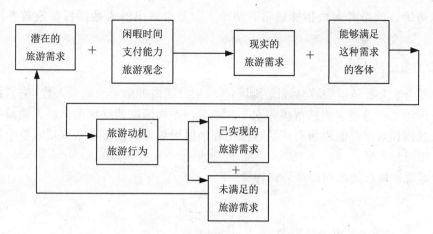

图 3-1　旅游需求的演进过程

专栏 3-2　有钱没时间——21世纪的旅游者将会选择短途旅游

据世界旅游组织(WTO)预测，尽管21世纪旅行人数会增加，但人们花在旅游娱乐上的时间会减少，特别是在世界主要的旅游市场上。

上述预测是WTO业务理事会在一份名为"休闲时间：对旅游业的冲击"中作出的。这份报告认为21世纪的旅游者将有足够的金钱但缺少时间，他们会寻找那些能在最短时间内提供最大欢娱的旅游产品。这一趋势将促进诸如主题公园和游船观光之类的产品，因为人们可以在这样的短暂旅游中游览不同的地方。

在21世纪，短暂的休息旅行和周末旅游将被更多的人经常采用，不过很多人一年中主要的假期时间会变短。这一研究报告还指出，由于工作压力加大，许多人将会选择放松的旅游方式。因此，那些包揽一切的综合观光度假设施将成为人们的新宠。

(资料来源：中国旅游报)

三、旅游需求的指标体系

旅游需求指标是旅游经济指标体系的有机组成部分，是衡量一个国家或地区旅游需求状况的尺度，为人们掌握一个国家或地区旅游经济的发展态势提供了数量的依据。

旅游需求的主要指标有以下几项(以下主要以国际游为主进行叙述)。

(一)旅游者人数指标

旅游者人数指标是反映旅游需求总量的主要指标，通过该指标不仅可以了解和掌握旅游需求的总规模及水平状况，还可以进一步分析旅游者的需求构成、需求内容、需求时间及需求趋势等。旅游者人数指标通常有两个，即旅游者出游人数指标和旅游者接待人数指标。

1. 旅游者出游人数

旅游者出游人数是指旅游客源国(地区)在一定时期内外出旅游的总人数，它直接反映了旅游客源市场上旅游需求的总规模和水平。通常，不同国家或地区的出游人数反映该地的市场需求规模和水平，而用所有旅游客源国和地区出游人数的汇总数来反映整个旅游市场需求的总规模和水平。

旅游客源市场总需求的计算公式为

$$D_i = \sum_{i=1}^{n} T_i$$

式中：D_i——旅游客源市场总需求；

T_i——国家或地区旅游者出游人数；

n——国家或地区数。

2. 旅游者接待人数

旅游者接待人数反映了旅游目的国或旅游目的地在一定时期内接待国内外旅游者的数量状况，一般以旅游者人数来衡量。旅游者人数是指一定时期内到某旅游目的国或旅游目的地的全体旅游者乘以到访的次数。

在我国，旅游者接待人数指标主要有两个：来华旅游入境人数和有组织接待的海外旅游者人数。

来华旅游入境人数是指来我国探亲访友，度假观光，参加会议，从事经济、文化、体育、宗教等活动的外国人、华侨和港澳台同胞的人数，包括过夜人数和不过夜人数，以海关登记的入境人数为准。

有组织接待的海外旅游者人数是指经过旅行社、旅游公司、饭店、政府部门、群众团体等企事业单位有组织接待的旅游者人数，是来华入境人数的一部分。

旅游者人数指标反映了旅游需求的总体规模，据此可以更好地掌握旅游需求的现状及趋势。需要说明的是，有时人次的减少并非坏事，这或许是停留时间增长导致的结果。

(二)旅游者停留天数指标

旅游者停留天数指标有两个：旅游者停留天数和旅游者人均停留天数。

1. 旅游者停留天数

旅游者停留天数是指一定时期内旅游者人次与人均过夜数的乘积，它从时间角度反映了旅游者的需求状况，同时也表现了旅游产品吸引力的大小。我们在统计旅游人次时，一定要充分考虑旅游者的停留时间，以便全面衡量旅游需求的基本状况。

2. 旅游者人均停留天数

旅游者人均停留天数是指一定时期内旅游者停留天数与旅游者人次数之比。它从平均数的角度反映了旅游需求的现实状况，同时也揭示了不同时期旅游需求的变化趋势。据此，我们可以分析其中的原因并制定相应的对策。

(三)旅游者消费指标

旅游者消费指标是以价值形态来衡量旅游需求的一项综合性指标，分为三个子指标，即旅游者消费总额、旅游者人均消费额和旅游消费率。

1. 旅游者消费总额

旅游者消费总额是指一定时期内旅游者在旅游目的地的全部货币支付，包括旅游者在旅游活动中所购买的各种商品和各项服务的开支，如餐饮费、住宿费、交通费、娱乐费和购物花费等。对于旅游目的国家或旅游目的地来说，这一指标反映了该国或该地区的旅游收入，具有重要的经济意义。值得说明的是，国际旅游者的消费总额不包括国际交通费，而国内旅游者的交通费则计入旅游消费总额之中。

2. 旅游者人均消费额

旅游者人均消费额是指一定时期内旅游总额与旅游人数之比，以价值形态从平均数的角度反映了某一时期的旅游需求状况。我们可以通过该指标分析各客源市场的消费水平，了解旅游者消费的变化情况，进而确定相应的目标市场和营销策略。

3. 旅游消费率

旅游消费率是指一定时期内一个国家或地区的出国旅游消费总额与该国或该地区的居民消费总额或国民收入的比率，用公式表示为

$$消费率 = \frac{出国旅游消费总额}{居民消费总额} \times 100\%$$

旅游消费率从价值的角度反映了一定时期内一个国家或地区的居民出国旅游需求的强度。

(四)旅游出游率与旅游重游率指标

1. 旅游出游率

旅游出游率是指一定时期内一个国家或地区外出旅游的人数与总人口的比率,用公式表示为

$$旅游出游率 = \frac{出国旅游人次}{该国总人口} \times 100\%$$

该指标反映了一个国家或地区居民出国旅游需求的状况,以此可作为选择客源市场的依据。

2. 旅游重游率

旅游重游率是指一定时期内一个国家或地区的外出旅游人次与该国或该地区出国旅游人数之比,用公式表示为

$$旅游重游率 = \frac{出国旅游人次}{出国旅游人数} \times 100\%$$

该指标反映了一定时期内一个国家或地区的居民外出旅游的频率及旅游需求的规模和能力,这也是选择客源市场的又一项参考指标。

第二节 影响旅游需求的因素和旅游需求的一般规律

一、影响旅游需求的因素

影响国际旅游需求的因素主要有三类:一是旅游客源国或地区方面的因素;二是旅游目的国或地区方面的因素;三是旅游客源国或地区与旅游目的国或地区之间的因素。这些因素总括起来,可以分为以下四个方面(以下主要以国际旅游为主进行叙述)。

(一)人口因素

1. 总人口

这里所说的总人口是指客源国或地区的人口总数,人口数量的增长不仅会增加日常消费需求,也会增加旅游需求。一般来说,人口基数大的国家在出游率不高的情况下出游人数依然多,因而仍然是主要的客源国。

2. 人口结构

人口结构是指人口的年龄、性别、职业、文化水平和城市化程度等。

年龄对人们的旅游需求具有较大的影响，这主要是由于不同年龄阶段的人，其身体状况、心理状态和生命周期不同所致。例如，未婚的青年人旅游欲望会比较强烈，但由于经济条件的限制，难以完全实现自己的旅游需求；已婚尚无子女的青年人具有强烈的旅游需求，也具有出游的客观条件；已婚且有子女的青年人，其旅游需求会因孩子尚小而受到影响，外出旅游的可能性较小；35~50岁的中年人一般事业有成，经济状况良好，子女已经自立，因而具有较强的旅游需求，并且有条件予以充分实现；老年人时间充裕，有一定的积蓄，如果身体健康的话，他们的旅游需求也很强烈，其出游率呈现日益提高的趋势。

性别对旅游需求的影响也是显而易见的，主要表现在男性旅游者的比例高于女性旅游者，其中的主要原因在于男性和女性的家庭角色不同。一般来说，男性旅游者有更多的自主时间去旅游，而女性旅游者则常常受到家庭的羁绊而不能出游。随着家务劳动的社会化，女性的出游率也会不断提高，成为客源市场上一个不容忽视的组成部分。

职业对旅游需求的影响主要表现在以下几个方面：其一，不同职业的人经济收入不同，其旅游需求的强度和内容会有明显的差异。其二，不同的职业，带薪假期的时间安排不同，制造业的带薪假期比较集中和固定，第三产业的带薪假期则可以分段使用。因此，制造业的员工多集中在夏季旅游，第三产业员工出游的季节差别不大。其三，不同职业的人，接受的刺激量不同，心理状态的平衡情况不一，其旅游需求也各不相同。

文化水平对人们的旅游需求也有一定的影响，文化水平较高的人对外部世界了解较多，较少有地域偏见，容易克服对异国文化和陌生环境的抵触情绪及恐惧心理，容易产生旅游需求；而文化程度较低的人，认识狭隘，往往知足常乐，不容易产生旅游需求。

城市化程度对旅游需求的影响主要表现在城市居民出游率大大高于乡村居民，造成这一差别的主要原因是：一方面，城市居民的收入较高，交通便利，信息通畅，有利于旅游需求的形成；另一方面，城市越来越拥挤、嘈杂，污染问题日趋严重，面对这一切，人们渴望回归大自然，投身到一个全新的环境中去，旅游需求就这样不可避免地产生了。

(二) 经济因素

1. 国民生产总值

国民生产总值是指一个国家(或地区)在一定时期内所生产的最终产品和提供的劳务总量的货币表现，反映了一个国家(或地区)在一定时期整个社会物质财富的增加状况，是衡量经济发展水平的重要指标。从旅游经济的角度来看，如果旅游客源国的国民生产总值高，旅游需求就会增加，旅游的规模和结构也会相应提高；如果旅游接待国的国民生产总值高，旅游设施及接待条件会相对较好，从而吸引旅游者及刺激旅游需求的能力就强。因此，不论是旅游客源国还是旅游接待国的国民生产总值的提高，都会刺激旅游需求不断增加。

2. 收入水平

在现实社会经济中，人们的收入水平及可支配收入状况也会影响旅游需求的变化。一方面，旅游需求将随着人们的收入变化而呈正相关变化。人们收入越高，旅游需求就越多；人们收入减少，旅游需求就会下降。因此，收入水平是影响旅游需求的数量因素。另一方面，在总收入不变的前提下，人们可自由支配收入的多少不仅影响旅游需求的数量，而且影响旅游需求的结构，即随着旅游者用于旅游消费支出的增加，对某些旅游产品内容的需求会增加，而对另一些旅游产品的需求会减少。

3. 价格、汇率和通货膨胀

旅游价格对旅游需求的作用是显而易见的，如果展开分析，可以清楚地看到旅游产品的价值量和供求关系对旅游价格具有决定性的影响，旅游接待国的通货膨胀程度和汇率水平对旅游价格的高低也有直接的关联。如果旅游接待国的通货膨胀程度较高，导致该国同旅游客源国之间的汇率下跌，旅游接待国的货币贬值，则旅游产品的实际价格下降就会对旅游需求产生促进作用；反之，如果旅游接待国通货紧缩，导致该国同旅游客源国之间的汇率上升，旅游接待国的货币升值，旅游产品的实际价格上涨，则会对旅游需求产生制约作用。另外，除接待国的旅游价格外，国际交通费在旅游总支出中占有相当大的比重，其价格高低必然促进或阻碍旅游需求。

专栏 3-3　意大利：债务问题影响出游意愿

意大利经济存在着严重的结构性缺陷，生产效率低，政府和私营部门内部缺乏竞争，劳动力市场存在着"二元化"的分割状态，即在职老员工解聘困难造成年轻人很难进入劳动力市场；再者就是南北经济差距过大，以工业和金融为经济主体的北方远远超过以农业为基础的南方，为了达到南北平衡，北方相当一部分的收入都拿去填补南方，从而加重了政府支出负担。正是这些原因，造成了在过去的10年里，意大利经济发展缓慢。2001—2010年，意大利的 GDP 年均增长仅为 0.2%，大大低于欧元区成员国平均水平的 1.1%，其人均 GDP 甚至是负增长。

希腊债务危机爆发后，国际社会越来越关注债务问题。意大利的债务负担显然超出了"可持续"的限度。其结果是意大利经济陷入了一种恶性循环：为在国际市场上融资，意大利必须忍受较高的筹资成本，其结果必然是加重债务负担，而日益沉重的债务负担进一步侵蚀了主权信用等级。

为了尽早平衡预算，意大利政府从 2010 年底至 2011 年 12 月，分别推出了五份总额涉及 2350 亿欧元的经济紧缩计划，包括削减政府开支和增加税收等措施。这些措施虽然有利于达到政府预算平衡,但最后能否彻底解决债务危机问题,仍然不得而知。另外,经济紧缩计划同时也会带来一个负面影响,即削减政府开支和增加税收将减少社会消费,从而阻滞经济增长,形成恶性循环。

经济发展缓慢直接影响到债务问题的解决,而解决债务问题时不得不推出的财政紧缩计划又将严重影响经济增长。意大利目前的困境也是整个欧元区的困境,债务问题的解决必将走向长期化、复杂化。2012年,意大利需偿付到期债务总额接近2600亿欧元,占其GDP总额的5.1%,是欧元区偿债压力最大的国家。债务问题的发酵又反作用于经济,使经济继续萎缩。意大利经济发展、基础设施与运输部长2011年12月15日曾表示,意大利经济已陷入衰退,预计2012年GDP将萎缩1.6%;而经合组织2011年11月底发布的最新报告则预测,2012年意大利经济将下滑0.5%。

截至2011年10月,意大利旅华总人数为19.8万人次,较2010年同期增长了2.1%。但与2010年较2009年同期20%的增幅相比,相差甚大。增长率大幅减缓的原因,据分析主要有两个方面:一是2009年度金融危机的影响,1~10月较2008年度同期下降了3.4%,随着2010年金融危机影响的减缓,人们出行的信心逐渐恢复,因此2010年相对2009年出现了一个较大的反弹。二是2011年以来,随着西班牙、葡萄牙和爱尔兰主权债务危机的爆发,意大利债务危机也逐渐成为世界谈论的焦点。媒体连篇累牍的报道,加之意大利政府也为此制订了广泛的经济紧缩计划以节流开源,使得人们对经济前景感到迷茫,从而导致人们花钱更加保守,尽量减少不必要的开支,以应对可能出现的经济危机。旅游作为一项非必要性活动,自然会受到很大影响,形式包括缩短旅行时间,远程旅行改为近程旅行,豪华旅行改为更加经济的旅行,甚至干脆取消旅行。中国作为远距离目的地,旅行费用相对较高,自然会因此而受到影响。

关于2012年的情况,预测将会继续停滞不前。原因除了人们的负面心理预期之外,政府所采取的紧缩计划,会在很大程度上影响人们的消费方式。例如,根据政府紧缩计划,女性和男性的退休年龄将分别被上调至62岁和66岁,且大部分养老金款项不再根据通胀率进行调整;增值税由原来的20%调整到21%;冻结公务人员的工资增长;重启房产税;规定任何现金交易不能超过1000欧元以减少偷税漏税行为(意大利地下经济规模约占GDP的15%,十分庞大)。这些措施多少会影响人们的收入情况。因此,2012年意大利出境旅游市场无论在规模、旅行时间和距离方面,还是在支出方面均会出现明显的萎缩。

(资料来源:中国旅游报)

(三)旅游供给因素

旅游接待国的旅游供给状况决定着旅游需求的实现或满足程度,在旅游供给要素中,旅游资源决定着旅游需求能否充分实现,旅游设施条件和旅游服务水平对旅游需求的满足程度也有重要的影响。

专栏 3-4　中东和非洲为什么是我国海外旅游客源市场的薄弱环节

1. 中东和非洲由于受气候影响，有相当一部分旅游目的为消暑的游客不愿意到那边，而更愿意选择气候宜人的景区或者国家。
2. 国家不富裕，造成经济不发达，吸引游客的硬件设施欠缺。
3. 战争相对频繁，造成游客的恐慌，害怕战争波及自身。
4. 历史背景复杂，宗教文化的传承导致民族争端、冲突比较突出。

(资料来源：王梓. 旅游经济学[M]. 北京：中国林业出版社，2008.)

(四) 政治和文化因素

国家间的政治关系对旅游需求也有很大的影响，两国关系良好则双方的经济活动频繁；两国关系紧张则双方的旅游活动稀少；两国没有邦交关系，双方之间则不可能产生旅游活动。同样，基于某些政治原因，一些国家也会鼓励或限制本国居民的旅游需求。

文化对旅游需求的影响较为复杂，对内向型个性的旅游者来说，文化差异越小，越容易激发其旅游需求；对外向型个性的旅游者来说，文化差异越大，越容易激发其旅游需求；对混合中间型个性的旅游者来说，既有一定的文化差异，又有一定的文化认同，最容易激发其旅游需求。因此，确定旅游供给的文化距离，并以此设计旅游类型、旅游方式和旅游项目，才能最大限度地激发人们的旅游需求。

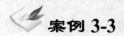

案例 3-3

圣城旅游的冲击

傍山而建的伯利恒被犹太教和基督教称为"圣城中的圣城"，《旧约圣经》称伯利恒是大卫王的故乡，而据《新约圣经》中福音书记载，基督教所信奉的救世主耶稣就降生于伯利恒的一个马厩之中。这里既是耶稣的出生地，又是犹太人的先祖雅各(后易名以色列)之妻拉结的葬身处，在历史遗迹上建的"圣诞大教堂"、"乳石洞"等都极其有名。观赏这些景点，人们仿佛走进了丰厚深邃的历史，触摸到绚丽多彩、美不胜收的文化。这里曾经游客云集，仅 2000 年就有 240 万人次世界各地的游客到以色列，其中大部分都来伯利恒旅游，听圣诞钟声、做圣诞弥撒、祈福祝愿、拜谒圣地。然而，巴以之间 2000 年 9 月底爆发大规模流血冲突后，到以色列的游客在接下来的两年间骤降，2002 年落入谷底，甚至还不足 100 万人次，伯利恒更是萧条，几乎门可罗雀。以以色列入境游市场为主要目标市场的旅游企业经营遭受重大损失，当地人甚至觉得"游客的骤减使圣城的钟声敲起来都显得有气无力、沉闷哀怨"。

(资料来源：吴金林. 旅游市场营销[M]. 北京：高等教育出版社，2007)

二、旅游需求的一般规律

需求规律的基本内容是：在其他条件不变的情况下，人们对某一商品的需求随该商品价格的变动成反方向变化，即需求量随商品价格的上升而减少，随商品价格的下降而增加。同一般商品一样，旅游产品也要遵循需求规律。与一般商品不同的是，旅游需求的产生和变化不仅由价格因素决定，而且还受到旅游者收入和闲暇时间等因素的影响。具体来说，旅游需求规律可以用下列函数式来表示。

$$D_a = f(P_a; P_1, P_2, \cdots, P_n; I; T; \cdots)$$

式中：D_a——某种旅游需求；

P_a——某种旅游产品的价格；

P_1, P_2, P_3——其他商品或服务的价格；

I——旅游者可支配收入的水平；

T——闲暇时间。

(一)旅游需求量与旅游价格

旅游价格是影响旅游需求的基本因素，在其他因素不变的情况下，旅游需求量随着旅游价格的变化而变化，当旅游价格上涨时，旅游需求量就会下降，当旅游价格下跌时，旅游需求量就会上升，将旅游需求量与旅游价格的这种关系反映到坐标图上就形成了旅游需求曲线图(见图3-2)。

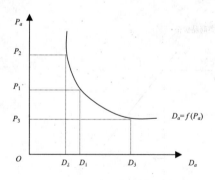

图 3-2　旅游需求曲线

如图3-2所示，当 a 种旅游产品价格为 P_1 时，旅游需求量为 D_1；若价格上升至 P_2 时，则旅游需求量下降至 D_2；若价格下降至 P_3，则旅游需求量上升至 D_3。旅游需求量(D_a)与旅

游价格(P_a)的关系,用函数式可以表示为

$$D_a=f(P_a)$$

下面讨论 P_1, P_2, P_3 类商品价格与旅游需求量的关系。有 P_1, P_2, P_3 类商品与 a 种旅游产品成替代或互补关系,现假设 b 类商品与 a 种旅游产品成替代关系,n 类商品与 a 种旅游产品成互补关系,这些商品的价格变化对旅游产品需求量的影响如图3-3和图3-4所示。

从图3-3中可以发现,当 b 类商品的价格由 P_1 降至 P_2 时,旅游者在实际收入不变的情况下,将会增加对 b 商品的需求,从而减少对旅游 a 产品的购买量。因此,b 类商品价格与旅游 a 产品的需求量呈现出正相关的关系。

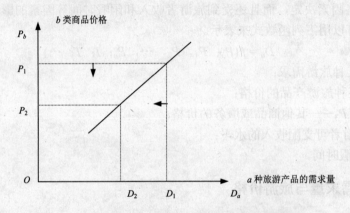

图3-3　替代商品的价格变化对旅游产品需求量的影响

从图3-4中可以看出,当 n 类商品价格由 P_1 降至 P_2 时,在其他条件不变的情况下,由于 n 类商品价格下降刺激了旅游需求量,旅游者对旅游 a 产品的需求量会由 D_1 升至 D_2,两者呈现出负相关的关系。

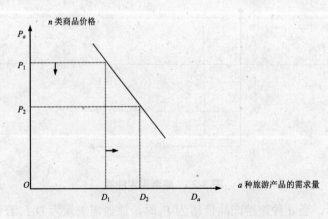

图3-4　互补商品的价格变化对旅游产品需求量的影响

(二)旅游需求量与可自由支配收入

可自由支配收入与旅游需求也有着密切的联系,在其他因素不变的情况下,可自由支配收入越多,对旅游产品的需求量就越大;可自由支配收入越少,对旅游产品的需求量就越小,这种变化关系如图3-5所示。

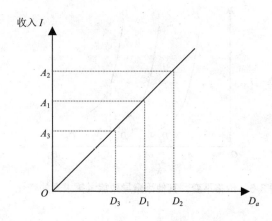

图3-5 可自由支配收入与旅游需求量的关系

从图3-5中可以看出,当可自由支配收入为A_1时,旅游需求量为D_1;当可自由支配收入升至A_2时,旅游需求量升至D_2;当可自由支配收入降至A_3时,旅游需求量降至D_3。两者这种正向变化关系用函数式表示为

$$A_a = f(D)$$

(三)旅游需求量与闲暇时间

闲暇时间与旅游需求的密切关系体现在两个方面:其一,闲暇时间是旅游需求产生的重要条件;其二,闲暇时间是旅游消费活动的组成部分。

当可自由支配收入达到相当水平后,必须拥有足够的闲暇时间,才有可能外出旅游。若人们的闲暇时间增多,旅游需求量则相应增多;若人们的闲暇时间减少,旅游需求量也相应减少,因此旅游需求量与闲暇时间基本上成正向型关系。以上是在假定其他相关因素不变的前提下,分析旅游需求量与某一影响因素之间的关系,如果这些相关因素发生变化,旅游需求曲线也会随之位移,以旅游需求量(D_a)与旅游价格(P_a)为例,这种移动变化如图3-6所示。

在图3-6中,曲线DD'表示随旅游产品价格变化而变化的旅游需求曲线,即在其他因素不变的条件下,旅游产品价格的升降导致旅游需求量沿着这条曲线增多或减少。曲线D_1D_1'和D_2D_2'表示在旅游价格之外的其他因素的变化对旅游需求量的影响,这些因素的变化引起整个旅游需求曲线发生向左或向右的位移,如果旅游产品价格不变而其他因素的变化使旅游需求量增加,旅游需求曲线从 DD' 移向 D_1D_1',旅游需求量则从 A 点增长到 A_1 点。如果这些因素的变化使旅游需求量减少,旅游需求曲线从 DD' 移向 D_2D_2',旅游需求量则从 A 点减少到 A_2 点。

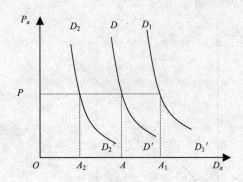

图 3-6 价格不变,其他因素导致旅游需求量的变化

三、旅游需求弹性与弹性系数

旅游需求弹性是指旅游需求对相关因素变化的敏感性,而对这种敏感性的测定就是旅游需求弹性系数。

旅游需求弹性主要包括旅游需求价格弹性、旅游需求收入弹性和旅游需求的交叉弹性。

(一)旅游需求价格弹性

旅游需求量随旅游产品价格的变化而发生相应的变化,这种反应特点叫旅游需求价格弹性。或者说,旅游需求价格弹性是指旅游需求量对旅游产品价格变动的反应程度,旅游需求价格弹性系数是指旅游价格变化的百分数与旅游需求量变化的百分数的比值。由于旅游需求量与旅游价格的变化方向相反,所以旅游价格弹性系数总是表现为负数,通常用绝对值来表示,其计算公式如下。

$$|Ed_p| = \frac{Q_1 - Q_0}{Q_0} \div \frac{P_1 - P_0}{P_0} \tag{1}$$

$$|Ed_p| = \frac{(Q_1 - Q_0)}{(Q_1 + Q_0)/2} \div \frac{(P_1 - P_0)}{(P_1 + P_0)/2} \tag{2}$$

式中:$|Ed_p|$——旅游需求价格弹性系数;
P_0,P_1——变化前后的旅游产品价格;
Q_0,Q_1——变化前后的旅游需求量。

式(1)反映的是旅游产品价格变动引起旅游需求量的直接变化程度，即需求曲线上某一点的弹性系数；式(2)表示的是旅游产品价格变动引起旅游需求量的平均变化程度，即需求曲线上某一段的弹性系数。

旅游需求的价格弹性系数可以分为以下三种情况。

当 $|Ed_p|>1$ 时，表明旅游需求弹性较大，旅游需求曲线表现得比较平坦。此时，只要旅游价格稍有变化，便会引起旅游需求较大幅度的变化。因此，在旅游需求弹性系数大于1的情况下，提价便会引起旅游需求量的锐减，从而减少总收益，降价则可以刺激旅游需求量的剧增从而增加总收入。

当 $|Ed_p|<1$ 时，表明旅游需求弹性较小，旅游需求曲线表现得比较陡峭。此时，旅游价格若发生变化，只会引起旅游需求量较小幅度的变化。因此，在旅游需求弹性系数小于1的情况下，适度的提价可以增加总收益，降价则会在一定程度上减少总收益。

当 $|Ed_p|=1$ 时，表明旅游需求弹性适中，旅游需求曲线表现为一条正双曲线。此时，旅游产品价格若有所变化，旅游需求则发生相同比率幅度的变化。因此，在旅游需求价格弹性系数等于1的情况下，提价不会增加总收益，降低也不会减少总收益。

需要指出的是，不同等级或档次的旅游产品，其需求的价格弹性系数不同。一般来说，经济型旅游产品的弹性系数较小，豪华型旅游产品的弹性系数较大。由于某项旅游产品多是各种类型产品的综合体，其需求弹性系数不尽相同，所以不能盲目采取降价策略来刺激需求量。

以上研究是在假定价值不变的条件下进行的，在通货膨胀的情况下，旅游产品价格的上调则另当别论，需要强调的是，这种现象并不影响上述结论。

(二)旅游需求收入弹性

旅游需求收入弹性是指旅游需求量对人们可自由支配收入变动的反映程度。旅游需求的收入弹性系数是指人们可自由支配收入变化的百分数与旅游需求量变化的百分数的比值。由于旅游需求量与人们可自由支配收入的变化方向相同，所以旅游需求收入弹性系数总是表现为正数，其计算公式如下：

$$Ed_i = \frac{Q_1 - Q_0}{Q_0} \div \frac{I_1 - I_0}{I_0}$$

式中：Ed_i——旅游需求收入弹性系数；

Q_0，Q_1——变化前后的旅游需求量；

I_0，I_1——变化前后的可自由支配收入。

旅游需求的收入弹性系数也会出现以下三种情况。

当 $Ed_i>1$ 时，表明某种旅游产品的需求量受可自由支配收入的影响程度大，人们的可自由支配收入若发生一定程度的变化，旅游需求量将会发生更大程度的变化，旅游需求曲线表现得比较平缓。

当 $Ed_i<1$ 时,表明某种旅游产品的需求量受可自由支配收入的影响程度小,人们的可自由支配收入若发生一定程度的变化,旅游需求量只会发生较小程度的变化,旅游需求曲线表现得较为陡峭。

当 $Ed_i=1$ 时,表明某种旅游产品的需求量受可自由支配收入的影响程度适中,人们的可自由支配收入若发生一定程度的变化,旅游需求量则按相同比例变化。

国际旅游组织的有关研究表明,各主要客源国的旅游需求收入弹性系数一般都比较高,有些国家甚至高达 3.0 左右。随着社会生产力的发展和人民生活水平的提高,旅游将逐渐成为人们日常生活的一部分,旅游需求的收入弹性系数将会逐渐缩小,甚至出现零或负数的情况。

(三)旅游需求的交叉弹性

旅游产品是一种由多种要素组成的综合性产品,既表现为一个整体的产品,又表现为由若干个单元产品组成的系列产品,即每一种要素都能构成独立的、单一的旅游产品。这些单一的旅游产品之间有些有替代性,有些有互补性。

所谓旅游产品的替代性,是指相同性质而不同类型的旅游产品在满足旅游需求时具有相互替代的关系,如宾馆、度假村、招待所、公寓、临时帐篷等都是满足旅游者住宿需求的,而各种不同类型的住宿设施随着价格变化可以互相替代。

所谓旅游产品的互补性,是指旅游产品各部分的构成是互相补充和互相促进的,即某一部分的存在和发展必须以其他部分的存在和发展为前提,或者某一部分旅游产品作用的有效发挥,必须以其他部分的存在及配合为条件。例如,航空公司的旅客增加,必然使旅游饭店和旅游餐饮的接待人数也相应增加。

正是因为旅游产品具有替代性和互补性的特点,所以某种旅游产品的需求量不仅对其自身的价格变化有反应,而且对其他旅游产品的价格变化也有反应。因此,旅游需求的交叉弹性就是指某一种旅游产品的需求量对其他旅游产品价格变化反应的敏感性,其计算公式如下。

$$Ed_i = \frac{Q_{x1} - Q_{x0}}{Q_{x0}} \div \frac{P_{y1} - P_{y0}}{P_{y0}}$$

式中:Ed_i——旅游需求交叉弹性系数;

Q_{x0},Q_{x1}——变化前后 x 旅游产品的需求量;

P_{y0},P_{y1}——变化前后 y 旅游产品的价格。

计算出来的旅游需求交叉弹性是正值或负值取决于两种旅游产品之间的关系,若两种旅游产品之间为替代关系,二者的价格和需求量同方向变动,则计算出来的旅游需求交叉弹性的数值为正值;如果两种产品之间为互补关系,二者的价格与需求量呈反方向变动,则计算出来的旅游需求交叉弹性的数值为负值。旅游需求交叉弹性的绝对值越大，说明两种旅游产品的替代性和互补性越高。

第三节 旅游供给

一、旅游供给的含义与内容

(一)旅游供给的含义

经济学意义上的供给是指一定时期内以一定价格向市场提供的商品数量。旅游供给则是指在一定时期内以一定价格向旅游市场提供的旅游产品的数量，具体包括旅游业经营者向旅游者提供的旅游资源、旅游设施和旅游服务等。

由于旅游产品具有综合性、不可转移性、无形性、生产和消费的同一性等特点，因此旅游产品的供给必须通过一定时期、一定地区或部门接待的旅客人数和人均支出来计量。

(二)旅游供给的内容

按照与旅游需求的密切或相关程度，旅游供给可以分为两大类，即基本旅游供给和辅助旅游供给。

1. 基本旅游供给

基本旅游供给是指直接针对旅游者需要而提供的旅游产品，如旅游资源、旅游设施和旅游服务等，这三者构成了旅游供给的核心部分。

2. 辅助旅游供给

辅助旅游供给是指旅游地的基础设施，主要包括交通、通信、能源系统及城市公用设施，是旅游活动得以进行的物质前提，是旅游供给中不可缺少的组成部分。

二、影响旅游供给的因素

除价格以外，影响旅游供给的因素还有很多，现将主要的归纳如下。

(一)政府的旅游产业政策

发展旅游业可充分利用本国资源和劳动力，为国家赚取外汇或回笼货币。因此，无论是发达国家还是发展中国家，都采取了一系列政策措施，积极支持本国旅游业的发展。概括而言，这些政策和措施主要包括以下两个方面。

1. 税收政策

税率高低直接影响旅游供给量的多少，政府如果降低旅游企业的税率或者减免旅游商品的进口关税，就会提高企业利润，促进旅游供给量的增加；相反，政府如果提高税率或进口关税，就会导致旅游供给量的减少。

2. 投资政策

旅游业的发展需要大量的资金，政府往往通过财政补贴或低息贷款等方式，加大旅游业的投资力度，以此来刺激旅游供给量的增加。各国旅游业发展的历程表明，此举对旅游供给量的增加具有相当大的作用。

(二)社会发展水平和环境容量

一个国家或地区的社会发展水平直接影响着旅游供给的数量与质量。发达国家由于经济实力雄厚，科技水平高，具有扩大旅游供给的物质基础和现代化手段，只需较小的投入就可生产出较多、较好的旅游产品。发展中国家由于发展水平低，基础设施薄弱，生产手段落后，若要开发旅游资源，扩建旅游设施，增加旅游供给量，必须投入大量的人力、财力和物力，不但生产周期长，产品的质量也较差。

环境容量包括自然环境容量和社会环境容量，它决定着旅游供给的规模和限度，如果不顾旅游地的自然条件和社会状况，超量接待旅游者，必然会造成自然环境和社会环境的破坏，导致旅游产品质量的下降。

(三)旅游生产者、经营者的心理预期

除上述客观因素外，旅游生产者、经营者的心理预期对旅游供给也有一定的影响，如果旅游生产者、经营者对旅游业的前景看好，他们就会增加旅游供给；如果旅游生产者、经营者对旅游业的前景看淡，他们就会减少旅游供给。当然，旅游生产者、经营者的心理预期等主观因素归根结底也是由客观条件决定或制约的。

三、旅游供给规律

旅游供给规律即供给定理，其基本内容是：在其他条件不变的情况下，某旅游产品的供给量随该产品价格的上升而增加，随该产品价格的下降而减少。旅游供给量与旅游价格之间的同向变化关系是一种函数关系，用公式表示为

$$S = f(P)$$

式中：S——旅游供给量；

P——旅游产品价格；

f——两者之间的函数关系。

反映旅游供给量与旅游产品价格变化关系的轨道就是旅游供给曲线，如图3-7所示。

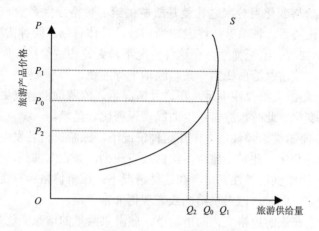

图3-7　旅游供给曲线

从图3-7中可以看出，旅游产品价格为P_0时，旅游供给量为Q_0，当旅游产品价格上升至P_1或下降至P_2时，旅游供给量则相应增加至Q_1或减少至Q_2。如果其他因素不变，旅游产品价格变化将导致旅游供给量沿曲线移动；如果其他因素发生变化，旅游供给曲线则会向左方或向右方平行移动，表示该旅游产品在价格与供给量的变化关系既定的情况下，其他因素发生变化，导致旅游供给水平提高或降低的程度，如图3-8所示。

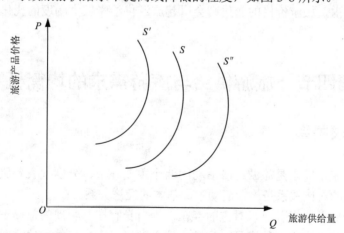

图3-8　价格不变，其他因素变化导致旅游产品供给量的变化

图3-8中曲线S为原旅游供给曲线，如果价格以外的其他因素的变化导致旅游供给量的

增加，整个曲线便会向右移至 S''，如果除价格以外的因素的变化导致旅游供给量减少，整个曲线便会向左移至 S'。

旅游供给随产品价格变动而变化的程度，称为旅游供给价格弹性。旅游供给量变化的百分率与旅游产品价格变化百分率之比就是旅游供给的价格弹性系数。由于旅游供给量与旅游产品价格是正比关系，该系数始终表现为正数，具体有以下四种情况。

当 $Ed_p=0$ 时，旅游供给无弹性。在这种情况下，无论旅游价格如何变动，旅游供给都不发生变化。此时，旅游供给曲线为一条与纵轴平行的线。

当 $Ed_p<1$ 时，旅游供给弹性不足。在这种情况下，旅游价格若发生变化，只会引起旅游供给量小幅度的变化。此时，旅游供给曲线表现得比较陡峭。

当 $Ed_p=1$ 时，旅游供给弹性适中。在这种情况下，旅游价格若发生变化，则会引起旅游供给量相同幅度的变化。此时，旅游供给曲线表现为一条正双曲线。

当 $Ed_p>1$ 时，旅游供给弹性充足。在这种情况下，旅游价格稍有变化，便会引起旅游供给量大幅度的变化。此时，旅游供给曲线表现得非常平缓。

需要说明的是，在旅游价格变化的情况下，旅游供给量的增减变化具有一定的滞后性，其原因：第一，旅游供给的增加涉及资源开发、设施建设、人员补充等，这些都需要一定的时间，因此不可能迅速对旅游价格的变化作出反应。第二，旅游供给的增加，受环境容量和社会合作等多方面因素的制约，不可能由旅游部门单独作出反应。第三，由于旅游设施的专用性比较强，在旅游价格下降的情况下，旅游供给量也不会即刻减少。

与上述问题相联系，旅游供给的弹性系数在不同的时间内大小不一。在一个较短的时间内，旅游价格的变化只会引起旅游供给量较小幅度的变化，故其价格弹性系数较小；在一个较长的时间内，旅游价格的变化则会引起旅游供给量较大幅度的变化，故其价格弹性系数较大。

第四节 旅游供给与旅游需求的均衡机制

一、旅游供求关系

旅游供给与旅游需求是旅游经济活动的两个主要环节，分别代表着旅游市场上的买卖双方，它们之间的对比关系是旅游活动中最基本的经济关系。

旅游供给与旅游需求各自以对方的存在作为自身存在与实现的前提条件。旅游需求只有通过相适应的旅游供给才能满足，旅游供给必须通过有支付能力的旅游需求才能实现。因此，旅游供给和旅游需求都要求对方与之相适应，以达到两者的相互平衡。然而，在不同的发展阶段，两者的主导地位是不一样的。在旅游业发展的初期，不断产生的旅游需求会导致旅游供给在数量、质量及效能上的持续增长或提高；而旅游业发展到一定程度后，旅游供给越来越多地创造出新的旅游需求，使旅游需求日益发展、演进。是扩大旅游供给以此来满足或刺激旅游需求，还是开拓旅游需求以此来适应或促进旅游供给，始终是旅游业领导者必须适时采取的基本政策。

在旅游市场上，由于各种主客观因素的影响，旅游供给与旅游需求总是在相互不平衡的矛盾运动中趋向平衡。也就是说，在旅游经济活动中，旅游供求关系经常表现为供求矛盾。一般而言，旅游经济活动的正常运行主要取决于供求关系，而研究供求关系，是为了掌握其中的规律，进而保证旅游业的健康发展。

二、旅游供求矛盾

在旅游市场上，旅游供求间的均衡是暂时的，而不均衡是经常的，这种从不均衡到均衡再到不均衡的运动过程，推动了旅游供求的发展。这种交替出现的状态称之为旅游供求矛盾，旅游供求矛盾主要表现在数量、时间、空间和结构等方面。

(一)旅游供给与旅游需求在数量上的矛盾

旅游供给与旅游需求在数量上的矛盾主要表现在旅游供给或旅游接待能力与旅游者总人次的不相适应上。

旅游目的国或目的地往往根据自身的社会经济条件确定适宜的旅游发展模式，由此形成本国或本地区的旅游供给能力。因此，在一定时间内，旅游供给能力是既定的，而旅游需求则受客源国和目的国的政治、经济、自然、地理等诸多因素的影响，具有较大的不确定性和随机性。在旅游市场上，旅游供给的既定性与旅游需求的不稳定性必然导致两者的不均衡，出现旅游产品供不应求或供过于求的局面。在旅游产品供过于求的状况下，如果市场机制不完善，极有可能发生削价竞争，而削价竞争往往伴随着供给质量的下降，这在我国旅游业的发展过程中已经得到证明。在旅游产品供不应求的状况下，由于旅游供给有自身的生长周期，即使不断进行深度开发，也难以迅速扩大旅游供给，还会使旅游供给的质量有所下降，使旅游者的需要不能得到充分满足。

(二)旅游供给和旅游需求在时间(季节)上的矛盾

在客源国(地区)的节假日，人们纷纷出游，形成旅游需求的高峰期。在其他时间，除老年人和商务客人外，人们一般很少外出，形成旅游需求低落期。旅游供给在一定时间内是一个常量，餐馆、游乐场、饭店等旅游设施一旦形成，就具有常年性的特点。而旅游资源特别是自然资源，受气候的影响很大，在不同的季节，其吸引力有着明显的差异。因此，旅游需求的时间性、旅游资源的季节性与旅游设施的常年性之间形成了巨大的反差。其具体表现为，在旅游需求的高峰期或某旅游地的季节吸引力较大时，该地的旅游产品供不应求；在旅游需求的低落期或某旅游地的季节吸引力较小时，该地的旅游产品供过于求，即通常所说的旅游旺季、旅游淡季和季节矛盾。

(三)旅游供给和旅游需求在空间(地域)上的矛盾

这一矛盾是指在供求总量基本平衡的条件下，旅游供求在空间(地域)上会出现失衡，即旅游热点地区供不应求，旅游冷点地区供过于求。由于各个地区旅游资源的类型不同，旅游资源的丰富程度不一，旅游设施也有很大差别，由此形成了游客流向和流量在空间(地域)上的差异。可以说，旅游资源的类型、丰富状况和旅游设施的完善程度导致了旅游供求在空间(地域)上的矛盾。

(四)旅游供给和旅游需求在结构上的矛盾

旅游供给的结构矛盾是指旅游供求在构成上不相适应，主要表现为：旅游供给类型或项目与旅游需求不相适应，旅游供给档次或等级与旅游需求不相适应，旅游供给方式与旅游需求不相适应，旅游供给质量与旅游需求不相适应。

由于旅游供给是根据客源市场预测和旅游地客观条件设计的，一经形成就具有特指性和稳定性，可是受多种因素的影响，旅游需求往往具有多样性和多变性的特点。因此，就会出现旅游供给与旅游需求在结构上的矛盾，在同一时期，某一种旅游产品出现供过于求的情况，另一种旅游产品则发生供不应求的问题。

总之，旅游供求的数量矛盾、时间(季节)矛盾、空间(地域)矛盾和结构矛盾是旅游供求矛盾的不同表现形式，它们之间既密切相关又互相影响。旅游供给与旅游需求的矛盾，通过市场机制和宏观调节得到了解决，旅游经济活动在这种矛盾运动中也得到了发展。

三、旅游供求矛盾的均衡机制

经济学上有两个简单的原理：最优化原理和均衡原理。最优化原理即人们总是选择他们能够支付的最佳消费方式；均衡原理即价格会自动调节供求，直到产品的供给数量与需求数量相等。

在市场经济条件下，旅游供求矛盾主要依靠价值规律的作用进行调节，通过价格机制达到市场均衡。在旅游市场上，当某种旅游产品供不应求时，该旅游产品的价格就会上升，促使需求量减少，而供给量则增加，直到供求大体相当为止；反之，当某种旅游产品供过于求时，该旅游产品的价格就会下降，促使旅游需求量上升，而旅游供求量则会减少，直到供求大体相当为止。通过旅游价格的上下调整使旅游供给与旅游需求达到均衡，这便是价格对旅游供求的调节机制。如图3-9所示。

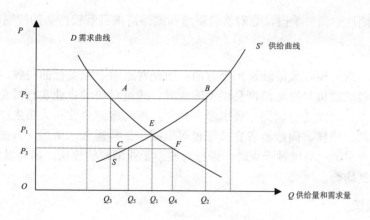

图 3-9　价格对旅游供求的调节机制

当旅游价格为 P_2 时，旅游供给曲线在 B 点，而旅游供给量为 Q_2，旅游需求曲线在 A 点，旅游需求量为 Q_3，市场上出现旅游产品供过于求的情况，导致旅游产品的价格下降至 P_1，旅游供给曲线和旅游需求曲线相交于 E 点，旅游供给量减少至 Q_1，旅游需求量增长至 Q_1，这样旅游产品达到了供求均衡。同理，如果旅游价格为 P_3，旅游供给曲线在 C 点，旅游供给量为 Q_5，旅游需求曲线在 F 点，旅游需求量为 Q_4，市场上出现供不应求的情况，导致旅游产品价格上升至 P_1，旅游供给曲线和旅游需求曲线再次相交于 E 点，旅游供给量和旅游需求量同为 Q_1，说明旅游产品又达到了供求均衡。

上述分析的核心是均衡价格，而均衡价格的形成则需要许多限定条件，即每个交易者都能够及时获得准确、完整的信息；价格的升降是完全自由、灵活、迅速的；市场上有一个报价者，能够迅速地向各个交易者提供价格信号；在达到均衡价格之前不进行交易等。

严格地讲，均衡价格是一种理论上的推断，只有在供求完全平衡的条件下才能形成，交易价格才是实际存在的。只有在理想的市场条件下，均衡价格才等于交易价格，换句话说，均衡价格只是交易价格的一种特例。

随着旅游市场的竞争日益加剧，各种非价格策略必将在一定程度上取代价格竞争。因此，对旅游供求矛盾及其均衡机制的研究必须考虑各类因素，在全面分析的基础上提出综合性的解决方法。只有这样才能使旅游产品适销对路，旅游企业的效益才能达到最大化。

除价值规律与价格机制外，政府的宏观政策对旅游供求也有很大的调节作用。这些政策措施主要包括以下四个方面。

1. 旅游发展战略与规划

为了保证旅游经济活动的健康发展，弥补市场机制的不足，很多国家或地区的政府都详细制定了本国或本地区旅游业的发展战略与规划，旨在通过必要的行政、经济和法律手段来调节旅游供求。这些发展战略与规划的主要内容有：旅游资源的开发、旅游设施的建设、旅游从业人员的培训、旅游业及相关产业的发展规模与发展速度等。旅游发展战略与规划是一种长期性的调节手段,它对旅游供给和旅游需求有着较持久的控制作用。

2. 税收政策

调节旅游供求的税收政策涉及两个方面:一是对旅游企业实行的税收政策;二是向旅游者征收旅游税的政策。当旅游产品供不应求时,通过对旅游企业实行减免税的政策,可以降低生产成本,增加企业利润,吸引多方投资,推动旅游企业扩大再生产,进而刺激旅游供给量的增加。同样,向旅游者直接征税可以减少旅游需求,从另一方面调节旅游供求矛盾。反之,当旅游产品供过于求时,通过对旅游企业增税的政策,则可以抑制旅游供给,使旅游供求达到均衡。

3. 价格政策

在价值规律自发作用的基础上,针对不同形式的供求矛盾,旅游目的国的政府可以采取不同的价格策略,如地区差价、季节差价、质量差价、优惠价、上下限价等来调节供求关系,使之均衡或适应。

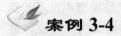

案例 3-4

延安旅游实行淡季门票优惠,逛黄帝陵只需 50 元

2009 年,延安接待海内外游客已突破 1000 万人次。时值旅游淡季,延安倾力打造"延安人游延安"、"延安过大年"等活动,并从 2009 年 12 月 15 日至 2010 年 2 月 28 日对该市景区全面实行门票优惠政策,黄帝陵等门票优惠率高达 45%,其中有 8 个红色景点免门票。

实行优惠政策的景区如下。

黄帝陵景区,门票价格 91 元,淡季价格为 50 元,旅行社团队价格在 50 元的基础上实行 8.5 折优惠,延安本地人凭身份证在大年初一赴黄帝陵游览予以免票优惠。

宝塔山景区,门票价格 65 元,淡季价格为 41 元,旅行社团队价格在 41 元的基础上实行 7 折优惠,延安本地人凭身份证门票价 5 元。

黄河壶口瀑布景区,门票价格 91 元,淡季门票价格为 46 元,旅行社团队价格在 46 元的基础上再给予适当优惠。

清凉山景区,门票价格 31 元,淡季给予旅行社团队 5 折优惠,延安本地人凭身份证门票价 5 元。

万花山景区,门票价格 21 元,淡季门票价格 5 折优惠,延安本地人凭身份证门票价为 5 元。

延安抗日军政大学纪念馆,门票价格 15 元,淡季给予旅行社团队 5 折优惠。

延安新闻纪念馆,门票价格 20 元,淡季门票价格给予旅行社团队 5 折优惠。

此外,延安革命纪念馆、枣园、杨家岭、凤凰山麓、王家坪、南泥湾革命旧址、洛川会议旧址、刘志丹陵园等景区实行免票参观。

(资料来源：http://xian.qq.com/)

4. 营销策略

由于旅游供给的弹性较小，在供给体系既定的情况下，主要依靠刺激旅游需求来调节旅游供求矛盾。旅游营销的特点是见效快、较为直观、易于运用，只要选准目标市场，促销措施到位，短期内便会激发旅游需求。因此，各旅游目的国或地区的政府经常采用市场开发、宣传招揽、产品渗透等营销策略，使旅游供求矛盾很快得到缓解。

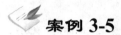

案例 3-5

路牌广告投放东京 陕西旅游愈显"国际范"

从 2011 年底开始，陕西省在日本东京投放了陕西旅游路牌广告，并在当地引起了热烈反响，这是陕西省首次在国外投放的此类旅游广告。

2011 年底以来，在日本东京最繁华的银座商业区，一块安置于商业建筑顶部的推介陕西旅游的广告板吸引了不少路人的关注。

广告板长 6 米，宽 9.3 米，体形硕大。画面以开阔大气的大雁塔北广场为背景，上有"遣唐使"、"陕西省——古都西安"等字样；画面右下方，巧妙地布局了一位昂眉张目、神态坚定而勇敢的跪射俑形象。整个广告画面体现了陕西历史文化的悠久，凸显出陕西旅游资源的独特神韵。

专家分析认为，陕西旅游在日本东京投放路牌广告，可谓是陕西旅游一次具有前瞻性的尝试。

"此次在日本东京银座商业区投放路牌广告，是为了纪念中日恢复邦交正常化 40 周年，同时也为重振日本灾后的赴陕旅游市场。"陕西省旅游局国际部负责人说。

据了解，作为中国一衣带水的邻邦，日本一直是陕西省最大的旅游客源地。最近几年的陕西国际旅游市场，日本游客一直占据较大比重。但受制于日本大地震和人民币汇率持续走高的影响，2011 年来陕的日本游客量较 2010 年下降明显。

2010 年，来陕的日本游客共 18.35 万人次，比 2009 年增加 20.9%。由于大地震影响，2011 年来陕日本游客 18.67 万人次，同比增长仅为 1.74%。

"日本人对大唐长安的印象都特别好，他们喜欢那种有着浓厚历史感的东西。"采访中，在日本立命馆大学留学三年、只回过一次家的魏青对记者说，即使很多日本人反应不上来"西安"，但几乎每个人对"长安"都会有一些了解，把他们了解到的与历史人物关联的文化完美再现，他们应该会喜欢。

兵马俑是中华民族古老文明的缩影，遣唐使又是中日友好的历史见证，而广告画面则有机融合了这些元素。

"此次广告创意结合了多位专家和学者的智慧结晶,并邀请了专业的设计团队,实地考察了广告的投放地点,这也是陕西旅游境外投递广告的一次大胆尝试。"上述负责人表示。

他介绍说,吸引客源只是第一步,为纪念中日两国友好交往40周年,陕西省旅游局还特别策划了"日本游客品味中国陕西之旅"活动。通过西安中国国际旅行社等7家旅行社,邀请2000名日本游客来陕西,开展寻访古都西安、长安街道、丝路起点、兵马俑故乡等为主题的游览参观。陕西省也将向这2000名日本游客提供合计约160万元人民币的旅游补助。

据悉,陕西省还将在美国纽约、韩国首尔等主要客源地投放各类陕西旅游广告,包括车体广告、电视报纸和路牌广告灯等形式。

(资料来源:刘阿娟,司阳.路牌广告投放东京 陕西旅游愈显"国际范"(OL).
城市经济导报,2012-3-19)

本章小结

需求与供给是相互联系、相互矛盾的两个基本经济范畴,旅游需求与旅游供给则是旅游经济活动的重要内容。本章从旅游需求与旅游供给的基本概念出发,探讨了旅游需求与旅游供给的平衡机制,旅游供求的内在规律及其影响因素,并为解决旅游供求矛盾提供理论指导与对策建议。

旅游需求是有一定支付能力和闲暇时间的人购买某种旅游产品的欲望。旅游需求的形成不仅要具备一定的客观条件,而且要具备一定的主观条件。可自由支配收入、闲暇时间和旅游的可进入性,是旅游需求形成的三大客观条件。旅游意识或观念是人们产生旅游需求的主观条件。影响旅游需求的因素概括起来包括四个方面:人口因素、经济因素、旅游供给状况、政治和文化因素。同一般商品一样,旅游产品也要遵循需求规律。与一般商品不同的是,旅游需求的产生和变化不仅由价格因素决定,而且还受到旅游者收入和闲暇时间等因素的影响。

旅游供给是指在一定时期内以一定价格向旅游市场提供的旅游产品的数量,具体包括旅游业经营者向旅游者提供的旅游资源、旅游设施和旅游服务等。旅游供给与旅游需求是旅游经济活动的两个主要环节,分别代表着旅游市场上的买卖双方,它们之间的对比关系是旅游活动中最基本的经济关系。在旅游经济活动中,旅游供求关系经常表现为供求矛盾。旅游供求矛盾主要表现在数量、时间、空间和结构等方面。在市场经济条件下,旅游供求矛盾主要依靠价值规律的作用进行调节,通过价格机制达到市场均衡。除价值规律与价格机制外,政府也会运用旅游发展战略与规划、税收政策、价格政策、营销政策等宏观政策对旅游供求关系进行协调。

习 题

(一)单项选择题

1. 以下属于旅游需求形成的主观条件是( )。
   A. 可自由支配收入   B. 闲暇时间
   C. 旅游意识或观念   D. 可进入性
2. 当人均国民收入达到 800～1000 美元时，人们就会产生( )。
   A. 邻国旅游的需求   B. 国内旅游的需求
   C. 洲际性的旅游消费   D. 区域旅游需求
3. 一定时期内一个国家或地区的旅游消费总额与该国或该地区的居民消费总额或国民收入的比率是( )。
   A. 旅游者消费总额   B. 旅游者人均消费额
   C. 旅游消费率   D. 旅游重游率
4. 下列说法正确的是( )。
   A. 在其他因素不变的情况下，当旅游价格上涨时，旅游需求量就会下降
   B. 在其他因素不变的情况下，当旅游价格上涨时，旅游需求量就会上升
   C. 在其他因素不变的情况下，人们可自由支配的收入越多，对旅游产品的需求量就越少
   D. 人们可自由支配的收入越多，对旅游产品的需求量就越多
5. 下列关于旅游需求价格弹性的说法，错误的是( )。
   A. 当 $|E_{d_p}|>1$ 时，表明旅游需求弹性较大，需求曲线表现得比较平坦
   B. 当 $|E_{d_p}|<1$ 时，表明旅游需求弹性较小，旅游需求曲线表现得比较陡峭
   C. 当 $|E_{d_p}|>1$ 时，表明旅游需求弹性较小，旅游需求曲线表现得比较陡峭
   D. 当 $|E_{d_p}|=1$ 时，表明旅游需求弹性适中，旅游需求曲线表现为一条正双曲线

(二)多项选择题

1. 旅游需求形成的客观条件有( )。
   A. 可自由支配收入   B. 闲暇时间
   C. 旅游欲望   D. 旅游的可进入性
   E. 旅游需求
2. 以下属于旅游者消费指标的是( )。
   A. 旅游者消费总额   B. 旅游者人均消费额
   C. 旅游消费率   D. 旅游出游率

E. 旅游重游率
3. 闲暇时间按长短可分为( )。
    A. 每个工作日后的闲暇时间	B. 周末闲暇时间
    C. 假日闲暇时间	D. 出差闲暇时间
    E. 婚假产假时间
4. 按照与旅游需求的密切或相关程度，旅游供给可以分为( )。
    A. 基本旅游供给	B. 旅游资源
    C. 旅游设施	D. 旅游服务
    E. 辅助旅游供给
5. 对旅游供求起很大调节作用的政策主要有( )。
    A. 旅游发展战略与规划	B. 税收政策
    C. 价格政策	D. 营销策略
    E. 货币政策

(三)名词解释

1. 旅游需求	2. 可自由支配收入	3. 闲暇时间
4. 旅游需求弹性	5. 旅游供给	6. 旅游供给弹性

(四)简答题

1. 如何正确理解旅游需求的概念？
2. 旅游需求的指标体系包括哪些内容？
3. 影响旅游需求的因素有哪些？
4. 分析说明旅游需求的规律性。
5. 分析说明旅游供给的规律性。
6. 为什么说旅游市场上的供求矛盾是必然存在的？
7. 简述旅游需求价格弹性和旅游供给价格弹性。

(五)论述题

1. 旅游供求之间有何矛盾？如何实现旅游供求均衡？
2. 自1999年我国实行"黄金周"以来，出现了从未有过的休闲旅游热，使国民主要是占全国人口2/5以上的城镇居民有了三个较长的假期开展各类休闲旅游活动。然而这种过度集中的休假旅游活动也引发了许多问题，如消费价格上涨甚至暴涨、客房爆满、车船和景区拥塞等导致游客不满。你认为应如何解决这一难题？

第三章 旅游需求与供给

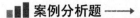 案例分析题

缓解供需矛盾是基本出路

"宰客门"事件让三亚遭遇形象危机,也引发了人们对海南国际旅游岛建设的疑虑。从旅游资源禀赋来看,海南岛堪称是世界级的,建成世界一流旅游目的地也只是时间问题。笔者认为,宰客事件的发生,最主要的原因是供需矛盾尖锐,而破解矛盾之策就是缓解供需矛盾。

建设国际旅游岛是海南全岛的统一行动。春节期间人们争相前往三亚度假,其中一个因素是受海南国际旅游岛建设利好政策的影响。其实,国际旅游岛建设并非仅限三亚一市,而是全省全岛战略。根据规划纲要,海南将开发六大组团,目前各组团都有不同程度的建设进展。按照海南省打造"南部旅游圈"的构思,保亭、五指山、乐东、陵水等地都有望融入大三亚旅游圈。以保亭为例,有5A级景区呀诺达,4A级景区槟榔谷、七仙岭热带雨林等,2012年,该县已经成为距离三亚最近的一个客流疏散地。作为全国农业百强县,有着"中国无核荔枝之乡"的澄迈也在国际旅游岛建设的进程中肩负着特殊重任,新建成的盈滨半岛休闲度假旅游区、加笼坪热带季雨林旅游区、福山咖啡文化风情镇已发挥了吸引游客的作用。2012年春节前,澄迈策划推出了海口—永庆寺—福山的"新春祈福游"线路,春节期间共吸引游客16.2万人次,同比增长43%。另外,文昌航天城正在紧锣密鼓的建设中,未来有望成为海南旅游的又一个热点。

"宰客门"事件也提醒三亚旅游部门,节前应加大舆论和信息引导力度,通过电视、广播、报刊等传统媒体以及网络、手机等新传媒工具,让公众全面了解海南多元化的旅游产品和资源,这样更有利于分流客源、缓解三亚旅游接待压力。

椰风海韵并非三亚一地独有。在海南,与之气候差不多的还有陵水、万宁等沿海城市。再者,即使春节期间天气晴朗,三亚海水温度也仅20℃左右,只有身强力壮者才敢于下水,多半人员只能观水、亲水或戏水。陵水南湾猴岛有不同水况条件的三块沙滩,并正在加快推进"浪漫天缘"项目建设;万宁的109千米黄金海岸带也不亚于三亚,且正在大力开发神州半岛、石梅湾和山钦湾等滨海景区。相信这些旅游度假项目全面建设完成后,能够分流部分游客,有望在一定程度上缓解三亚的供需矛盾。

丰富旅游产品结构是缓解供需矛盾的必要途径。三亚旅游供应的紧张是全方位的,包括住宿、餐饮、景区、海滨、道路交通等。破解的路径之一就是通过推出多样化的旅游产品或产品组合,有计划地引导游客合理流动,使游客分布更加均衡,减缓海滨一线的接待压力。

在距离海口三十多千米的安定县,虽然无海,但是负氧离子含量高,还有很多特色美食。定安县委县政府正在立足本地资源,深入挖掘美食文化,打造美食精品,做大旅游

经济。

2012年春节黄金周期间，以万泉河、红色娘子军、博鳌亚洲论坛、温泉、生态五个旅游品牌为主打的琼海也吸引了不少游客，特别是在已建成的五个游艇码头，游艇婚礼、游艇海钓、游艇观光等新兴旅游产品受到了广大游客的追捧。建设进程中的海南正通过整合丰富的热带生态、民族风情、红色旅游等资源，逐步形成以滨海度假旅游为主导、观光旅游和度假旅游融合发展、专项旅游为补充的旅游产品结构。

大力推进环岛游是海南旅游发展的方向。环岛游不仅有利于缓解三亚等个别地方的接待压力，也有利于延长游客在全岛的停留时间。在深入挖掘旅游资源、丰富产品类型的同时，交通条件的逐步改善为有效分流游客提供了重要支撑。例如，东环高铁开通后，海南东部逐步形成了一小时旅游圈，使琼海、万宁、陵水等地的景区可进入性大大提高；正在规划中的琼州海峡跨海大桥建成后，预计到海南的游客将呈倍增之势。海南还将建"田字型"高速公路，建成后将大大提升环岛高速公路的作用，促进琼南旅游经济圈的融合协调发展。笔者认为，有关地方和景区要研究优化旅游交通要素，逐步实现交通运输方式之间的"零距离换乘"，给游客提供更多、更人性化的便利交通。

根据《海南国际旅游岛建设发展规划纲要》，到2015年，海南接待国内外游客将达到4760万人次，2020年将达到7680万人次。然而，2011年海南实际接待过夜游客已超过3000万人次。

为给游客提供更加美好的旅游体验，除利用好以上这些有利因素外，海南也不妨借鉴其他旅游城市的成功经验。例如，2007年，杭州市提出"优待游客就是优待自己"，鼓励市民主动把美丽的西湖让给游客；2009年，"十一"黄金周期间河北省承德市开展了"礼让迎宾，展示风采——把核心景区让给外地游客"活动。此类做法如果运用得当，可以在游客集中时段释放出更多的公共资源，为游客营造更好的旅游环境。

(资料来源：www.toptour.cn)

问题：
(1) 你是否同意"供需矛盾尖锐是导致海南宰客问题发生的最主要原因"这一观点？
(2) 运用有关旅游供需理论，分析海南应采取哪些措施缓解供需矛盾。

第四章

旅游市场

【学习目标】

通过本章的学习,要求理解旅游市场的概念、特点和分类,理解旅游市场细分的概念,掌握旅游市场细分的方法和目标市场定位策略,熟悉旅游市场竞争的必要性,理解旅游市场竞争的类别,掌握旅游市场竞争的目标和旅游市场竞争策略,了解旅游市场开拓的重要性,熟悉旅游市场调查、分析和预测,掌握旅游市场开拓的策略。

【关键词】

旅游市场　旅游市场细分　旅游市场竞争　旅游市场开拓

案例导入

上海天鹅信谊宾馆目标市场的选择

上海天鹅信谊宾馆位于虹口区四川北路鲁迅公园对面，1987年宾馆开业之际，由于四川北路商业街尚未开发，"天鹅信谊"在人们心目中地理位置较偏，因此市场开发成了焦点问题。在这种情况下，总经理带领销售部人员调查市场，走访旅行社，了解各客源国客人的爱好、习惯，以确定天鹅信谊宾馆在上海旅游市场上的位置。

1987年的旅游市场上，台胞探亲团占有很大的份额，许多宾馆都在抢占这个市场。台湾客人经济条件优越，普遍存在着互相攀比的心理，一般喜欢住四星级以上的酒店，并且热衷于购物。"天鹅信谊"的三星级档次和地理位置与台湾客人的消费心理需求颇有距离。由于鲁迅墓是日本客人来沪的必到之处，宾馆也曾考虑是否将日本客人吸引过来，但是从市场调查情况来看，日本客人的民族性特别强，他们喜欢住在日方在沪投资的酒店里。至于北美客源市场，当时美国客人较多，但美国客人性格浪漫，需要宾馆的房间宽敞，而且希望宾馆附近晚上灯红酒绿，有丰富的夜生活。因此，从客观条件来看，"天鹅信谊"不太合适。

这样，他们又将目光转向了欧洲客源市场，特别是法国客人。当时，西欧经济正在蓬勃发展，远途旅游方兴未艾。中国对西欧客人来说是一块神秘的大陆，是他们探奇旅游的首选目的地。法国当时经济发展最快，外出旅游的人数最多。法国人受文艺复兴的影响和现代艺术氛围的熏陶，其旅游兴趣以文化探幽为主。他们对酒店的要求是环境恬静，房间优雅，特别强调卫生。这些要求都与"天鹅信谊"的硬件比较合拍，于是总经理决定将目标客源市场对准法国市场，加强对法国市场的宣传、推销。在宾馆内部，也作了相应的调整：培训员工的法语口语，并让他们了解法国人的生活习性、风俗民情。客房色彩基本上采用冷色调，并在房间内挂上一副小小的现代山水画，与宾馆外的鲁迅公园这一人文景观遥相呼应。然后，他们通过国旅总社，邀请法国旅行社老板来天鹅信谊宾馆考察。这些旅行社老板看了以后感到非常满意，当场决定今后让他们来上海的客人全部住"天鹅信谊"。十多年来，宾馆不断推出适合法国人需求的新服务项目，从而使"天鹅信谊"的法国客人在整个上海旅游市场上占有较多的份额。

上海天鹅信谊宾馆的成功源于对旅游市场的正确把握。该宾馆在充分认识自身条件的基础上，通过旅游市场的调查、分析和预测，取长补短，采取相应的促销策略和专营化策略进行市场开拓，从而在激烈的市场竞争中取得一席之地。

第一节 旅游市场概述

一、旅游市场的概念

"市场是商品经济的范畴"[①];"哪里有社会分工和商品生产,哪里就有市场";"生产劳动的分工,使它们各自的产品互相变为商品,互相成为等价物,使它们互相成为市场"[②]。这表明,市场就其本质而言,是指商品交换的场所,也包括人们在商品交换过程中所发生的各种经济行为和经济关系。

随着全球经济的迅猛发展,一方面形成了巨大的旅游需求,另一方面形成了满足该需求的旅游供给,旅游需求与旅游供给通过特殊的商品交换方式联系在一起就形成了旅游市场。

旅游市场有广义和狭义之分。广义的旅游市场是指旅游产品供给者与旅游产品消费者在旅游产品交换过程中形成的各种经济关系的总和;狭义的旅游市场是指对旅游产品具有购买能力的旅游需求,即旅游客源市场。

由此可见,旅游市场是由旅游者、旅游购买力和旅游购买欲望构成的。

(一)旅游者

旅游者,即旅游产品的消费者,是旅游市场的主体,因而旅游市场规模大小主要取决于市场上旅游者数量的多少。通常,在经济发展水平相当的情况下,如果一个国家或地区总人口多,则产生的旅游者就多,需要的旅游产品基数就大;反之,如果一个国家或地区总人口少,则产生的旅游者也少,需要的旅游产品基数就小。因此,一个国家或地区的总人口数量决定旅游者数量,而旅游者数量多少又反映了旅游市场规模的大小。

(二)旅游购买力

旅游市场规模大小不仅取决于人口数量,还取决于旅游购买力。所谓旅游购买力,是指人们在其可自由支配的收入中用于购买旅游产品的能力。通常,旅游购买力是由人们的收入水平决定的,随着人们收入水平的提高,用于购买旅游产品的支出会相应增加。如果没有较高的收入水平和足够的支付能力,人们的旅游活动便无法进行,旅游市场也只是一

---

① 列宁. 列宁全集(第1卷)[M]. 编译局,译. 北京:人民出版社,1955:83.
② 中共中央马克思,恩格斯,列宁,斯大林. 马克思恩格斯全集(第25卷)[M]. 编译局,译. 北京:人民出版社 1974:718.

种潜在市场。

(三)旅游购买欲望

旅游购买欲望反映旅游者购买旅游产品的主观愿望和需求,是把旅游潜在购买力变成现实购买力的重要条件。若没有旅游的欲望,即使有旅游购买力,也不可能形成现实的旅游市场;同时,旅游者也不可能主动地选择各种旅游产品。因此,只有当旅游者既有旅游购买力又有旅游购买欲望时,才能形成现实的旅游市场。

二、旅游市场的特点

(一)多样性

旅游市场的主体是旅游者,而旅游者的需求是多样的,从而形成的旅游市场也是多样性的。这种多样性主要表现在三个方面:一是旅游产品种类的多样性,即不同国家、地区的自然风光和人文景观的不同,必然形成不同的旅游产品,从而使旅游者从中获得的经历和感受也不同;二是旅游购买形式的多样性,即全包价旅游、半包价旅游、小包价旅游、零包价旅游等多种旅游购买方式;三是交换关系的多样性,即旅游者可以直接购买单项旅游产品,也可以通过旅行社购买整体旅游产品。总之,旅游市场的多样性不仅反映了旅游市场发展变化的特点,而且在很大程度上决定着旅游经营的成败。旅游经营者必须以多样性经营去适应旅游市场的多样性需求,才能使自己的经营立于不败之地。

(二)异地性

旅游市场一般都远离旅游产品的生产地,也就是说,旅游客源地与旅游目的地在空间上是分离的。其他行业的产品可以在当地生产、销售和消费,而旅游产品的购买者主要是异地居民,旅游产品的交换和消费必须通过旅游者向目的地的移动才能实现。旅游市场的异地性特点,要求旅游企业必须了解市场信息,适应市场环境,掌握市场动态,根据市场需求确定相适应的营销方式和竞争策略。

(三)脆弱性

旅游市场的发展状况与国际局势、国家间关系、世界经济状况、重大活动或突发事件、旅游者心理需求等因素均有关联,上述任一因素的变化都会引起旅游市场的波动,导致旅游者流向、流量和构成发生变动,这就是旅游市场的脆弱性。旅游企业应当密切注意各种因素的变化,及时调整经营策略,尽量避免旅游市场的波动所产生的负面影响,以保证旅游业的稳定发展。

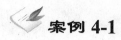
案例 4-1

美国反恐吓走游客

美国在遭受"9·11"恐怖袭击以后发动的阿富汗战争，以及入侵伊拉克等全球反恐活动，不仅严重伤害了美国在全世界的形象，也连带重创了美国的旅游业。根据美国旅游业经营者所作的统计，与 2000 年相比，2004 年来美国的游客大约有 4500 万人次，至少减少了 10%。这个数字虽然和 10 年前到美国的游客总数不相上下，但就整体而言，10 年来美国在国际旅游市场上的占有率下降了至少 5%。持续疲软的旅游业让美国旅游业经营者大为忧心。和其他积极发展旅游观光业的国家一掷千金、推出各种宣传招数吸引"地球村民"的举动相比，深陷反恐战争中的美国也不禁要感叹"游客不上门"了。根据美国商业部的统计，2004 年来美国的游客对美国经济所"贡献"的直接消费，加上其带动的经济活动，总价值高达 935 亿美元。这个数字比美国全年外销的汽车、引擎和零件总收入还要大。美国旅游业经营者忍无可忍，站出来高分贝呼吁美国政府正视美国旅游业竞争力下降的事实。

（资料来源：http://www.china.org.cn/chinese/TR-c/795474.htm）

(四) 季节性

在一年之中的不同时期，某一旅游市场的客源在量上存在着明显的差异，有的时期多，有的时期少，因此构成了旅游市场的季节性特点。自然因素是造成旅游市场季节性的主要原因，而社会因素也是一个重要原因。据此可以将旅游市场分为旺季、淡季和平季三个时期。受不同自然因素和社会因素的影响，各个国家及地区的旅游旺季、淡季和平季的具体时间也有所不同。

(五) 全球性

当今旅游市场是一个全球性的统一市场，自第二次世界大战以来，随着生产力的不断提高，交通条件的改善和社会经济的发展，国际旅游市场经历了一个由国内向国外发展的过程，旅游活动由一个国家扩展到多个国家，区域性旅游市场发展成为世界性旅游市场，促进了全球旅游市场的形成。旅游市场的全球性，又使人们可以以较少的时间、较少的支出获得更多的旅游经历，使旅游者的足迹遍布世界各个地区和大部分国家，从而促进了世界各国旅游业的发展，丰富了人们的旅游活动内容。

三、旅游市场的分类

旅游市场是一个整体，为了全面反映它的构成和全貌，可以从不同角度将旅游市场划分为若干类型。

(一)按地域划分旅游市场

根据各个地区在经济、文化、交通、地理、旅游者流向与流量等方面的状况，WTO将世界旅游市场划分为六大区域市场，即欧洲市场、美洲市场、中东市场、非洲市场、南亚市场、东亚及太平洋市场。表4-1反映了六大旅游市场在接待人数和旅游收入方面的基本状况。

表4-1 1950—2020年世界六大旅游市场接待国际旅游者的比重

单位：%

年份	全世界	非洲	美洲	东亚太	欧洲	中东	南亚
1950	100	2.1	29.6	0.8	66.4	0.9	0.2
1960	100	1.1	24.1	1.0	72.5	1.0	0.3
1970	100	1.5	23.0	3.0	70.5	1.4	0.6
1980	100	2.5	21.3	7.3	66.0	2.1	0.8
1990	100	3.3	20.5	11.5	62.4	1.6	0.7
1995	100	3.3	19.7	14.8	59.4	2.0	0.8
2000	100	3.8	18.6	16.0	57.8	2.9	0.9
2020	100	5.0	18.0	27.0	45.0	4.0	1.0

(资料来源：世界旅游组织(WTO)预测)

从表4-1可以看出，欧洲和美洲市场占有率最大，它们不仅是世界上主要的旅游客源地区，而且是主要的旅游接待地区；东亚及太平洋地区的旅游业发展迅猛，已经成为世界上主要的旅游客源地和旅游接待地之一；非洲具有丰富的自然资源和人文资源，旅游业的发展趋势看好；中东和南亚地区的市场占有率虽然较小，但仍然是一个有发展潜力的旅游地区。

(二)按国境划分旅游市场

按国境划分旅游市场，一般可分为国内旅游市场和国际旅游市场。国内旅游市场是指旅游活动在一国范围内进行，旅游者为本国居民。国际旅游市场是指旅游活动在世界范围内进行，旅游者为外国居民。国际旅游市场又可以分为出境旅游市场和入境旅游市场，出境旅游市场是指本国居民赴国外旅游，入境旅游市场是指外国居民到本国旅游。

(三)按客源人数所占比例划分旅游市场

按客源人数所占比例大小，可分为主要旅游市场、次要旅游市场和机会旅游市场。

主要旅游市场是指在旅游接待人数中占绝大比例的客源市场，如我国的主要旅游市场为韩国、日本、俄罗斯、美国等。次要旅游市场是指在旅游接待人数中占一定比例的客源市场，如我国的次要旅游市场为英国、德国、澳大利亚、加拿大、法国及东南亚各国等。机会旅游市场是指在旅游接待人数中占较少比例，但是呈上升趋势的客源市场，如意大利、北欧和东欧等国为我国的机会旅游市场。同时，我国已成为澳大利亚、韩国、东南亚各国的机会旅游市场。

(四)按旅游消费水平划分旅游市场

根据旅游消费水平，一般可将旅游市场划分为豪华旅游市场、标准旅游市场和经济旅游市场。

在现实社会中，由于人们的收入水平、年龄、职业以及社会地位和经济地位不同，其旅游需求和消费水平也不同，从而对旅游产品的质量要求也不同。通常，豪华旅游市场的主体是社会的上层阶层，他们一般不关注旅游价格的高低，而是希望旅游活动能反映出他们的日常生活水平。如果参加团体旅游，他们更喜欢和具有同等社会和经济地位的人在一起。标准旅游市场的主体是大量的中产阶级，他们既注重旅游价格又注重旅游活动的内容和质量。经济旅游市场的主体是那些收入水平较低或没有固定收入的人，他们更多地注重旅游价格的高低，这是完全可以理解的。

因此，根据上述市场划分，旅游经营者应该按其可能提供的旅游产品的等级，科学地进行市场定位以选择合适的旅游目标市场，并努力增强对旅游目标市场的吸引力和扩大市场占有率。

(五)按旅游组织形式划分旅游市场

根据旅游活动的组织形式，可将旅游市场划分为团体旅游市场和散客旅游市场。

人们的个性和旅游动机不同，选择的旅游方式也有所不同，由此形成了团体旅游与散客旅游两种旅游形式。团体旅游是指旅游者参加一个旅游团体，并向当地旅行社交付所需费用，然后由目的地旅行社负责该团的旅游活动的一种形式。散客旅游是指单个或自愿结伴的旅游者自主进行旅游活动的一种组织形式。这两种旅游形式各有优劣，随着国民经济及旅游业的发展，散客旅游的比重越来越大。总之，我们划分旅游市场的目的是为了有针对性地推销旅游产品，进一步开拓、占领旅游市场。

(六)按旅游目的划分旅游市场

根据旅游目的，可将旅游市场划分为观光旅游市场、商务会议旅游市场、度假旅游市场和特殊目的旅游市场。

观光旅游市场是指以观光游览增加见闻为主要目的而参与旅游消费活动的群体；商务

会议旅游市场是指以参加会议、商务活动为主要目的，同时也参加旅游活动的消费群体，一般来说他们的消费水平较高；度假旅游市场是指通过度假的方式调剂生活、改变生活节奏的消费群体，在发达国家和地区，带薪假期时间较长，这一类旅游者通常到污染少、环境优美、气候适宜的地区度假；特殊目的旅游市场是指以特殊的地理环境、文化氛围等吸引特定的旅游者而形成的旅游消费群体，如宗教旅游市场、探险旅游市场、寻根探亲访友旅游、文化旅游、购物旅游和体育旅游等。

专栏 4-1　2010 年我国主要客源国入境旅游人数和增长情况

2010 年我国主要客源国入境旅游人数和增长情况如表 4-2 所示。

表 4-2　2010 年我国主要客源国入境旅游人数和增长情况

序号	国家	入境旅游人数/万人次	与上年比较/%
1	韩国	407.64	27.5
2	日本	373.12	12.5
3	俄罗斯	237.03	36.0
4	美国	200.96	17.5
5	马来西亚	124.52	17.6
6	新加坡	100.37	12.8
7	越南	92.00	11.0
8	菲律宾	82.83	10.6
9	蒙古	79.44	37.8
10	加拿大	68.53	24.5
11	澳大利亚	66.13	17.8
12	泰国	63.55	17.3
13	德国	60.86	17.4
14	英国	57.50	8.7
15	印尼	57.34	22.3
16	印度	54.93	22.4
17	法国	51.27	20.7

(资料来源：《2010 年中国旅游业统计公报》，2011)

第二节 旅游市场细分

一、旅游市场细分的概念和标准

(一)旅游市场细分的概念

旅游市场细分是指从旅游者的需求出发,根据不同的标准将客源市场划分为若干子市场,以从中选出目标市场的过程。

在市场营销学界,关于市场细分的概念是美国营销学专家温德尔·斯密在 20 世纪 50 年代提出的,这一概念的提出给很多企业带来了寻找和发现市场机会的好办法,受到了市场营销学界和企业界的大力支持和广泛应用。其实,消费者的需要、动机千差万别,购买者的着眼点也各不相同,这正是市场细分的基础和依据。就市场本身而言,可以按照消费者需求的差异性划分为同质市场和异质市场,同质市场是指消费者对某一产品或服务的需求、欲望以及对企业营销策略的反应等方面具有基本相同或相似的一致性;异质市场是指消费者对某一产品或服务的需求、欲望以及企业的营销策略的反应等方面具有差异性。

旅游市场整体而言属于异质市场,因此旅游企业必须进行旅游市场细分。一个成功的旅游企业不可能为所有的旅游者提供全部的服务,旅游企业既没有精力也没有足够的实力和相应的资源去面向整个市场。假如一家饭店同时经营一星级客房和五星级客房,这在理论上可行但在实践中很难成功。如果饭店目标市场不明,宾客结构杂乱,在消费水平、生活习惯、旅游目的及精神享受等方面过于繁杂,差别过于悬殊,那么,即使饭店具有较完善的服务系统,也难免会顾此失彼,从而降低顾客满意度。

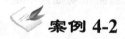

案例 4-2

超级细分专家——万豪酒店

在"市场细分"这一营销行为上,"万豪"可以被称为超级细分专家。在美国,许多市场营销专业的学生最熟悉的市场细分案例之一就是"万豪酒店"。

这家著名的酒店针对不同的细分市场成功推出了一系列品牌:Fairfield(公平)、Courtyard(庭院)、Marriott(万豪)和 Marriott Marquis(万豪伯爵)等。在早期,Fairfield(公平)是服务于销售人员的,Courtyard(庭院)是服务于销售经理的,Marriott(万豪)是为业务经理准备的,Marriott Marquis(万豪伯爵)则是为公司高级经理人员提供的。后来,万豪酒店对市场进行了进一步的细分,推出了更多的旅馆品牌。

伴随着市场细分的持续进行,万豪又推出了 Springfield Suites(弹性套房)——比 Fairfield Inn(公平客栈)的档次稍高一点,主要面对每晚 75—95 美元的顾客市场。为了获取较高的价格和收益,酒店使 Fairfield Suite(公平套房)品牌逐步向 Springfield Suites(弹性套房)品牌转化。经过多年的发展和演化,万豪酒店现在一共管理着八个品牌。

(资料来源:http://blog.sina.com.cn/s/blog_4065c8f40100gl1d.html)

(二)旅游市场细分的标准

旅游市场细分是由旅游者需求的差异性引起的,凡是影响旅游者需求差异的有关因素都可以作为市场细分的标准。常见的旅游市场细分的标准有以下类别。

1. 地理细分

所谓地理细分是指将市场划分为不同的地理单元,如国家、省、地、市、县、乡、镇等,然后选择其中的一个或某几个作为目标市场。常见的地理细分变量有所在地区、城市规模、气候等(见表4-3)。

表4-3 旅游市场的地理细分

地理细分变量	细分类型
所在区域	华东、华中、美国、欧洲等
城市规模	城镇、大城市、特大城市、世界城市
气候条件	温带、亚热带、热带等

2. 人口细分

人口细分是指按照旅游者的年龄、性别、家庭人口、家庭类型、收入、职业、受教育程度、宗教、种族等人口变量来对客源市场进行划分。该类因素对旅游者的需求影响较大,而且该信息可以较好地为旅游企业所获得并进行处理,因此这种标准在旅游市场细分中是使用的较为频繁的一类细分标准(见表4-4)。

表4-4 旅游市场的人口细分

人口细分变量	细分类型
年龄	青年市场、中年市场、"黄昏"市场等
性别	男性旅游市场、女性旅游市场等
家庭人口	情侣市场、三口之家市场、四世同堂市场等
收入	高收入市场、中等收入市场、经济型市场等
职业	商务旅游市场、公务旅游市场、学生旅游市场
受教育程度	高学历旅游市场
宗教	少数民族旅游市场

在进行旅游市场的人口细分时，单一人口因素的有效性往往不太理想。例如，用单纯的年龄指标得到的细分市场，旅游企业或景区就不一定能够发现其所需要的目标市场。此时，在旅游市场的细分过程中，更多的是采取多因素联合的人口细分方式，如将收入和年龄结合起来作为旅游市场细分的标准，或将职业、家庭人口以及年龄等三因素联立细分旅游市场。

3. 心理细分

心理因素是指按照旅游者的个性、兴趣、爱好等心理因素来划分旅游市场，常见的标准有社会阶层、生活方式和个性等(见表4-5)。

表4-5　旅游市场的心理细分

心理细分变量	细分类型
社会阶层	社会名流、上层社会人士、普通人士等
生活方式	基本需求满足型、需求拓展型、需求质量提升型等
个性	安逸型、冒险型等

4. 行为细分

行为细分是指以旅游者选择购买旅游产品的行为方式来进行市场细分，通常采用的标准有旅游动机、价格敏感度、品牌敏感度、旅游方式、旅游距离和旅游时间等(见表4-6)。

表4-6　旅游市场的行为细分

行为细分变量	细分类型
旅游动机	观光旅游市场、度假旅游市场、康体旅游市场、休闲旅游市场、商务会议旅游市场、探亲访友旅游市场等
价格敏感度	豪华型旅游市场、经济型旅游市场等
品牌敏感度	高忠诚度旅游市场、低忠诚度旅游市场等
旅游方式	团队旅游市场、散客旅游市场等
旅游距离	短途旅游市场、中远程旅游市场等
旅游时间	春季旅游市场、夏季旅游市场、秋季旅游市场、冬季旅游市场等
宗教	少数民族旅游市场

专栏 4-2　消费者市场细分的主要变量

消费者市场细分的主要变量如表4-7所示。

表 4-7 消费者市场细分的主要变量

变量	次级变量	典型分类
地理变量	地区	欧洲、美洲、非洲、大洋洲、亚洲东北部、东南亚、西亚等
	城市规模	100 00 人以下；10 000～19 999 人；20 000～49 999 人；50 000～99 999 人；100 000～249 999 人；250 000～499 999 人；500 000～999 999 人；1 000 000～3 999 999 人；4 000 000 人以上
	密度	城市、郊区和农村
	气候	热带、亚热带、温带
人口统计变量	年龄	6 岁以下；6～11 岁；12～19 岁；20～34 岁；35～49 岁；50～64 岁；65 岁以上
	性别	男；女
	家庭规模	1～2 人；3～4 人；5 人以上
	家庭生命周期	单身青年；已婚青年无子女；年轻、已婚、有 6 岁以下的子女；已婚，子女在 6 岁以上；老年、单身；老年、已婚、无子女；老年、已婚、子女均在 18 岁以上；其他
	家庭月收入	1000 美元以下；1001～2500 美元；2501～4000 美元；4001～5500 美元；5501～7000 美元；7001～10 000 美元；10 000 美元以上
	职业	专业技术人员；经理、官员和业主；职员；推销员；工匠；服务人员；农民；学生；家庭主妇；退休人员；失业人员
	教育	小学及以下；中学；专科；大学本科；研究生
	宗教	佛教；道教；天主教；新教；伊斯兰教；犹太教；印度教；其他；不信教
	种族	白种人；黑种人；黄种人；其他
	国籍	中国；日本；韩国；美国；英国；法国；德国等
心理变量	社会阶层	下层；中层；上层
	生活方式	墨守成规者；赶时髦者；嬉皮士
	个性	冲动型；交际型；独裁型；进攻型；野心型
行为变量	时机	普通时机；特殊时机
	利益	便利；经济；质量；服务；效率
	使用者身份	未曾旅游者；曾经旅游者；潜在旅游者；首次旅游者；经常旅游者
	使用频率	偶尔；一般；经常

续表

变　量	次级变量	典型分类
行为变量	忠诚度	无；中等；强烈；绝对
	准备阶段	不了解；了解；熟知；感兴趣；想要
	对产品的态度	热情；肯定；淡漠；否定；厌恶

二、旅游目标市场的选择

旅游目标市场选择是在旅游市场细分的基础上进行的，即选出能为旅游企业或旅游目的地所利用，通过满足该部分旅游者的需求实现自身发展目标的细分市场的过程。

(一)旅游目标市场营销策略

旅游企业在选择目标市场时可应用的策略一般有三种：无差异性市场策略、差异性市场策略和密集性市场策略。

1. 无差异性市场策略

无差异性市场策略也称整体市场策略，即把整体市场作为企业的目标市场。采用这一策略的旅游企业认为，旅游者对其产品或服务具有共同的需要，旅游企业只需推出一种产品、按一种价格、用一种推销方式。也就是说，消费者对旅游产品的需要是差不多的，单一的经营组合就能满足整个市场的旅游需求。

无差异性市场策略的优点是：可以大规模地销售，简化分销渠道；由于大批量销售，不需要细分市场，可以节省市场调研和广告宣传等经费，降低经营成本；垄断稀缺性的旅游产品，如长城、兵马俑等，可以长期占领旅游市场。

无差异性市场策略的缺点是：对于大多数企业不适用，一种产品占领市场后会引来大量模仿者，形成激烈的市场竞争。特别是旅游市场，旅游者的需求多种多样、日益增长并不断发生变化，单一的市场策略不易吸引旅游者，可以说，无差异性市场策略已经不适应现代旅游市场的发展趋势。

2. 差异性市场策略

差异性市场策略即根据消费者的不同需求对整体市场进行细分，企业针对每个细分市场分别设计不同的产品，采取不同的营销手段满足各个市场的具体需要。例如，把整体旅游市场细分为观光、度假、会议、体育等旅游市场，而观光旅游市场又可以细分为丝绸之路、农田生活等不同内容的旅游市场等。旅游企业针对细分旅游市场的需求特点，设计多条旅游线路，安排不同的服务设施和服务项目以满足各类旅游者的各种需要。

差异性市场策略的优点是：差异性市场策略是市场竞争的产物，企业根据细分市场提供不同的产品和服务，可以更好地满足消费者的需要，在激烈的市场竞争环境中处于不败之地。可以说，现代旅游企业都在实行差异性市场策略，它能更好地适应旅游者的需要，增加旅游企业的销售量。一个旅游企业如果在几个细分市场都占有优势，就会大大提高该企业的声誉和经济效益。

差异性市场策略的缺点是：采用差异性市场策略势必要增加企业的产品品种，要有多种销售渠道，宣传方法也要多样化，研发经费、推销费用、行政费用都要增加，必然导致成本增加；由于产品品种多、数量少，大批量销售受到一定限制，难以实现规模经济效益；由于投资多、成本高、经营范围广，会给企业的经营管理带来一定的困难。

3. 密集性市场策略

密集性市场策略又称"产品-市场集中化"策略，即在市场细分的基础上，企业选择一个或几个细分市场作为自己的目标市场，然后集中企业的全部精力，用几种营销组合手段服务于该市场。

实行这种策略的往往是资源能力有限的中小型企业，它们在较大的市场上竞争力很弱，因此寻求在较小的市场上进行渗透，力图在某一特定市场上保持高占有率。它的优点是有助于企业实现"集中兵力打歼灭战"的意图，资源有限的中小企业采用这种战略能够在特定的市场上与大型企业进行竞争。其缺点是市场面窄，经营风险大，一旦需求发生变化，企业往往处于被动局面。

以上三种市场细分策略各有其优缺点，旅游企业必须根据自身实力、市场特点、产品特色、产品生命周期和竞争者情况等多种因素选择自己的市场策略。

（二）旅游目标市场策略的选择

上述三种策略各有利弊，在实践中，旅游企业究竟选取哪种策略主要取决于旅游者需求状况和旅游企业的自身条件。具体来说，在选择旅游市场策略时要考虑以下因素。

1. 旅游企业实力

旅游企业自身的实力主要包括人力、物力、财力及其生产能力、创新能力、营销能力，具体表现为旅游企业产品和服务的开发与设计以及生产能力、促销本企业的广告能力、营业推广能力、公共关系的能力等。若旅游企业资源有限，实力不强，无力兼顾整体市场或更多的细分市场，可采用密集性市场策略。

2. 旅游产品和服务的特点

对于那些差异性小、替代性很强、竞争主要集中在价格上的旅游产品和服务适合采用无差异市场策略；对于差异性大、旅游者选择能力很强的旅游产品和服务适合采用差异化市场策略。

3. 旅游市场特点

如果旅游市场的消费需求与偏好很接近，且市场相似程度很高的旅游市场，适合采用无差异市场策略；如果市场差别很大，则应采用差异性市场策略或密集性市场策略。

4. 旅游产品生命周期

和其他产品一样，旅游产品也有自己的生命周期，这个周期包括投入期、成长期、成熟期和衰退期四个阶段。如果旅游企业刚在市场上投入某种新产品，希望创造大量的需求时，那么采取无差异市场策略较为合适，也可以集中吸引某一细分市场，采用密集性市场策略；当产品进入成长期和成熟期，投入市场的产品品种增多，加入市场的竞争者也日益增多时，旅游企业为了在竞争中获胜，应采用差异性市场策略；当产品进入衰退期时，可采取密集性市场策略。

5. 旅游市场竞争情况

当竞争者实力强大并采用无差异性市场策略或差异性市场策略时，旅游企业应该采取密集性市场策略与之竞争；当竞争对手实力较弱时，原则上本旅游企业可以采用任何一种市场策略。

当同一类旅游产品和服务的竞争者很多时，为了使旅游者了解本旅游企业的特性，使之产生兴趣和爱好，增强旅游企业的竞争力，往往应该采用差异性的市场策略；当同一类竞争对手较少时，旅游企业可以采用无差异性市场策略。

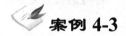

案例 4-3

如家经济型快捷酒店

从 2000 年开始，中国国内旅游总人次超过了全国总人口的 60%，基本达到了大众旅游的标准，越来越多的工薪阶层展开了各种层次的旅游消费。另外，随着私有经济的发展，以及一些公司对差旅经费的限制，人们在进行商务活动的同时更加注重旅游消费性价比的选择。这些旅游者在行程中需要充足的睡眠、方便的地理位置，酒店对他们而言最重要的条件只有两个：床和卫生间，同时他们不希望在住宿上花费太多的金钱。

如家经济型快捷酒店正是针对这部分旅游者把自己的定位明确锁定在一点上——如家的住宿。床品和卫生间是如家快捷酒店的重点所在，卫生上达到甚至超越传统酒店的卫生条件，保持叫早服务，同时在房间的颜色上增添变化，增加温馨感；在如家酒店客房的书桌上，常常为客户摆放几本书，开展"书适如家"的活动。如家给每一间房间提供基本书籍，文学的、历史的、旅游的都有，客人可以随意阅读，以及一盏家用普通台灯，提供免费上网等，如家快捷酒店在细节上尽可能营造出家的温馨。同时，由于经营成本的降低，酒店的价格要低于传统的三、四星级酒店的价格。

如家经济型快捷酒店正是靠这个独特的定位在竞争愈演愈烈的酒店市场上占有一席之地的。在如家已经开业的酒店中，近一半以上的酒店全年平均出租率可以达到100%，全部酒店年平均出租率也可以达到95%以上。2006年全年，如家的运营利润达到人民币7460万元(约合960万美元)，比2005年增长145.8%。其中，2006年如家增设了40家新租赁运营酒店和26家新特许管理酒店。而来自租赁运营酒店的总收入共计5.679亿元人民币(7280万美元)，比2005年增长了102.9%；来自特许管理酒店的收入共计2060万元人民币(260万美元)，比2005年增长了248.5%。

(资料来源：吴金林. 旅游市场营销[M]. 北京：高等教育出版社，2007.)

第三节　旅游市场竞争

一、旅游市场的竞争性因素与垄断因素

竞争是商品经济的伴生物，自商品生产和商品交换以来，竞争就开始存在。商品生产和商品交换使社会产生了许多利益主体，生产者企图把自己的商品尽快销售出去，实现商品的价值并取得较多的货币收入，消费者则希望以较少的货币换得较多的使用价值或效用。在商品经济条件下，供需双方的要求只有通过生产者与生产者之间、生产者与消费者之间的较量与争夺才能实现，市场竞争就这样形成了。①

在市场经济条件下，旅游业的市场竞争体现在不同国家、不同旅游企业之间为了自身利益以争夺更多客源为中心而展开的竞争。这是由于旅游市场客观存在着竞争因素的缘故，同时，它也反映出旅游市场竞争的必然性。

(一)旅游市场的竞争性因素

1. 市场机制的内在要求

在市场机制这只"看不见的手"的作用下，只要存在赢利机会，相关投资主体对旅游市场的介入就是必然的。面对一定数量的客源，数目众多的旅游供给者就会从自身利益出

---

① 中共中央马克思，恩格斯，列宁，斯大林. 马克思恩格斯全集(第21卷)[M]. 编译局，译. 北京：人民出版社，2003：215.

发开展竞争，以获取尽可能多的利润。

2. 旅游产品的替代性

就总体而言，具有高度垄断型的旅游产品毕竟是少数，大多数旅游产品虽然各具特色，但同类的、差别不大的旅游替代品是普遍存在的，这就意味着旅游产品在相当大的程度上存在同质性。另外，旅游产品与满足人们精神需要的休闲产品、文化娱乐产品之间也存在着替代关系。

3. 旅游者的选择

各国、各地区争相开发旅游产品以吸引游客，同时，现代通信技术、传播技术和营销技术的迅速发展使得越来越多的与旅游有关的信息被旅游者掌握，为旅游者提供了更多的市场份额。

4. 旅游需求较大的弹性

就世界范围而言，旅游活动还是一种非必需的消费行为，而且旅游需求弹性与旅游市场的波动都较大，这些都会导致旅游供给者之间的激烈竞争，以获得更多的市场份额。

5. 旅游市场的开放性

各国旅游业的发展，进一步加剧了旅游市场的竞争。当今世界大多数国家和地区都在尽可能多地吸引外国游客。特别是发达国家的资本技术约束远比发展中国家宽松，这种来自国际旅游市场的竞争传导到发展中国家以后，就会对当地旅游业形成冲击。随着WTO的《服务贸易总协定》(GATS)框架协议文件的逐步实施，可以说，没有哪一个国家的旅游业可以逃避世界性竞争的影响，特别是在那些目标客源市场存在交叉重叠部分的国家和地区之间将存在更多剧烈的竞争。

应该指出，旅游市场并不是一个完全竞争的市场，除了竞争性因素以外，还存在着一些垄断性因素。

(二)旅游市场的垄断因素

1. 优质的旅游资源

优质旅游资源的数量是较少的，如中国的长城、秦兵马俑，埃及的金字塔以及有特殊疗效的温泉等，都会在特定的旅游产品供给市场上形成相当高的垄断性。旅游产品的差异和特色是普遍存在的，这也是构成旅游市场垄断成分的重要基础条件。

2. 法律障碍

在竞争机制中，新企业进入时的法律障碍可能是所有障碍中最大的。由于旅游业与所在地意识形态、文化、社会风气等非市场因素密切相关，许多国家和地区在发展旅游业时都或多或少地设置了一些非自然障碍。例如，旅行社行业中的双重注册、人员资格认定、年终审查、质量保证金等制度的安排，使竞争机制发挥作用的市场进入、退出的难易程度和步调都不同于其他行业。法律障碍的消除往往会使所在地的市场规模在竞争机制作用下迅速发展。例如，1978年美国国会开始一系列对制约美国有关产业政策的"管制取消的行动"，通过取消政府管制，增强了企业的竞争力。

3. 某些人文因素造成的垄断

这里的人文因素包括地理、历史、文化等因素。旅游目的地与客源地的历史、文化方面的联系往往会形成独特的优势，成为某一市场的垄断性。例如，同处于汉文化圈中的中国与日本、韩国、朝鲜、新加坡等国家之间有着特殊的历史文化联系，从而使后四者成为中国的特殊的旅游市场。

4. 旅游规模经济

与其他行业一样，旅游业的规模经济也会对新进入的旅游企业构成市场内生性的垄断障碍。

二、旅游市场竞争的类别

根据市场状况与竞争程度，可以将旅游市场分为以下四种类型。

(一)自由竞争型

自由竞争又称纯粹竞争或完全竞争，是指不受任何阻碍和干扰的市场竞争情况。其基本特征是：第一，在旅游市场上，旅游企业众多，每个旅游企业经营的产品只占产品总量的一小部分，任何一家旅游企业都不可能通过控制产品供应量来操纵市场；第二，旅游产品是同质的，出售商品条件完全一样；第三，各种经济要素可以自由流动，自由出入市场；第四，市场信息畅通，买卖双方充分了解市场状况。只有同时具备了以上四个条件，自由竞争型的市场状态才能形成。

(二)垄断竞争型

垄断竞争也称不完全竞争。不完全竞争的旅游市场，是指当一种旅游劳务在旅游市场上虽有许多不同的旅游产品供给者和需求者，但它们所提供的同一种旅游劳务无论在实际上还是在旅游需求者的心目中都具有不同的特点,此时所出现的市场是一种不完全竞争状态。垄断竞争的主要特征是:第一,市场上存在一定数量的大中型企业,它们之间为经营某种旅游产品展开了激烈的争夺;第二,每个旅游企业的产品都与其他旅游企业的产品略有差别,即同类旅游产品在质量、外观、包装、服务及销售条件上有一定的差别;第三,某种旅游产品的经营虽然由某个旅游企业控制,但垄断壁垒尚未形成,新企业进入该市场并不太困难。

(三)寡头垄断型

寡头垄断的主要特征是:第一,某种旅游产品由几家大型旅游企业所控制,这几家大型旅游企业的产销量在该产品的总产销量中占有较大的份额;第二,少数大型企业基本垄断了某种旅游产品,新企业进入该市场比较困难;第三,在少数大型旅游企业之间,既有一定程度的竞争,也有某些方面的妥协和联合。例如,假日、希尔顿、喜来登等国际酒店集团,我国的国旅、中旅等旅行社集团,均属于寡头垄断集团。

(四)完全垄断型

完全垄断型的主要特征是:第一,某个旅游企业完全控制了某种旅游产品的供给和销售市场,这种旅游产品又没有其他可以替代的旅游产品,如西安的秦兵马俑、北京的故宫和长城、埃及的金字塔等;第二,该企业由政府授权实行垄断经营,其他企业不能进入竞争者的行列。完全竞争和完全垄断是旅游经济市场竞争的两个极端现象,在现实中极为少见。垄断竞争和寡头垄断是旅游市场上大量存在的竞争类型,其中最常见的是垄断竞争型的市场状态。导致旅游市场垄断的因素有旅游资源分布状况、地理位置及距离、历史和文化渊源、特殊政策等;导致旅游市场竞争的因素有旅游产品的可替代性,旅游需求的随意性、波动性和有限性等。

从旅游市场的发展程度来看,它属于不完全竞争的范畴。这是因为旅游市场开放度较高,新的竞争者能够随时加入竞争行列;供方数量很多,需求者选择的余地较大,明显是供过于求的买方市场。此外,大多数旅游产品,如客房、餐饮、健身休闲场所,质的差异不大,即使旅游资源有独特性的特点,其产品也有着一定的可替代性。仅有少数产品,如长城、西安兵马俑、珠穆朗玛峰等,具有不可替代性,构成卖方垄断。现代旅游市场的竞争是多要素组合式的竞争,成败与否取决于各构成要素组合后的优劣。旅游竞争的核心是产品,因而竞争手段可分为两大类:一是价格竞争,二是非价格竞争,如图4-1所示。

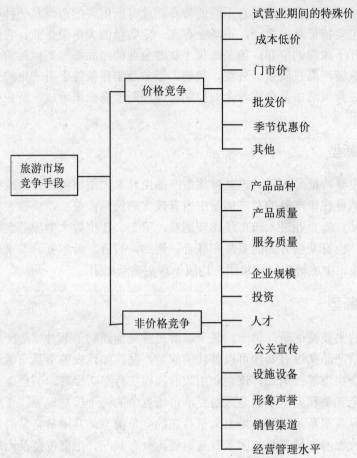

图 4-1　旅游市场竞争手段

三、旅游市场竞争的目标

旅游市场竞争的目标具体体现在以下三个方面。

(一)争夺旅游者

旅游者是旅游产品的购买者，也是旅游市场竞争的根本目标。由于社会、经济等因素的制约，在一定时期内旅游者的数量是有限的，而各个国家、各个旅游企业都想吸引更多的旅游者，让他们购买自己的旅游产品。因此，众多的国家和旅游企业争夺有限的旅游者就成了市场竞争的基本内容。

(二)争夺旅游中间商

旅游中间商是指在客源市场上销售旅游产品的中介机构或个人。在国际旅游活动中，旅游产品的销售主要通过旅游中间商来完成，旅游中间商在旅游者和旅游企业之间充当桥梁，既为旅游者提供服务又为旅游企业输送客源。一个旅游企业的中间商越多，拥有的旅游者就越多，面对的旅游市场就越大。因此，争夺旅游中间商是争夺旅游者的一种派生形式。为此，旅游目的地国家、地区或旅游企业采取了各种措施，大力支持旅游中间商的经营活动，概括起来主要有：第一，组织旅游中间商免费到旅游目的地国家或地区进行熟悉旅游，丰富对旅游目的地国家或地区旅游产品的认识和了解；第二，及时向他们提供旅游目的地国家或地区旅游产品的各种信息和宣传推销资料，使他们能随时掌握旅游产品供给动态；第三，向旅游中间商提供经营旅游目的地国家或地区旅游产品的支持费，供他们印刷与分发旅游目的地国家或地区的旅游宣传品，并训练旅游营销人员。

(三)提高市场占有率

旅游市场占有率是指一定时期、一定范围内某一国家、地区或旅游企业的旅游产品销售量占旅游产品总销售量的比率。具体来说，旅游市场占有率又分为旅游市场绝对占有率和相对占有率，通常用接待人数来表示。

1. 旅游市场绝对占有率

旅游市场绝对占有率是指一定时期、一定范围内某一国家、地区或企业接待的旅游者人次占同一时期、同一范围内旅游总人次的比率。具体公式为

$$旅游市场绝对占有率 = \frac{一定时期、一定范围内某一市场主体接待旅游者的人次数}{同一时期、同一范围内旅游者的总人次数} \times 100\%$$

2. 旅游市场相对占有率

旅游市场相对占有率是指一定时期、一定范围内某一市场主体的旅游市场份额与同一时期、同一范围内较大市场主体旅游市场份额之间的比率。具体公式为

$$旅游市场相对占有率 = \frac{一定时期、一定范围内某一市场主体的旅游市场份额}{同一时期、同一范围内较大市场主体的旅游市场份额} \times 100\%$$

通过旅游市场绝对占有率指标可以了解本国、本地区、本企业在旅游市场上所处的地位和实力。通过旅游市场相对占有率指标可以看出本国、本地区及本企业与其他国家、地区、企业在接待人次上的数量关系及其优劣。如果某一市场主体的旅游市场相对占有率大于1，表示该市场主体所占的市场份额最大，领先于其他竞争者；如果等于1，表示该市场主体与其他竞争主体实力相当；如果小于1，则表明该市场主体的实力弱于其他竞争者。

四、旅游市场竞争的策略

旅游市场竞争的目标必须通过竞争策略来实现,旅游市场竞争的策略贯穿于旅游经济活动的各个阶段,常见的有以下五种。

(一)价格策略

价格是调节经济活动的经济杠杆之一,也是最常见的竞争手段。我国旅游产品具有成本低、价格弹性大的优势,这为我们制定富有竞争力的价格策略奠定了基础。首先,我们应当采取薄利多销的低价策略以吸引更多的旅游者,迅速占领客源市场。其次,利用某些旅游产品具有垄断性、稀缺性、新奇性和名贵性的特点采取高价策略,以期在短期内获得较高收益。同时,采取平价策略使某种旅游产品的价格保持在一定水平,避免或防止旅游企业之间的削价竞争。

(二)产品策略

产品策略是旅游企业竞争的中心策略,具体包括以下几种方式。

1. 创新策略

在现代市场经济条件下,旅游需求千变万化,旅游企业必须适应各种变化,不断开发出具有特色的旅游新产品。旅游产品层次多样,内容广泛,产品创新反映在各个层次、各个方面,旅游企业应当根据产品的生命周期,确定合理的产品结构,不断地推陈出新。

2. 优质策略

产品质量是企业生命之所在,旅游企业应当充分考虑旅游产品的特点,尽量突出旅游产品的地方特色和民族风格,生产出高质量的旅游产品,扩大销售额,提高市场占有率。

3. 品牌策略

品牌策略是优质策略的延伸,旅游企业在开发出优质的旅游产品后,应当进一步提高产品的知名度,使之产生较大的品牌效应。由于旅游产品具有结构松散、易模仿、易进入等特点,在实施品牌策略的过程中必须运用经济、法律、行政等多种手段方能成功。目前,名牌产品已大量存在于旅游市场,"假日"、"喜来登"等为世界级的名牌酒店产品,"建国"、"锦江"等为我国的名牌酒店产品。

(三)促销策略

为了招徕更多的旅游者,争取更多的市场份额,就要通过各种渠道和媒介把旅游产品、旅游地、旅游企业、旅游机构介绍给旅游者，除采用广告、宣传册、风光片等促销方式外，还应当采用电话、传真、电子邮件、计算机网络等现代通信手段加强宣传力度，以提高传播效率。

(四) 专营化策略

专营化策略是指旅游企业确定一个或几个细分市场作为目标市场，以相应的旅游产品和服务来满足旅游者的需要。由于目标市场较为单纯，旅游企业可以实现低成本经营，同时目标市场上的旅游产品高度专门化，可以有效地阻止其他竞争者，避免过度竞争。旅游企业在选择目标市场时应当具有明确的针对性，要注意目标市场的规模，不宜定位于规模太小、划分过细的目标市场，要让旅游企业在市场上有一定的回旋余地，这样才能够健康稳定地发展。

(五) 引导需求策略

企业不仅要满足市场需求，而且要主动引导顾客创造需求。引导市场需求就是要在消费者还未形成明确的消费意向之前，以超前的眼光推出新品，通过积极运用有效的广告、公共关系等手段，引导市场需求的发展趋向，以极快的速度进入到超越竞争的垄断阶段，从而占领市场竞争的有利地位。现在，旅游企业从以生产为中心转变为以市场为中心、以顾客需求为导向，这是一个很大的进步，但是仅仅做到这一点仍然是很不够的，因为适应市场只解决了顾客的现实需求问题，而且这种适应还具有一定的滞后性，而潜在的需求，尤其是尚未发掘出来的潜在需求才存在着更大的商机。竞争中不与同行分抢一块蛋糕，而是积极去制作新的蛋糕，开辟新的市场，做到以异取胜，才算真正进入到竞争的高级阶段。

总之，旅游企业的生产者和经营者必须以顾客为中心、以市场为导向，充分满足旅游者的各种需要，对游客的消费偏好和需求倾向应积极引导，促使旅游经济效益和社会效益的共同提高。

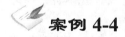

案例 4-4

南国旅行社的成功之路

1999 年 6 月 23 日，南国旅行社在当地新闻媒体上打出"妈妈，我要上北大"的主题旅游广告词，众多暑期放假的学生及家长就把电话打到旅行社。8 月 20 日，南国旅行社组织了 4 个旅游团共 170 余人前往北京旅游。在景点安排上，除了常规景点外，南国旅行社紧紧抓住许多家长望子成龙的心理，推出参观北大或清华、中国人民解放军军事博物馆、圆明园遗址、世界公园和观看天安门广场升旗仪式等。在参观北大、清华期间，导游还特地邀请学校老师讲解学校的发展史，从而使学生认识到只要自己好好学习，北大、清华并非高不可攀。正是通过这些特殊景点的安排，使游客在不知不觉中接受了爱国主义教育，增长了知识，从而激发了学生学习的热情。正是因为有了主题旅游，南国旅行社在这个火热的暑期有了源源不断的客源。"妈妈，我要上北大"这一创意，抓住了学生的心理，带动了其他线路，从而把暑期生意做得红红火火。自从1997年起，"97重阳爱心之旅——爷爷奶奶逛北京"、"我爱北京天安门"、"千名老人游上海"、"红色革命路线"、"大年换个过法怎样"、"女人有个三八节"、"新婚蜜月之旅"、"单身男女玫瑰之旅"、"同学们，带你看大海去"等，这些都是南国旅行社推出的主题旅游创意。虽然成败皆有，但这一举措在旅游界和广大市民中引起的反响却是强烈而长远的。明确旅游主题，引导消费，创造商机，为原本带有很大盲目性的旅游开创一片天地。

分析：

(1) 开展特色旅游，并冠以鲜明的宣传为主题，应该是本例的成功之处。南国旅行社在旅游项目设计与开发的做法上，集多样性与新异性于一身，使旅游有了新个性，有了主题也就有了生机和活力。许多业内人士早已指出：旅游业发展到今天，廉价的风景资源输出模式必须逐渐淡出市场，否则旅游业就会被市场所淘汰。中国历史悠久，地大物博，可以开发的旅游主题何其多矣！关键是看我们的观念到不到位，是不是敏感，会不会通过增加旅游文化底蕴来增强其感召力。这个问题解决了，只要仔细研究一下市场细分问题，就会发现可供驰骋的空间是如此之大。

(2) 抓焦点、热点，推出宣传主题，是出奇制胜之策。当年瑞士人抓住了"休闲旅游"、"飞船登月"等焦点，创造过旅游王国的辉煌，今日精彩纷呈的世界提供给我们的机会更多了。南国旅行社的"妈妈，我要上北大"，则抓住了当今中国青年一代的焦点"教育与成才"。多少家长将圆大学梦的希望寄托在孩子身上，多少中学生将大学视为梦中的神圣殿堂，而知识经济时代的来临，又以社会需要这个层面强化了这个意识。因此，抓住焦点、热点，就抓住了市场机遇。

(3) 主题旅游，宜实不宜虚，虚则毁之。实，就是实实在在，要名副其实，要有实际的内涵。北京是一个国际著名的旅游大都市，同时作为首都，在人们的心中占据着神圣的位置；北大、清华均为一流水平的大学，是学子们求学的神圣殿堂。于是，首都游、风景名胜游、爱国主义教育游和教育旅游就找到了结合点，由此产生的旅游项目就不再是一句漂浮的口号，而是有了充实的内涵，有了沉甸甸的分量。

(资料来源：http://www.bhu.edu.cn/page/depart/gzxy/jpkc/3dysw/al/al53.html)

第四节　旅游市场开拓

一、旅游市场开拓的重要性

开放性及国际性是旅游市场的显著特点。近年来，旅游业的全球性竞争加剧，主要表现为国际竞争国内化、国内市场国际化。国际竞争国内化主要是指许多外国企业集团、跨国公司通过联号、连锁形式进入我国旅游市场，使国内市场的竞争愈演愈烈；国内市场国际化主要是指随着我国改革开放的深入，国内旅游市场逐渐成为国际旅游市场的组成部分，国内市场的竞争越来越呈现出一种国际化的竞争态势。当前，越来越多的国家和企业进入旅游业，旅游市场的竞争比以往任何时候都要激烈，在这种情况下，开拓旅游市场就显得尤为重要。

旅游市场开拓是指旅游市场主体为实现其旅游产品价值而进行的，包括旅游市场开发、占有和扩大在内的一系列活动。

二、旅游市场调查、分析和预测

旅游市场开拓的前提是周密的市场调查、深入的市场分析、科学的市场预测，只有这样，才能保证旅游市场主体的健康运行。

(一)旅游市场调查

市场调查就是运用系统的方法和手段，有针对性地搜集、分析市场信息，提出评价和建议，为科学决策提供依据。

根据市场调查的内容、方法和目的，可以将其分为探索性、描述性和因果性三种类型。

1. 探索性调查

探索性调查主要用于搜集初步资料，在两种情况下较多采用：一是市场现象较为复杂，实质性问题难以确认，为了确定调查方向和重点，首先采用探索性调查寻找并明确实质性问题；二是当企业提出某些新的设想和构思时，可采用探索性调查掌握有关信息，帮助企业确认这些设想和构思是否可行。

2. 描述性调查

描述性调查是对市场的客观情况进行如实的记录和反映。描述性调查首先要大量搜集市场信息，包括各种相关数据，然后对调查资料进行归纳、分析和概括，最后形成调查报告。描述性调查一定要实事求是，要有一定的数量分析，如果只是文字描述，许多问题是难以准确说明的。

3. 因果性调查

因果性调查是了解市场现象之间的因果关系，也可用于某项市场实验。例如，为了测试广告效果，可以有计划地改变广告内容和广告时间，然后搜集有关销售额、品牌知名度、市场占有率的资料，从而掌握广告对促销的作用。在使用因果调查法时，要注意防止片面性，因为同一种现象或结果，可能是由多种因素引起的，调查人员应当全面分析调查材料，认真鉴别调查结果。

旅游市场调查的信息来源有原始资料和二手资料两种，调查方法有观察法、谈话法、问卷法和实验法等，调查内容包括对旅游者行为的调查、对旅游市场状况的调查、对旅游客源国和目的地的调查等。

(二)旅游市场分析

旅游市场分析包括旅游供求分析、市场环境分析和竞争对手分析等。需要指出的是，旅游市场主体在进行了以上调查分析之后，必须明确面临的机会和风险，了解本企业的优势和劣势，认清当前的主要问题并据此确定相应的措施和针对性策略。

(三)旅游市场预测

旅游市场预测是对未来旅游市场供求关系及其发展趋势的洞察和估量。旅游市场预测可分为多种类型。按预测时间不同，可分为短期预测、中期预测和长期预测；按预测内容不同，可分为宏观预测和微观预测；按预测方法不同，可分为定性预测和定量预测等。

专栏 4-3　一种切实可行的定性预测法——德尔菲法

德尔菲法又称专家打分法。这种方法最初是由美国兰德公司(RAND Corporation)在20世纪50年代初首创的。作为预测实践发展的一种方法，德尔菲法是在缺乏历史数据或动向资料的情况下使用的。该方法的基本程序是：由分析者召集一组具有代表性的专家，请这些专家回答几轮认真设计的调查表，再根据调查的结果进行预测。调查表的设计旨在促使专家小组在特性、可能性以及未来事件发生的时间上达成一致意见。它可把小组成员面对面召集在一起，也可通过电话或者计算机网络召集，但是最常用和最好的形式是邮寄调查表。邮寄形式的主要优点是避免了同行的偏见影响和委员会压力，以及其他作用于被调查者的心理影响。与其他预测模型一样，德尔菲法从一个关于未来的问题开始，这个问题通常涉及定性动向或者新发现的现象，或者其他不能用传统的结构模型研究的没有先例的事件。因而，德尔菲法常被作为预测的最后的、最切实可行的手段加以运用。德尔菲法调查的成败取决于专家的资格以及研究人员设计和管理调查表的技巧，研究人员方面的个人的、非故意的偏见会影响调查表的措辞和结果分析，专家小组的稳定性也是非常重要的。

专栏 4-4　2020年世界十大旅游目的地

2020年世界十大旅游目的地如表4-8所示。

表 4-8　2020 年世界十大旅游目的地

排名	目的地	国际旅游者接待数量/百万	国际旅游市场份额/%	1995—2020 年年均增长率/%
1	中国	137.1	8.6	8.0
2	美国	102.4	6.4	3.5
3	法国	93.3	5.8	1.8
4	西班牙	71.0	4.4	2.4
5	中国香港	59.3	3.7	7.3
6	意大利	52.9	3.3	22
7	英国	52.8	3.3	3.0
8	墨西哥	48.9	3.1	3.6
9	俄罗斯	47.1	2.9	6.7
10	捷克	44.0	2.7	4.0
合计		708.8	44.2	—

(资料来源：世界旅游组织 1998 年预测)

专栏 4-5　2020 年世界十大出境客源国

2020 年世界十大出境客源国如表 4-9 所示。

表 4-9　2020 年世界十大出境客源国

排名	国家	出境旅游者/百万	市场份额/%
1	德国	163.5	10.2
2	日本	141.5	8.8
3	美国	123.3	7.7
4	中国	100.0	6.2
5	英国	96.1	6.0
6	法国	37.6	2.3
7	荷兰	35.4	2.2
8	加拿大	31.3	2.0
9	俄罗斯	30.5	1.9
10	意大利	29.7	1.9
合计		788.9	49.2

(资料来源：世界旅游组织 1998 年预测)

三、旅游市场开拓的策略

旅游市场开拓的策略是指根据已经确定的目标市场和市场战略所采取的措施和方法，具体包括以下四个方面。

(一)目标市场策略

旅游者的需求是多种多样、千变万化的，任何一个国家、地区或旅游企业都不可能满足所有旅游者的全部需求。因此，每个旅游目的国、旅游地区或旅游企业，都应当在市场预测的基础上为自己的旅游产品选择相应的客源市场，并根据客源数量或购买力的大小确定顺序。例如，西安地区的客源市场首先为日本，其次为美国、德国、法国、英国、韩国等。

(二)旅游产品策略

旅游产品是开拓旅游市场的基础，在开发旅游产品时，必须把握市场需求，根据市场需求有针对性地开发旅游产品，要大力开发具有民族特色、地方特色和游览区特色的旅游产品，旅游产品的形式也要丰富多样。从我国目前的情况来看，团体包价形式、观光型的旅游产品仍占主导地位。我们在继续经营团体包价旅游的同时，要大力发展散客旅游和半包价旅游；在继续经营观光旅游的同时，要大力开发度假旅游、会议旅游、商务旅游和专项旅游，从而推动旅游经济活动的全面发展。

(三)旅游价格策略

旅游价格制定得是否合理，直接关系到旅游产品的竞争力，影响旅游市场开拓的效果。因此，在制定旅游价格时，要明确定价目标，根据旅游市场开拓的任务、目标市场的实际情况以及竞争对手的价格，有针对性地确定旅游产品的价格，避免定价的盲目性和随意性，要根据定价目标选择适当的定价方法和定价形式，并注意保持价格的相对稳定。

(四)旅游渠道与促销策略

在旅游产品的交换过程中，旅行社、旅游饭店及其他旅游企业均面临销售渠道的选择问题。毫无疑问，旅行社仍然是销售渠道的主体，绝大多数旅游产品的价值和使用价值还是通过旅行社来实现的。按照销售职能，可以将旅行社分成两类，即旅游批发商和旅游零售商，旅游批发商的业务涉及旅游产品的组合、定价、促销和配销等，旅游零售商的主要业务是直接向旅游者销售旅游产品。旅游产品的销售渠道是否合适，直接影响着旅游产品的销售状况。现阶段我国的入境客源市场在相当程度上还依赖于国外旅游批发商和零售商，我们应当选择那些与我国的旅游市场相适应的旅行商，特别要加强与国外旅行商的业务关系、发展、壮大自己的销售网络。

旅游促销是旅游产品销售的一种有效手段，也是我国进一步开拓国际旅游市场的主要途径。旅游促销的方式有广告宣传、公关活动、参加或举办旅游博览会等。旅游促销的顺序是从大到小，首先宣传中国的形象，然后宣传中国的旅游形象，进而宣传旅游地的形象，最后宣传传统旅游企业和旅游产品的形象。

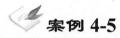

案例 4-5

秦腔《梦回长安》成功走向市场的启示 ——西安秦腔剧院改制焕发活力

看兵马俑、吃泡馍、听秦腔，被称为陕西旅游的三张名片。如今，来到西安的每一位游客每晚8时都可以看到秦腔诗画《梦回长安》，秦腔这一古老剧种正以新的姿态走近观众。

《梦回长安》正是秦腔剧团转换机制、走向市场的一种积极探索。据了解，大型秦腔交响诗画《梦回长安》推出以后，已连续上演260多场，观众超过20万人次，年收入约2000万元。然而，就在几年前，秦腔还面临演出越来越少、演员和观众大量流失的尴尬。秦腔被誉为中国戏剧的活化石，被列入首批国家级非物质文化遗产名录，在我国西北地区有广泛的影响，然而，面对市场经济的冲击，人们文化生活的多元化，秦腔越来越被边缘化，仅仅成为圈内人自娱自乐的一种方式。

面对这一窘境，为促进秦腔艺术的繁荣和发展，增强古老剧种的市场开拓能力，2005年，西安易俗社、西安市秦腔一团、西安市秦腔二团(西安青年艺术团)、西安市五一剧团四个秦腔剧团合并组建成立西安秦腔剧院。2007年6月，西安市委、市政府决定将西安秦腔剧院整体移交国家级文化产业示范区——西安曲江新区管理委员会，按市场机制运作。

易俗社是秦腔的象征，与莫斯科大剧院和英国皇家剧院并称为"世界艺坛三大古老剧社"。成立于1912年的易俗社是我国著名的秦腔科班，其宗旨为"移风易俗、辅助社会"，戏曲改良一直是易俗社的传统。1924年鲁迅先生为其题匾"古调独弹"。新中国成立后，西安易俗社有多位演员得到毛泽东等党和国家领导人的接见并进京演出。

《梦回长安》是曲江新区运用现代舞手段，塑造精品秦腔的一种试水。2008年初，曲江文化产业投资集团依托多年来旅游市场开拓的成熟经验和稳定客源，指导秦腔剧院将传统秦腔艺术与现代交响乐及高科技相结合，抽调100多名青年骨干演员，创作排演了大型秦腔交响诗画《梦回长安》。

2009年3月，为进一步深化改革，发展文化产业，结合《梦回长安》成功演出绩效的实际情况，曲江新区管委会决定在《梦回长安》剧组基础上成立西安秦腔剧院有限责任公司，由曲江文化产业投资集团控股，属曲江文化产业投资集团下属企业。

改制后，800多人的剧院有290多人进入公司，原事业单位职工身份没有了，但退休后按改制前单位性质的标准领取退休金。演出人员的平均收入也由原来的每月不足1000元，增加到改制后的每月 3000 元左右，主要演员的收入超过每月 4000 元。

剧组人员全部从秦腔剧院中剥离出来转为企业身份，以资本为纽带、以市场为导向，与旅游业紧密结合，努力开拓演出市场。同时，秦腔剧院其余人员仍然从事秦腔艺术的研究、传承，由此迈出了秦腔剧院改革的实质性步伐。

(资料来源：http://www.gansu.gov.cn/ScjgQw.asp?ID=28640)

本章小结

旅游市场是旅游经济的基本范畴，旅游市场运行反映了旅游供给与旅游需求的相互关系和矛盾运动。在前一章分析的基础上，本章着重研究旅游市场的类型、旅游市场的特点、旅游市场细分、旅游市场竞争和旅游市场开拓。

旅游市场有广义和狭义之分，广义的旅游市场是指旅游产品供给者与旅游产品消费者在旅游产品交换过程中所形成的各种经济关系的总和；狭义的旅游市场是指对旅游产品具有购买能力的旅游需求，即旅游客源市场。旅游市场有五大特点：多样性、异地性、脆弱性、季节性和全球型。旅游市场是典型的"异质市场"，因此必须以地理、人口、心理、行为等标准对其进行市场细分，在市场细分的基础上，遵循可赢利性、可进入性、可测量性及可操作性原则选择目标市场，并根据旅游企业自身实力、旅游产品和服务的特点、旅游市场竞争状况、旅游产品生命周期和市场特点等因素选择目标市场的营销策略。

随着旅游业的持续发展，旅游市场竞争日趋激烈。旅游市场竞争有四种类型：自由竞争型、垄断竞争型、寡头垄断型和完全垄断型。竞争的目标主要体现在争夺旅游者、争夺旅游中间商和提高市场占有率三个方面。旅游企业必须采取产品策略、价格策略、促销策略、专营化策略和引导需求策略来实现自身的目标。随着经济全球化和竞争的加剧，旅游企业必须不断开拓其市场领域。旅游市场开拓的前提是周密的市场调查、深入的市场分析、科学的市场预测，唯此，才能保证旅游市场主体的健康运行。旅游市场开拓策略主要有四个方面：目标市场策略、旅游产品策略、旅游价格策略和旅游促销与渠道策略。

习 题

(一)单项选择题

1. 世界上最主要的旅游客源地区和接待地区是(   )。
   A. 欧洲和美洲   B. 东亚太
   C. 中东   D. 非洲

2. 当前,世界旅游业发展势头最猛的地区是( )。
   A. 欧洲和美洲 B. 东亚太
   C. 中东 D. 非洲
3. 下列国家中,属于我国主要市场的国家是( )。
   A. 加拿大 B. 德国
   C. 韩国 D. 法国
4. 将旅游市场划分为城市、郊区和农村三种市场,这种市场细分依据的变量是( )。
   A. 人口细分 B. 地理细分
   C. 行为细分 D. 心理细分
5. 资源能力有限的中小型旅游企业,适合采用的目标市场策略是( )。
   A. 无差异性市场策略 B. 差异性市场策略
   C. 密集性市场策略 D. 多元化策略
6. 根据旅游组织形式的不同,可将旅游市场分为( )。
   A. 国内旅游市场和国际旅游市场
   B. 主要、次要和机会旅游市场
   C. 高、中、低档旅游市场
   D. 团体与散客旅游市场

(二)多项选择题

1. 旅游市场的特点有( )。
   A. 异地性 B. 脆弱性
   C. 季节性 D. 多样性
   E. 全球性
2. 旅游市场竞争的类型有( )。
   A. 自由竞争型 B. 垄断竞争型
   C. 寡头垄断型 D. 完全垄断型
   E. 完全竞争型
3. 旅游市场竞争的目标有( )。
   A. 争夺旅游者 B. 争夺旅游资源
   C. 争夺旅游中间商 D. 提高市场占有率
   E. 争夺旅游设施
4. 根据市场调查的内容、方法和目的,可以将旅游市场调查分为( )。
   A. 文案调查 B. 现场调查
   C. 描述性调查 D. 因果性调查
   E. 探索性调查

5. 旅游企业在选择目标市场时可应用的策略一般有(　　)。
   A. 无差异性市场策略　　　　　　B. 差异性市场策略
   C. 密集性市场策略　　　　　　　D. 产品开发策略
   E. 市场渗透策略

(三)名词解释

1. 旅游市场　　　　2. 旅游市场细分　　　　3. 旅游市场绝对占有率
4. 旅游市场相对占有率　　5. 团体旅游　　　　6. 散客旅游
7. 探索性调查　　　　8. 描述性调查　　　　9. 因果性调查

(四)简答题

1. 什么是狭义的旅游市场和广义的旅游市场?
2. 旅游市场是怎样分类的?
3. 旅游市场有哪些主要特征?
4. 什么是旅游市场细分?旅游市场细分的标准有哪些?
5. 旅游目标市场的策略有哪些?应如何选择目标市场策略?
6. 为什么说旅游市场竞争是必然存在的?
7. 如何做好旅游市场的分析和预测?

(五)论述题

1. 试述旅游市场开拓的策略。
2. 旅游市场竞争的内容是什么?应采取何种策略?

案例分析题

汉庭酒店：细分市场，快捷有道

如果是一个商务人士入住汉庭快捷酒店，他很快便能发现汉庭与其他快捷经济型酒店的不同：他可以在酒店的大堂免费打印 20 张 A4 纸的内容；大堂有两台电脑，凭房卡可免费使用 1 小时；每个房间的书桌和床头都设有网线插口，这样与同事同住也不会抢网线，等等。"为了满足这些需求，汉庭在每家快捷酒店中都额外投入了三四十万。" 汉庭酒店集团(以下简称汉庭)CEO 张拓说。

汉庭的创始人季琦属于二次创业，在这之前，他一手建立了中国目前最大的快捷连锁酒店品牌如家。基于第一次的经验，同时为了和如家区别开来，他在汉庭所做的事情就是细分目标顾客，将自己的产品瞄准商务人士。"快捷经济型酒店通常针对的普通旅客其实只有一些基本需求，如干净的床、交通方便、24 小时热水等，"张拓说："而我们从中又提炼出了商务人士最核心的需求。"例如，整个酒店都覆盖有无线网络，为了保证商务人士对安全的需求，电梯只有用房卡才能驱动。

"与如家和7天相比，汉庭门店选址的租金一般最贵。"张拓说："因为它要严格保证靠近商圈、办公区或景点，附近的配套设施则必须完备。"这也是对准商务人士的需求——这些人能够承受略高的价格，他们使得汉庭的客人可租客房平均收入(Revenue Per Available Room, RevPAR 是指每间可供出租客房平均每天的收入)在2010年第二季度达到了192元/间，比如家高出了21元，而7天的该项指标为151.5元。

五年以来，汉庭快捷外滩店店长徐正明的一天都是这样开始的：先巡视店面，和员工们微笑着打招呼。他解释说，这样做有提升员工士气的作用，有助于他们为客人提供优质的服务。随后，他回到办公室，查看经营报告和对汉庭的网评与客人的意见反馈。汉庭的管理者尤其重视与顾客的交流，他经常还走到餐厅前台，和客人聊一聊居住体验。

"对汉庭来说，细分的方法也能用在服务上。"徐正明说。在商务人士最注重节省时间这一基础上，他们把服务继续细分为普通会员和金卡、白金卡的不同等级。汉庭的金卡会员可以享受到8.8折优惠，这样的优惠使得入住汉庭的持有会员卡的客人比例已经超过了60%。入住快捷酒店，持有金卡的客人最快只需要两分钟就能办理好入住手续。如果入住时付清房费，退房无须等待查房，只要把房卡扔到设在大厅里的一个注明"无停留离店"的盒子里就可以了。"我们发现很多商务客人早上走的时候要赶飞机，离店时尽量省事对他们来说是非常重要的。"张拓说。

对商务人士提供核心优质服务的理念并非一蹴而就。2007年，如家和7天的迅速扩张曾让季琦一度剑走偏锋，在三四线城市收购了一些本不符合其发展策略的酒店。汉庭内部的顾客满意度调查结果在2007、2008年初一度降到冰点。所幸，季琦在2009年初遇见了保罗·杜布吕，这位雅高集团的创始人对季琦说了一句"速度不重要，质量最重要"。短短的10个字，让季琦决定"悬崖勒马"，回归到服务的本质。从那年开始，汉庭开始围绕商务人士的需求和舒适度来作文章：为了提高安全系数，汉庭快捷在电梯中安装了用门卡才能开启的门禁。季琦本人则设计了卫浴双开门，甚至亲自挑选房间装饰画，这些点滴增加了客人的好感，顾客满意度随之迅速回升。

"但细分市场与服务也要适度。"张拓说。2008—2009年，他发现汉庭在旅游旺季、周末的经营业绩和平日相差甚多。张拓意识到过度强调针对商务人士的定位有可能丢失传统的休闲旅游客人市场。从2009年开始，汉庭开始以城区为单位和旅行社及景点进行合作，推出一些项目来增加自己对普通游客的吸引。

普通顾客的需求也催生和完善了汉庭的服务。为了上海世博会，"家庭房"应运而生：该房型是在房间中摆放一张双人床与一张小床，对三口之家很有吸引力。对于细节的关注使汉庭在2010年第二季度全国酒店的入住率达到了98%。从2009年第一季度开始的统计显示，平均每个季度，汉庭的入住率都要比如家高3~4个百分点，对比7天有7个百分点的优势。

"从细分服务和市场这个概念来看，用一个产品来打遍天下、针对所有的消费者是不可能的。"张拓说。汉庭顺着这个理念推出了中端的全季酒店和低端的海友客栈，用服务来区分和发现目标客户。

汉庭设计海友客栈时针对的是年轻的准白领或白领，在他们的设想中，这些客人将是汉庭快捷和全季酒店的潜在客户。为了将这些人同寻找这一价位酒店的普通人区分开来，同时节省成本，他们刻意在客栈的设计里使用了大量的自助服务。

海友客栈推行环保，鼓励来住的顾客自带洗漱用具，取消了房间里面的"六小件"，但是仍然提供无线网络，以便让年轻人能够使用。同时，客栈还提供自助贩卖机，顾客可以买到2块钱一袋的特制碧浪小包洗衣粉，然后花3块钱到楼顶上使用自助洗衣机洗一次衣服，客栈还提供免费晾晒。"我们开张三个月了，客人一般都会自带毛巾、拖鞋。"海友客栈上海虹口足球场店店长沈骐说，这些能够理解并自如使用自助服务的年轻人，素质明显高于入住同等价位酒店的普通顾客，而客栈则通过这一方法增加了收入。

汉庭在定价问题上坚持能省则省，该花就花。他们在地段选择上舍得花钱，但会巧妙地将一些增加成本的免费服务尽量节省掉，或者转变成酒店的收入。从小处说，汉庭快捷酒店从不在房间里面配置茶叶包，因为茶叶有保质期，放在客房里客人也不常取用，有需求的客人可以到前台免费获取。定位于更高端商务客人的全季酒店里，下一步要在酒店内部设立咖啡厅，既能就餐也可以进行商务洽谈，这部分收入也可以纳入酒店的赢利范围。

"2010年和2011年，汉庭酒店集团都会以每年两百家的速度进行扩张。"张拓说。到2010年底为止，汉庭快捷的门店数会占整个酒店集团门店数的90%，海友和全季两个品牌的门店总数占到10%。"到2012年底为止，这两个品牌的门店数会达到整个酒店集团门店数的15%。"张拓说："我们的目标是在每一个细分市场里做到最好。"

(资料来源：迈点网，2010-9-15)

问题：
(1) 汉庭快捷酒店是如何进行市场细分的？
(2) 与如家、7天等快捷酒店相比，汉庭酒店采取了哪些竞争策略？
(3) 汉庭快捷酒店在市场细分和市场定位中遇到了哪些难题，他们是如何解决这些难题的？

第五章

旅游价格

【学习目标】

通过本章的学习,要求理解旅游价格的概念、类别及特点,掌握影响旅游价格制定的因素,理解旅游价格制定的目标,掌握旅游差价的类别,理解旅游优惠价的概念,理解旅游差价与旅游优惠价的区别,掌握旅游定价方法和策略。

【关键词】

旅游价格　旅游定价方法　旅游定价策略　旅游差价　旅游优惠价

案例导入

欧洲迪士尼(法国)乐园价格策略的失败

迪士尼(Disney)乐园是美国好莱坞著名动画片大师和制作家沃尔特·迪士尼设计创立的,并以他的名字命名。迪士尼乐园是一座主题乐园,主要由美国大街、冒险乐园、新奥尔良广场、熊的世界、幻想奇境、边境地界和明日世界等七大游区组成,其项目之丰富、科学技术之奇巧、规模之宏伟、设计之独特,无不令人眼花缭乱。美国本土的迪士尼、日本的迪士尼和欧洲的迪士尼(Euro Disney)现已成为全球最具魅力的主题乐园。但是,迪士尼的经营者在取得骄人业绩的背后也有失败的教训,其中之一就是欧洲迪士尼(法国)乐园价格策略的失败。

欧洲迪士尼的经营者在经营初期认为,其欧洲的竞争对手无法和迪士尼的声望和规模相比拟,所以把门票价格定的比竞争对手高了两倍左右,并且很少进行价格优惠和季节性调整。他们还假设游客在欧洲迪士尼的二次消费水平会和美国迪士尼相当。但是和大多数美国人开车到乐园游玩的情况不同,欧洲旅游市场上长途客车和旅游经营商担任着重要的角色,欧洲迪士尼没有认识到这一点,因而很少在定价、订票系统上作出让步。

事实上,法郎对其他欧洲货币汇率的变化以及全欧洲范围内的经济衰退,使得欧洲迪士尼的门票价格显得异常昂贵。人们发现,去欧洲迪士尼并不比到佛罗里达(Florida)游览迪士尼的包价旅游便宜多少,而欧洲迪士尼还无法和佛罗里达宜人的气候相比拟。另外,昂贵的门票使得游客往往不太乐意再花太多的钱在食物、纪念品和其他商品上,人们宁愿步行很长一段距离到停车场野餐,也不愿意在公园里的餐厅就餐,他们害怕餐厅的食物会像门票一样贵。这样,游客二次消费比他们估计的低了25%,加之游客数量较少,导致了欧洲迪士尼乐园经营初期就面临严重的困难。

(资料来源:武瑞营,刘荣. 旅游经济学[M]. 北京:化学工业出版社,2008.)

欧洲迪士尼(法国)乐园价格策略失败的案例表明,旅游产品的特殊性决定了旅游产品价格的特殊性,但这一特殊性不能抛开价值决定价格、价格受供求关系影响的客观规律。旅游企业经营者普遍认识到旅游产品价格垄断性的一面,而没有认识到价值规律的作用,没有很好地运用旅游差价和旅游优惠价,这正是欧洲迪士尼(法园)乐园初期经营失败的原因。

第一节 旅游价格概述

一、旅游价格的概念

在现代市场经济条件下,旅游者要进行旅游活动,满足其食、住、行、游、购、娱等方面的要求，必须购买各种各样的旅游产品，必须按一定价格支付相应数量的货币。可以说，所谓旅游价格，就是旅游者所购买的旅游产品的价格，是旅游产品价值的货币表现。

对旅游价格概念的理解需要注意以下三点：第一，旅游价格是指旅游产品的价格，而旅游产品是一种特殊形式的产品，它既不完全是劳动的产物，也不完全是自然物；既不完全是有形物品，也不完全是无形物品，它是一个综合性的概念，是凭借一定的自然物，由许多物品和服务组合形成的。第二，旅游价格是旅游产品价值的货币表现，旅游产品的特殊性决定了旅游产品价值计量的复杂性。在旅游活动中，旅游者可以根据各自的需要，按不同的价格水平购买不同形式的旅游产品，但无论旅游者购买的是单价形式的旅游产品，还是包价形式的旅游产品，旅游价格总是旅游产品价值的货币表现。第三，在国际旅游市场上，旅游价格一般是指旅游产品基本部分的价格，主要包括旅游目的地向旅游者提供的住宿、饮食、交通、游览和娱乐活动等方面的价格。

二、旅游价格的特点

旅游价格是旅游产品价值的货币表现，旅游产品的特殊性决定了旅游价格具有与众不同的特点，主要表现在以下三个方面。

(一)综合性

旅游价格的综合性是由旅游产品的综合性决定的。旅游产品的综合性主要表现在两个方面：第一，旅游产品是由各种资源、设施和服务构成的产品；第二，旅游产品是由众多行业和部门共同生产的。

(二)垄断性

旅游产品大多数都具有较大的历史意义和社会价值，其中很多旅游吸引物既具有一定的稀缺性又不易再生产或复制，这种自然、历史和社会因素使得旅游产品的价格一般表现为垄断价格。

(三)波动性

旅游活动具有季节性的特点，在淡季，游客数量减少，购买力下降，旅游产品供过于求；在旺季，游客数量增加，购买力上升，旅游产品供不应求。这种因游客数量增减所导致的产品供求变化，必然会引起旅游价格的季节波动。

另外旅游也是一种非必需的消费活动，旅游者在购买旅游产品时具有较大的随意性，加上其他相关因素的影响，使得旅游产品的销售常常大起大落，由此也引起旅游价格的不规则波动。

案例 5-1

重庆：国际直航航班加密导致出境游价格走低

2012年3月，从重庆市多家旅行社获悉，随着部分海外航空公司与重庆相关部门的合作日益密切，重庆直飞海外的国际直航航班数量呈上升趋势。受此影响，重庆不少出境旅游线路价格开始走低，一些原本价格在8000元左右的旅游产品如今已降至6000余元。

重庆新亚国旅等旅行社负责人表示，卡塔尔航空公司开通重庆至多哈直航航班后，首先影响到"迪拜6日游"旅游产品的价格，该产品价格最初由8000元左右降至约7000元，2012年4月该产品的最新报价为6280元。据悉，"迪拜6日游"旅游产品降价，还带动了重庆部分旅行社"南非精华8日游"、"埃及8日游"等相关旅游产品的价格下调。

2012年4月，亚洲航空、韩亚航空等国际航空公司先后与重庆相关部门签署了战略合作协议，由于客源市场良好，一些国际航空公司除计划新增对渝直航航班外，还打算延长已有国际航班的航线。业内人士预测，重庆至日本、重庆至韩国的多类旅游产品价格可能会受到影响。

（资料来源：人民网）

三、旅游价格的分类

旅游价格是一个由众多单项价格组成的综合体系，从不同的角度，我们可以将其分为以下若干类型。

(一) 按旅游者对产品需求程度的差异分类

按旅游者对产品需求程度的差异，旅游价格可以分为基本旅游价格和非基本旅游价格。基本旅游价格是旅游活动中必不可少的旅游需求部分的价格，包括食宿价格、交通价格、游览价格等。非基本旅游价格是指旅游活动中对每个旅游者来说可发生也可不发生的旅游产品价格，如纪念品价格、通信服务价格、医疗服务价格、娱乐服务价格等。基本旅游价格是满足旅游者基本需求部分的价格，基本旅游价格不合理，旅游者的基本需求就得不到合理的满足，旅游活动要么无法进行，要么留下遗憾，从而直接影响到旅游客源的多少。因此，合理地确定基本旅游价格十分重要。大量非基本旅游价格是在旅游者基本需求获得满足的基础上产生的，从而有利于刺激旅游者的进一步需求，影响旅游者的旅游消费结构，从而增加旅游目的地的收入。这就要求在制定非基本旅游价格时，必须充分考虑基本旅游需求的独特个性，并按照其功能特性，制定合理的价格。

(二) 按价值形式

按价值形式，旅游价格可以分为成本价格和利润两部分。成本价格是指生产旅游产品的各项耗费，既包括物化劳动的耗费，也包括活劳动的耗费。赢利则是旅游产品价格除去成本后的剩余部分，是旅游业员工所创造的超过其劳动力耗费的那一部分价值，包括税金、利润、利息、保险费等。

(三) 按购买方式

按购买方式，旅游价格可以分为单项价格和统包价格。旅游者根据自己的需要、偏好和支付能力可以选择不同的购买方式。如果旅游者采取一次性购买的方式，旅游价格就表现为统包价格形式；如果旅游者选择零星购买的方式，旅游价格就表现为单项价格形式。统包价格是旅行社向旅游者提供的旅游产品基本部分的价格，主要包括三部分：往返交通费、旅游地提供的旅游产品的价格和旅行社利润与费用。统包价是带有一定折旧的旅游价格，其成本是各单项价格之和。单项价格是指旅游活动中各个具体项目的价格，如客房价格、餐饮价格、机票价格、车船票价格、门票价格等。随着旅游活动的发展和旅游方式的演进，旅游价格形式也出现了一些变化，统包价的形式相对减少，单项价和小包价的形式有所扩大，越来越多的旅游者愿意购买只含机票和饭店费用的小包价，而其他内容则以单项价的形式购买。

(四) 按旅游范围

按旅游范围，旅游价格可以分为国际旅游价格和国内旅游价格。

1. 国际旅游价格中统包价的组成部分

(1) 国际交通费。其费用大小由客源国与目的地国之间的距离和旅游者乘坐的交通工具决定，以各国航空公司、远洋船运公司、铁路公司公布的价格为依据。

(2) 接待国向旅游者提供的旅游产品基本部分的价格。其具体包括旅游者在旅游目的地的交通费、住宿费、餐饮费、参观游览费、文娱活动费、翻译导游费等，其价格高低取决于逗留时间、旅行等级和旅游活动内容等。

(3) 旅行社的管理费用和赢利。旅行社的管理费用包括旅行社为维持业务活动必须支付的房租、水电费、广告宣传费、设备维修费、雇员的工资等；旅行社的赢利包括向政府缴纳的税金、旅行社的利润及借款利息等。

随着旅游活动的不断发展和旅游方式的变化，国际旅游价格构成中，单项购买和小包价被越来越多的旅游者所选择。一些国际旅游者趋向于只预订机票和饭店，从而使得国际旅游价格出现多种形式并存的局面。

2. 国内旅游价格的组成部分

国内旅游价格除交通费是一国范围内的交通费之外，其构成与国际旅游价格大致相同。目前，包价旅游产品是我国旅游者的主要选择，其原因主要是在旅游业发展的初始阶段，旅游者的时间、收入约束力强，旅游经验不足，购买的旅游产品以观光型为主。随着旅游业的发展和旅游者的成熟，小包价的旅游必然会显现出越来越强的生命力。

我国旅游业走的是一条优先发展国际入境旅游，然后发展国内旅游和出境旅游的非常规性道路，由此决定了我国旅游价格体系的特殊性。其具体表现为，国际旅游的价格标准是针对国际旅游者制定的，国内旅游的价格标准则是针对国内居民制定的，两者在国内机票、火车票、景点门票乃至饭店价格等方面存在着明显的差别。随着我国旅游业的国际化进程，这种二元现象正在逐步消失，应该说，我国旅游业已开始进入正常的发展轨道。

专栏 5-1　漫话美国旅游价格

在美国购物，不要按照中国的习惯，标价多少就付款多少。中国是含税价，美国是不含税价，中国一般无附加费，如服务费、保险费、安装费等，但美国有这些附加费。中国无小费，美国的小费没商量，不管你愿意不愿意，都必须支付。

在美国，购物的最终支付价格公式是：最终支付的总价格(总支出)=标签上的标价(不含税)+税(支出税)+附加费(服务费、保险费、安装费、运输费和小费等)。在美国旅游，其旅游价格也符合这个基本模式。旅游价格基本公式为：旅游团费总价格(总支出)=团费标价+旅游税+导游和司机小费+门票费+餐费+其他

(1) 旅游团费标价包括：乘坐豪华巴士来回车费；旅游车费保险；酒店住宿(有独自浴室、空调)；3岁以下小孩不占座位免费，3～11岁买小孩票；飞机场接送。团费标价不包括：出入境(如从美国去加拿大旅游)签证费用；膳食、酒水、洗衣、电话等一切个人费用；酒店、餐厅的服务费、小费；行程表以外的观光节目、演出，自费性活动项目；导游及巴士司机的小费。

(2) 旅游税为团费标准的3%。

(3) 导游和司机小费一般多为2美元/天，合计每个旅行团团员每天需支付4美元。

(4) 门票。参观的门票费用一般都不包含在旅游团费标价内，但也有的包含在内，如西部六日游，游电影城和迪士尼乐园的门票就包含在团费标价内，但是，按照美国的规定，60岁以下老人的门票要减价，洛杉矶好莱坞影城和迪士尼乐园对老人减价50%，但在参加旅行团的团费标价中体现不出来，既60岁以上老人享受不到优惠。若是自行参观游览，就能享受到优惠。购门票后，进入好莱坞影城、迪士尼乐园，无论玩什么项目，玩多久，除了需要排队等候外，就不再另外收取任何费用了。

(5) 餐费。一般不包含在团费标价内，但也有个别的包含在内。有的旅行社打出免费

供应早餐或午、晚餐，以此作为促销手段。就餐时还应支付餐费税5.5%，餐馆小费10%。

(6) 其他。其他费用主要是指需乘坐飞机的旅游，购买飞机票的费用是包含在旅游团费标价内的。

(资料来源：武瑞营，刘荣. 旅游经济学[M]. 北京：化学工业出版社，2008.)

第二节 旅游差价和优惠价

一、旅游差价

所谓旅游差价，是指同种旅游产品由于不同地区、不同时间、不同质量、不同环节引起的一定幅度的价格变化或差额。同其他商品差价一样，旅游差价是产品价值的实现形式，是价值规律作用于价格的具体表现。

旅游差价主要包括旅游地区差价、旅游季节差价、旅游质量差价和旅游批零差价四种类型。

(一)旅游地区差价

旅游地区差价是指某种旅游产品在不同地区形成的价格差额。由于自然、地理、历史、社会等方面的原因，各地旅游资源的丰富程度不同，旅游设施条件和旅游服务水平不一，由此形成的旅游吸引力也大不一样。有些地区具有丰富的旅游资源、完善的旅游设施和良好的接待条件，能够吸引较多的旅游者，因而成为旅游热点地区。另一些地区，则由于旅游资源匮乏或者尚未开发，旅游设施条件和接待能力较差，不能吸引较多的旅游者，因而成为旅游冷点地区。因旅游热点地区和旅游冷点地区而产生的旅游需求倾向引起旅游供求的地域矛盾，进而导致旅游地区差价的形成。一般来说，旅游热点地区的产品价格要高些，旅游冷点地区的产品价格要低些，其具体差额主要取决于各个地区的旅游供求关系。除供求关系的作用外，旅游地区差价还反映了旅游产品本身的价值量，旅游热点地区为游客提供了较优的旅游产品，他们在开发旅游资源、兴建旅游设施时耗费了较多的资金和劳动，单位产品的成本必然较高，需要通过较高的价格来获得价值补偿。

旅游地区差价可以调节不同地区的游客流量，缓解供求矛盾，通过旅游高价可以控制过多的游客进入热点地区，通过旅游低价可以吸引更多的旅游者前往冷点地区，促进或保证各地旅游业的均衡发展。

(二)旅游季节差价

旅游季节差价是指某种旅游产品在不同时间形成的价格差额。旅游供给与旅游需求在各个季节的不同变化是旅游季节差价产生的主要原因。一般来说，旅游供给受季节变化的影响较小，具有一定的刚性特征。在不同的季节，除一部分自然资源的观赏性和使用价值有所变化外，大部分旅游供给要素受的影响不大。在冬季，我国北方各地区比较寒冷，一般性的旅游活动不易进行，旅游需求减少，形成旅游淡季；进入春季以后，气候转暖，各种旅游需求渐增，形成旅游旺季。但是也有例外，我国哈尔滨市的冬季异常寒冷，一般性的旅游需求减少，但观冰滑雪等特殊性的旅游需求却有较大增加；我国西安市的夏季十分炎热，国际旅游需求量比春秋两季有所下降，是谓旅游平季。为了克服旅游供求的季节矛盾，调节淡旺季的游客数量，采用旅游季节差价是十分必要的。

通过实行旅游季节差价，可以有效地调节供求关系，促进旅游产品价值和使用价值的全面实现。实行旅游季节差价时应该明确上限和下限，并根据各个地区的不同情况制定相应的差额或幅度。

(三)旅游质量差价

旅游质量差价是指同类旅游产品由于质量不同而产生的价格差额。与一般商品相同，旅游产品的质量也存在着明显的差异。例如，旅游饭店按不同的质量标准分为五个星级，每个星级饭店的设施条件、物品档次和服务水平明显不同，因而在价格上表现出较大的差别。旅游质量差价反映了旅游产品在有用性上的区别及相应的价值规定。同一类旅游产品在生产过程中的劳动耗费是不同的，由此创造的价值和使用价值也不同，具体表现为等级不一、品质相异、项目有别，这种差别通过价格表现出来就是旅游质量差价。它使旅游企业的不同劳动耗费得到了补偿，使旅游者的需要得到了不同程度的满足，也调节了同一种类但质量有别的旅游产品的供求关系。

实行旅游质量差价必须贯彻质价相符的原则，做到按质论价、优质优价、低质低价。为此，必须根据一系列的量化指标确定旅游产品的等级标准，并在此基础上，对旅游产品进行科学的质量划分，然后再制定相应的质量差价。这样既维护了旅游者的权益，满足了他们不同层次的需要，又保证了旅游生产者和经营者的利益，真正体现了价值规律和竞争规律的客观要求。

(四)旅游批零差价

旅游批零差价是指同种旅游产品批发价与零售价之间的差额。旅游批零差价一般发生在旅游批发商和旅游零售商之间。旅游批发商主要负责推出旅游产品，即旅游线路的设计和安排，旅游零售商从批发商那里购进旅游产品，再卖给旅游者。在旅游产品的销售过程中，零售商或中间商们要耗费一定的劳动和费用，还要缴纳税金，为了获得相应的补偿，这些耗费必须加到他们的购买价即批发价上，由此形成了批发价与零售价之间的差额即为旅游批零差价。旅游批零差价还发生在旅行社与各单项旅游产品的经营者之间，饭店、航空公司、汽车公司、旅游景区等旅游企业，既有各自定期正式公布的牌价又有通过旅行社销售的价格。由于旅行社购买各单项旅游产品总是大批量的，因此各企业通过旅行社销售的产品都采取一定比例的折扣价格，牌价与旅行社价格之间的差价实际上也是一种旅游批零差价。

对旅游批发商或旅游产品的生产经营者来说，虽然旅游批零差价使其单位产品的收入减少，但由于将旅游产品大量批发给了零售商，减少了直接销售所需的较多费用，因此总收益仍然不菲。对于旅游零售商而言，招徕一个游客，推销一次旅游产品，就可以获得一份收入，也是有利可图的。因此，旅游批零差价的存在，是社会分工的必然结果，是市场经济的客观要求，也是促进产品销售的有利手段。

二、旅游优惠价

(一)旅游优惠价的含义和类别

旅游优惠价是指旅游产品供给者在明码标价的基础上，给予旅游产品购买者一定折扣或优惠的价格。例如，航空公司对团体游客实行每16个人免一张票的优惠，旅行社对每10～15人以上的旅游团实行其中一人免费的优待。

旅游优惠价格主要有以下三种类别。

1. 同业优惠

同业优惠是指对同行业者实行的优惠。现代市场经济条件下，企业之间的业务关系极为密切，为了顺利合作并保证各自的基本利益，相互之间予以一定程度或比例的优惠，这种优惠既有自行规定的也有互相商定的。例如，世界上许多饭店集团规定，本集团内的人员入住本集团的联号饭店可享受50%的折扣价等。

2. 销售优惠价

销售优惠价是指根据消费者的购买数量实行的优惠。当消费者购买的产品超过确定的基数后，旅游产品的生产者或经营者按购买数量给予一定比例的价格优惠，这种优惠可以是一次购买量达到要求后即刻给予，也可以是一定期限内的累计购买量达到要求后再付诸实行，无论哪种形式，其目的都在于建立、巩固企业与消费者之间的买卖关系，刺激消费者多多购买，从而达到扩大产品销售，增加企业利润的目的。例如，许多国际航空公司规定，乘坐本航空公司的飞机累计达到一定距离时，即给予该乘客一定折扣的长期优惠，这无疑会吸引那些常年在外、经常坐飞机的商务客人。

3. 老客户优惠

老客户优惠是指对经常购买本企业产品的顾客给予一定的价格优惠。旅游产品具有无法储存、易折损等特点，为保证销售量，必须有一个稳定的客源市场，给老客户一定的优惠，就是争取或巩固一部分消费群体的有效措施。例如，一些饭店对一些大旅行社、大商社给予长期的优惠价格，而这些旅行社会定期向这些饭店输送客源，双方做到了互惠互利。

(二) 旅游优惠价与旅游差价的区别

旅游优惠价与旅游差价虽然都表现为一定的价格差额，但两者是有所不同的。

(1) 旅游差价是价值规律的要求和体现，差价的基础是产品的价值量；旅游优惠价虽然也要受到价值规律的制约，但它主要是一种着眼于企业关系的价格策略。

(2) 旅游差价是公开的市场价格；旅游优惠价则是由旅游产品的生产者或经营者自行规定的，一般不公之于众。

(3) 旅游差价仅仅表现为价格上的差别；旅游优惠价除了有价格上的区别外，还有其他方面的不同。总之，旅游优惠价是一种有效的价格策略，对于增强旅游企业的竞争力具有一定的积极作用。

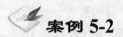
案例 5-2

同是赴藏游，报价各不同

2006年7月1日青藏铁路通车前，京城各旅行社关于西藏火车团的报价各不相同，不同旅行社推出的同样线路，差价竟达千元。港中旅打出的价格最低：参考价3980元。港中旅公民旅游总部的助理总经理王安华告诉记者，他们推出了三条西藏火车游线路，其中常规线路是乘坐北京直达拉萨的火车，游览日喀则、拉萨两地的10日游，参考价是3980元，"虽然车票定价还没出来，但最终定价不会有太大浮动。"

相对于港中旅的参考价，中国铁道旅行社列车部的工作人员说，他们推出的9晚10天直达拉萨的火车游，线路相同，定价却为4980元。"主要因为火车票价没出，定太低怕有风险。无论车票多少钱，我们的价格都不变。"

另外，康辉国旅、中旅总社、友协国旅等旅行社均推出10日5600元左右的西藏火车游，价格明显较其他旅行社报价高。

分析：产生报价差异的原因可能有以下几点。

(1) 虽然时间长度相同，但具体旅游内容不同，如景点有多有少。

(2) 即便景点相同，其中自费项目的多少不同，依然会导致报价差别。

(3) 定价策略不同，有的是渗透定价，有的则可能是撇脂定价。

(4) 旅行社采购能力不同，采购能力强的旅行社有条件定较低的价格。

(资料来源：肖树青.旅行社经营管理[M].北京：北京交通大学出版社，2010.)

第三节　影响旅游价格制定的因素

一、内部因素

(一)旅游定价目标

旅游定价目标是指旅游企业为旅游产品定价时，通过价格手段所要达到的预期目的和标准。旅游企业在确定了具体可行的定价目标后，才能进一步按照恰当的定价方法和策略进行价格管理。通常，旅游定价目标有以下几种。

1. 维持生存目标

维持生存目标也叫生存导向目标。当旅游企业面临竞争态势异常恶劣、客源大减、资金周转不灵、产品卖不出去等困难时，为避免破产倒闭，度过经营危机，以保本价格甚至亏本价格出售产品，维持营业，争取研制新产品的时机，力求重新占领市场。这种定价目标往往只作为特定时期的过渡性目标，一旦旅游企业出现转机，它将很快被其他定价目标取代。

2. 当期利润最大化目标

当期利润最大化目标也叫利润导向目标。这种目标侧重于短期内得到最大利润，以此为目标的前提条件是：旅游企业和旅游产品在市场上居于领先地位，其他竞争对手力量不强；旅游产品在市场上供不应求，旅游企业可以采取扩大销量和提高价格来实现这一目标。但是，这一目标有可能影响市场占有率，为竞争者提供机会，旅游企业在采用这一目标时应该谨慎。

3. 预期收益目标

预期收益目标也叫收益导向目标。旅游企业希望投入的资金在一定时期内收回，并获得一定的收益，因此以一定的利润率为目标来进行产品定价。为此，旅游企业一般采用成本加成定价法，难免会忽略市场需求、竞争状况等其他因素。所以，这一定价目标更适用于一些资产雄厚、竞争力强的大型旅游企业。

4. 扩大市场占有率目标

扩大市场占有率目标也叫销售导向目标。这是一种注重长远利益的定价目标，可以通过规模效益降低成本，取得控制市场和价格的能力，以此提高产品的竞争力。新创立或不满足自己市场份额的旅游企业，可以将自己的产品低价销售，实行市场渗透，以获取更大的市场占有率。这是放弃眼前利益获取长远利益的一种策略。

5. 应付或防止竞争目标

应付或防止竞争目标也叫竞争导向目标。在旅游市场竞争中，价格是最有效、最敏感的竞争手段，旅游企业以竞争对手的价格为基础，根据自身条件对自己的产品进行定价。在竞争激烈的旅游市场中，若本旅游企业实力较弱，产品价格一般应定得低一些，只有具备特别优越条件的旅游企业才能把产品价格定得高一些。

6. 树立或维持良好形象目标

树立或维持良好形象目标也叫形象导向目标。旅游企业形象是通过长期的市场营销活动而给予消费者的一种精神感知。旅游企业良好的形象存在于旅游者的心目中，会给旅游企业带来可观的利润，良好的形象和产品销售、市场占有率、竞争能力等密切相关，最终通过价格表现出来。旅游企业要树立或保持良好的形象，产品价格的制定必须符合企业形象的要求。此种定价目标有利于改变目前我国旅游市场恶性竞争的局面，提高整个旅游企业的产品售价和利润率，也会得到旅游者的欢迎。

(二) 旅游产品成本

旅游产品成本是指生产旅游产品的各项耗费，既包括物化劳动的耗费，也包括活劳动的耗费；旅游产品成本是旅游企业简单再生产的基本费用，若旅游产品价格低于成本，旅游企业就会亏损、萎缩甚至倒闭。因此，旅游产品成本是制定旅游价格的最低界限。

然而，收回旅游产品成本只是旅游企业生存的基本条件，追求利润才是旅游企业的根本目标。为此，旅游产品的价格必须高于生产成本，以旅游者的购买力和心理承受程度作为旅游产品价格的上限。

尽管企业可能会因为某种特殊原因，在短期内把某些旅游产品的价格定得很低，甚至低于成本进行销售，但一般都会导致竞争者激烈的反弹和政府干预。从长远来看，旅游产品价格必须能够补偿产品生产及市场营销的所有支出，并补偿经营者为其所承担的风险支出。在旅游定价中，所考虑的主要成本有固定成本、变动成本、总成本、边际成本和机会成本。低成本可以使企业获得较大的市场份额，但是较低的成本并不总意味着要采用低价策略，有些低成本企业将价格维持在与竞争者相同的水平，以获得较多的投资收益。

(三) 旅游产品特色

旅游产品特色是唯我独有的东西，具有稀缺性特点，甚至还有一定的垄断性。它可以是产品的造型、质量、功能、服务、品牌的任一部分或全部，能反映旅游产品对消费者的吸引力。旅游产品有特色，该产品就有可能成为名牌产品、时尚产品、高档产品或特殊产品，就会对消费者产生较强的吸引力。旅游者不仅对该产品满意，而且还会期望占有使用这种产品来炫耀自己的与众不同，以获得精神上的满足。"不到长城非好汉"，到过长城旅游的自然就不同寻常了。因此,"长城之旅"定价时就占有有利地位,其价格通常要比同类产品高。

(四)推销能力

推销能力包括营销渠道的长度、宽度和开展促销活动的能力。在定价中旅游企业自身的推销能力也很重要。推销能力强的企业,有利于在既定价格水平下更好地完成销售任务。因此推销能力强的企业在定价中有较大的自由性与竞争力。

(五)定价组织

企业必须决定由组织内部的哪些人来制定价格,因为不同的人或部门制定价格的依据、侧重点和目标是不同的。企业的最高管理层侧重于长远发展,财务部门注重投资回收率和总收益,销售部门则关注是否有利于市场开发和稳定客户。在一些小公司,通常由最高管理层制定价格;在一些大型公司,通常由公司的一个部门来制定,或者由下属单位的经理根据总公司所制定的定价原则来设定。

二、外部因素

(一)供求关系

价格的基础是价值,价值量的大小决定价格的高低。同时,价格又受到供求关系的影响,旅游产品的供求关系导致了市场价格的最终形成。

在产品价值量一定的情况下,旅游产品的市场价格由供给与需求的相互关系来确定。当供给减少时,价格上升;当供给增加时,价格下降。当需求增加时,价格上升;当需求减少时,价格下降。旅游产品的价格水准又会反作用于供求关系。

受自然、社会、政治、经济、文化、心理等各种因素的影响,旅游产品的供求关系常常会发生较大的变化。与旅游供给相比,旅游需求具有更大的弹性,上述任何一种因素的变化,都会引起旅游需求的剧增或锐减,使得旅游产品供不应求或供过于求,从而导致旅游价格的上升或下降。因此可以说,旅游产品的市场价格一方面由旅游供求关系所左右,另一方面又对旅游供求矛盾产生一定的调节或缓解作用。

(二)市场竞争

市场竞争主要从以下三个方面影响旅游产品的市场价格。

1. 旅游供给者之间的竞争影响旅游产品的市场价格

同种旅游产品的众多供给者为了尽快将产品销售出去而展开了激烈的价格竞争,如某个供给者要价较高，其他供给者则以较低的价格销售，迫使要价高的供给者不得不降价，使得该种旅游产品在较低的价位成交。

2. 旅游需求者之间的竞争影响旅游产品的市场价格

当某种旅游产品较为紧俏时，一些旅游需求者不惜高价予以购买，那些只愿出低价的需求者则会落空，不得不提高购买价格，使得该种旅游产品在较高的价位成交。

3. 旅游供给者与旅游需求者之间的竞争影响旅游产品的市场价格

供给者期盼高价销售，需求者渴望低价购买，双方为此展开竞争，竞争中哪一方力量较大，旅游产品就会以倾斜于哪一方的价位成交。

(三)货币价值

价格作为价值的货币表现，一方面取决于旅游产品的价值量，另一方面取决于货币代表的价值量。当旅游产品的价值量不变时，货币价值量的增加或减少会引起旅游产品价格相应的变化。

旅游价格与一个国家或地区的货币价值有着直接的联系。在其他条件不变的情况下，一国的通货膨胀率与旅游产品价格成正比关系。造成通货膨胀的直接原因是货币发行量过多，当纸币发行量超过流通中需要的货币量时，纸币所代表的价值量就会下降，物价就会上涨。通货膨胀率越高，旅游价格越高；通货膨胀率较低，旅游价格则较低。

旅游是一项国际性的经济活动，某国居民到另一个国家去旅游，必须将本国货币兑换成外币。因此，在国际旅游活动中，旅游者所购买的旅游产品的价格，不仅取决于旅游接待国的币值，还取决于旅游客源国与旅游接待国的货币汇率。在其他条件不变的情况下，本国货币的汇率上升，旅游价格相对上升；本国货币的汇率下降，旅游价格相应下降。当某国货币大幅度贬值时，旅游价格会随之上涨，但由于货币贬值所引起的汇率下跌，又会导致旅游价格的相对下降。一般来说，较高的通货膨胀率导致货币贬值并引发价格上涨和汇率下跌，后者下跌的幅度往往大于前者上涨的幅度。因此，当某国货币贬值，物价上涨，而汇率暴跌时，相对于其他国家的旅游者来说，其旅游价格不是上升了，而是下降了。

(四)相关政策

旅游接待国为实施其经济发展战略，必然要制定一系列的宏观经济政策。价格政策是宏观经济政策的重要组成部分，宏观经济政策指导价格政策，并对旅游价格产生不同程度的影响。 各个国家和地区在不同的经济发展时期实行的价格政策和旅游价格策略是不同的，这主要取决于一定时期内国民经济发展的总目标及其对旅游业的态度。例如，我国曾长期以来一直把旅游业作为一项事业来看待，在制定价格政策时，不考虑成本和经济效益，一味实行以政治为目的的低价策略，严重违背了价值规律，束缚了旅游业的发展。改革开放以后，国家把旅游业纳入国民经济和社会发展计划之中，明确了旅游业的产业性质和产业地位，在制定价格政策和旅游价格策略时也开始遵循价值规律，基本做到了按质论价。

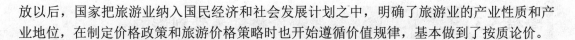

专栏5-2　意大利：门票价格低廉，政府统一管理

意大利是文化旅游大国，全国共有39处文化古迹、考古遗址、自然景观等遗产被联合国教科文组织列入世界遗产名录。意大利各旅游景点的门票价格比较低廉，参观著名的古罗马斗兽场只需6欧元。在这里，最贵的景点门票价格也不足意大利人均月收入的1%。

意大利各地的博物馆、画廊、历史性建筑物、考古遗址、公园等旅游景点门票价格的制定均由政府文化遗产部门管理。只有在景点的历史价值及建筑与展品的历史和艺术价值发生变化等情况下，才能考虑调整景点门票的价格。如果确需调整景点门票价格，各地政府主管部门必须充分酝酿，并提出建议报文化遗产部价格管理委员会审批。

意大利政府对旅游景点的管理十分严格，门票收入上交国家财政后统一从国库中支取。以2007年为例，当年意大利用于保护、修缮旅游景点和文物古迹的资金中，约有65%来自政府财政，其余的则通过发行彩票、接受捐赠等途径获得。

(资料来源：田勇，等. 国外名胜门票如何定价[N]. 中国财经报，2007-04-19.)

第四节　旅游定价方法和策略

一、旅游定价方法

旅游企业在了解和掌握了影响产品定价的各种因素并确定了定价目标之后，就要选取一定的方法制定产品价格。在不同的旅游市场环境中，旅游企业可以有多种定价方法。

(一)成本导向定价法

成本导向定价法通常是指以成本加上一个标准的或固定的利润来决定产品价格的方法，具体包括成本加成定价法、投资回报率定价法、损益平衡销售量与目标定价法、目标效益定价法和千分之一法。

1. 成本加成定价法

成本加成定价法是指产品的价格由产品成本加上某一标准比例(或成数)构成，其计算公式为

$$单位成本 = 单位变动成本 + 单位固定成本$$
$$= 单位变动成本 + 总固定成本/预计销售量$$
$$成本加成价格 = 单位成本/(1-期望的销售利润率)$$

专栏 5-3　　油价上调，短线游价格暂未受到影响

2012年3月中旬，93号汽油破8块，97号汽油破9块，成品油价全面进入"8元时代"。此次油价大幅上涨，对于旅游价格是否会有立竿见影的影响？南都记者从深圳市内多家旅行社了解到，省内等短途旅游线路价格暂未受到影响，维持原价。

南湖国旅方面表示，油价上调必定会增加旅游大巴的营运成本，车价随之而上升。以一部33座旅游大巴"清远一天游"为例，油价上调后，车价将上升200元左右，这部分的差价不会转嫁给游客，而是由旅行社承担，因此以汽车为主要交通工具的团队游价格暂不受影响。

业内人士表示，此次油价上调，在一定程度上会对自驾游市场带来影响，预计将有部分"自驾一族"改变出游方式，选择"弃车跟团"，旅行社短线游(包括省内、跨省的汽车、火车、高铁等产品)的人数有望翻倍增加，这种直接的拉动效应在随后的清明小黄金周呈现了。

深圳星澎旅游的负责人张新澎告诉南都记者，这几年油价不停上涨，业内都已经麻木了，"这就是个水涨船高的事，等到航空公司出台新的燃油附加政策，旅行社肯定把这部分成本转嫁给消费者，这也是很无奈的事。"

(资料来源：http://news.sina.com.cn/c/2012-03-22/081424155917.shtml)

2. 投资回报率定价法

投资回报率定价法是指公司首先确定某一比例为投资回报率，然后据此制定目标价格，其计算公式为

$$目标定价 = 单位成本 + 投资回报率$$

3. 损益平衡销售量与目标定价法

损益平衡销售量与目标定价法是指厂商考虑在某一特定的目标定价下，万一出现不能完成预期目标销售量的情况，以不赔本为前提计算损益平衡销售量进而反推产品定价是否合理的定价方法。其计算公式为

$$损益平衡销售量 = 固定成本/(价格 - 变动成本)$$

总之，成本导向定价法因简单易用而被广泛采用，其缺点是：未考虑市场价格及需求变动的关系；未考虑市场的竞争问题。成本导向定价法是通过若干个假想的期望销售数字计算出产品的价格，如果销售数字没达到预期要求，则必然无法达到预期利润。

专栏 5-4　　"零负团费"现象

"零负团费"是旅行社在接外地组团社的游客团队时，分文不赚只收成本价，甚至低

于成本价。近年来,"零负团费"现象在三大市场(出境旅游、入境旅游和国内旅游)蔓延。出境旅游市场"零负团费"最为严重的是泰国游和中国香港游。此前有一份统计数据显示,中国公民赴泰游客人数所占的比重从1998年的9.7%降至2005年的2.9%,出现持续减少的趋势,原因之一就是泰国游长期用"低价钓鱼"和"零负团费"的操作模式欺骗游客。我国香港也是"零负团费"的重灾区。来自香港旅游发展局的数字表明,只有15%的内地访港旅行团参加团费较贵的优质"诚信游",其余85%都是低团费或超低团费的旅行团。入境旅游市场上不同客源地的旅游团,情况有所不同。就上海本地的情况来看,来自日本、韩国、中国台湾地区、马来西亚等地普通消费群体的旅游团费都比较低,这些团队也不得不流连于购物点或其他额外消费场所。相比较而言,来自欧美或者澳洲的团费,其费用比较合理,"零负团费"接待的情况并不多见。国内旅游市场已波及了许多目的地市场,尤其是比较热门的旅游线路,如海南、云南、华东五市等。西藏、新疆、广西等线路也不同程度地存在"零负团费"。

华东五市游包括上海、南京、杭州、苏州、无锡五个城市,是一条传统的经典热线,推出市场20多年来,一直是热门旅游线路。正因为如此,华东线上各家旅行社竞争异常激烈,价格战越打越离谱,也成为"零负团费"的重灾区。

(资料来源:王纪忠.旅游市场营销[M].北京:中国财政经济出版社,2008)

(二)需求导向定价法

需求导向定价法是指企业在定价时不以成本为基础,而是以消费者对产品价值的理解和需求强度为依据,以竞争对手的价值为基础,通过研究竞争对手的商品价格、生产条件、服务状况等,进而确定自己产品的价格。

1. 理解价值定价法

理解价值定价法也称觉察价值定价法,是将买方的价值判断与卖方的成本费用相比较,以消费者对商品价值的感受及理解程度作为定价的基本依据。因为消费者在购买商品时总会在同类商品之间进行比较,选购那些既能满足其消费需要又符合其支付标准的商品。消费者对商品价值的理解不同,会形成不同的价格限度,这个限度就是消费者宁愿付款而不愿失去这次购买机会的价格,如果价格刚好定在这一限度内,消费者就会顺利购买。

为了加深消费者对商品价值的理解程度,提高其愿意支付的价格限度,零售店在定价时首先要搞好商品的市场定位,突出本企业商品的特色,进而加深消费者对商品的印象,使消费者感到购买这些商品能获得更多的相对利益,从而提高他们的价格限度。据此,零售店可提出一个估价,然后计算在此价格水平下商品的销量、成本及赢利状况,最后确定实际价格。

2. 需求差异定价法

需求差异定价法是指在不同时间、不同地点、不同商品的情况下，以不同消费者的需求强度差异为依据，根据每种差异决定基础价格是加价还是减价的一种定价方法。它主要有以下几种形式。

（1）因地点而异。例如，国内机场的商店、餐厅向乘客提供的商品价格远高于市内的商店和餐厅。

（2）因时间而异。在国庆、春节等长假日，商品价格较平时有一些增长。

（3）因商品而异。在2008年北京奥运会期间，标有奥运会会徽或吉祥物的一些商品的价格比一般同类商品的价格要高。

（4）因顾客而异。因职业、阶层、年龄等原因，零售店在定价时给予相应的优惠，可以获得良好的促销效果。

实行差异定价要具备以下条件：市场能够根据需求强度的不同进行细分；细分后的市场在一定时期内相对独立，互不干扰；高价市场中不能有低价竞争者；价格差异适度，不会引起消费者的反感。

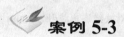

案例 5-3

令人不理解的价格

北京的市中心有一片水域名叫什刹海，它被一条条胡同包围着，交通并不是很方便，但却是蜚声国际的旅游景区，2005年还被评为中国十大城市民俗胜地之一。什刹海周围的酒吧里，一杯咖啡标价50元，一壶普通龙井标价200元；如果你想坐着人力三轮车绕着什刹海兜一圈，至少要30元，而这段距离乘出租车也只不过需要付起步价，走着也就20分钟。每天，什刹海的酒吧都人满为患，"人力三轮车胡同游"项目也红火得不得了。住在胡同里的居民怎么也搞不明白，这么贵的价格，居然有这么多的游客愿意接受！

（资料来源：梁昭. 旅游市场营销[M]. 北京：中国人民大学出版社，2006.）

（三）竞争导向定价法

在竞争激烈的市场上，企业通过研究竞争对手的生产条件、服务状况、价格水平等因素，依据自身的竞争实力，参考成本和供求状况来确定商品价格，这种定价方法就是通常所说的竞争导向定价法。竞争导向定价法主要包括以下几种。

1. 随行就市定价法

在垄断竞争和完全竞争的市场条件下，任何一家企业都无法凭借自己的实力在市场上取得绝对优势，为了避免竞争特别是价格竞争带来的损失，大多数企业都采用随行就市定价法，即将本企业产品的价格保持在市场平均价格的水平上，利用这样的价格来获得平均报酬。此外，采用随行就市定价法的企业就不必去全面了解消费者对不同差价的反应，也不会引起价格波动。

2. 产品差别定价法

产品差别定价法是指企业通过营销，使同种同质的产品在消费者心目中树立起不同的产品形象，进而根据自身特点选取低于或高于竞争者的价格作为本企业产品的价格。可以说，产品差别定价法是一种进攻性的定价方法。

3. 密封投标定价法

在国内外，许多大宗商品、原材料、成套设备和建筑工程项目的买卖和承包，以及小型企业的出售等，往往采用发包人招标、承包人投标的方式来选择承包者，从而最终确定承包价格。一般来说，招标方只有一个，处于相对垄断地位，而投标方有很多个，处于相互竞争地位。标的物的价格由参与投标的各个企业在相互独立的条件下确定，在买方招标的所有投标者中，报价最低的投标者通常中标，其报价就是承包价格。这样一种竞争性的定价方法就称为密封投标定价法。

二、旅游定价策略

(一)新产品定价策略

1. 高价漂取策略

高价漂取策略又称撇脂价格策略，是厂商对效能高、质量优的新产品所采取的一种策略。一般来说，人们的消费结构、需求量等，是由其收入水平决定的，收入高的阶层往往对高质量、高效能的新产品感兴趣。有的企业就把这一部分消费者作为它的目标顾客群，利用高收入阶层愿意高价购买某些产品的情况，制定一个比较高的价格，以获得高额利润，待满足了高收入阶层的需求之后，再逐步降低销售价。

2. 低价渗透策略

低价渗透策略是将商品价格定在较低的水平上，使新产品迅速进入市场，取得市场上的主动权，以获取长期意义上的利润最大化。

3. 中间路线策略

中间路线策略又称满意价格策略，是指企业将产品价格定在高价和低价之间，兼顾生产者和消费者的利益，使两者都满意的一种价格策略。实行这一策略的宗旨是在长期稳定的增长中获取平均利润。

(二)心理定价策略

每一件产品都能满足消费者某一方面的需求,其价值与消费者的心理感受有很大关系,这就是产品心理定价策略的基础。旅游企业在定价时可以利用消费者的心理因素,通过消费者对企业产品的偏爱或忠诚度,有意识地将产品价格定得高些或低些,以此来扩大市场销售,获得最大效益。常用的心理定价策略有整数定价、尾数定价、声望定价、招徕定价和吉祥数定价。

1. 整数定价

对于那些无法明确显示内在质量的商品,消费者往往通过其价格的高低来判断质量的好坏。在整数定价方法下,价格高并不是绝对的,只是凭借整数价格使消费者形成高价的印象,整数定价常常以偶数或0作尾数。

整数定价策略适用于价格高低不会对需求产生较大影响的商品,如流行品、时尚品、奢侈品、礼品、星级宾馆、高级文化娱乐城等,由于其消费者都属于高收入阶层,甘愿接受较高的价格,才使整数定价得以大行其道。

2. 尾数定价

尾数定价又称"奇数定价"、"非整数定价",是指企业利用消费者求廉的心理,以奇数作尾数,制定非整数价格,尽可能在价格上不进位。例如,将一种毛巾的价格定为2.97元,将一盏台灯的价格定为19.90元,可以在直观上让消费者感到便宜,从而激发他们的购买欲望,促进产品的销售。

3. 声望定价

声望定价是指根据产品在消费者心中的声望、信任度和社会地位确定其价格的一种定价策略。声望定价可以显示产品的名贵优质,还可以满足某些消费者的特殊欲望,如地位、身份、财富、名望和自我形象等。这一策略适用于一些传统的名优产品,具有地方民族特色的产品,以及知名度高、有历史文化意义、深受市场欢迎的商品。

4. 招徕定价

招徕定价是指将几种商品的价格定得非常高或非常低,引起消费者的好奇心理和从众行为,吸引顾客在购买"便宜货"的同时带动其他商品的销售。这一定价策略适合综合性的百货商店、超级市场和高档商品专卖店采用。

5. 吉祥数定价

吉祥数定价是利用旅游者喜爱吉祥数字的心理为产品制定价格。例如,将新婚蜜月旅游产品定价为9999元。

(三)折扣定价策略

折扣定价是指基本价格下浮,直接或间接降低价格,以争取顾客、扩大销量。其中,直接折扣的形式有数量折扣、现金折扣、功能折扣、季节折扣;间接折扣的形式有回扣和津贴。

1. 数量折扣

数量折扣是指按购买数量的多少,分别给予不同的折扣,购买数量愈多,折扣愈大,其目的是鼓励大量购买或集中向本企业购买。数量折扣包括累计数量折扣和一次性数量折扣两种形式。累计数量折扣规定顾客在一定时间内,若购买商品达到一定数量或金额,则按总量给予一定折扣,其目的是鼓励顾客经常向本企业购买,使之成为可信赖的长期客户。一次性数量折扣规定一次购买某种产品达到一定数量或购买多种产品达到一定金额,则给予折扣优惠,其目的是鼓励顾客大批量购买,促进产品多销、快销。

2. 现金折扣

现金折扣是给予在规定时间内提前付款或用现金付款者的一种价格折扣,其目的是鼓励顾客尽早付款,加速资金周转,降低销售费用,减少财务风险。采用现金折扣一般要考虑三个因素:折扣比例、折扣的时间限制、付清全部货款的期限。

3. 功能折扣

中间商在产品分销过程中所处的环节不同,其所承担的功能、责任和风险也不同,企业据此给予不同的折扣称为功能折扣。给予生产性用户的价格折扣也属于一种功能折扣。根据中间商在分销渠道中的地位、对生产企业产品销售的重要性、购买批量、完成的促销功能、承担的风险、服务水平、履行的商业责任、产品在分销中经历的层次和市场上的最终售价等,确定功能折扣的比例。功能折扣的结果是购销差价和批零差价。

4. 季节折扣

有些商品的生产是连续的,其消费却具有明显的季节性。为了调节供需矛盾,这些商品的生产企业便采用季节折扣的方式,对在淡季购买该商品的顾客给予一定的优惠,使企业的生产和销售在一年四季都保持稳定。

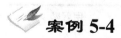

案例 5-4

弹性票价,拉动淡季旅游的新"引擎"

在河南,实行弹性票价的景区不在少数。2006 年冬季起,焦作云台山景区推出了冬游云台山旅游线路，景区从12月1日开始到次年2月底执行淡季票价，门票从原来的120元降到60元。除此之外，开封清明上河园从2008年12月1日至2009年2月28日，门票价格从80元降为60元；济源王屋山门票于2008年11月中旬开始执行淡季价格，普通游客为50元，团队则打6折左右；焦作青天河景区将门票由50元调整到40元；平顶山石人山景区门票旺季55元，淡季45元。

开封清明上河园景区总经理周旭东表示，价格是调节市场需求的重要手段。在旅游淡季，游客的旅行需求欲望下降，如果景区票价坚挺，必将挡住相当一部分游客的脚步。因此，实行弹性票价是市场需求的必然。他说，清明上河园景区实行弹性票价，可谓受益匪浅。作为人文景观，冬季的清明上河园别有一番风味，再加上门票优惠价格的实施，吸引了众多游客，淡季门票收入节节攀升，有效地拉动了开封整个冬游市场。

相对于旺季景区门票的高价位，弹性票价的方法得到了诸多百姓的肯定。郑州市民王先生告诉记者，弹性票价在一定程度上减少了自己冬季外出旅游的开支，这段时间他将联系几个要好的朋友，一起去云台山赏冰瀑。

(资料来源：张明灿. 弹性票价，拉动淡季旅游的新"引擎"[N]. 中国旅游报，2009-01-02.)

5. 回扣和津贴

回扣是间接折扣的一种形式，它是指购买者按价格目录将货款全部付给销售者以后，销售者再按一定比例将货款的一部分返还给购买者。津贴是企业为特殊目的，对特殊顾客以特定形式所给予的价格补贴或其他补贴。例如，中间商为企业产品刊登地方性广告、设置样品陈列窗等促销活动时，生产企业给予中间商一定数额的资助或补贴。又如，对于进入成熟期的消费者，开展以旧换新业务，将旧货折算成一定的价格，并在新产品的价格中扣除，顾客只支付余额，以此刺激消费需求，促进产品的更新换代，这也是一种津贴的形式。

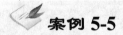

案例 5-5

云安达旅行社报价单

表5-1是云南—大理—丽江双飞双卧5晚6日游的报价情况。

表5-1 云南—大理—丽江双飞双卧5晚6日游

时 间	行程安排	住 宿	用餐数
D1	由杭州飞昆明(CZ8654/15:35)，接团，市内观光，游金马碧鸡坊(2小时)	昆明	晚餐
D2	游石林，参观玉石加工厂(30分钟)，欣赏云南茶艺表演(30分钟)，晚上乘硬卧火车至大理	火车	早、中、晚餐

续表

时间	行程安排	住宿	用餐数
D3	早上抵大理，乘苍山索道，游崇圣寺三塔(1 小时)、蝴蝶泉(2 小时)、天龙八部影视城(2 小时)、大理古城、洋人街(2 小时)	大理	早、中、晚餐
D4	由大理乘车至丽江，游览丽江古城——四方街(4 小时)，晚餐自费品尝纳西风味餐	丽江	早、中餐
D5	游玉龙雪山(2 小时)、白水河(2 小时)、甘海子(1 小时)，乘车赴大理，晚上乘硬卧火车返昆明	火车	早、中、晚餐
D6	早上抵达昆明，逛花市(1.5 小时)，乘飞机赴杭州(CZ8628/11:30)，送团		早餐

报价：2580 元。

标准：入住三星级酒店，提供标准团队餐(八正五早、八菜一汤)。

报价含：空调旅游车费、景点第一门票费、旅行社责任险、丽江古城维护费、导游服务费、昆明—大理往返空调硬卧火车票、杭州—昆明往返机票。

报价不含：机场建设税、航空保险、单房差、客人自愿选择的自费项目。

备注：因不可抗拒因素或客人自身原因放弃行程造成景点减少的，只在当地按旅行社的协议价现退未产生的费用，其他产生的费用由客人现付。旅行社可以根据航班时间调整行程，但服务、住宿、景点不变。

价格制定过程如下。

1. 核算成本

(1) 房费。60 元/人(昆明)+40 元/人(大理)+60 元/人(丽江)=160 元/人

(2) 餐费。15 元/人×8(正餐)+5 元/人×5(早餐)=145 元/人

(3) 景点门票。

昆明：石林 80 元

大理：苍山索道 20 元+崇圣寺三塔 60 元+蝴蝶泉 26 元+天龙八部影视城 25 元=131 元

丽江：云杉坪索道 42 元+进山费 80 元+古城维护费 40 元=162 元

景点门票共计：80+131+162=373(元/人)

(4) 交通费。50 元/人(旅游车费)+150 元/人(昆明—大理往返空调硬卧火车票)=200 元/人

(5) 综合服务费。6×10 元/人=60 元/人

(6) 票务费。1500 元/人(杭州—昆明往返机票)

成本=综合服务费+房费+餐费+景点门票费+交通费+票务费

=60+160+145+373+200+1500=2438 元(元/人)

2. 了解竞争对手价格

此产品竞争对手价格为 2620 元/人，所以此产品报价只能低于 2620 元/人。

3. 选择定价方法。

采用成本加成定价法，价格范围为 2438 元以上，2620 元以下。

4. 确定最终价格。

综合考虑各种因素，定价技巧采用吉祥数字定价策略，价格最终确定为 2580 元/人。

本章小结

旅游价格是旅游经济运行的指示器和调节器，也是旅游企业实现自身利益和旅游宏观调控的重要手段。本章从理论上分析了旅游价格的概念、特点和构成；阐述了旅游价格产生的原理及影响旅游价格的因素，介绍了旅游差价和旅游优惠价的类别及区别。

旅游价格是旅游者所购买的旅游产品的价格，是旅游产品价值的货币表现。旅游产品的特殊性决定了旅游价格具有综合性、垄断性和波动性等与一般产品价格不同的三大特点。旅游价格是一个由众多单项价格组成的综合体系。按价值形式不同，旅游价格可以分为成本价格和利润两部分；按购买方式不同，旅游价格可以分为单项价格和统包价格；按旅游范围不同，旅游价格可以分为国际旅游价格和国内旅游价格。

和一般商品一样，旅游产品的价格决定于其价值，其价值量大小也是由社会必要劳动时间决定的。同时，旅游产品的供求关系、货币价值、相关政策、市场竞争等也是影响旅游产品价格的重要因素。旅游企业在定价时，往往根据其要达到的不同目标采取不同的定价方法和策略。一般情况下，旅游企业的定价目标有维持生存目标、当期利润最大化目标、预期收益目标、扩大市场占有率目标、应付或防止竞争目标、树立或维持良好形象目标。旅游企业常用的定价方法主要有成本导向定价法、需求导向定价法和竞争导向定价法三种。

习 题

(一)单项选择题

1. 按价值形式不同，旅游价格可以分为(　　)。

　　A. 成本价格和利润　　　　　　　B. 单项价格和统包价格
　　C. 国际旅游价格和国内旅游价格　　D. 小包价和零包价

2. 国内旅游价格不包括(　　)。

　　A. 住宿费　　　　　　　　　　　B. 餐饮费

C. 国际间交通费 D. 参观游览费

3. 下列属于需求导向定价法的是( )。
   A. 成本加成定价法 B. 理解价值定价法
   C. 随行就市定价法 D. 密封投标定价法
4. 西安易俗社将一张秦腔票的价格定为8000元,这属于新产品定价策略的( )。
   A. 撇脂定价策略 B. 渗透定价策略
   C. 中间路线策略 D. 尾数定价策略
5. 某酒店每天都推出一道特价菜,这种做法属于哪种定价策略?( )
   A. 招徕定价策略 B. 渗透定价策略
   C. 声望定价策略 D. 尾数定价策略
6. 某地接社规定,组团社在出团前全部汇齐团款,则给予20%的优惠;出团前付80%的团款,则给予5%的优惠。地接社的这种定价策略属于( )。
   A. 数量折扣 B. 现金折扣
   C. 季节折扣 D. 功能折扣

(二)多项选择题

1. 旅游价格的特点有( )。
   A. 综合性 B. 垄断性
   C. 波动性 D. 协调性
   E. 脆弱性
2. 下列属于竞争导向定价法的是( )。
   A. 成本加成定价法 B. 理解价值定价法
   C. 随行就市定价法 D. 密封投标定价法
   E. 产品差别定价法
3. 下列属于心理定价策略的是( )。
   A. 整数定价 B. 尾数定价
   C. 招徕定价 D. 声望定价
   E. 折扣定价
4. 下列属于旅游差价的是( )。
   A. 地区差价 B. 季节差价
   C. 质量差价 D. 旅游批零差价
   E. 产品差价
5. 常见的旅游优惠价格主要有( )。
   A. 老客户优惠 B. 销售优惠
   C. 同业优惠 D. 数量优惠

E. 现金折扣优惠
6. 下列属于直接折扣形式的是（　　）。
    A. 数量折扣　　　　　　　　B. 现金折扣
    C. 功能折扣　　　　　　　　D. 季节折扣
    E. 回扣和津贴

(三)名词解释

1. 旅游价格　　　2. 成本加成定价法　　　3. 旅游包价
4. 旅游差价　　　5. 旅游优惠价　　　　　6. 招徕定价
7. 需求导向定价法　8. 投资回报率定价法　　9. 撇脂定价

(四)简答题

1. 与一般商品价格相比，旅游价格有何不同之处？
2. 从不同的角度划分，旅游价格可分为哪些类型？
3. 简述旅游价格制定的理论基础。
4. 影响旅游价格的因素有哪些？
5. 旅游价格的特点包括哪些方面？
6. 什么是旅游差价？分为哪些类型？
7. 旅游差价与旅游优惠价的区别是什么？

(五)论述题

1. 近年来，"零负团费"现象在三大市场蔓延，结合所学理论，试分析这种现象产生的原因，并提出解决的对策。
2. 目前，中国旅行社市场竞争主要表现为低价恶性竞争，旅行社已进入微利时代，谈谈你对旅行社低价竞争的看法。

案例分析题

春节前后旅游价格两重天

1. 北京：春节前国内游热点线路价格暴涨

现在越来越多的人喜欢在春节期间出去旅游，2007年春节前，北京各旅行社的出境旅游线路几乎全线爆满，国内游也到了报名高峰期，一些热门线路80%的旅游团已经满员。

记者从北京各大旅行社获悉，春节出境游几乎全线爆满，国内游的热门线路像海南、云南等目前约有七八成的团都已满员，大部分人出游都集中在大年初一到初三。

港中旅市场部经理梁媛说："像春节期间的团队都要提前1个月到1个半月来预订机票

和酒店，数量是非常有限的。所以一旦报(名)满了以后，就很难再追加订位了。

2007年春节的旅游价格比2006年春节整体普涨三成左右，原因是机票和酒店价格的暴涨，2007年像海南双飞5日游，在大年初一到初三这几天报价已经到了5000元左右，而2006年春节同样的线路只有3800元左右；云南大理—丽江线路报价也达到了4600元左右，比2006年春节高出近千元；而2007年春节最火的三亚自由行报价最高达到了9000多元，已经与欧洲游价格不相上下。据悉，春节期间三亚五星级酒店的海景房已经炒到了每晚3000元左右的高价。

2. 春节后出境游最高降3000元蜜月浪漫游成为新产品

由于各条线路报价比春节期间的价格便宜1000～3000元，春节后的蜜月浪漫游开始成为新人的选择。来自旅行社的消息称，2007年后的蜜月游迎来了报名小高潮。

以"蜜月浪漫季"为主题的多条特价线路受到新人的欢迎。

例如，意大利歌诗达邮轮5日或6日游，坐邮轮游玩香港、三亚、越南下龙湾、越南岘港，2月至3月份都有团出发，双人价格最低9709元起。同时，还有"泰国普吉情定桃花岛6日游"，3月每周三发团，价格为10 199元/2人，也很受欢迎。"巴厘岛浪漫6日之旅"，价格为10 399元/2人，"菲律宾长滩岛5日之旅"报价为10 999元/2人，"柬埔寨6日风情之旅"，价格为9999元/2人，都是新人们报名火暴的线路。

据悉，在价格方面，节后的出境游线路都要比春节期间的价格便宜1000～3000元，而春节也是适合出游的季节，新人们扎堆出游也就在情理之中了。来自旅行社的市场调查显示，由于结婚操办起来是一件非常费精力和财力的事情，很多人在结婚之后，往往选择在结婚的第二年，甚至第三年再去一起度蜜月，这样在精力和财力上都比较从容。因此，2006年终成眷属的新人们开始在婚后的第一个春天里，享受蜜月度假。

(资料来源：肖树青. 旅行社经营管理[M]. 北京：北京交通大学出版社，2010.)

问题：

(1) 旅游价格节前暴涨、节后暴跌的现象非常普遍，你认为原因有哪些？

(2) 在春节、国庆节这样的黄金周，旅行社的利润率一定会增加吗？在这些时段，旅行社运营中会面临哪些问题和风险？

第六章

旅游消费及效果

【学习目标】

通过本章的学习,要求理解旅游消费的概念和特点,理解旅游消费方式的概念,掌握旅游消费方式的内容以及影响旅游消费方式的因素,理解旅游消费效果的概念,熟悉旅游消费效果的类型,掌握旅游者消费效果和旅游目的地消费效果的衡量,理解旅游消费效果评价的原则。

【关键词】

旅游消费　旅游消费方式　旅游消费效果　旅游消费效用　旅游消费预算

案例导入

2010年我国国内旅游消费情况

1. 城镇居民国内旅游情况

2010年我国城镇居民国内出游人次率(以下简称出游率)达246.0%, 比上年提高33.5个百分点; 国内旅游出游人数10.65亿人次, 比上年增长17.9%; 游客每次出游人均花费(以下简称人均花费)883元, 增长10.2%; 国内旅游出游花费9403.81亿元, 增长30.0%。

各季度城镇居民国内旅游情况如下。

第一季度全国城镇居民旅游人次数2.71亿人次, 出游率62.6%, 旅游总花费2368.61亿元, 游客人均花费874.0元/人次。

第二季度全国城镇居民旅游人次数2.36亿人次, 出游率54.5%, 旅游总花费1885.73亿元, 游客人均花费799.0元/人次。

第三季度全国城镇居民旅游人次数2.72亿人次, 出游率62.8%, 旅游总花费2843.06亿元, 游客人均花费1045.2元/人次。

第四季度全国城镇居民旅游人次数2.86亿人次, 出游率66.1%, 旅游总花费2306.41亿元, 游客人均花费806.4元/人次。

2. 农村居民国内旅游情况

2010年我国农村居民国内旅游出游率114.9%, 比上年提高4.3个百分点; 国内旅游出游人数10.38亿人次, 比上年增长3.9%; 人均花费306.0元/人次, 增长3.6%; 国内旅游花费3175.96亿元, 增长7.6%。

各季度农村居民国内旅游情况如下。

第一季度全国农村居民旅游人次数3.44亿人次, 出游率38.0%, 旅游总花费1112.64亿元, 游客人均花费323.4元/人次。

第二季度全国农村居民旅游人次数2.46亿人次, 出游率27.3%, 旅游总花费687.99亿元, 游客人均花费279.7元/人次。

第三季度全国农村居民旅游人次数2.22亿人次, 出游率24.6%, 旅游总花费666.93亿元, 游客人均花费300.4元/人次。

第四季度全国农村居民旅游人次数2.26亿人次, 出游率25.0%, 旅游总花费708.40亿元, 游客人均花费313.8元/人次。

(资料来源: 中华人民共和国国家旅游局. 中国旅游年鉴[M]. 北京: 中国旅游出版社. 2011.)

上述我国国内旅游消费数据表明, 虽然我国旅游业已进入了大众化时代, 出游人数持续增长, 但旅游消费水平和消费能力整体不高, 游客对旅游服务质量评价一般。因此, 如何刺激旅游消费水平，提高旅游者对旅游消费效果的满意度是我国旅游经济面临的又一课题。

第一节　旅游消费的特点及类型

一、旅游消费的特点

旅游消费是指人们在旅行游览过程中，为了满足其自身发展和享受的需要而进行的各种物质资料和精神资料消费的总和。

旅游消费的内容包括食、住、行、游、购、娱等诸多方面，因而旅游消费具有其自身的特殊性。如果说一般传统产品的消费方式是把消费过程与再生产过程相对区分开来，那么作为现代消费方式的旅游则把消费过程与再生产过程有机地融为一体。因此，旅游消费具有许多不同于一般传统产品消费的特点。

(一)旅游消费是综合性消费

旅游消费是一个连续的动态过程，贯穿于整个旅游活动之中，因而综合性是旅游消费最显著的特点。首先，从旅游消费活动的构成来看，旅游活动是以游览为中心内容的，但是为了实现旅游目的，旅游者必须凭借某种交通工具，在旅途中必须购买一定的生活必需品和旅游纪念品，必须解决吃饭、住宿等问题。可见，旅游活动是集食、住、行、游、购、娱等于一体的综合性消费活动。其次，从旅游消费的对象来看，旅游消费的对象是旅游产品，旅游产品是由旅游资源、旅游设施、旅游服务等多种要素构成的，其中既包含物质因素也包含精神因素，既有实物形态又有活劳动形态。因此，旅游消费对象是多种要素、多类项目的综合体。再次，从参与实现旅游消费的部门来看，旅游消费是众多部门共同作用的结果，许多经济部门和非经济部门均参与了旅游消费的实现过程。前者包括餐饮业、旅馆业、交通业、商业、农业等；后者包括环保、园林、文物、邮电、海关等。这从另一个侧面也证明了旅游消费的综合性特点。

(二)旅游消费是以劳务为主的消费

这里所指的劳务即服务，服务是以劳务活动形式存在的、可供满足某种特殊需要的经济活动。在旅行游览过程中，旅游者首先必须满足基本的生理需要，因而必然要消费一定量的实物形态的产品。但从总体上来看，服务消费占主导地位。旅游服务消费不仅在量上占绝对优势，而且贯穿于旅游者从常住地向旅游地的移动，到旅游地参观游览，再返回常住地这一消费过程的始终。旅游服务是由各种不同的服务组合成的总体，一般包括饭店服务、交通服务、导游服务、代办服务、文化娱乐服务、商业服务等。旅游服务一般不体现在一定的物质产品中,也不凝结在无形的精神产品中,而是以劳务活动的形式存在着,从而构成了旅游产品的特殊形式。这种产品只有被旅游者享用时,它的价值才被实现,一旦旅游活动结束,旅游服务的使用价值就不复存在,从而决定了旅游消费与旅游产品相一致的特性。这具体表现在:①旅游消费的异地性。旅游服务是无形的、不可转移的,因此旅游者必须离开常住地,离开熟悉的基本生活环境,克服空间距离,才能实现旅游消费。②旅游消费与旅游交换的同一性,即一般物质产品的交换和消费是两个独立的环节,但就旅游消费而言,服务的提供必须以旅游者的存在即旅游者的实际购买为前提。因此旅游消费和旅游交换在时间上和空间上是统一的。③旅游消费的不可重复性。旅游服务的使用价值对旅游者来说是暂时的,旅游者离去,旅游服务即告终止。这样,随着服务的时间、场合及服务人员心情的变化,即使是同一服务员提供的服务,其标准和质量也会相差很多,因此旅游者在一生中不可能消费完全相同的服务产品。

(三)旅游消费是伸缩性很强的消费

伸缩性是指人们所需消费品的数量及品种之间的差异,以及这种差异随着影响消费诸因素的变化而表现出扩大或紧缩的状态。因此,伸缩性一方面是就人们对消费品种、数量和质量需求的变化情况而言;另一方面是就影响消费诸因素对消费需求的变化而言。旅游消费作为一种高层次的消费,是一种伸缩性很强的消费。

(四)旅游消费具有互补性和替代性

旅游消费的综合性使得构成旅游消费对象的各个部分具有互补的性质。例如,假设西安中国国际旅行社接待了 20 名从北京赴西安的美国旅游者,这 20 名旅游者除了消费导游服务外,还要支付从北京至西安的交通费,在西安必须支付住宿费、餐饮费、购物费等。因此,一项旅游消费的实现必然伴随着众多的其他项目旅游消费的产生,旅游消费这个特点要求有关部门互相配合,加强合作,以利于提高经济效益。

旅游消费的替代性是指旅游消费对象每一构成部分之间的相互替代的性质。例如,某旅游者从甲地到乙地乘了飞机,就不会再乘火车、轮船;到了乙地后,若青年旅行社安排了他的旅游活动,他就不再会接受中旅或国旅提供的导游服务;若他住进了度假饭店,一般就不会再入住其他饭店。由此可见,旅游消费中的替代性是十分明显的,而旅游者在选定某种成分以后,势必舍弃其他成分,因而这种替代性加剧了旅游业的竞争。

二、旅游消费的类型

由于人们旅游需求的多样性,决定了旅游消费具有多种形式和多方面的内容。按照旅游消费主体、消费层次、消费形态、消费内容等，可以将旅游消费划分为不同的类型。

(一)按旅游消费主体划分

按消费主体一般可分为个人消费、家庭消费和社会消费。由于旅游活动主要是一种个人的活动，因此按消费主体通常可将旅游消费划分为个人旅游消费和家庭旅游消费。

个人旅游消费是指为满足个人生活需求而引发的，对各种物质资料和精神文化产品的消费，包括基本生存需求的消费和发展与享受需要的消费。基本生存需求的消费是为了维持个人和家庭最低生活需要的生活资料的消费，是保证劳动力再生产所必需的最低限度的消费。发展与享受需要的消费则是为了提高人们的文化素质，陶冶情操，提高劳动者的智力、体力从而达到劳动力内涵扩大再生产的目的。因此，旅游消费包括了人们在旅游过程中所获得的满足其发展与享受的物质产品、精神产品和旅游服务三个方面的消费，是一种满足发展与享受需要的高层次消费。

以婚姻为纽带建立起来的家庭作为社会的基本单元，是补偿劳动力耗费、再生产劳动力、提高劳动力素质的重要单位，也是进行旅游消费的基本经济单位。所谓家庭旅游消费，是指以家庭为单位的旅游消费行为和过程，也不外乎物质消费与精神消费两个方面。因此，搞好旅游活动中的家庭旅游消费、积极引导家庭量入为出、正确开展各类旅游活动，对于促进旅游业的发展和精神文明建设都具有十分重要的意义。

(二)按旅游消费层次划分

通常，旅游者在旅游过程中的消费主要有餐饮、娱乐、游览、住宿、交通、购物、通信、医疗等，这些旅游消费按消费层次可以划分为生存消费、享受消费和发展消费。

生存消费是指满足旅游者在旅游活动中对餐饮、住宿、交通等基本生理需求的消费，也是旅游活动中必不可少的基本旅游消费；享受消费是指满足旅游者在旅游活动中对游览、观赏、娱乐等精神享受的消费，是旅游活动的主要内容，也是旅游消费的主体部分；发展消费是指满足旅游者在旅游活动中对于求知、科考、学习等有关增长知识和智力发展的消费，属于旅游活动中较高层次的消费。

对于上述三种层次的旅游消费，在旅游活动中是相互交错、密切联系的，很难划分它们中间的区别和界线。一般来讲，在满足旅游者生存消费的同时必须满足其享受和发展的消费；在满足旅游者享受与发展的消费中又往往包含着其生存需要的满足。

(三)按旅游消费形态划分

按旅游者在旅游活动中的消费形态可把旅游消费划分为物质消费和精神消费两种。物质消费是指旅游者在旅游过程中所消耗的物质产品，如客房用品、食物、饮料和购买的纪念品、日用品等实物资料；精神消费是指供旅游者观赏、娱乐的山水名胜、文物古迹、古今文化、民俗风情等精神产品，还包括在旅游活动的各环节中所享受到的一切服务性的精神产品。这一分类也具有相对性，物质消费如果达到了旅游者的满意，旅游者在精神上会感到愉快；精神消费虽主要是满足旅游者的精神需要，但其中不少也是以物质形态存在的。

(四)按旅游消费内容划分

按旅游消费的内容划分，旅游消费一般可分为基本旅游消费和非基本旅游消费。基本旅游消费是指进行一次旅游活动所必需的而又基本稳定的消费，如旅游住宿、饮食、交通、游览等方面的消费；非基本旅游消费是指并非每次旅游活动都需要的并具有较大弹性的消费，如旅游购物、医疗、通信消费等。

除了以上分类外，还可根据不同的旅游目的地、不同国家或地区的旅游者、不同的旅游季节、不同的旅游消费水平等进行分类，从而为旅游市场研究提供科学的依据。

第二节　旅游消费方式

一、旅游消费方式的概念

旅游消费方式是指人们在旅游活动中消耗物质资料、精神产品和劳务的具体方法和形式。旅游消费方式作为人们社会生活方式整体系统中的一种消费方式，其内涵是由若干相互关联的方面组成的，具体包括以下几个方面。

(一)旅游消费意识

人们的旅游消费过程是受其消费心理、消费观所构成的消费意识的支配、控制而完成的。消费心理是浅层的消费意识，即人们在一定条件下，由自身感觉体验的心理活动而形成的消费动机、意向和兴趣。消费心理往往受其社会环境的影响而自发地形成。消费观是深层的消费意识，是在一定的人生观、价值观的基础上形成的，并具有相对稳定性。相对稳定的消费观同相对变化的消费心理相结合，就构成人们的消费意识。消费观为人们的消费活动提供模式，消费心理则直接影响着人们现实和具体的消费行为。

(二)旅游消费能力

旅游消费能力是指人们为满足旅游需求而进行消费活动的能力。它既包括人们生理上的消费能力，又包括人们获取一定量消费的经济能力。生理的、经济的、文化的条件，是构成旅游消费能力的物质和精神基础。然而，这毕竟只是一种可能的消费能力。要把可能的旅游消费能力变成现实的消费能力，还需要成熟的客观条件，即旅游者在具备生理上、经济上、文化上的完整的消费能力的同时，也要拥有条件来获取所需要的消费资料，这才是现实的旅游消费能力，才能使消费活动得以实现和进行。

(三)旅游消费结构

旅游消费结构是指旅游消费主体在一定时间内，对各类旅游产品和劳务消费的数量比例和相互关系。旅游产品消费可分为满足生存基本需要的生存消费、满足享乐需要的享受消费、满足人的体力和智力发展需要的发展消费等。此外，消费结构还包括个人消费与社会公共消费的比例关系，以及商品性消费与自给性消费的比例关系。消费结构的状况反映了旅游消费方式的基本特征，表现了旅游消费的水准和质量。

(四)旅游消费习惯

旅游消费习惯是指在一定环境下经常重复出现的一种消费行为方式，具有民族性、历史性和相对稳定的特点。不同国家、地区和民族消费习惯，是在各自特定的经济、文化条件下历史地形成的，并凝聚成为一种社会心理或行为规范，是构成不同国家、地区的文化形态和民族习俗差异的重要因素。

(五)旅游消费水平

旅游消费水平主要是指从数量上表明旅游消费在物质、文化方面满足旅游者需要的程度。任何消费方式总是要通过一定的消费水平体现出来，特别是旅游消费品和服务总是具有一定的质量，所以消费水平所包含的旅游产品和服务的质量，既包括精神消费品及其服务的数量和质量，又包括物质消费品及其服务的数量和质量。因此，必须从数量与质量、物质消费与精神消费的统一中来把握旅游消费的水平。

二、影响旅游消费方式的因素

旅游消费不是人类生存的必要消费，它属于人类高级享受和发展需要的消费。因此，其需求弹性较大，很多因素都会影响它的数量和质量。除了国际上政治、经济、环境或气候变化等因素的影响外，旅游者的收入水平、年龄、性别、职业和受教育程度以及风俗习惯、兴趣爱好等，都是影响旅游消费结构的因素。此外，旅游供给国或目的地服务范围、服务项目、服务质量、服务态度和旅游各部门的协调配合能力，以及社会治安等也都是影响旅游消费构成的因素。概括起来，影响旅游消费的主要因素有以下几项。

(一)旅游者的收入水平

旅游消费是满足人们高层次需求的消费，即使人们有了旅游需求，也只有当人们的收入在支付其生活费用之外，尚有一定数量的节余时，才能使需求变为现实。旅游者的收入水平越高，购买旅游产品的经济基础就越好。因此，收入水平决定着消费水平，也决定着需求的满足程度，从而决定着消费结构的变化。旅游者的收入越多，旅游需求满足得就越充分，从而就能促使旅游消费从低层次向高层次发展。例如，国际旅游者中的政府官员、商人、学者、教授、医生的收入比较高，他们旅游时要住高级宾馆、吃美味餐食、乘飞机坐头等舱、出入乘汽车等；一般小职员、中小学教师、工人、农民的消费水平与消费结构就大不一样，他们在旅游中以观赏游览为主，对住宿、饮食和交通的需求不高，其中不少人是身背背包的徒步旅游者和自备帐篷的旅游者。

(二)旅游者的构成

不同年龄、性别、文化、职业的旅游者，不同的风俗习惯、兴趣爱好，都是影响旅游消费结构的因素。通常，青年人对饮食要求多而不精，而对游览娱乐性的开支则较大；老年人对住宿、饮食、交通的要求比较高；妇女的旅游消费中以购物消费所占比重最大；政府官员、商人、参加会议的旅游者则要求现代化的旅游设施设备、高质量的饮食和服务。此外，旅游者的收入和带薪假日长短的不同，会影响旅游者的停留天数和消费数量；旅游者的文化、习俗又影响着旅游者的爱好兴趣，致使对旅游产品的内容和质量要求各异。总之，旅游者构成的每一个因素，都不同程度地影响着旅游消费结构的变化。

(三)旅游产品的结构

生产发展水平决定消费水平，产品结构从宏观上制约着消费结构。向旅游者提供的住宿、餐饮、交通、游览、娱乐和购物等各类旅游产品的生产部门是否协调发展，旅游产品的内部结构是否比例恰当，都是影响旅游消费结构的因素。特别是在国民经济中，向旅游业提供服务的各相关产业部门的结构如果搭配不合理，没有形成一个相互协调、平衡发展的产业网，就会导致旅游产品比例失调，各构成要素发展不平衡，从而不仅不能满足旅游者的需求，反而造成供求失衡，破坏了旅游产品的整体性。例如，交通工具短缺和航线航班奇缺，会使游客进不来，出不去，或者进来了又散不开；而旅游设施设备不足，游娱网点过少，又使旅游者来了无住处，住下了又无处游，或者旅游项目单调、枯燥，旅游资源缺乏吸引力等。这些情况都会使旅游产品在旅游市场上失去竞争能力，丧失客源。因此，旅游产品结构决定着旅游消费结构，决定着旅游者的消费水平和消费数量。

(四)旅游产品的质量

发展旅游业不但需要一定数量的旅游产品，而且需要高质量的旅游产品。如果旅游产品的数量虽然符合旅游需求的总量，但其质量差、生产效率低、使用价值小，则仍然不能满足旅游者的消费需求，并且必然要影响到旅游消费的数量和结构。旅游产品的质量包括三个方面：一是向旅游者提供称心如意、物美价廉的旅游产品，即提供的旅游产品要达到适销、适量、适时和适价的要求。二是旅游服务效率，对每一项旅游服务都要求做到熟练敏捷，为旅游者节约时间，提供方便。三是旅游服务的态度，即在旅游服务过程中要礼貌、热情、主动、周到。只有提高旅游产品质量和服务质量，使旅游者获得物质与精神上的充分满足，提高他们的消费水平，才能使旅游消费结构日趋完善。

(五)旅游产品的价格

旅游产品价格的变化影响着旅游者的消费数量和消费结构。由于旅游产品的需求弹性大，所以当旅游产品的价格上涨而其他条件不变时，人们就会把旅游消费转向其他替代商品的消费，使客源量受到很大影响。反之，当旅游产品价格下跌，或者旅游价格不变而增加了旅游产品的内容，人们又会把用于其他商品的消费转向旅游。因此，旅游产品价格的变化不仅影响旅游消费构成，而且影响旅游需求量的变化。

(六)旅游者的心理因素

旅游者的消费习惯、购买经验、周围环境都不同程度地影响着消费结构。消费方式的示范性及旅游者的从众心理也影响旅游者的支出投向，如历史上兴起的温泉旅游热、海滨旅游热及现代的文化旅游热等。

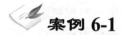

案例 6-1

2010年我国国内游客出游人均花费

1. 城镇游客出游人均花费

城镇游客每次出游人均花费883.0元。其中，一日游人均花费327.8元，比上年增长12.3%；过夜游人均花费1763.1元，比上年增长13.7%。

按家庭月总收入分组，月收入在15 000元以上的人均花费为1689.9元，月收入在10 000～14 999元的人均花费为1275.8元，月收入在5000～9999元的人均花费为932.8元，月收入在2500～4999元的人均花费为680.3元，月收入在1000～2499元的人均花费为597.6元，999元以下的人均花费为406.4元，出游人均花费与家庭总收入呈高度正相关。

按旅游目的分组，商务或出差的人均花费最高，达2272.4元；观光游览的人均花费1211.2元，休闲度假的人均花费667.9元，探亲访友的人均花费691.1元，健康医疗的人均花费1959.2元，其他旅游目的的人均花费537.4元。

2. 农村游客出游人均花费

农村游客每次出游人均花费306.0元。其中，一日游人均花费210.3元，过夜游人均花费516.9元。从旅行方式来看，参加旅行社组团的人均花费1066.7元，比上年下降11.7%，其中起程前付给旅行社 738.4 元，占 69.2%，购物 245.4 元，占 23.0%；其他费用 82.7 元，占 7.9%。散客人均花费 291 元，比上年增长 8.2%，主要用于购物、交通和餐饮，分别占 45.2%、19.3%和 8.1%。

(资料来源：2011 中国旅游年鉴)

第三节　旅游消费效果

一、旅游消费效果的含义

在旅游消费中，要消耗一定量的物质产品与劳务，即旅游消费的"投入"；通过旅游消费使人们的体力和智力得到恢复和发展，精神得到满足，即旅游消费的"产出"。在旅游者的消费过程中，投入与产出、消耗与成果、消费支出与达到消费目的之间的对比关系，就是旅游消费效果。通常，可从不同的角度对旅游消费效果进行划分。

(一)按旅游消费的研究对象划分

按旅游消费的研究对象划分，可分为宏观旅游消费效果和微观旅游消费效果。宏观旅游消费效果是把所有旅游消费作为一个整体，从社会角度研究旅游产品的价值和使用价值，分析旅游消费的状况、旅游者的满足程度、旅游消费对社会生产力及再生产的积极影响，以及对社会经济发展所起的促进作用等。微观旅游消费效果是指旅游者通过旅游消费，在物质上和精神上的反映，如旅游消费能否达到旅游者的预期效果，旅游者能否获得最大的满足等。

(二)按消费的投入产出关系划分

从一定的消费收入与所取得的成果之间关系的密切程度划分，可将旅游消费效果分为直接旅游消费效果和间接旅游消费效果。直接旅游消费效果指的是一定的旅游消费投入直接取得的旅游消费成果，如旅游者花钱乘车实现了空间位移等。间接旅游消费效果是指一定的旅游消费投入后，并不直接显示出旅游消费效果，而是潜在的反映，如旅游陶冶情操，提高人们的素质，则需要通过人们的工作生活实践才能具体体现出来。

(三) 按旅游消费效果产生的时间划分

按旅游消费效果产生的时间划分，可分为当前旅游消费效果和长远旅游消费效果。当前旅游消费效果是指随着旅游活动的进行和旅游消费的实现，给旅游者生理、心理和精神上所带来的现实满足，给旅游经营者和旅游目的地国家或地区所带来的经济利益等。长远旅游消费效果是指旅游消费的潜在反映，如通过旅游活动而提高人们的素质，提高旅游目的地吸引力和声誉等效果。它通常并不会马上反映出来，只能在以后较长一段时间的工作、生活实践及社会经济发展中才能体现出来。

总之，旅游消费效果是一个包含丰富内容的范畴，只有从不同角度、不同方面进行比较分析，才能得出关于旅游消费活动的综合性效果。

二、旅游者消费效果的衡量

在旅游消费效果的衡量中，首先是从旅游需求方面的衡量，即对旅游者的旅游需求满足的衡量。对旅游者的旅游消费效果的衡量，一是要分析旅游者的旅游消费效用，即旅游者的主观评价；二是要分析旅游者在旅游预算支出限制下，如何实现旅游消费的最大满足；三是要分析旅游者的旅游消费力，即旅游者可能的旅游消费支出。

(一)旅游者的旅游消费效用

按照经济学的观点，旅游消费效用是指旅游者在消费旅游产品中所得到的需求满足程度，是对旅游消费的心理感受和主观评价。根据序数效用理论，假定旅游者在旅游活动中仅消费两种旅游产品，按两种旅游产品的不同构成数量会有各种不同的组合，这些不同旅游产品数量组合的点的轨迹就形成了旅游者消费的无差异曲线，在无差异曲线上的任意一点都表示一种旅游产品的组合，其均能提供同等的旅游消费效用。如图6-1所示，旅游产品Q_{x1}和旅游产品Q_{y1}构成旅游消费组合A，旅游产品Q_{x2}和旅游产品Q_{y2}构成旅游消费组合B。旅游者既可以从旅游消费组合A，也可以从旅游消费组合B中获得同等的旅游消费满足。

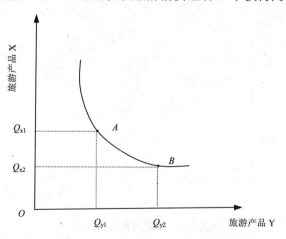

图6-1　旅游产品的无差异曲线

(二)旅游者的旅游消费预算

一般来讲，当人们的基本生理需要得到满足之后，就会将多余的收入用于提高文化生活水平的消费上，以满足人们享受与发展的需要，或是储存起来留待日后消费。旅游消费作为一种高层次消费，将随着人们收入水平的提高而不断增加。但由于人们的收入是有限的，因此旅游者的旅游消费只能在有限的旅游消费支出范围内进行。通常，一个有理性的旅游者在进行旅游消费时总要选择一下，在既定旅游消费支出限制和旅游产品价格下，采用何种消费方式才能使他们得到最大的旅游消费满足。假定旅游者只消费 X 和 Y 两种旅游产品，在旅游消费支出和旅游价格制约下，旅游者的旅游消费预算可用以下公式表示。

$$I = P_x \times Q_x + P_y \times Q_y$$

式中：I——旅游者用于旅游消费的预算支出；

P_x，P_y——分别为旅游产品 X 和 Y 的价格；

Q_x，Q_y——分别为旅游产品 X 和 Y 的购买量。

根据公式，假定全部预算收入分别用于购买旅游产品 X 或旅游产品 Y，则可以分别得到旅游产品 X 或旅游产品 Y 的最大购买量为：设 $Q_y=0$，则 $Q_x=I/P_x$；设 $Q_x=0$，则 $Q_y=I/P_y$。这样，在图 6-2 中，连接 Q_x 和 Q_y 两点可得到一条直线，即旅游消费预算线，也就是在一定的收入和价格下，旅游者用全部旅游预算支出能够购买旅游产品组合的轨迹。通常，在旅游消费预算支出既定的情况下，在旅游消费预算线上任意一点，都表示一种购买旅游产品的组合。如图 6-2 中购买 Q_{x1} 与 Q_{y1} 的组合和 Q_{x2} 与 Q_{y2} 的组合，均可以获得最佳的旅游产品购买组合。

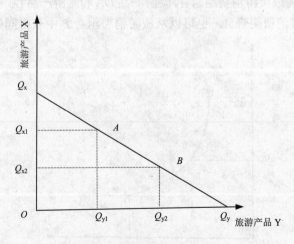

图 6-2　旅游消费的预算线

(三)旅游者的旅游消费效果

旅游消费效果最直接的体现反映为旅游者消费的最大满足。所谓旅游者消费的最大满足,是指旅游者在支出一定时间和费用的条件下,通过旅游消费获得的精神上与物质上的最佳感受,即旅游者在旅游过程中心理感受与主观愿望的最大相符程度。根据上述分析,要实现旅游消费效果的最大满足,如图 6-3 所示,就要选择旅游消费预算线与无差异曲线 U_1 的切点 M 所代表的旅游产品组合,即旅游者购买 X 旅游产品 Q_{x1} 个,购买 Y 旅游产品 Q_{y1} 个。因为在 M 点上的旅游产品组合,既全部用完旅游预算收入,又能实现旅游者的最大心理满足和主观评价。在无差异曲线 U_2 的 N 点上,没有用完旅游预算收入,也未实现旅游者消费的最大满足,因而未实现旅游消费效果的最大满足;在无差异曲线 U_3 的 T 点上,虽然可以最大地满足旅游消费需求,但由于超过了旅游消费收入的预算线,故实际上是不可能实现的。

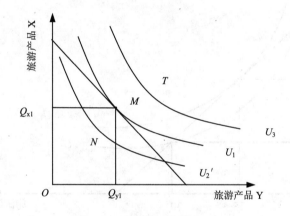

图 6-3 旅游消费效果的最大满足

例 6-1 假设某旅游者想进行一次舒适的旅游,在旅游活动中,每单位的旅游商品价格为 20 元,而游览景点每个平均花费为 150 元。现该旅游者最多有 900 元可用于旅游消费,试分析他在购买旅游商品和游览景点之间,应如何消费才能使他获得最大的消费满足。

解: 由于该旅游者的可支配收入仅有 900 元,因而他的支出就受到 900 元的限制而使他不能随意选择任何一种消费搭配,而必须根据可以支配的 900 元来选择使他获得最大满足的旅游消费组合,于是就有表 6-1 中的几种旅游消费的组合情况。

表 6-1 旅游者预算限制下的可能产品组合

旅游产品消费组合	A	B	C	D
游览旅游景点数/个	6	4	2	0
购买旅游商品数/单位	0	15	30	45

根据前面的理论分析，在旅游者的可支配收入为 900 元的限制下，若旅游者选择 A 种旅游产品组合，则只能参观 6 个景点，但已无钱购买旅游商品；若旅游者选择 D 种旅游产品组合，则可以购买 45 个旅游商品，但已无钱参观旅游景点，上述两种旅游产品组合都不能实现旅游者消费的最大满足。因此，如果旅游者既要游览旅游景点又要购买旅游商品，则只有选择 C 种或 D 种旅游产品消费组合。如图 6-4 所示，若旅游者选择 C 种旅游产品组合，即游览旅游景点 2 个，购买旅游商品 30 个，则旅游消费效用曲线为 U_2，尚未实现旅游消费的最大满足；只有选择 B 种旅游产品组合(效用曲线 U_1)，即游览旅游景点 4 个，同时购买 15 单位旅游商品，才能在花完 900 元旅游预算下，实现旅游者消费的最大满足。

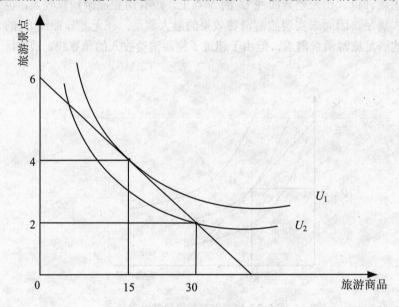

图 6-4　预算限制下旅游产品组合

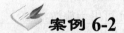

案例 6-2

2010 年我国国内游客对旅游服务质量的评价

1. 城镇游客

(1) 对公共设施的评价：评价"很好"的有 3880 人，占 19.4%；评价"好"的有 11 341 人，占 56.6%；评价"一般"的有 4731 人，占 23.6%；评价"差及较差"的有 82 人，占 0.4%。

(2) 对服务质量的评价：评价"很好"的有 3605 人，占 18.0%；评价"好"的有 11 011 人，占 55.0%；评价"一般"的有 4994 人，占 24.9%；评价"差及较差"的有 82 人，占 0.5%；未享受服务的有 342 人，占 1.7%。

2. 农村游客

(1) 对公共设施的评价：评价"很好"的有 7563 人，占 18.5%；评价"好"的有 22 890 人，占 56.0%；评价"一般"的有 10 195 人，占 24.9%；评价"差及较差"的有 252 人，占 0.6%。

(2) 对服务质量的评价：评价"很好"的有 6660 人，占 16.3%；评价"好"的有 22 173 人，占 54.2%；评价"一般"的有 10 175 人，占 24.9%；评价"差及较差"的有 197 人，占 0.5%；未享受服务的有 1695 人，占 4.1%。

(资料来源：2011 中国旅游年鉴)

三、旅游目的地消费效果的衡量

从旅游供给方面的衡量，即对旅游目的地国家或地区向旅游者提供旅游产品而得到的旅游收入效果的衡量。在一定时期内，旅游者在旅游目的地的消费越多，则旅游目的地国家或地区的收入就越多。因此，可以通过分析旅游者在旅游目的地的消费支出来衡量旅游目的地的旅游消费效果。通常，反映旅游者消费支出的指标主要有旅游消费总额、人均旅游消费额、旅游消费率和旅游消费构成。

旅游消费总额是指一定时期内旅游者在旅游目的地国家或地区进行旅游活动过程中所支出的货币总额，从旅游目的地的角度来看也就是其旅游收入。它从价值形态上反映了旅游者对旅游目的地的旅游产品消费的总量。由于旅游业是一个综合性产业，涉及交通、住宿、餐饮、娱乐、购物、游览等多方面的行业和企业，因此对旅游消费总额的计算是采用抽样调查和常规统计相结合，即通过抽样调查得到人均旅游消费额，再与常规统计的旅游者人数相乘而得。

人均旅游消费额是指一定时期内旅游者在旅游目的地国家或地区的旅游过程中平均每一个旅游者支出的货币金额，反映了旅游者在某一旅游目的地的旅游消费水平，并为旅游经营者开拓旅游市场和开发旅游产品提供重要的依据。人均旅游消费额一般是通过抽样调查而得到，但是在知道旅游消费总额的情况下，也可以根据旅游消费总额和旅游者人数来计算。

旅游消费率是指一定时期内，某一个旅游客源地国家或地区旅游者消费支出同该国家或地区个人消费支出总额的比例，从价值角度反映了一个国家或地区在一定时期内旅游者对旅游消费的强度和水平。掌握旅游客源国的旅游消费率，对于旅游目的地国家或地区开拓旅游客源市场具有十分重要的意义。

旅游消费构成是指旅游者在旅游活动过程中对于食、住、行、游、购、娱等方面的消费比例。旅游消费构成不仅反映了旅游者消费的状况和特点，而且为旅游目的地国家或地区配置旅游资源和要素，组合旅游产品提供了科学的依据。

表 6-2 为我国陕西省 2009 年国际旅游外汇收入构成情况。

表 6-2　陕西省 2009 年国际旅游外汇收入构成　　　单位：万美元

总　计	收入总额	占总收入比重
	77 107	100.0
长途交通	24 983	32.4
飞　机	18 583	24.1
火　车	4 626	6.0
汽　车	1 773	2.3
轮　船	0	0.0
景区游览	4 395	5.7
住　宿	10 487	13.6
餐　饮	6 785	8.8
购　物	15 884	20.6
娱　乐	3 547	4.6
邮电通信	2236	2.9
市内交通	1928	2.5
其他服务	6863	8.9

(资料来源：陕西省旅游局网站)

四、旅游消费效果的评价

　　旅游消费的目的是满足人们发展与享受的高层次需求，旅游消费的最大满足不仅包含物质消费的最大满足，而且更重要的是旅游者精神需要的最大满足。精神需要的满足是凭借物质资料，通过人与人的相互交往而实现的。因此，在旅游消费中，除了物质产品外，人对人的直接服务和关怀，人们之间的相互尊重和友谊，对旅游者消费的满足程度都起着决定性的作用。由于旅游消费的特点决定了评价旅游消费效果的复杂性，它不仅以是否满足了旅游者的几个限制因素为标准，而且要符合以下四个基本原则。

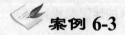

案例 6-3

延安摆脱游客满意度排名垫底

　　中国旅游研究院公布的 2011 年第四季度全国 50 个样本旅游城市游客满意度调查显示，延安一举摆脱连续 7 个季度垫底的窘境，排名上升一位。

第六章　旅游消费及效果

由于延安地处三山夹两川的地形，交通环境和住宿接待能力差。出行难、住宿难、革命旧址周边环境差、服务质量低等原因是影响游客评价的主要因素。从2010年至2011年第四季度，延安已连续7个季度在全国重点旅游城市排名垫底。

新一届市委、市政府换届以来，把改变旅游形象当做延安发展的当务之急和头等大事，首先掀起了市容、市貌大整治，每一名干部都有包抓区域，市区环境面貌焕然一新。陕西省委常委、延安市委书记姚引良表示，市容环境整治只是作美延安的第一步，延安新区规划和作美延安规划2012年全面开工建设。通过削山造地、中疏外扩、搬迁旧城内所有行政单位，同时启动枣园、杨家岭等十大旧址大景区建设，旧址周边只拆不建，在老城区限制高层建设，逐步恢复市区革命历史风貌。

据介绍，延安市还出台了扶持住宿餐饮业发展的12条意见，从规划选址、用地指标、资金补贴、规费减免、技能培训等方面进行资金补贴和政策优惠，最高可享受政府200万资金补贴。

2011年延安市旅游人数已突破2000万人次，从全年来看，延安旅游满意度仍然严峻，延安市有关负责人表示，压力将转变为工作的动力，通过建设城市新区及旧城改造，届时一个宜居宜游宜业的新延安将呈现在大家面前。

(资料来源：新华网陕西频道)

(一)旅游产品价值和使用价值的一致性

在市场经济条件下，旅游产品(物质产品和精神产品)作为消费资料进入消费领域，以商品形式满足人们的消费需要，在使用价值上必须使旅游者能够得到物质与精神的享受，在价值量上要符合社会必要劳动时间。对国际旅游者来说，旅游产品的价值量则要符合国际社会必要劳动时间，旅游产品的价格要能正确反映旅游产品的价值。也就是说，旅游产品的数量与质量不仅应等同于国际上同等价格的旅游产品，而且要使旅游者得到与其支付的货币相应的物质产品和精神产品，只有这样才能实现旅游者消费的最大满足。

(二)微观旅游消费效果与宏观旅游消费效果的一致性

根据研究角度的不同，旅游消费效果可分为宏观旅游消费效果与微观旅游消费效果两个方面。宏观旅游消费效果是以微观旅游消费效果为基础，微观旅游消费效果以宏观旅游消费效果为根据，但两者之间的矛盾也是客观存在的。微观旅游消费效果反映出个人的主观评价，这是由于旅游者的个性特征(如年龄、性别、风俗、习惯、文化程度、性格爱好和宗教信仰)不同所决定，因而要满足不同旅游者的消费要求，就要做好市场调研和预测，分析研究旅游者的心理倾向，因人而异地做好安排。对个别旅游者盲目追求庸俗低级的精神刺激，则要妥善引导，以丰富多彩的旅游内容和健康的服务项目来充实旅游者的精神世界。这样，一方面提高了旅游者的个人消费效果，吸引旅游者延长旅游日程和提高重返率，从而使旅游消费资料得以充分利用；另一方面通过旅游消费促进了人们精神修养和文化素质的提高，从而进一步提高了宏观旅游消费效果。

(三)旅游消费效果与生产、社会效果的统一

旅游消费的对象往往就是生产成果，生产的经济成果直接影响消费效果，考察消费效果也要兼顾生产消费资料的经济效果。例如，有些地区开发的旅游产品，其消费效果可能是很好的，但旅游产品所产生的经济效果却很差。片面强调消费效果，完全抛开生产的经济效果，也是不科学的。旅游消费活动不仅是满足人们物质和精神需要的经济行为，同时也是一种社会行为。因此，评价旅游消费效果还要注意其社会效果。例如，旅游活动中某些博彩性项目，虽然其消费的生产经济效果可能是好的，但这种消费不利于人们的身心健康，甚至造成有害的社会影响，因而应坚决予以摒弃。

(四)短期旅游消费效果与长期旅游消费效果的一致性

旅游消费既有短期消费效果又有长期消费效果，因而在评价旅游消费效果时，必须坚持短期旅游消费效果与长期旅游消费效果的一致性。一方面，要重视对短期旅游消费效果的评价，掌握当前旅游者的旅游消费现状、特点及变化趋势，以便旅游经营者采取有效的措施，更好地满足旅游者的消费需求，同时实现旅游经营者的短期经营目标。另一方面，又要注意对长期旅游消费效果的评价，即分析旅游消费是否符合社会发展的趋势和要求，评价旅游消费是否有利于旅游者的身心健康，是否有利于旅游目的地国家或地区旅游业的发展，是否有利于旅游经营者持续的长期利益，还要评价旅游消费是否有利于促进环境保护，实现旅游业的可持续发展。

专栏6-1　2011第四季度及全年游客满意度排名

2012年1月7日，2011第四季度全国游客满意度调查报告发布会在成都举行，中国旅游研究院在会上发布了第四季度及全年全国50个样本城市游客满意度调查报告。报告中称全年游客满意度总体处于"满意"水平，近八成样本城市达到75分以上的"基本满意"水平，延安在2011年全年样本城市游客满意度排名中再次垫底。

调查报告中显示，现场问卷调查方面游客满意度总体处于"满意"水平，国内游客满意度快速提升，散客和团队游客满意度差距呈缩小趋势，入境游客满意度总体超过国内游客的满意度，出境游客满意度呈波动式下降趋势；网络评论调查方面总体处于"满意"水平，变动趋势平稳；旅游投诉调查方面处于"不满意"水平，但持续提升。

会上还发布了第四季度和2011年全年样本城市游客满意度排名，样本城市秦皇岛和延安分别在第四季度和全年样本城市游客满意度排名中垫底。

2011年全年样本城市游客满意度排名从高到低的依次为：

第六章 旅游消费及效果

苏州84.83、宁波83.99、厦门83.52、成都83.47、杭州83.09、无锡82.70、桂林82.54、黄山82.44、北京81.78、上海81.22、南京81.19、沈阳81.02、广州80.72、青岛80.64、长沙80.28、重庆79.71、济南79.71、贵阳79.42、银川79.07、洛阳78.73、大连78.45、天津78.17、西宁77.91、昆明77.77、武汉77.71、珠海77.70、张家界77.66、哈尔滨77.25、吉林市77.22、南宁77.21、深圳76.94、广安76.63、郑州76.32、太原76.19、长春76.07、西安75.99、石家庄75.79、兰州75.54、拉萨75.02、海口74.86、合肥74.83、遵义74.13、呼和浩特74.02、承德73.90、三亚73.56、乌鲁木齐73.40、福州73.28、南昌72.43、秦皇岛70.30、延安69.80。

从三项构成来源来看，全年现场评价满意度最高的10个城市依次是：黄山、苏州、成都、杭州、沈阳、宁波、银川、广州、长沙、桂林；游客网络评价满意度最高的依次是：厦门、成都、南京、无锡、苏州、北京、大连、青岛、杭州、珠海；旅游投诉与质监调查满意度最高的依次是：广安、宁波、厦门、桂林、长春、上海、无锡、天津、苏州、合肥。

从发布的数据中可以看出，部分城市旅游服务质量在全国样本城市游客满意度中持续领先，九成样本城市的满意度水平有所提升，近八成样本城市的游客满意度已达到"基本满意"水平以上，东部地区城市游客满意度较高，中西部地区游客满意度提升较快，地区间差距呈减小趋势。

（资料来源：http://www.cnwest.com）

本章小结

旅游消费是指人们在旅行游览过程中，为了满足其自身发展和享受的需要而进行的各种物质资料和精神资料消费的总和。旅游消费是综合性消费，是以劳务为主的消费，是伸缩性很强的消费，并具有互补性和替代性。人们旅游需求的多样性决定了旅游消费具有多种形式和多方面的内容。按照旅游消费主体、消费内容、消费层次、消费形态等，可以将旅游消费划分为不同的类型。

旅游消费方式是指人们在旅游活动中消耗物质资料、精神产品和劳务的具体方法和形式。旅游消费方式作为人们社会生活方式整体系统中的一种消费方式，其内涵是由若干相互关联的方面所组成的，具体包括旅游消费意识、旅游消费能力、旅游消费结构、旅游消费习惯和旅游消费水平。影响旅游消费方式的因素主要有旅游者的收入水平、旅游者的构成、旅游产品的结构、旅游产品的质量、旅游产品的价格和旅游者的心理因素。

在旅游消费中，要消耗一定量的物质产品与劳务，即旅游消费的"投入"；通过旅游消费使人们的体力和智力得到恢复和发展，精神得到满足，即旅游消费的"产出"。在旅游者的消费过程中，投入与产出、消耗与成果、消费支出与达到消费目的之间的对比关系，就是旅游消费效果。通常，可从不同的角度对旅游消费效果进行划分。在旅游消费效果的衡量中，首先是从旅游需求方面的衡量，即对旅游者的旅游需求满足的衡量。对旅游者的旅游消费效果的衡量，一是要分析旅游者的旅游消费效用，即旅游者的主观评价；二是要分析旅游者的旅游消费能力，即旅游者可能的旅游消费支出；三是要分析旅游者在旅游预算支出限制下，如何实现旅游消费的最大满足。旅游消费效果的评价要坚持四项原则：旅游产品价值和使用价值的一致性；微观消费效果与宏观消费效果的一致性；旅游消费效果与生产、社会效果的统一；短期与长期旅游消费效果的一致性。

习　题

(一)单项选择题

1. 满足旅游者在旅游活动中对于求知、科考、学习等有关增长知识的消费属于(　　)。
　　A. 生存消费　　　　　　　　B. 享受消费
　　C. 发展消费　　　　　　　　D. 社会消费

2. 旅游者对住宿、饮食、交通游览等方面的消费属于(　　)。
　　A. 基本旅游消费　　　　　　B. 非基本旅游消费
　　C. 发展消费　　　　　　　　D. 社会消费

3. 一定时期内，一个国家或地区的旅游消费总额与该国或该地区的居民消费总额或国民收入的比率是(　　)。
　　A. 旅游者消费总额　　　　　B. 旅游者人均消费额
　　C. 旅游消费率　　　　　　　D. 旅游重游率

4. 从一定的消费收入与所取得的成果之间关系的密切程度划分，可将旅游消费效果分为(　　)。
　　A. 直接旅游消费效果和间接旅游消费效果
　　B. 宏观旅游消费效果和微观旅游消费效果
　　C. 当前旅游消费效果和长远旅游消费效果
　　D. 宏观旅游消费效果、中观旅游消费效果和微观旅游消费效果

5. 旅游者在旅游活动过程中对于食、住、行、游、购、娱等方面的消费比例是指(　　)。
　　A. 旅游者消费总额　　　　　B. 旅游者人均消费额
　　C. 旅游消费率　　　　　　　D. 旅游消费构成

(二)多项选择题

1. 按消费层次可以将旅游消费划分为(　　)。
　　A. 生存消费　　　　　　　　B. 享受消费
　　C. 发展消费　　　　　　　　D. 基本旅游消费

E. 非基本旅游消费
2. 旅游消费方式包括( )。
   A. 旅游消费意识　　　　　　　B. 旅游消费能力
   C. 旅游消费结构　　　　　　　D. 旅游消费习惯
   E. 旅游消费水平
3. 按旅游消费效果产生的时间,可将旅游消费效果划分为( )。
   A. 当前旅游消费效果　　　　　B. 直接旅游消费效果
   C. 当前旅游消费效果　　　　　D. 间接旅游消费效果
   E. 宏观旅游消费效果
4. 下列说法正确的是( )。
   A. 旅游消费是综合性消费　　　B. 旅游消费是以劳务为主的消费
   C. 旅游消费是伸缩性很强的消费　D. 旅游消费具有互补性
   E. 旅游消费具有替代性
5. 反映旅游者消费支出的指标主要有( )。
   A. 旅游消费总额　　　　　　　B. 人均旅游消费额
   C. 旅游消费率　　　　　　　　D. 旅游消费构成
   E. 旅游重游率

(三)名词解释

1. 旅游消费　　　2. 旅游消费方式　　　3. 基本旅游消费
4. 非基本旅游消费　5. 旅游消费效果　　　6. 旅游消费效用
7. 旅游消费总额　　8. 人均旅游消费额　　9. 旅游消费率

(四)简答题

1. 旅游消费的特征是什么?
2. 旅游消费有哪些类型?
3. 什么是旅游消费方式,其具体内容是什么?
4. 影响旅游消费方式的因素有哪些?
5. 旅游消费效果是如何分类的?
6. 旅游消费效果评价应坚持哪些原则?

(五)论述题

1. 试述如何实现旅游消费的合理化。
2. 分析旅游者是如何实现其旅游消费效果最大满足的。

■ 案例分析题

2010年入境游客在境内花费及构成情况

2010年入境旅游者在境内花费的总水平比上年有所提高，其中，外国人、香港同胞和台湾同胞的人均天花费均有不同程度的增长，澳门同胞有所下降。

2010年入境旅游者在华人均天花费184.01美元/人天，比上年增长1.8%。其中：外国人197.93美元/人天，增长2.5%；香港同胞141.05美元/人天，增长2.4%；澳门同胞109.99美元/人天，下降2.2%；台湾同胞185.20美元/人天，增长0.8%。

入境过夜旅游者在境内人均花费1229.24美元，比上年增长0.3%。其中：外国过夜旅游者人均花费1464.68美元，下降0.1%；香港同胞人均花费550.10美元，增长11.0%；澳门同胞人均花费395.96美元，下降4.8%；台湾同胞人均花费1370.48美元，增长7.4%。

入境一日游游客在境内人均花费54.67美元，比上年增长0.1%。其中：外国游客人均花费61.71美元，增长6.4%；香港同胞人均花费46.80美元，下降2.3%；澳门同胞人均花费51.73美元，下降7.2%；台湾同胞人均花费79.46美元，增长13.9%。

入境过夜旅游者的花费构成情况是：长途交通费占总花费的31.6%，住宿费占12.3%，餐饮费占8.4%，游览费占3.7%，娱乐费占6.0%，购物费占25.1%，市内交通费占2.1%，邮电通信费占2.0%，其他费用占8.8%。与2009年相比，过夜旅游者在购物、市内交通和其他费用等方面的支出比例有所增加或持平，在长途交通、住宿、餐饮、游览、娱乐和邮电通信等方面的支出比例有所减少。

入境一日游游客花费的构成情况是：交通费占总花费的13.8%，餐饮费占13.7%，游览费占12.4%，娱乐费占14.0%，购物费占33.1%，邮电通信费占4.6%，其他费用占8.4%。与2009年相比，一日游游客在餐饮、游览和娱乐等方面的支出比例有不同程度的增加，在交通、购物、邮电通信和其他方面的支出比例有所减少。

在入境游客的花费中，不包括国际(地区)间交通费和境外旅游商(社)收取的劳务费。

(资料来源：2011中国旅游年鉴)

问题：
(1) 试分析外国人、香港同胞、澳门同胞和台湾同胞人均花费下降或增长的原因。
(2) 试分析入境游客消费构成是否合理，应采取哪些措施提高我国入境旅游收入。

第七章

旅游收入与分配

【学习目标】

通过本章的学习,要求理解旅游收入的概念及类别,掌握旅游收入的指标,熟悉影响旅游收入的因素,理解旅游收入的初次分配和再分配的内容和形式,理解旅游收入乘数的概念,掌握旅游收入乘数效应,了解旅游外汇漏损。

【关键词】

旅游收入　旅游收入分配　旅游乘数　旅游外汇漏损

案例导入

江西婺源景区门票利益之争

2011年8月17日，江西省婺源县核心景区李坑依然大门紧闭，里面冷冷清清，暂未对游客开放。此前，李坑、江湾、汪口等景区相继出现了群众为争取门票利益而拦阻游客的现象。经媒体报道后，婺源一时间被推上了风口浪尖。

10年前，婺源景区发展之初，为鼓励景区快速发展，婺源鼓励民营资本、集体资本、股份合作等各种形式开发旅游。村民与不同性质的开发公司签订了各种形式的开发合同，分红机制也各不相同。经过五年多时间的发展，各景点恶性竞争的弊端开始突显，一些景点甚至赔本赚吆喝，村民与游客都有意见。2007年，婺源痛下决心，成立旅游公司进行统一管理，实行一张门票打造一个品牌。

2001年，婺源仅有三四万人次的游客量，2010年游客量超530万人次，随着经济效益的好转，一些矛盾也开始出现。李坑与县旅游股份公司的门票分成协议是三年一签，至2010年，旧协议到期要重新签订协议，双方多次协商未达成一致，群众对景区的经营状况也表示不知情，到底赚了多少不得而知。群众强烈要求审计，公示账目。根据群众诉求，婺源县开始派出审计组对李坑门票收入、景区运营成本进行全面审计核实，确定了上半年的分红，但新一轮景区分红事宜，旅游公司与村民代表仍未达成协议。

李坑分红之争很快引起了连锁反应。江湾村一村民告诉笔者，李坑村民每人每年能领到近2000元分红，为何我们每年仅领150元？钱到底哪里去了？

婺源县旅游公司副总经理王晖解释说："这种情况肯定存在，效益好的景区分给老百姓的钱自然要多些。李坑和汪口虽然都是婺源东线上的旅游景点，各自接待的旅游人次不同，参与景区利润分红的人数不同，自然两个村每位村民每年的旅游分红就会有差别。"

婺源县委常委、江湾镇党委书记俞春旺说，因历史原因，根据村民签订的合同，江湾、汪口村分红机制有别于李坑。江湾景区因大部分为新建景点，投资巨大，当时投入超过3000多万元，2004年景区一度难以为继。当时征求意见，到底是引进旅游公司承包村民分红还是村民参股或村民将景区承包下来，结果85%的村民选择每年分红100元。随着景区发展，现在每年分红已增加到150元。由于近年来景区发展太快，许多村民心理开始不平衡，合同目前尚未到期，根据合同与江湾景区实际，分红标准根本不可能调整到与李坑村一样。

工作组到村民家一一做工作，经工作组逐一解释，江湾景区群众的情绪已逐步缓和。

(资料来源：www.toptour.cn)

婺源景区门票利益之争表明，旅游收入的分配在旅游发展过程中具有不可忽略的作用。只有处理好旅游收入分配中的效率和公平这对矛盾，才能保证旅游业的健康、持续发展。

第一节 旅游收入概述

一、旅游收入的概念与作用

(一)旅游收入的概念

旅游收入是衡量某一地区旅游业发展程度和旅游经济效益的重要指标,对平衡国际收支、促进经济发展有着重要的作用。

旅游收入是指旅游目的地国或地区在一定时期内(以年、季度、月为计算单位),通过销售旅游产品所获得的全部货币收入。

旅游产品是一种组合产品,由此决定了旅游收入的多样性,旅游收入不仅包括旅行社向旅游者销售整体旅游产品所获得的收入,也包括各类企业向旅游者提供交通、住宿、饮食、游览、娱乐等单项旅游产品所获得的收入,还包括旅游目的地通过向旅游者出售旅游商品和其他劳务所获得的收入。

(二)旅游收入的作用

1. 旅游收入体现着旅游业对国民经济的贡献

发展旅游业可以发展同全世界各国人民之间的友好往来,促进国际经济、文化、技术交流,满足国内外旅游者对旅游产品的需求。旅游收入的多少,一方面体现着旅游接待量的增减、旅游服务质量的高低、旅游产品的畅销程度和旅游者对旅游需求的满足程度;另一方面也体现着旅游业对国家作出贡献的大小,以及对国民经济的促进和影响作用。在旅游产品生产或经营成本不变的情况下,旅游收入的多少与旅游利润成正比例关系。旅游收入越多,旅游利润就越大;反之,旅游收入越少,旅游利润就越小。由此可见,旅游收入的增长对旅游企业的发展起着决定性作用,同时对国民经济和旅游业的发展也起着举足轻重的作用。

2. 旅游收入体现了货币回笼和创汇的状况

旅游经营活动包括国内旅游业务和国际旅游业务两部分。通过开展国内旅游业务活动,可引导人们进行合理消费,让人们在旅游活动中增长见识、丰富知识、开阔眼界,同时通过销售旅游产品和提供服务,完成回笼货币的任务。通过开展国际旅游业务活动,努力销售本国各类旅游产品,取得旅游外汇收入,对减少国家外贸逆差、平衡外汇收支、增强国家外汇支付能力以及增加国家外汇储备作出贡献。

3. 旅游收入反映了旅游经济活动的成果

旅游收入体现了旅游经济活动的成果，旅游收入的增加标志着流动资金周转的加速。每一次旅游收入的取得，都标志着在一定时期内、一定量的流动资金所完成的一次周转。因此，在一定时期内，旅游收入取得的越快越多，意味着流动资金周转次数多、速度快，占用的流动资金就越少，旅游企业的经济效益就会更好。

专栏 7-1　1985—2004 年我国旅游业总收入占当年国内生产总值的比重

1985—2004 年我国旅游业总收入占当年国内生产总值的比重如图 7-1 所示。

表 7-1　1985—2004 年我国旅游业总收入占当年国内生产总值的比重

年 份	旅游业总收入(1)	比上年增长率长/% (2)	国内生产总值(3)	(1)占(3)的比重/%	第三产业增加值(4)	(1)占(4)比重/%
1985	117	—	8 964.0	1.31	2 556	4.58
1986	159	35.9	10 202.0	1.56	2 946	5.40
1987	209	31.6	11 965.0	1.75	3 507	5.96
1988	271	29.5	14 928.0	1.82	4 510	6.01
1989	220	-18.8	16 909.0	1.30	5 404	4.07
1990	276	25.5	18 548.0	1.49	5 814	4.75
1991	315	27.3	21 618.0	1.62	7 227	4.86
1992	467	33.0	26 638.0	1.7	9 139	5.11
1993	1134	—	34 634.0	3.27	11 324	10.01
1994	1655	45.9	46 759.0	3.54	14 930	11.09
1995	2098	26.8	58 478.0	3.59	17 947	11.69
1996	2487	18.5	67 885.0	3.66	20 428	12.17
1997	3112	25.1	74 772.0	4.16	24 033	12.95
1998	3439	10.5	79 553.0	4.32	26 104	13.17
1999	4002	16.4	83 190.0	4.18	27 036	14.80
2000	4510	12.9	89 442.0	5.05	29 879	15.12
2001	4995	10.8	97 314.8	5.13	33 153	15.07
2002	5566	11.4	105 172.3	5.31	36 075	15.43
2003	4882	-12.3	117 390.2	4.16	39 188	12.46
2004	6840	40.1	136 875.9	5.02	43 721	15.65

注：由于从 1993 年起开始进行国内旅游抽样调查，当年国内旅游收入与上年不可比。

(资料来源：根据《中国旅游统计年鉴》、《中国国内旅游抽样调查资料》、《中国统计年鉴》中有关数据计算制作)

二、旅游收入的分类

(一)按照旅游收入的性质,可以将其分为基本旅游收入和非基本旅游收入

1. 基本旅游收入

基本旅游收入是指旅游部门和交通部门向旅游者提供旅游设施、旅游物品和旅游服务等所获得的货币收入的总和,即旅游者在旅游过程中必须支出的费用,包括交通费、食宿费、游览费等。通常,基本旅游收入与旅游者的人次数、停留时间成正比例变化,由此可以大致估量一个国家或地区旅游业的发达程度。

2. 非基本旅游收入

非基本旅游收入是指其他相关部门向旅游者提供其设施、物品和服务所获得的货币收入,即旅游者在旅游过程中可能发生的消费支出,如邮电通信费、医疗保健费、修理费、咨询费及购物的费用等。非基本旅游收入具有较大的弹性,既取决于旅游者的支付能力,也取决于他们的兴趣和爱好。非基本旅游收入也受旅游者人次数和停留天数的影响,但并不表现为相同的正比例关系。

基本旅游收入的刚性特点和非基本旅游收入的弹性特征,使我们可以通过两者的比例关系来了解某一地区的社会经济水平和旅游业的发达程度。一般来说,非基本旅游收入所占的比重越大,说明该国或该地区的社会经济水平和旅游业的发达程度越高,特别是旅游商品收入,最能反映一个国家或地区旅游业的发展水平。

(二)按照旅游收入的来源,可以将其分为国内旅游收入和国际旅游收入

1. 国内旅游收入

国内旅游收入是指经营国内旅游业务所获得的本国货币,它来源于国内居民在本国的旅游,实质上是一部分产品价值的实现过程,属于国民收入的再分配范畴,不会增加国民收入的总量。

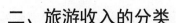 **2010 年我国国内旅游基本情况**

2010 年我国国内旅游基本情况如表 7-2 所示。

表 7-2 2010 年我国国内旅游基本情况

	总人次数/亿人次	比上年增长/%	总花费/亿元	人均花费/元
全国合计	21.03	10.6	12579.77	598.2
城镇居民	10.65	115.3	9403.81	883.0
农村居民	10.38	52.8	3175.96	306.0

(资料来源:2010 年中国旅游业统计公报,2011)

2. 国际旅游收入

国际旅游收入是指经营入境旅游业务所获得的外国货币，通常被称为旅游外汇收入。它来源于外国旅游者在旅游目的地国的旅游消费，实质上是旅游客源国的一部分国民收入转移到了旅游目的地国，是社会财富在不同国家之间的转移。国际旅游收入表现为旅游目的地国家或地区社会价值总量的增加，相当于旅游目的地国家或地区对外输出产品，是特种形式的对外贸易。国际旅游业从外国旅游者那里获取的外汇收入，扣除物化劳动和活劳动价值后的差额，就是国际旅游业的利润。因此，国际旅游业同其他生产性行业一样，为社会创造或增加了新价值，这部分新价值就构成了一个国家国民收入的一部分。从这个意义上说，它属于国民收入的初次分配。

在分析国内旅游收入和国际旅游收入的特征时，需要注意以下两点。

(1) 国内旅游收入与国内旅游者的消费支出是相等的。国际旅游收入与国际旅游者的消费支出是不相等的，是国际旅游者支出减去国际交通费和旅行商利润后的余额，用公式表示为：

国际旅游收入＝国际旅游者的支出－国际间交通费－外国旅游商的利润

(2) 国内旅游收入是以本国货币计算的，国际旅游收入是以外国货币计算的，在不同时期，由于汇率的变化，同量的旅游外汇收入用本国货币计算后就会出现较大的差额。

专栏 7-3 2010 年全国 31 个省、自治区、直辖市国际旅游外汇收入排序

2010 年全国 31 个省、自治区、直辖市国际旅游外汇收入排序如表 7-3 所示。

表 7-3 2010 年全国 31 个省、自治区、直辖市国际旅游外汇收入排序

序 号	地 区	国际旅游(外汇)收入/亿美元	增长/%	接待入境旅游人数/万人次	增长/%
1	广东	123.83	23.5	3140.93	14.3
2	上海	63.41	33.7	733.72	37.6
3	北京	50.45	15.8	490.07	18.8
4	江苏	47.83	19.1	653.55	17.4
5	浙江	39.30	21.9	684.71	20.0
6	福建	29.78	14.6	368.14	18.0
7	辽宁	22.59	21.7	361.80	23.4
8	山东	21.52	22.1	366.79	18.3
9	天津	14.20	20.0	166.07	17.8

续表

序 号	地 区	国际旅游(外汇)收入/亿美元	增长/%	接待入境旅游人数/万人次	增长/%
10	云南	13.24	12.9	329.15	15.7
11	陕西	10.16	31.8	212.17	46.3
12	湖南	9.06	34.7	189.87	45.1
13	广西	8.06	25.3	250.24	19.2
14	黑龙江	7.63	19.4	172.42	21.0
15	湖北	7.51	47.2	181.74	36.2
16	安徽	7.09	25.3	198.42	27.1
17	重庆	7.03	30.9	137.02	30.7
18	内蒙古	6.02	7.8	142.80	10.7
19	河南	4.99	15.2	146.84	16.7
20	山西	4.65	22.9	130.29	22.0
21	四川	3.54	22.7	104.93	23.5
22	河北	3.51	13.9	97.74	16.1
23	江西	3.46	19.4	113.97	18.2
24	海南	3.22	16.5	66.33	20.3
25	吉林	3.05	25.5	82.01	20.5
26	新疆	1.85	35.7	50.94	43.5
27	贵州	1.30	17.3	50.01	25.2
28	西藏	1.04	31.6	22.83	30.5
29	青海	0.20	32.6	4.67	29.4
30	甘肃	0.15	18.1	7.02	15.6
31	宁夏	0.06	35.3	1.80	23.9

(资料来源：中国旅游业统计公报，2011)

(三)按照旅游收入的构成，可将其分为商品性收入和劳务性收入

1. 商品性收入

商品性收入是指向旅游者提供实物形式的商品而得到的收入，如各种旅游商品、生活用品、工艺品的销售收入和饮食的销售收入等。

2. 劳务性收入

劳务性收入是指向旅游者提供劳务服务而得到的收入，如导游服务、饭店服务、娱乐

服务的收入和旅行社的业务费收入等。

> **专栏 7-4** 2006 年我国国际旅游(外汇)收入构成

2006 年我国国际旅游(外汇)收入构成如表 7-4 所示。

表 7-4 2006 年我国国际旅游(外汇)收入构成

项 目	收入总额/亿美元	所占比重/%
总 计	339.49	100.0
长途交通	73.76	21.7
民 航	66.63	19.6
铁 路	2.79	0.8
汽 车	3.10	0.9
轮 船	1.24	0.4
游 览	9.86	2.9
住 宿	48.97	14.4
餐 饮	35.12	10.3
商品销售	112.07	33.0
娱 乐	12.53	3.7
邮电通信	5.11	1.5
市内交通	12.01	3.5
其他服务	30.07	8.9

(资料来源：中国统计年鉴，2007)

三、旅游收入的指标

旅游收入指标是用货币单位计算并表示的价值指标，用来反映和说明旅游经济活动的实质及其水平、规模、速度和比例。在旅游统计工作中，通常把旅游收入的衡量指标归纳为两大类：旅游收入总量指标和旅游收入水平指标。

(一)旅游收入总量指标

1. 旅游总收入

旅游总收入是指一定时期内旅游目的地国家或地区向国内外游客提供旅游产品(含购物品)所获得的货币收入的总额。这一指标综合反映了旅游目的地国家或地区旅游经济的总体规模状况和旅游业的总体经营成果。旅游总收入通常用本国货币计量表示，公式为：

$$R_T = R + Pe = (N \times P) + Pe$$

式中：R_T——一定时期旅游总收入；
　　　R——基本旅游收入；
　　　N——旅游总人次；
　　　P——人均基本旅游消费支出；
　　　Pe——非基本旅游收入。

2. 旅游外汇总收入

旅游外汇总收入是指一定时期内旅游目的地国家或地区向外国游客提供旅游产品(含购物品)而获得的外国货币收入的总额，也是外国游客入境后的全部消费支出总额。其计算公式可套用旅游总收入公式的形式，但其内容有所不同。

$$R_T = R + Pe = (N \cdot P) + Pe$$

式中：R_T——一定时期内一国或地区的旅游外汇总收入；
　　　R——外国游客的基本旅游消费支出；
　　　N——一定时期内接待的外国游客总人次；
　　　P——外国游客入境后的人均基本旅游消费支出；
　　　Pe——外国游客的非基本旅游消费支出。
该指标一般以美元为计量单位。

专栏 7-5　1985—2004年中国旅游收入总量情况

1985—2004年中国旅游收入总量情况如表7-5所示。

表7-5　1985—2004年中国旅游收入总量情况

年份	旅游总收入			旅游外汇总收入		
	本币收入/亿人民币	发展指数(以1985年为100)	比上年增长/%	外汇收入/亿美元	发展指数(以1985年为100)	比上年增长/%
1985	117	100.0	—	12.50	100.0	—
1986	159	135.9	35.9	15.31	122.5	22.5
1987	209	178.6	31.6	18.62	149.0	21.6
1988	271	231.6	29.5	22.47	179.8	20.7
1989	220	188.0	−18.8	18.60	148.8	−17.2
1990	276	235.9	25.5	22.18	177.4	19.2
1991	351	300.0	27.3	28.45	227.6	28.3
1992	467	399.2	33.0	39.47	315.8	38.7
1993	1134	969.2	—	46.83	374.6	18.7
1994	1655	1414.5	45.9	73.23	585.8	—

续表

年份	旅游总收入			旅游外汇总收入		
	本币收入/亿人民币	发展指数(以1985年为100)	比上年增长/%	外汇收入/亿美元	发展指数(以1985年为100)	比上年增长/%
1995	2098	1793.2	26.8	87.33	698.6	19.3
1996	2487	2125.6	18.5	102.00	816.0	16.8
1997	3112	2659.8	25.1	120.74	965.9	18.4
1998	3439	2939.3	10.5	126.02	1008.2	4.4
1999	4002	3420.5	16.4	140.99	1127.9	11.9
2000	4510	3854.7	12.9	162.24	1297.9	15.1
2001	4995	4269.2	10.8	177.92	1423.4	9.7
2002	5566	4757.3	11.4	203.85	1630.8	14.6
2003	4882	4172.7	-12.3	174.06	1392.5	-14.6
2004	6840	5846.2	40.1	257.39	2059.1	47.9

注：由于从1993年起开始进行国内旅游抽样调查，从1994年开始根据海外旅游者花费抽样调查结果计算国际旅游外汇收入，故1993年国内旅游收入与上年不可比，1994年国际旅游外汇收入与上年不可比。

(资料来源：中国旅游统计年鉴)

(二)旅游收入水平指标

1. 人均旅游(外汇)收入

人均旅游收入指标是指旅游目的地国家或地区平均每接待一个游客所取得的货币收入，也就是游客在旅游目的地国家或地区旅游活动过程中的平均货币支出额。它反映了游客的人均消费水平，一般以本国货币计量表示。人均旅游收入指标可以用某一时期内旅游总收入与同期接待的旅游总人次之比来计算，其公式为

$$R_U = R_T/N$$

式中：R_U——人均旅游收入；

R_T——旅游总收入；

N——旅游总人次。

同理，当N为接待的海外游客总人次，R_T为旅游外汇总收入时，则R_U为人均旅游外汇收入。

2. 人均天旅游(外汇)收入

人均天旅游收入是指旅游目的地国家或地区平均每天从每位游客那里获得的旅游收入。它等于一定时期内旅游目的地国家或地区的旅游总收入与游客停留总天数之比，或是

一定时期内旅游目的地国家或地区人均旅游收入与人均停留天数之比。其公式为

$$R_d = R_T / N \times D_a$$

或
$$R_d = R_u / D_a$$

式中：R_d——单位时间人均旅游收入；

D_a——一定时期旅游者在旅游目的地国家(地区)平均停留天数；

R_T、R_u、N——含义同前。

3. 旅游收汇率

旅游收汇率又称旅游外汇净收入率，是指一定时期旅游外汇纯收入与同期旅游外汇总收入的比率。它等于一定时期内旅游外汇收入总额与同期旅游外汇支出总额的差除以旅游外汇总收入量。其公式为

$$R_E = (R_T - E) / R_T$$

式中：R_E——旅游收汇率；

R_T——旅游外汇总收入；

E——旅游目的地国家或地区旅游外汇支出总额。

4. 旅游创汇率

旅游创外汇率是指旅游目的地国家或地区在一定时期内非基本旅游外汇收入与基本旅游外汇收入之比。其公式为

$$C = R_O / R_a$$

式中：C——旅游创汇率；

R_O——非基本旅游外汇收入；

R_a——基本旅游外汇收入。

这个公式说明，旅游创汇率与非基本旅游外汇收入成正比，与基本旅游外汇收入成反比。

5. 旅游换汇率

旅游换汇率是指旅游目的地国家或地区提供单位本国货币的旅游产品所能换取的外国货币的数量比例。这一指标的数值表明单位本国货币所表示的旅游目的地国家或地区付出的必要社会劳动量可以从国际旅游者手中换取的外国货币的数量。旅游换汇率通常与该国或该地区同期的货币兑换率一致。在不同时期，外汇比价不同，旅游换汇的数量值也就不同。在国际经济交往中，国际旅游的换汇成本明显低于对外贸易中物质产品的换汇成本。即以一定数量货币表示的出售给国际游客的旅游产品，要比同量货币表示的出口一般物质产品换取到更多的外汇收入。旅游换汇率指标可以反映旅游外汇收入对一国(地区)国际收支平衡的作用和贡献大小，因而，各个国家和地区，特别是发展中国家和地区对此越来越重视。

专栏 7-6　2005—2010 年中国旅游收入及增长率

2005—2010 年中国旅游收入及增长率如表 7-6 所示。

表 7-6　2005—2010 年中国旅游收入及增长率

年份	旅游总收入/亿元	比上年增长	国内旅游收入/亿元	比上年增长	国际旅游(外汇)收入/亿美元	比上年增长
2005	7686	12.4%	5286	12.2%	292.96	13.8%
2006	8935	16.3%	6230	17.9%	339.49	15.9%
2007	10 957	22.6%	7770.62	24.7%	419.19	23.5%
2008	11 600	5.8%	8749.30	12.6%	408.43	-2.6%
2009	12 900	11.3%	10183.69	16.4%	396.75	-2.9%
2010	15 700	21.7%	12579.77	23.5%	458.14	15.5%

(资料来源：根据《中国旅游业统计公报》整理)

四、影响旅游收入的因素

旅游业是一个关联性、依赖性较强的行业，由于各种社会经济现象和经济关系等多种因素不同程度的影响，使得某一旅游目的地国家或地区在一定时期内的旅游收入和旅游外汇收入量都会出现不同程度的高低变化。可以说，旅游收入量是多种影响因素的函数。具体来讲，影响旅游收入的因素主要有以下几方面。

(一)旅游者人数

旅游目的地国家或地区接待旅游者人数的多少，是影响旅游目的地国家或地区旅游收入高低的基本因素。在正常情况下，旅游收入与接待的旅游者人数成正比例关系变化。虽然旅游者的个人消费水平由于其收入水平和支付能力的不同会产生较大差异，但接待旅游者人数增加，会使旅游收入的绝对数增加；接待旅游者人数减少，旅游收入也随之减少。

(二)旅游者消费水平

在旅游接待人数既定的条件下，旅游者的支付能力和人均消费水平是旅游目的地国家或地区旅游收入增减变化的另一决定因素。旅游者的平均消费水平和支付能力与旅游目的地国家或地区的旅游收入呈正比例关系变化。旅游者的支付能力强、平均消费水平高，旅游目的地国家或地区的旅游收入就必然增加。反之，旅游者的支付能力和平均消费水平低，则旅游目的地国家或地区的旅游收入就减少。旅游者的支付能力和平均消费水平的高低与旅游者的年龄、社会阶层、家庭状况、职业、个人可自由支配的收入以及消费偏好等因素也有着密切的联系。

(三)旅游者停留时间

在旅游者人次、旅游消费水平既定的条件下，旅游者在旅游目的地的停留时间长短对旅游收入的增减有着直接的影响。旅游者人均停留时间与旅游收入之间存在着正比例变化的关系，旅游者在旅游目的地停留时间越长，其所花费支出就越大，旅游目的地的旅游收入就会随之增长；反之，旅游者在旅游目的地停留时间越短，旅游花费越少，则旅游目的地的旅游收入就越小。旅游者停留时间的长短与旅游者个人的闲暇时间、旅游目的地对旅游活动的组织安排、所提供的旅游产品的吸引力以及其他消费品和服务的多样性、丰富程度等因素有着密切的联系。

(四)旅游价格

旅游价格是影响旅游收入高低的一个最直接的因素，两者之间存在着密切的依存关系，旅游收入等于旅游产品价格与出售的旅游产品数量的乘积。根据旅游需求规律，在其他条件不变的情况下，不论旅游产品的价格是上涨还是下落，旅游需求量都会出现相应地减少和增加。为了测量旅游需求量随旅游产品价格变化而相应变化的程度，就必须正确计算旅游需求价格弹性系数，并根据旅游产品需求价格弹性大小，正确地计算旅游收入。

(五)外汇汇率

外汇汇率是各个国家不同种类货币之间的相互比价。外汇汇率对旅游目的地国家或地区旅游收入的变化会产生一定的影响。如果旅游目的地国家相对旅游客源国的货币贬值，即汇率降低，在旅游目的地国家价格未提高的条件下，会刺激该旅游客源国的旅游需求，导致旅游目的地国家或地区的入境旅游人数增加，从而使旅游外汇总收入增加；反之，如果旅游目的地国家相对旅游客源国的货币升值，则汇率提高，那么将会抑制旅游客源国的旅游需求，导致旅游目的地国家或地区入境旅游者人数减少，从而使该国旅游外汇总收入降低。由此可见，由于汇率的变化，同量的旅游外汇收入在不同时期会因旅游目的地国家的汇率变化而出现差异，有时差异会较大。因此，在衡量旅游目的地国家或地区的旅游收入时，应注意分析因汇率因素变动而形成的差异，这样才能使旅游目的地国家或地区在不同时期内所取得的旅游收入更具真实性和可比性。

(六)通货膨胀和通货紧缩

通货膨胀或紧缩都会直接影响货币购买力。旅游目的地国家(地区)的通货膨胀或紧缩,必然导致游客购买力下降或上升,从而使该国(地区)旅游人次和旅游收入减少或增加;反之,客源国的通货膨胀或紧缩,必然会促使其居民积极出境旅游或减少出境旅游。

(七)旅游统计因素

旅游收入有些来自直接旅游部门,也有些来自间接旅游部门,由于受诸多因素的影响,致使旅游统计部门所统计出来的旅游收入并不能真实地反映旅游目的地国家或地区所取得的旅游收入。其主要表现在:一是旅游部门之间、旅游部门与非旅游部门之间对旅游的收入常常会出现遗漏或重复统计的现象;二是旅游者在旅游活动中所支出的有些费用,如小费就无法统计到旅游目的地国家或地区的旅游收入中,致使该旅游目的地国家或地区的旅游收入统计出现遗漏;三是在探亲旅游过程中,某些旅游者以馈赠礼品、土特产品等方式来换取亲朋好友所提供的免费食宿,这种交换方式所产生的旅游收入也是无法进行统计的;四是由于"地下旅游经济活动"的存在,即旅游者与旅游从业人员以私下交易方式,将购买旅游服务和产品的钱直接交给餐厅服务员、导游员、出租汽车司机等,致使旅游收入减少和政府税收减少等,也增加了旅游统计中的漏统现象。

第二节　旅游收入的分配

旅游收入作为国民收入的一部分,其分配形式也和国民收入的分配形式一致,通常是经过初次分配和再分配两个过程来实现的。

一、旅游收入的初次分配

(一)旅游收入初次分配的概念

旅游收入的初次分配主要是在直接经营旅游业务的部门和企业之间进行,即在饭店、旅行社、餐馆、交通运输、游览和娱乐等核心旅游业之间进行。应注意的是,并非企业所获得的营业收入全部参与初次分配,而仅是这些部门和企业获得的旅游净收入参与初次分配。旅游净收入在初次分配后分解为员工工资、政府税收和企业利润三大部分,这就使得国家、旅游部门和企业、旅游从业人员都得到了各自的初始收入。

(二)旅游收入初次分配的流向

参与旅游收入初次分配的是旅游营业收入中扣除了旅游经营成本(生产要素消耗)的剩余部分,即旅游净收入。旅游净收入经过初次分配后,形成员工工资、政府税收和企业自留利润三大部分。

1. 员工工资

旅游部门和企业支付给旅游从业人员工资作为他们提供劳务的报酬,用于满足他们及其家庭的生活需要。

2. 政府税收

旅游部门和企业依法向政府纳税,成为国家财政预算收入的一部分,由国家统筹安排和使用。

3. 企业自留利润

旅游企业和部门的纯利润,留归企业自行安排和使用。在我国的旅游企业和部门中可分为企业公积金和公益金两部分,分别用于企业自身发展和员工福利支出等。

具体来说,旅游收入的初次分配如图 7-1 所示。

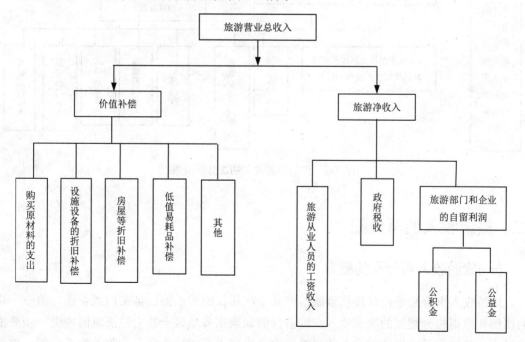

图 7-1 旅游营业总收入初次分配

(三)旅行社在旅游收入初次分配中的独特作用

旅行社是旅游业赖以生存和发展的"三大支柱"之一，由于旅行社的特殊职能和地位，使其在旅游收入的初次分配中具有独特的作用。旅行社首先参与旅游收入的初次分配，在旅游收入分配中体现为旅行社营业收入转化为其他旅游部门和企业营业收入的过程。因而，旅行社的经营活动具有旅游收入来源和旅游收入分配的双重职能。

包价旅游收入初次分配流程如图 7-2 所示。

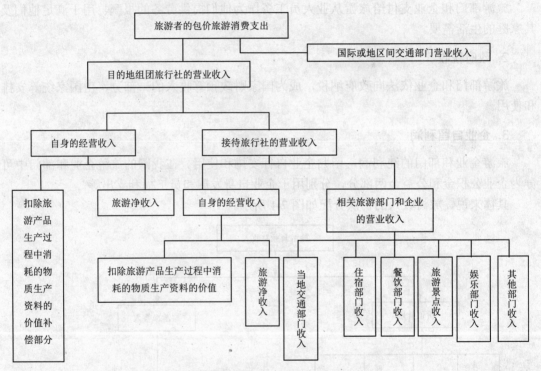

图 7-2　包价旅游收入初次分配流程

二、旅游收入的再分配

(一)旅游收入再分配的概念

旅游收入再分配是指直接从事旅游产品生产和供给的旅游服务部门或企业，按照一定的比例和原则将分配到的旅游收入在旅游目的地国家或地区全社会经济范围内进一步分配的过程。其结果是实现旅游收入的最终用途，内容主要包括旅游企业收入的再分配、旅游从业人员收入的再分配、政府财政收入的再分配。

(二)旅游收入再分配的流向

1. 旅游企业收入的再分配

旅游企业为了进行再生产，补偿消耗掉的物质设备和原材料，需要购买有关的生产资料。这样，直接从事旅游业务的部门或企业与那些供应生产资料的部门或企业就发生了经济关系，在初次分配中以成本形式存在的那一部分旅游收入就转移到了供应生产资料的有关部门或企业。同时，在旅游收入的初次分配中，旅游企业的纯利润分为公积金、公益金和投资者的回报三个部分。公积金主要用于企业的追加投资以及新产品的研制或新技术的改造等；公益金主要用于提高职工的福利待遇或发放奖金等；投资者的回报主要用于他们的个人消费。这样，在初次分配中以利润形式存在的那一部分旅游收入就转移到了供应生产资料和生活资料的有关部门或企业。

2. 旅游从业人员收入的再分配

旅游企业为了进行再生产，还必须补偿活劳动的耗费，企业职工要购买各种生活资料以满足他们的物质和文化需求。这样，直接从事旅游业务的部门或企业与那些供应生活资料的部门也发生了经济关系，在初次分配中以工资形式存在的那一部分旅游收入就转移到了供应生活资料的有关部门或企业。

3. 政府财政收入的再分配

在旅游收入的初次分配中，旅游核心部门或企业上缴政府的税金构成了国家财政收入的一部分，国家通过财政预算和支出的方式实现了旅游收入的再分配，其中一部分又用于旅游基础设施建设和旅游资源开发，进一步促进了旅游业的扩大再生产。

4. 旅游收入的另外一些分配途径

在再分配过程中，旅游收入还有一些其他流向，如旅游核心部门或企业支付给金融部门的贷款利息、支付给保险部门的保险金等。这样又有一部分旅游收入转移到了金融部门或保险部门。

旅游收入经过再分配之后，使全社会的各相关部门获得了应有的派生收入，体现了旅游业对旅游目的地国家或地区整体社会经济的促进和带动效应。旅游收入再分配的过程与流向如图 7-3 所示。

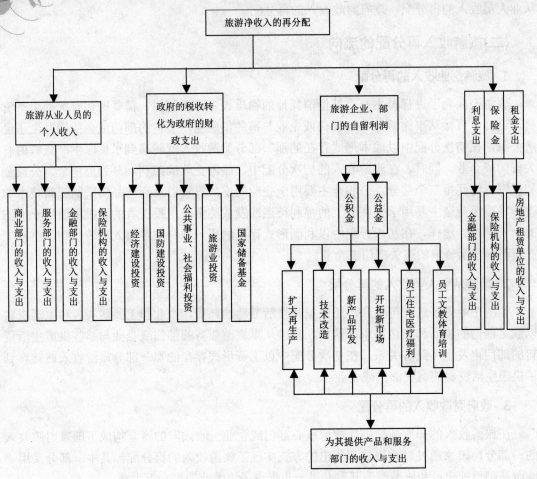

图 7-3 旅游收入再分配的流向

案例 7-1

园林的金钱游戏

苏州城的古典园林共有 70 余处,有近 20 处园林对外开放,然而能够赚钱的只有虎丘、拙政园和留园 3 个地方。园林局作为主管部门的一大职能就是进行收入的再分配,以大园子养小园子。2001 年苏州全市财政收入达 209 亿元,然而苏州园林拿不到一分钱,享受不到财政补贴的苏州园林在勉强维持生存,根本无法谈发展。

2000 年 3 月,为了走出困境,并避开国家主管部门对园林风景区经营权和所有权分离问题的敏感,园林局将并不太出名的耦园作为苏州园林第一家所有权和经营权分离的试点,承包给民营企业水乡丝绸公司。

水乡丝绸公司承包耦园后,通过提高门票价格、延长服务时间、增添吴地特色的文艺表演节目,以及加强同旅行社之间的项目开发等措施,让这个偏僻的冷园子变得热闹了起来。耦园从每年亏损 50 万~60 万元转变为获利 80 万元,年游客量第一次超过了 10 万人。在经营权和所有权分离之后,耦园还被列为全国重点文物保护单位,并被列入候选世界文化遗产名录。

(资料来源:王宏. 苏州园林的金钱游戏[OL]. 21 世纪经济报道,2002-03-13.)

第三节 旅游收入的乘数效应

一、乘数效应概述

乘数概念起源于 19 世纪后半叶,1931 年,英国经济学家卡恩首先提出了乘数理论。其后,凯恩斯又将这一理论进一步加以完善。乘数(multiplier)又译作倍数,主要是指经济活动中某一变量与其引起的其他经济量以及经济总量变化的比率。

乘数理论说明,在经济活动中,一种经济量的变化可以引起其他经济量的变化,最终使经济总量的变化数倍于最初的经济变量,我们把这种现象称为乘数效应。在经济活动中,之所以会产生乘数效应,是因为国民经济的各个行业是相互关联、相互促动的。例如,在某部门注入一笔投资,不仅会增加该部门的收入,而且会在各相关部门引起连锁反应,最终产生数倍于投资额的国民收入。

根据凯恩斯的乘数原理,乘数的计算公式如下。

$$K = \frac{1}{1-\mathrm{MPC}}$$

或

$$K = \frac{1}{\mathrm{MPS}+\mathrm{MPM}}$$

式中:MPC——边际消费倾向;

MPS——边际储蓄倾向;

MPM——边际进口倾向。

从上式中可以看出,乘数与边际消费倾向成正比,与边际储蓄倾向和边际进口倾向成反比。例如,当一笔资金流入某地区的经济系统时,就会引起一系列企事业单位的经济运转,产生经济活动中的连锁反应,导致该地区社会经济效益的增加。如果把这笔资金储蓄起来或用来购买进口物资,使资金离开本地区的经济系统,则减少了本地区经济发展的力度,本地区的乘数效应就会降低。

二、简述旅游收入乘数效应

旅游收入的乘数效应是指旅游目的地国或旅游目的地对旅游行业的投入引起各个经济部门的连锁反应，导致本地区经济总量的成倍增加。需要指出的是，旅游收入的乘数效应必须以一定的边际消费倾向为前提，而边际储蓄倾向和边际进口倾向则降低了旅游收入在本地区经济系统中的作用，使得该地区的乘数效应减少。

旅游收入通过初次分配和再分配，对经济发展产生以下三个阶段性的作用。

(1) 直接影响阶段。即旅游者在旅游目的地的各项消费，将资金直接注入到了各个核心旅游企业和部门，饭店、旅行社、餐厅、商店、景区、交通及通信部门在旅游收入的初次分配中获得了一定量的收益。

(2) 间接影响阶段。即旅游核心部门和企业在再生产过程中向有关部门和企业购进生产和生活资料，各级政府把从旅游核心企业收缴的税金又投资于其他企事业项目，使有关部门和企业在旅游收入的再分配中获得了收益。

(3) 扩大影响阶段。即旅游相关部门和企业在再生产过程中购进大量的生产资料和生活资料，从而促进了更多部门和企业的发展。旅游收入正是通过多次的分配与再分配，对国民经济不断产生着连带作用和综合效益。

一个国家或地区的旅游收入如果增加，就会引起该国或该地区国民收入的增加，这种关系可用 $y=kx$ 来表示，其中 y 为增长的国民收入总量，x 为旅游收入量，k 为两者之间的比例系数，即乘数。例如，某地区的边际消费倾向为 80%，即 80% 的旅游收入在本地区的经济系统中运转，而 20% 的旅游收入则储存起来或用于进口物资，即有 20% 的旅游收入离开了本地区的经济系统，按照乘数的计算公式 $K=1/(1-0.8)$ 或 $1/0.2=5$，表明该地区的旅游收入经过初次分配和再分配，产生了 5 倍于此的经济效益。假若该地区的边际消费倾向为 70%，边际储蓄倾向为 10%，边际进口倾向为 20%，则 $K=1/(1-0.7)$ 或 $1/(0.1+0.2)\approx 3.3$，表明该地区的旅游收入经过初次分配和再分配，产生了约 3.3 倍的经济效益。

我们还可以用以下几类乘数模式来分析旅游收入对社会经济各个方面的影响。

(一)营业收入乘数

营业收入乘数，即旅游营业收入增加额与由此导致的其他营业收入增加额之间的比例关系。该乘数表明某地区旅游业的发展对该地区营业收入的影响。

(二)政府收入乘数

政府收入乘数，即旅游收入增加量与当地政府收入净增量之间的比例关系。政府收入的净增量是指政府从旅游业获得的税收及各项收益减去政府向旅游业投资后的余额，该乘数主要用来衡量旅游经济活动对国家和地区财政收入的影响程度。

(三)就业乘数

就业乘数，即旅游收入增加量与其所创造的直接和间接就业人数之间的比例关系。该乘数表明某一地区通过一定量的旅游收入，对本地区的就业机会所产生的影响，具体来说，一定时期内旅游从业人员的增加量与同期旅游收入的增加量之比，即为单位旅游收入可提供的就业机会。

专栏 7-7　若干国家和地区的旅游就业乘数

若干国家和地区的旅游就业乘数如表 7-7 所示。

表 7-7　若干国家和地区的旅游就业乘数

国家或地区	就业乘数
百慕大	3.02
牙买加	4.61
马耳他	1.99
毛里求斯	3.76
西萨摩亚	1.96
所罗门群岛	2.58
贝劳共和国	1.67
直布罗陀	2.62

(资料来源：罗明义. 旅游经济学[M]. 天津：南开大学出版社，2006.)

(四)居民收入乘数

居民收入乘数，即旅游收入的增加额与由此导致的某地区居民收入的比例关系。该乘数反映了旅游业的发展对居民收入的影响程度。

(五)进口额乘数

进口额乘数，即旅游收入增加量与由此导致的进口额增加量之间的比例关系。该乘数显示了相关部门和企业向国外进口物资、设备的增加量与旅游收入增加量之间的互动关系。

总之，根据旅游收入的乘数效应，可以全面衡量旅游业发展对国民经济的影响，从而更加科学地确定国民经济的发展目标和旅游业的发展战略。

专栏 7-8　不同国家和地区的旅游乘数对照表

不同国家和地区的旅游乘数对照表如表 7-8 所示。

表 7-8　不同国家和地区的旅游乘数对照表

	日期	地点	收入乘数
国家	1966	爱尔兰	2.7
	1970	加拿大	2.43
	1974	英国	1.68
	1964	希腊	1.2～1.4
	1977	墨西哥	0.97
	1971	加勒比(英联邦)	0.88
	1974	巴哈马	0.78
省州	1976	新汉普夏	1.6～1.7
	1976	夏威夷	0.9～1.3
	1973	西南英格兰	0.35～0.45
地区	1976	爱立(蒙大拿)	1.67
	1977	奥卡那贡(不列颠哥伦比亚)	0.73
	1977	维多利亚(不列颠哥伦比亚)	0.65
	1973	格温尼德	0.37
	1975	东安格利亚	0.35
	1973	大泰赛得	0.32

(资料来源：谢彦君. 基础旅游学[M]. 北京：中国旅游出版社，1999.)

三、旅游外汇漏损

旅游外汇漏损是指旅游目的地国家或旅游目的地的有关部门和企业，为了发展旅游业而进口商品、对外贷款、引进劳务等导致的旅游外汇收入的减少。

从 $K=1/(1-MPC)$ 及 $K=1/(MPS+MPM)$ 的公式中可以看出，旅游乘数效应与边际储蓄倾向和边际进口倾向均有关系，MPS 或 MPM 越大，旅游乘数效应就越小；反之，旅游乘数效应就越大。

在经济欠发达的国家或地区，旅游综合设施比较落后，为了发展国际旅游业务，需要从国外进口有关的物资设备，需要引进国外的先进技术和管理人才，这些都要花费大量的外汇，由此造成了旅游外汇的流失。旅游外汇漏损主要有以下几种形式。

(一)直接漏损

(1) 为建设旅游基础设施，进口必要的设备和原材料而花费的外汇。

(2) 为新建旅游饭店，进口必要的设备和原材料而花费的外汇。

(3) 支付旅游企业外方的管理费和外籍人员的工资，由此造成了大量外汇的流失。

(4) 为发展旅游业，除国家投资、国内融资外，还需要对外贷款，逐年还本付息，由此造成了大量外汇的流失。

(5) 为满足旅游者及部分旅游企业员工的需求而进口有关的消费品，此项花费也造成了大量外汇的流失。

(二)间接漏损

(1) 向旅游业供应各种物资和服务的各有关企业或其他机构为满足旅游业需要而从国外进口各种物品和劳动力所造成的外汇流失。

(2) 使用进口物资或劳动力程度较高的各种基础设施因旅游业的发展而引起其消耗加大、进口增多而造成的外汇支出。

(三)无形漏损

旅游接待地为了修复、弥补公共基础设施和旅游设施由于旅游者的大量使用而造成的磨损，或者为了清除游客过多而带来的自然环境污染，有时可能需要从国外进口某些物资或人力资源从而造成的外汇流失。

(四)黑市漏损

如果外国旅游者在旅游目的地国家(地区)购买旅游产品(包括服务)时，没有全部用其所携带的外币或用通过合法正式渠道汇兑得到的当地货币来支付，而是用通过当地外汇黑市非法套汇而得到的当地货币来进行部分支付。那么，站在旅游目的地官方角度来看，后面这部分外汇就从本国(地区)正常经济系统中流失了。

(五)先期漏损

先期漏损是指旅游经营商向旅游者销售某一国家的旅游产品所获得的全部收入中未进入这一旅游目的地国家的那部分收入。

(六)后续漏损

后续漏损是指旅游从业人员个人生活消费中所涉及的外汇外流，亦称诱导性漏损。

专栏 7-9　1965—1990 年部分国家或地区旅游漏损率

1965—1990 年部分国家或地区旅游漏损率如表 7-9 所示。

表 7-9　1965—1990 年部分国家或地区旅游漏损率

国家或地区	年 份	旅游收入漏损率/%
毛里求斯	1965	90.0
塞舌尔	1973	60.0
斐济	1979	56.0
库克群岛	1979	50.0
圣卢西亚	1978	44.8
阿鲁巴	1980	41.4
中国香港	1973	41.0
牙买加	1991	40.0
美属维尔京群岛	1979	35.9
斯里兰卡	1979	26.6
安提瓜	1978	25.2
塞浦路斯	1991	25.0
肯尼亚	1969	22.0
韩国	1978	19.8
新西兰	1976/1977	12.0
南斯拉夫	1972	11.0
菲律宾	1978	10.8

注：表中漏损率不包含各国国民出境旅游造成的外汇支出。因表中数字来源不同，相互之间不宜进行严格比较。

(资料来源：罗明义. 旅游经济学[M]. 天津：南开大学出版社，2006.)

专栏 7-10　中国旅游外汇进口漏损与总漏损情况

中国旅游外汇进口漏损与总漏损情况如表 7-10 所示。

表 7-10　中国旅游外汇进口漏损与总漏损情况

单位：亿美元

年 份	进口漏损	总漏损	总漏损率/%
1978	1.18	3.69	71.75
1979	2.02	8.14	76.70

续表

年　份	进口漏损	总漏损	总漏损率/%
1980	2.78	11.32	76.97
1981	3.53	15.32	78.00
1982	3.79	15.91	77.42
1983	4.24	19.01	78.62
1984	5.09	26.17	80.78
1985	8.38	39.79	90.61
1986	10.26	43.53	89.61
1987	12.47	51.02	89.25
1988	15.05	58.39	88.73
1989	12.47	45.05	88.01
1990	15.71	51.76	88.86

注：总漏损为进口漏损与黑市漏损之和；总漏损率是指总漏损值与名义旅游外汇收入的比率；1989年和1990年进口漏损数取估计值。

(资料来源：楚义芳.旅游的空间经济分析[M].西安：陕西人民出版社，1992.)

研究表明：从长期宏观角度观察，旅游漏损有自己的一般变动规律，集中表现在旅游漏损率的变化在曲线图上往往会出现"双峰"图形，并且与旅游目的地国家(地区)的社会经济和旅游业的发展程度密切相关。

旅游外汇漏损的程度显示了一个国家的经济实力和科技水平。为了减少旅游外汇漏损，首先要大力发展本国经济，提高本国产品的品质和科技含量。其次要积极培养旅游业的现代化管理人才，逐步减少外方管理集团和管理人员的数量。再者要加强国际收支的宏观监管机制，完善外汇管理法规，防止外汇流失。

总之，旅游接待国的经济实力越强，科技水平越高，旅游收入的乘数效应越大，旅游外汇漏损就越少；反之，旅游收入的乘数效应越低，旅游外汇漏损就越多。因此，大力发展经济，增强国家的综合实力，是旅游业持续发展的根本保证，只有如此，旅游收入的乘数效应才能最大化，旅游外汇漏损才能被减少到最低限度。

专栏 7-11　汇率变动对中国旅游业的影响

汇率变动对旅游业具有多重影响，最直接的就是本币升值，刺激出境旅游的发展，本币贬值，刺激入境旅游的发展，进而影响外汇收支平衡。随着经济的快速发展和我国外汇储备的不断攀升，人民币升值的压力将长期存在，本币升值将成为今后较长时期内我国旅游业发展的基本面，并将对我国旅游业产生众多影响。

(一)有利影响

(1) 有利于我国旅游发展模式的转变。在外汇短缺的大背景下,我国旅游业被委以创汇的重任,形成了"重入境、轻国内、抑出境"的发展倾向,不利于旅游业和谐、全面的发展。人民币汇率的改革和长期的升值趋势,会从客观上促使我们改变入境旅游的增长方式,从以数量增长为基础的粗放型模式向以质量增长为基础的集约型模式转化,而不是单纯依靠价格优势来参与国际竞争;人民币的升值会导致与旅游紧密相关的进口物资的下降,进而降低国内旅游的成本,降低旅游业的对外依赖度,促使我们将整个旅游业的增长重点转移到国内市场,加强对国内市场的培育;本币升值还会刺激出境旅游的发展,使出境旅游市场进一步壮大与完善,最终形成入境、国内、出境三大市场协调发展的良好格局。

(2) 有利于我国国际客源结构的调整。人民币升值虽然会使我国入境旅游的价格优势减弱,但也会使国际旅华市场高端客源的比例相对提高,有利于我国国际客源结构的集约化。同时,由于以前采用的是人民币单一盯住美元的汇率机制,人民币与其他非美元货币间的汇率受美元波动的影响过大,使非美元国家旅游者来华的不确定因素增多。例如,美元的持续贬值造成了人民币相对日元的升值,使日本旅游者的来华成本上升。汇率形成机制改革后,人民币不再单一盯住美元,而是参考一篮子货币进行调节,客观上减少了人民币汇率的波动性,降低了非美元国家旅游者来华的不确定性,有利于我国国际客源结构的多样化。

(3) 有利于我国旅游业国际竞争力的提升。表面上看,价格优势的减弱会降低我国旅游业的国际竞争力,但从长远来看,却有利于加快旅游业增长方式的转变,促使我国旅游企业在日趋激烈的国际旅游市场竞争中以质量求生存、以创新求发展,不断提高自身素质,从根本上增强我国旅游业的国际竞争力。

(4) 有利于我国旅游企业跨国经营。跨国经营是建设旅游强国的必由之路,人民币的升值,一方面可以有力地推进出境旅游的发展,在国际上形成大规模的本国客流,为我国旅游企业追随本国客流,在不同的目的地国家和地区建立跨国企业提供了强大的市场基础;另一方面可以使我国旅游企业境外投资的成本下降,投资动机和投资能力上升,进而加快我国旅游产业的全球化进程。

(5) 有利于我国旅游外汇漏损的降低。众所周知,由于我国旅游业进口所需货物等因素,旅游外汇收入中的相当一部分会因此而流出国境,形成旅游外汇漏损。人民币升值后,在进口总量不变的情况下,我国旅游业进口物资的价格会降低,从而减少外汇漏损。

(6) 有利于增强我国国际旅游市场的促销力度。我国的国际旅游促销经费一直很紧张,人民币升值2%,等于我国的国际旅游促销经费相对增加了2%,因而提高了我国国际旅游市场的开拓能力。

(二)不利影响

(1) 不利于我国国际旅游外汇收支的平衡。人民币升值,一方面会导致受价格弹性影响较大的部分国际游客减少，从而使入境旅游外汇收入相对减少(不考虑总体增长的情况下)；另一方面会导致出境旅游价格相对降低，会极大地促进出境旅游和境外购物的增长，使旅游外汇支出激增，从而加剧旅游国际收支的不平衡。近几年来，我国出境旅游的增长速度大大超过了入境旅游的增长速度。有专家指出，我国的国际旅游业总体上已经沦为花汇产业，国际旅游外汇逆差有迅速扩大的趋势。人民币升值无疑会加剧这种矛盾，使我国国际旅游收支平衡的难度进一步加大。

(2) 不利于我国旅游业吸引国际资本。改革开放以来，我国旅游业主要是靠吸引外商投资发展起来的。按照国际金融市场的一般规律，本币贬值有利于吸引国际资本流入，本币升值则会导致国际资本流出。人民币升值后，会相应增加国际资本在我国境内的投资成本，降低我国旅游业对国际资本的吸引力。

(3) 不利于我国扩大内需战略的实施。人民币升值使我国人民在国际上的购买力相对提高，从而进一步刺激出境旅游和境外购物的增长，造成"内需外流"。据世界免税协会(TFWA)与AC尼尔森的联合调查，2004年我国内地游客境外人均购物花费已经高达987美元，超过了日本游客，堪称世界第一。人民币升值后，境外购物水平将进一步提高，必然加剧"内需外流"的矛盾。

(4) 造成旅游创汇企业的困难。人民币升值会使外币在我国境内的购买力下降，造成入境旅游者的减少和消费水平的下降，减少旅游创汇企业的利润，使一部分以经营入境旅游为主的企业出现困难。

(资料来源：浙江在线新闻网站，www.zjol.com.cn，2007-12-27)

本章小结

旅游收入是旅游经济活动的重要内容，是发展旅游业的经济目标，是旅游企业的经营目标之一。本章从收入和分配两个方面入手，阐述了旅游收入的概念、类别、指标体系及影响因素；介绍了旅游收入的分配和再分配的过程；分析了旅游收入的乘数效应理论及如何防止外汇漏损等问题。

旅游收入是指旅游目的地国家或地区在一定时期内(以年、季度、月为计算单位)，通过销售旅游产品所获得的全部货币收入。旅游收入是衡量某一地区旅游业发展程度和旅游经济效益的重要指标，对平衡国际收支、促进经济发展也有着重要的作用。旅游收入的指标主要有旅游总收入、旅游外汇总收入、人均旅游(外汇)收入、人均天旅游(外汇)收入、旅游收汇率、旅游创汇率、旅游换汇率等。影响旅游收入的因素主要有旅游者人数、旅游者消费水平、旅游者停留时间、旅游价格、外汇汇率、通货膨胀和通货紧缩、旅游统计因素。与国民收入的分配相同，旅游收入也是经过初次分配和再分配两个过程完成的。旅游收入的初次分配主要是在直接经营旅游业务的部门和企业之间进行，即在饭店、旅行社、餐馆、交通运输、游览和娱乐等核心旅游业之间进行。旅游收入经过初次分配以后,还要进行再分配,再分配主要是在间接从事旅游服务的部门或企业之间进行。

旅游收入的乘数效应是指旅游目的地国家或旅游目的地对旅游行业的投入引起各个经济部门的连锁反应,导致本地区经济总量的成倍增加。需要指出的是,旅游收入的乘数效应必须以一定的边际消费倾向为前提,而边际储蓄倾向和边际进口倾向则降低了旅游收入在本地区经济系统中的作用,使得该地区的乘数效应减少。旅游外汇漏损是指旅游目的地国家或旅游目的地的有关部门和企业,为了发展旅游业而进口商品、对外贷款、引进劳务等,因此导致了旅游外汇收入的减少。

习 题

(一)单项选择题

1. 按旅游收入的来源,可将旅游收入分为( )。
   A. 基本旅游收入和非基本旅游收入
   B. 商品性旅游收入和劳务性旅游收入
   C. 国内旅游收入和国际旅游收入
   D. 基本旅游收入和劳务性旅游收入

2. 一定时期内旅游外汇纯收入与旅游外汇总收入的比率是( )。
   A. 旅游收汇率   B. 人均旅游收入
   C. 旅游换汇率   D. 旅游消费率

3. ( )是指旅游目的地国家或旅游目的地向国际旅游市场提供单位旅游产品所能够换取的外汇数量及其比例。
   A. 旅游收汇率   B. 人均旅游收入
   C. 旅游换汇率   D. 旅游消费率

4. 旅游营业收入增加额与由此导致的其他营业收入增加额之间的比率是( )。
   A. 营业收入乘数   B. 政府收入乘数
   C. 居民收入乘数   D. 就业乘数

5. 下列关于旅游收入乘数的说法,正确的是( )。
   A. 旅游收入乘数与边际消费倾向成正比,与边际储蓄倾向和边际进口倾向成反比。
   B. 旅游收入乘数与边际消费倾向成正比,与边际储蓄倾向和边际进口倾向成正比。
   C. 旅游收入乘数与边际消费倾向成反比,与边际储蓄倾向和边际进口倾向成反比。
   D. 旅游收入乘数与边际消费倾向成反比,与边际储蓄倾向和边际进口倾向成正比。

(二)多项选择题

1. 按照旅游收入的性质,可以将其分为( )。
   A. 基本旅游收入　　　　　　　　B. 非基本旅游收入
   C. 商品性旅游收入　　　　　　　D. 劳务性旅游收入
   E. 国内旅游

2. 下列属于旅游收入指标的是( )。
   A. 旅游收入总额　　　　　　　　B. 人均旅游收入
   C. 旅游换汇率　　　　　　　　　D. 旅游收汇率
   E. 旅游创汇率

3. 旅游收入再分配的内容和形式有( )。
   A. 职工工资的再分配　　　　　　B. 旅游企业收入的再分配
   C. 旅游收入的另外一些分配途径　D. 组团社给酒店、餐饮部门的分配
   E. 政府和旅游相关收入的再分配

4. 影响旅游收入的因素有( )。
   A. 旅游者消费水平　　　　　　　B. 旅游者人数
   C. 外汇汇率　　　　　　　　　　D. 旅游价格
   E. 旅游者停留时间

5. 下列属于旅游收入乘数的有( )。
   A. 进口额乘数　　　　　　　　　B. 居民收入乘数
   C. 就业乘数　　　　　　　　　　D. 政府收入乘数
   E. 营业收入乘数

(三)名词解释

1. 旅游收入　　　　2. 旅游收汇率　　　　3. 旅游换汇率
4. 旅游收入的初次分配　5. 旅游收入的再分配　6. 旅游收入乘数
7. 营业收入乘数　　8. 政府收入乘数　　　9. 旅游外汇漏损

(四)简答题

1. 旅游收入是如何分类的?
2. 衡量旅游收入的指标有哪些?
3. 影响旅游收入的因素包括哪些方面?
4. 什么是旅游收入的初次分配和再分配?
5. 简述旅游收入的乘数效应理论。

(五) 论述题

1. 查阅相关资料，分析我国旅游收入构成的特点。
2. 造成旅游外汇漏损的原因有哪些？为避免和减少旅游外汇漏损，应采取哪些措施？

案例分析题

蛋糕不大，分者却不少

海南东寨港国家级自然保护区红树林旅游是一块未能做大的"蛋糕"，就是这块小"蛋糕"，也要面对着六双分钱的手！

"蛋糕"不大分者不少

尽管保护区的旅游区占地达 300 多公顷，但原琼山旅游管理部门和保护区经营的景区年收入仅有区区 25 万元。每年年底，保护区负责人郑馨仁就要主持红树林风景区旅游收入的分配。

游览红树林必须坐船，因此，在红树林风景区的旅游收入中，游船的收入是大头，这笔收入的 80%，要分给长宁头村的村民。从 1994 年景区整顿后，游人只能租用 31 户村民提供的游船服务。村民的理由很简单："我们世世代代在红树林生活，到我们生活的地方旅游，当然要用我们的船！"剩余 20% 的游船收入，3% 归村小组、1% 给村委会，其余的钱在交纳各种税费后，由保护区和原琼山市红树林风景区管理处七三分成。

原琼山市红树林风景区管理处有他们分钱的理由："我们参加管理、建码头，自然要有回报！" 村委会和村小组则认为："景区在我们的地盘上，航道占用捕鱼、养殖的海面，我们当然有权得到补偿。" 保护区的负责人也认为，保护区的工作要争取当地人民的支持，在开发时考虑当地人民的生活，给他们以一定的扶持，也是当前各自然保护区的一项基本原则。

在红树林风景区，还有一笔收入是要分的，这就是门票。按当地物价部门核定，这里的门票价格是 10 元，可是客人嫌贵，目前实际上也就卖每张 5 元。门票收入的 80% 归保护区，20% 归原琼山市红树林风景区管理处。每年年底，保护区要把风景区的旅游收入按协议划为 5 份，分给各方。

获益不多谁也不饱

还有一双手在直接抓钱，这就是海南亿立集团"把持"的景区。这个景区每年接待的游人，比保护区开设的风景区要多出许多。1994 年，它们 80% 的门票收入、30% 的游船收入是要交给保护区和原琼山市红树林风景区管理处的。可是一年之后，这些钱就再也没交过。该公司负责人认为："我们的投资连本都收不回还交什么！"

据估算，红树林风景区现有的两处景点，每年的旅游收入在 50 万元至 70 万元，除了亿立集团拿走的那一部分，剩下的便是区区 25 万元。保护区作为旅游开发的经营者、管理者和投资者，分得的旅游收入再加上景区房产的出租费，每年才有 7 万元的进账。原琼山市旅游局一负责人说，"我们每年在红树林收的钱，别说投资收不回，连管理人员的工资都不够发。"在保护区管理的风景区内营运的 31 艘旅游船要轮流载客，一艘船 3 至 5 天才能轮到一次。管船的村经济社负责人说："客人太少，船太多！"对此现象，业内人士一针见血地指出："如此分配旅游收入，不利于保护投资者的权益。现有的投资方不能受益，以后的开发商面对众多分钱的手，怎会有底气投资！没有旅游收入的积累，红树林旅游开发哪还会有后劲？"众人分享，就意味着谁也吃不饱。红树林旅游风景区开发多年，到如今还是"景观建设及旅游方式处在较为简单的原始状态"，这恐怕与众多伸向红树林的手不无关系。

关系不顺谁都能管

就这么一点"粥"，为什么会有那么多"僧"来分食？业内人士指出，这反映出保护区在管理体制上的某些不顺。保护区管理处本身就是个"双重领导"单位，其业务由省林业局委托原琼山市政府来管理，具体由原琼山市林业局来执行，其人事由原琼山市人事局管理。为加强风景区的管理，原琼山市还专门成立了红树林风景区管理处，但谁都不能真正地"主持大局"。

红树林的旅游开发，涉及的范围广、部门多，到底由谁来管？原琼山市、保护区、当地村委会、村小组，甚至一些财大气粗的开发商都想管。而且谁来管都有一定的道理：开发涉及红树林的保护，没有保护区肯定不行；红树林位于原琼山市境内，这里的旅游开发没有当地政府的参与，各种关系难以协调；开发要占用村民生产的河道和海域，使用村民的土地，村委会似乎也应当参与。

在各方利益不尽一致的时候，种种关系在目前的体制下难以理顺。最终的结果只能是各方在"协商处理"中共同分享一块小"蛋糕"，哪怕是谁也吃不饱！

（资料来源：http://www.hq.xinhuanet.com/2003-02/26/content_247381.htm）

问题：

(1) 阅读材料，都有哪些部门参与了红树林风景区旅游收入的分配？

(2) 分析红树林风景区旅游收入在分配中存在哪些问题，形成这些问题的根本原因是什么。

(3) 如何才能将"蛋糕"做大？

第八章

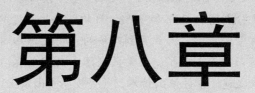

旅游投资决策

【学习目标】

通过本章的学习,要求理解旅游投资的概念和分类,理解旅游业的建设及其分类,了解旅游业建设的一般程序,熟悉旅游投资的可行性研究的概念及其种类,掌握旅游投资可行性研究的内容,掌握旅游投资决策的三种类型,掌握旅游投资决策的方法。

【关键词】

旅游投资　可行性研究　旅游投资决策　旅游业建设

案例导入

跟风投资，统一嘉园衰落

2005年"十一"黄金周，无锡旅游异常火暴。除了大家熟知的传统景区，更有千年崇安古寺、蠡湖中央公园、马山欧洲嘉年华以及薛福成故居、东林书院、钱钟书故居等新景点，一齐赚足了游客的眼球。1～7日，全市接待旅游者达到210万人次，旅游总收入13.27亿元，同比分别增长23%和30%；日均旅游收入近两个亿，创出历史新高。然而，就在城市旅游一片繁荣之际，开业不到四年的无锡统一嘉园景区，却在两个月前因资不抵债、经营难以为继而破产倒闭了。该景区坐落于太湖之滨，跟央视无锡影视基地隔水相望，相距不过数百米之遥。景区依山傍水，气势恢弘。山顶上，高16.8米、耗费青铜80多吨的中华统一坛，庄严雄伟；山脚下，由六桥六亭二坊一榭组成的千米"缘廊"，曲迴绵延直至湖心，如金龙戏水。

这样一个占据了极佳山水资源的主题景区，在城市旅游环境日趋改善的今天，为什么会经营失败呢？

统一嘉园初建于1994年，2001年9月正式对外开放，其间景区建设周期长达七年。1994年项目启动之初，原定名为镜花缘，其运作思路，完全模仿了央视无锡影视基地——"以戏带建"，通过为剧组提供拍摄场景服务，带动景区的旅游发展。为此，景区决策者瞄准央视当时正在筹拍的电视剧《镜花缘》，并且通过公关活动，使剧组同意了将无锡镜花缘景区作为主要的场景拍摄地。

这是一个典型的跟风投资项目。当时央视无锡影视基地的旅游异常火暴，每年的客流量高达300多万人次。该景区的选址，就在三国城景区的南侧。决策者采用了一种所谓"蝇随骥尾"的发展战略，希望借势于央视无锡影视基地使景区的旅游发展起来。

但是，相关决策人在做出这项重大投资决定时，忽视了以下两个重要问题。

其一，镜花缘景区所依托的文化载体，跟三国城景区大不相同。《镜花缘》虽为清代著名小说家李汝珍的代表之作，书中描写的各种奇人异事和奇风异俗也颇具想象力，但是《镜花缘》的历史文化内涵，远不能跟《三国演义》相提并论。而且，相对于大多数旅游消费者而言，该书的故事过于冷僻，远不像《三国演义》那样家喻户晓。《镜花缘》中所描写的黑齿国、女儿国、两面国、豕喙国、跂踵国，不但名字晦涩难以有效传播，而且很难用具象化的形式在景区充分展现出来。

其二，电视剧的生产，从剧本创作到拍摄发行，流程复杂，可变因素很多。比如，央视无锡影视基地的唐城景区，本来就是专为央视电视剧《镜花缘》的拍摄而建的，后因《镜花缘》剧本难产，遂临时调整，改拍电视连续剧《唐明皇》。由于央视无锡影视基地的归属特性，这样的调整并非难事。但是，对于一个从未涉足过影视行业的民营企业来说，情况就大不一样了。《镜花缘》剧组也许会碍于情面，答应来无锡拍摄。但是，剧组既没有责任，也没有义务非来不可。而决策者据此投入巨大资金建设镜花缘景区，则蕴涵着极大的市场风险。

事实上，由无锡镜花缘旅游度假有限公司投资的 30 集电视连续剧《镜花缘传奇》，直到 1998 年底才正式开机拍摄。而作为景区投资主要决策依据的央视《镜花缘》剧组拍摄事宜，则早已不了了之。

(资料来源：http://www.china-b.com/jyzy/scyx/20090313/866289_1.html)

统一嘉园失败的案例说明，由于旅游业本身具有很强的综合性，因此旅游投资是一项复杂性、不确定性和风险性极高的投资。能否从市场角度出发，满足旅游者的需要，打造特色旅游产品是旅游投资成败的关键。

第一节 旅游投资概述

一、投资的概念

投资是指经济主体垫支货币或物资以获取价值增值手段的一种活动过程。投资有广义和狭义之分，广义的投资是指固定资产投资、流动资产投资和证券投资，狭义的投资仅指固定资产投资。我们在本章所讲的旅游投资指的是狭义的投资，即固定资产投资。

投资作为一种经济活动，具有一系列特点，在理解投资概念或进行投资分析时，有必要认识和了解这些特点。

1. 投资的广泛性

投资是覆盖全社会的一项经济活动，涉及面广，综合性强。例如，一个基建投资项目，既涉及投资主管部门、投资公司、勘察设计公司、工程承包或施工公司、工程监管机构等，又涉及银行、地产管理部门、物质供应单位和其他公共服务部门等。

2. 投资的周期性

对于一个具体项目而言，投资周期主要由投资决策期、投资实施期和投资回收期三个阶段构成。在投资决策期应安排足够的时间，以便对项目进行充分的可行性研究，避免决策失误；在投资实施期应加快建设速度，尽量缩短工期；在投资回收期则应加快资本周转，尽快收回投资成本并有所回报。因此，投资主体要根据投资周期合理分配时间，保证投资项目能够充分论证、顺利完成并高效运行。

3. 投资实施的连续性

投资的实施是一个不间断的过程。在决策立项之后，投资工程一旦启动，就必须不断投入资金和资源，保证工程按期交付，如果拖延了工期，不但会加大投资成本，而且会影响投资回收期的经济效益。当然，在投资的实施过程中，各个项目进度不均，资金需求量也是大小不等的，我们在考虑项目进度、筹措和分配资金时，应根据工程状况及其需要，有针对性地确定或进行。

4. 投资收益的风险性

投资收益的风险性是指任何投资都存在失败的可能，如果投资没有实现预期的收益额，投资者就会少利、无利甚至亏本。因此，我们在进行投资分析时，应充分考虑投资的风险性，具体内容将在以后的章节中介绍。

旅游投资是指在一定时期内，将一定数量的资金投入到旅游业或旅游企业的发展项目之中，以获取更大数量的产出或回报。旅游业或旅游企业的资金支出分为两种形式，一是日常经营性的支出，二是投资性支出。日常经营支出和投资性支出的差异主要表现在：前者是指旅游业或旅游企业在经营管理过程中所花费的一般性支出，表现为流动资金，包括人工费、原材料费等，这些支出回收补偿快，只在短时间内产生利润；后者是指旅游业或旅游企业为开发或新建旅游项目所花费的专门性支出，一般表现为固定资产，也表现为股票或债券，这些支出回收补偿慢，在一个相当长的时间内产生利润。

二、投资的分类

1. 从资金来源的角度来看，旅游投资可以分为以下四种类型

(1) 国家投资。国家投资是指国家根据国民经济总体发展战略，有计划地拨付给旅游业的资金。1982年至1988年，国家投资分为基本建设拨款和基本建设贷款两种形式，前者是国家财政部门按预算对主管部门无偿拨付的资金，后者是国家银行提供的贷款，要按确定的利息率偿还。1988年，国家实行了基本建设基金制，按照这种制度，国家从财政费用中划拨出一部分资金用于基本建设，由建设银行管理，实行专款专用。

国家对旅游业的投资由国家旅游局负责编制计划，报国务院有关部门审批后具体实施。近30年的实践表明，国家对旅游业的投资发挥了很好的导向性作用，全国基本上形成了一套结构合理、项目齐全、设施完备的旅游接待体系，为旅游业的持续发展奠定了坚实的基础。

(2) 银行贷款。银行贷款是旅游基建投资的一个主要来源渠道，分为两种，一是人民币贷款，二是外汇贷款。旅游基建贷款一般为中长期贷款，需经国家或地方计划部门审批，然后再到中国工商银行、中国银行或其他专业银行办理。该项贷款的利率一般为全期适用

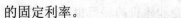

的固定利率。

(3) 利用外资。利用外资就是利用国外资金进行旅游投资。我国旅游业利用外资的渠道或方式主要是：利用外国政府、银行、国家金融组织的贷款，吸收外商直接投资等。利用外资的具体方式包括中外合资经营、合作经营、外资独资经营、补偿贸易等。

利用外资进行旅游基建投资，必须遵循一定的条件或程序，项目单位要按计划提出申请，要有经过批准的项目建议书、可行性研究报告和设计任务书，要有相应的外汇偿还能力，还要具备配套工程所需的原材料、能源和交通条件等。利用外资可以弥补国内资金的不足，有利于引进国外的先进技术和科学管理，促进我国旅游业的发展。

(4) 自筹资金。自筹资金是部门、地方和企事业单位按照国家有关规定运用、调剂的各类专项资金和其他资金。可用于旅游基建投资的自筹资金包括上年初财政预算的结余、当年财政的超收部分和总预备费、地方掌握的预算外资金、企业发展基金和利润留成、企业通过发行股票或债券融汇的资金、其他事业单位的业务收入等。自筹资金必须专户存入建设银行，存入半年后经批准方可使用。

2. 从投资目标的角度来看，旅游投资可以分为以下三种类型

(1) 以获取经济效益为目的的投资项目，如饭店、餐馆的建设等，这类投资大多属于企业投资。

(2) 以获取包括经济效益在内的社会综合效益为目的投资项目，如建设秦兵马俑博物馆、修缮西安华清池等，这类投资项目的主要目的是为了提高旅游业的经济效益，也具有广泛的文化、环境和社会意义。

(3) 以取得特定的经济或社会效益为目的的投资项目，如开办旅游工艺品专卖店、建立旅游人才培训基地等，这类项目大多属于地方或国家投资。

第二节　旅游业的项目建设

一、旅游业的项目建设及其分类

旅游业的建设项目主要是指为旅游活动兴建或包含旅游发展目标的工程建设项目，它可以由一个或多个单项工程组成，但必须是在一个经济上实行统一核算、行政上实行统一管理的基本建设单位。

旅游业的建设项目从不同的角度可以分为以下几种类型。

(一)按行政隶属关系划分

按行政隶属关系可以分为国家直属项目和地方项目。国家直属项目是指由国家旅游局编制、下达计划并直接管理的项目,国家旅游局扶持其直属企业建设的项目也按国家项目对待。地方项目主要是指由国家旅游局补助地方投资建设的项目,全部由地方投资建设的项目虽然不在国家旅游局基建的计划之内,但地方旅游局必须将有关计划和项目执行情况上报国家旅游局备案,也归入地方项目之列。

(二)按项目内容划分

按项目内容可以分为景区项目、饭店宾馆项目、旅游教育项目、游乐项目、旅游产品开发项目、旅游交通项目和其他项目。

景区项目是指风景区、风景点的开发建设项目;饭店宾馆项目是指旅游饭店、宾馆、度假村的建设项目;旅游教育项目是指各类旅游院校和培训中心的建设项目;游乐项目是指为旅游者兴建的游乐活动项目;旅游产品开发项目是指为满足旅游者的需要而开办的旅游商品的生产和销售项目;旅游交通项目是指为旅游者兴建的专用短途公路、码头、索道等项目。

专栏 8-1　山东将建旅游人才开发示范基地

为贯彻落实"十二五"旅游人才规划,加快实施科教兴旅、人才强旅战略,山东省旅游局将在全省旅游企业中开展旅游人才开发示范基地创建活动。

据介绍,旅游人才开发示范基地创建工作围绕"五有"标准进行,即有制度、有规划、有载体、有经费、有成果。通过创建活动的开展,切实把示范基地建设成为看有形象、说有经验、做有标准的示范样板和先进典型,力争用 3 年左右的时间,在全省建成 100 个优势明显、特色鲜明、成效突出的旅游人才开发示范基地。

山东省旅游局要求各市旅游局(委)在认真推荐全省旅游人才开发示范基地的基础上,开展旅游人才开发示范基地的创建工作,通过精心培育,为全省旅游人才开发示范基地建设提供选拔和补充人才的基础。

(资料来源:中国旅游报,2012-3-30)

(三)按项目性质划分

按项目性质可以分为新建项目、扩建改造项目和恢复建设项目。新建项目是指开工建设的新项目,有的建设项目原有基础很小,经扩建后新增固定资产价值超过原有固定资产价值 3 倍以上的也属于新建项目。扩建改造项目是指在原有规模的基础上适当增建部分设施或加以改造的项目,扩建改建以后新增加的固定资产价值不得超过原有固定资产价值的 3 倍,否则将视为新建项目。恢复建设项目是指因自然灾害或其他原因使原有设施全部或部分报废,而后又投资按原有规模重新恢复建设的项目,在恢复的同时又进行扩建的应视为扩建项目。

(四) 按投资额划分

按投资额可以分为大中型项目和小型项目。大中型项目是指总投资额在3000万元以上(含3000万元)的项目,小型项目是指投资额在3000万元以下的项目。

(五) 按基建阶段划分

按基建阶段可以分为新开工项目和续建项目。新开工项目是指年度计划已安排,开工报告已批准的项目;续建项目是指上年度未竣工而转到下年度继续施工的项目。

二、旅游业项目建设的一般程序

旅游业项目建设的程序是指建设项目从决策、设计、施工、竣工、验收到交付使用过程中的先后顺序。按照这些程序进行旅游业建设,既有利于旅游建设项目的管理,又有利于旅游投资效益的提高。

我国旅游业建设的程序一般分为以下六个阶段。

(1) 提出项目建议书。建设单位根据旅游业或企业发展的需要,首先向主管部门提出项目建议书。建议书的内容包括项目名称、项目的必要性和依据、项目建设的规模和地点、项目建设的条件和资源状况、对项目引进国和厂商的初步分析、项目投资估算和融资设想、项目利用外资的可能性和偿还贷款的能力、项目建设的进度、对项目建成后产生的综合效益的初步测算。

(2) 可行性研究。项目建议书被批准后,就要对项目的可行性进行研究,编制设计任务书,即可行性研究报告。

(3) 编制项目初步设计文件。可行性研究报告被批准之后,就要开始编制项目的初步设计文件。初步设计文件的内容包括:项目设计的依据和指导思想、项目建设所需要的原材料、燃料和动力的来源及数量、项目占地面积和土地使用情况、主要建设物、公用辅助设施及生活区的建设、项目建设的外部条件、环境保护和抗震措施、生产组织、劳动定员和各项经济技术指标、项目建设的程序和期限、总概算等。

(4) 编制年度建设计划。初步设计文件被批准后,要根据项目施工的进度要求,编制年度基建计划,进行施工准备,项目年度基建计划需经主管部门审批后方可实施。

(5) 申报开工报告。项目经批准列入年度基建计划后,要向管理部门申报开工报告,该报告被批准后即可组织施工。

(6) 竣工验收,交付使用。若项目按照设计文件的规定建成并能够正常运转时,就要及时组织验收,尽快交付使用。

当项目通过竣工验收后,一个月以内要写出竣工验收报告,报项目审批部门审查。当项目竣工投入使用后，一年以内要写出效益评估报告，报项目审批部门审查。

案例 8-1

江苏宿迁 40 亿改造"项王故里"

《史记·项羽本纪》第一句话，"项籍者，下相人也。"下相，古县名，今宿迁西南。自清以来，宿迁就有了一个纪念项羽的地方——项王故里，但一直偏居城南一隅，小而简陋。这一现状正在改变。目前，宿迁正投资 40 亿元进行项王故里景区改造，全力打造项王故里，彰显宿迁历史风采。

项王故里位于宿迁城南，古黄河与大运河之间，占地面积不到 10 亩，经过多年的修建，已经形成了前后三进院落，以英风阁、碑廊、手植槐、项里桐为主要景点的景区。景区内，手植槐据说为当年项羽亲手栽种，虽然已经两千多年，但依然生机勃勃；项里桐下据说埋藏着项羽的衣包，也是项羽出生地梧桐巷命名的由来。

在项王故里，两名来自南通的游客游览一圈后说："比想象中的要差一点，太小了，不仔细的话，十几分钟就可以看完了。项王故里名气很响，目前和它的知名度不相称。"很多来此参观过的游客都有这样的感觉，相对于西楚霸王的赫赫威名，项王故里实在太小太简陋了。"项王故里是宿迁市区现存最大的古迹遗存，最宝贵的文化遗产，但体量太单薄，旅游功能也不够完善，这成为制约项王故里发展的很重要的原因！"宿迁市宿城区博物馆馆长李庚善说，每年项王故里接待游客总量也就在 5 万人左右，很多人到里面转个 20 分钟就出来了。"我们希望项王故里改造后能成为宿迁最知名的名片！"

据了解，项王故里景区改造工程，东至京杭大运河，西至黄河路，南至城南污水处理厂南侧道路，北至项王路，项目总投资 40 亿元，规划总用地 65.35 公顷，扩大了近百倍。

项羽是中国历史上一个永不落幕的传奇，成为一种文化的代表。项王故里在重建时也将突出文化特色，注重挖掘项羽文化、西楚文化的内涵。景区扩容后将把项王故里核心区、杨泗洪墓、三皇庙石碑、通惠桥等散落的景点融为一体，并在此基础上，着力打造以城市商业、文化、娱乐、休闲等功能于一体的旅游综合体。景区建成后，将彻底告别 20 分钟逛完的尴尬。据悉，景区内还将建设项王文化园、楚城广场、宿迁博物馆等十几处景点。

(资料来源：http://www.toptour.cn/tab863/)

第三节 旅游投资的可行性研究

一、投资项目可行性研究概述

可行性研究是对拟建项目进行技术评估和经济论证的一种科学方法，是建设项目前期工作的主要内容，是基本建设工程的组成部分之一。一般来说，任何工程项目都包括三个阶段，即投资前阶段、投资阶段和生产经营阶段，每个阶段又分为若干个步骤。可行性研究属于投资前阶段的一项重要工作，具体内容包括：对工程项目进行市场调查，了解市场环境、市场前景和竞争对手的情况，对工程项目的地址和建设过程中所需要的原材料、能源、劳动力、设备等进行计量和评估，确定该项目在技术上和经济上是否可行，为投资决策提供科学依据。可行性研究是基建程序的一个重要环节，是上级主管部门对拟建项目评估和审查的依据，是银行审核和借贷的依据，也是进行工程设计、签订合同或协议的依据。

在正式提出拟建项目之前，各级主管部门应委托有关单位，首先对拟建项目进行详细、全面的调查和测算，提出若干个方案进行论证，然后提出最佳方案并写成文字报告即可行性研究报告，可行性研究报告完成后，需按规定程序报主管部门批准。

二、投资项目可行性研究的种类

可行性研究一般分为投资机会研究、初步可行性研究和最终可行性研究三个阶段。

(一)投资机会研究

投资机会研究是指对拟建项目提出关于投资建议，以寻求最佳投资效果的研究。投资机会研究分为一般机会研究和具体机会研究。一般机会研究是指有关部门或地区在利用现有资源的基础上进行的关于投资项目与投资方向的研究；具体机会研究是指将项目设想变为投资建议的研究。投资机会研究是可行性研究的第一阶段，此阶段的研究比较粗略，只是对工程项目的可行性进行概括的估量，以便确定有无进一步研究的必要。投资机会研究对投资估算的精确度在正负30%之间，所需时间为1~2个月。

(二)初步可行性研究

初步可行性研究是在投资机会研究的基础上，针对拟建项目开展的较为深入的研究。初步可行性研究的具体内容包括：进一步论证投资机会与投资风险，深入研究拟建项目的某些关键性问题，详细分析拟建项目的必要性和发展前景，进而确定是否开展最终可行性研究。初步可行性研究对投资估算的精确度在正负20%之间，所需时间为4~6个月。

(三)最终可行性研究

最终可行性研究亦称技术可行性研究，是工程项目获准后所进行的技术经济论证。最终可行性研究的具体内容包括项目的建造和使用地点、产品构成、生产方式和生产规模、原材料来源、投资额、还本付息年限、生产成本和投资收益等。最终可行性研究是可行性研究中最关键的一环，既是确定投资项目、决定工程状况的依据，也是接受有关部门审查、向银行借贷的依据。最终可行性研究对投资估算的精确程度在正负10%之间，所需时间为

8～12个月。

除此之外，有的单位或企业还要进行一些个别的可行性研究，主要是针对某个具体事项进行的补充性研究。旅游企业在对投资项目进行可行性研究时，应该按照3个基本阶段循序渐进，也可以结合项目特点进行一些辅助性的研究。国外的旅游投资项目，一般涉及开发者、经营者、资产借贷者、资产投资者和政府机构，每一方都要对拟建项目进行研究。因此，可行性研究又可以分为投资前研究、经营研究、资金研究、资产投资研究和政府机构研究。

案例 8-2

深圳"锦绣中华"主题公园投资管理启示

1985年，香港中旅集团、深圳华侨建设指挥部设计建设"锦绣中华微缩景区"。1986年4月，香港中旅建筑有限公司编制出"锦绣中华"的第一个设计方案，1987年9月，"深圳锦绣中华微缩景区"在与香港山水相连的深圳湾畔破土动工。1986年4月30日，由深圳华侨城建设指挥部组织主持，在深圳大酒店召开了第一个设计方案的论证会。在这次论证会的基础上，1986年11月，中国建筑技术发展中心建筑历史研究所高级工程师尚廓、杨宁玉总建筑师设计出第二个方案。1986年12月，"锦绣中华微缩景区"筹建处成立。1987年3月，北京林学院规划设计出第三个方案。1987年9月，北京旅游学院杨乃济教授设计提出"隧道方案"，即第四个方案。1987年9月14日，"锦绣中华微缩景区"筹建处规划设计人员与深圳工程设计咨询顾问公司借调来的助理规划师高枫一起，在上述方案的基础上归纳了第五个方案。"锦绣中华"计划总投资为3000万元人民币，分三期实施完成。第一期计划投资为1250万元人民币，占总投资的41.6%，计划建设14个景点，景点建设费为700万元人民币，占第一期计划投资额的56%。

1988年7月19日，深圳锦绣中华发展公司成立。1989年9月21日，占地450亩(30万平方米，也即23公顷)，投资9千万港币，拥有80个景点的"锦绣中华"建成开园试营业。1989年11月22日，以"一步迈进历史，一日畅游中国"为主题的"锦绣中华"正式对外开放。1999年11月22日，"锦绣中华"迎来了10周年的非常华诞。

在这10年的发展中，"锦绣中华"培植了现实的生产力，创造了良好的经济效益。锦绣中华自开业以来，经营业绩在全国同行业中始终保持着领先地位，公司营业收入总额达18亿元人民币，创利6亿元人民币，总资产达3亿元人民币，资本回收系数6.0。同时，深圳华侨城抓住这一契机，从"锦绣中华"起步，发展成为拥有锦绣中华、中国民俗文化村、世界之窗、欢乐谷四大旅游主题公园以及配套的旅游服务设备的国内领先旅游主题公园群，培植了与国际旅游主题公园(落户香港的迪士尼乐园)共享一个市场空间的核心竞争力，同时也创立了一套我国旅游主题公园建设、经营管理的产业化模式。

由锦绣中华投资管理的成功案例可以看出，旅游企业完备的投资可行性分析和项目规划设计方案，是企业经营的基础。锦绣中华先后三期占地450亩，投资近1亿元人民币的工程仅耗时两年不到就建成，而工程前期的可行性分析就历时两年，后经过四次审议，形成了五套方案。充分而科学的投资分析与预测决策，为锦绣中华随后近10年的经营带来了18亿元人民币的营业收入、6亿元人民币的利润，资本回收系数高达6.0。

(资料来源：田里. 旅游经济学[M]. 北京：高等教育出版社，2002.)

三、旅游投资项目可行性研究的内容

一般来说，可行性研究的内容主要有：项目概况，市场情况和拟建规模，原材料、资源及协作条件、建设条件和选址方案，设计方案，生产组织和劳动定员，环境保护状况，项目实施计划，财务分析和国民经济评价，基建投资估算，项目结论等。

鉴于旅游业的特殊性，有关旅游投资项目的可行性研究主要包括以下七个方面的内容。

(一)市场调研

通过市场分析，了解该地区的客源结构、消费结构、旅游商品结构、企业经营状况以及市场供求状况，预测该项目建成后其产品或服务的市场需求量，由此确定该项目的建设规模和开发方案。

(二)基础条件分析

基础条件分析即项目的建设条件及选址方案，主要包括项目的地理位置、面积、地质、地形、气象和水文条件、自然资源概况、社会经济状况、公共交通运输状况、基础设施与公用设施条件、周围地区的开发状况、建筑限制、娱乐条件、文化和历史的吸引物、服务布局等，通过对上述条件的分析，可以进一步确定项目建设的可能性。

(三)项目建设分析

项目建设分析主要研究项目的建设工期、建设标准、建设内容、设施布局、设备造型及相应的技术经济指标，进而确定该项目提供的产品或服务的规格与要求。

(四)项目运行分析

项目运行分析主要研究项目建成后原材料、能源、交通运输的供应和使用情况，确定项目建成后的运行状况，对项目建成后的人员组织结构、劳动力来源、人员构成与培训方案进行研究，保证该项目建成后能够正常运转。

(五)财务分析

财务分析主要研究项目主体工程和配套工程的投资额、外汇数额、流动资金、资金来源与筹集方式等,分析项目的投资效果、运行中的经济效益与社会效益、项目偿贷能力等,在取得可靠数据的基础上,做出项目是否可行的结论。

(六)环境保护分析

环境保护分析主要研究项目建成后对生态环境的作用,应当采取的环境保护措施,最大限度地发挥项目的积极作用,尽量减少或避免其消极影响。

(七)附加信息处理

这些信息主要是指与项目建设过程有关的法律、法规等,也包括有关专家和团体的意见。在进行可行性研究时,应综合分析各种信息,保证项目的准确性和完备性。

以上七个方面是旅游投资可行性研究的基本内容,由于项目类型不同,投资主体和投资目的不同,各个项目在进行可行性研究时,一定要结合自身的具体特点,具体问题具体分析,切不可千篇一律或盲目照搬。

可行性研究是对工程项目建设是否可行、投资项目是否产生较大经济效益的一种论证或评判,为了保证结论的真实、客观,进行可行性研究的主体不应该是项目开发者,而应当由有关专家或专业工作者承担。唯此,才能维护投资主体的根本利益。

旅游业的建设项目是为了获取较大的经济效益,这同其他产业或企业的投资目标是完全一致的。但是,旅游又是一种高层次的精神活动,有着很强的社会文化内涵,一些旅游建设项目除了一定的经济性外,还具有广泛的社会和文化意义。所以,在进行可行性研究时,首先应当明确项目建设的目标,再据此进行论证和评价,经济效益是衡量建设项目可行性的主要标准,但不是建设项目可行性的唯一标准。

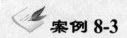

案例 8-3

张家界世界第一梯是景区内一大败笔

1998 年 9 月,作为我国首批列入世界自然遗产名录的风景名胜区,张家界武陵源风景区却因存在大量粗制滥造的人工建筑,被联合国遗产委员会亮出"黄牌",并尖锐提出"武陵源的自然环境已经像个被围困的孤岛,其城市化对其自然界正在产生越来越大的影响。"之后,张家界市政府启动了耗资达 10 亿元的恢复核心景区原始风貌的工程。

然而,这一切并没有阻碍武陵源核心景区内庞大的电梯轨道钢架在世界自然遗产上攀爬、延伸,直至持续 150 天的运行。

百龙旅游电梯公司总经理自豪地称这座电梯为"天下第一电梯",当地人称之为"印钞机",而有的媒体和专家则斥之为"景区内的一大败笔"。可谓有褒有贬,毁誉参半。

综合起来,反对意见大致有三个方面:首先,张家界峰峦属于石英砂岩,质地强度虽高,但许多岩体的纹理如积木粘贴而成,如果岩体受震或底部松软,就会分层剥落,因此,在水绕四门建这种工程,非常危险。其次,武陵源景区已被联合国教科文组织列为"世界自然遗产",而其宗旨就是保护其原貌而不是开发旅游,在核心景区内大动土木,与此背道而驰。第三,作为"世界自然遗产",武陵源现在做的事情应该是控制游客数量,提高旅游质量,而不是再去增加设施招徕游客。

一位知情人士告诉记者,由于各界反对意见太多,加上2002年7月,联合国世界遗产委员开始对亚太地区的世界遗产进行6年一度的监测,国家有关部委负责人甚至亲自到武陵源区进行了考察。

然而,张家界对电梯却寄予了期望。资料显示,武陵源主要游览区内道路密集程度已经达到每平方公里2.3公里,而主要观景区的道路密度是这一数字的4~5倍,高峰时期,天子山、黄石寨索道要排几个小时的队,金鞭溪最多1天曾接待过1万多游客。

而电梯的开通,开发了袁家界这条旅游冷线,使核心景区游客分流,并为游客节省了4个小时的爬山时间。

更大的期望则来自于政府的财政收入。由于经济基础薄弱,没有大的财力投资,红火的旅游业并没有给张家界政府的财政带来质的飞跃。以武陵源区为例,其2001年的全区财政收入比1998年仅增长3800万元,而运营于1998年的天子山索道,外地投资方竟用了不到三年便赚回了8000万元的成本。当地人说:"外地客赚大头,本地人赚零头。"但就是这零头对于缓解当地政府的财力紧张也是起了不小的作用。此外,始于1999年8月,张家界政府斥资10亿元恢复原始面貌的拆迁纠错行为更需要足够的财力作为支撑。

按照张家界国家森林管理处一位工作人员的说法:"电梯不仅为政府创造年数百万,甚至上千万的财政税收,还解决了当地200多人的就业问题。"

于是,从1999年底,人们看到了一个奇怪的现象:一边推土机掀翻着人造景观为恢复景区的原始风貌,一边钢铁巨臂却有条不紊地在景区天然石壁上攀爬。

(资料来源:http://www.toptour.cn/detail/info56933.htm)

第四节　旅游投资决策

决策是指人们为达到预期目标,提出实现目标的多种方案,并从多种方案中选择最有效的行动方案的过程。投资项目的决策类型多种多样,一般分为确定型、风险型和不确定型三种类型。下面对这三种类型分别加以介绍。

一、确定型决策

确定型决策是指在拟建项目的有关数据已知或可能发生的事件能够控制的情况下,从各种方案中选择出最佳方案的决策过程。应用确定型决策需要具备 3 个条件:可供选择的行动方案有若干个;未来的经济事件的自然状态是完全确定的;每种方案的结果是唯一的,并可计量。满足这 3 个条件,进行方案的对比,可直观地得出优化的决策结论。

例如,某旅游投资项目可以向 3 家不同的银行贷款,其利率各不相同,有关的资料数据如表 8-1 所示,请选择最佳方案。

表 8-1　3 家不同的银行贷款利率

方案 I	方案 II	方案 III
7.0%	6.5%	7.5%

在此例中,自然状态是已知的,如果其他条件相同,通过比较很容易判断方案 II 利率最低,是最优方案。

确定型决策问题在实际工作中未必像上例那么简单,如果可供选择的方案数量很多,自然状态的情况已知,要在其中选出最优方案也是不容易的。例如,规划从 1 个城市到另外 10 个景点进行巡回游览,这样可选择的方案就有 10×9×…×1=3 628 800 种线路,怎样从中选择最佳线路这个确定型决策问题就必须采用线性规划的数学方法才能解决。

二、风险型决策

风险型决策也叫做随机型决策或概率型决策,这种决策需要具备以下条件:有两个以上的备选方案;有两个以上的市场状态;各个方案在不同市场状态下的损益可以计算出来;决策人可以估计各种市场状态发生的概率,但不能肯定其是否发生。风险型决策的过程一般是根据预测概率和收益值计算出各方案的期望收益值,其中期望收益值最大的即为最优方案。例如,某旅游投资项目,有三个备选方案,具体资料数据如表 8-2 所示。

表 8-2　各方案收益比较表

单位:万元

方案　　　　　收益值	第 I 方案	第 II 方案	第 III 方案
市场状况的概率分布	新建	扩建	改建
市场状况好 0.3	5000	3000	2500

续表

方案 收益值	第Ⅰ方案	第Ⅱ方案	第Ⅲ方案
市场状况中 0.5	2000	2500	3000
市场状况差 0.2	−1000	−500	0

计算各方案的期望收益值如下。

$E_1 = 5000 \times 0.3 + 2000 \times 0.5 - 1000 \times 0.2 = 2300(万元)$

$E_2 = 3000 \times 0.3 + 2500 \times 0.5 - 500 \times 0.2 = 2050(万元)$

$E_3 = 2500 \times 0.3 + 3000 \times 0.5 + 0 \times 0.2 = 2250(万元)$

在这三种方案中,第Ⅰ方案的期望收益值最大,故第Ⅰ方案为最优方案。

三、不确定型决策

投资或建设方案的收益值在不同的自然状态下可以估算,但各方案出现的概率则难以预计,在这种情况下进行的决策称为非确定型决策。非确定型决策的选择方案有等概率法、乐观法(大中取大法)、悲观法(小中取大法)和后悔值法等。

例如,拟投资某项目,该项目建成后,其产品的市场需求量出现较大、一般和较小三种情况,由于缺乏详细、准确的资料,对各种情况出现的概率无法估计,在对拟建项目进行可行性研究后,提出了三种可供选择的方案。各方案的收益情况如表 8-3 所示。

表 8-3 方案收益比较表

单位:万元

方案 年收益	第Ⅰ方案	第Ⅱ方案	第Ⅲ方案
自然状况	新建	扩建	改建
需求量较大时	6200	7600	5000
需求量一般时	4000	4700	2000
需求量较小时	−2000	−5600	1400

1. 等概率法

等概率法,即假定各自然状态以相等的机会发展,求出各方案的期望值(用 E 表示),期望值较大者即为最优方案。

从表 8-3 可以得知:

$E_1 = 1/3 \times (6200 + 4000 - 2000) \approx 2733(万元)$

$E_2 = 1/3 \times (7600+4700-5600) \approx 2233$(万元)

$E_3 = 1/3 \times (5000+2000+1400) = 2800$(万元)

从计算结果得知，采用第Ⅲ方案最好，决策者应该对项目进行改建，其产品在不同的市场需求状态下可以取得较大的收益。

由于等概率法要求在一定的假定条件下，由此会对计算结果的准确性产生较大的影响，决策者最好结合其他方法全面分析后再做出最终决策。

2. 乐观法(大中取大法)

乐观法，即决策者持乐观进取的态度，在几种不确定的随机事件中，选择当市场需求量较大时收益值最大的方案作为最优方案的决策方法。

从表8-3可以得知，当市场需求量最大时，三种方案的收益值分别为6200万元、7600万元、5000万元，第Ⅱ方案的值最大，决策者应当选择第Ⅱ方案作为最优方案，即选择扩建项目的方案。

3. 悲观法(小中取大法)

悲观法，即决策者持稳重、审慎的态度，在几种不确定的随机事件中，选择当市场需求量较小时收益值最大的方案作为最优方案的决策方法。

从表8-3可以看出，当市场需求量较小时，三个方案的收益值分别为-2000万元、-5600万元、1400万元，第Ⅲ个方案的收益值最大，决策者应当选择改建方案作为最优方案。

4. 后悔值法

后悔值法，即决策者在几种不确定的随机事件中，选择最小损失值的方案作为最优方案的决策方法。所谓最小损失值是指在不同的市场状态下各方案损失值中的最小值，它表明，如果选错方案，决策者将会受到不同程度的损失，而采用这种方法，则可以在万一选错方案的情况下，将损失减少到最低限度。

根据表8-3的数据，各方案的损失值如下。

当需求量较大时，

第Ⅰ方案的损失值为：7600-6200=1400(万元)

第Ⅱ方案的损失值为：7600-7600=0(万元)

第Ⅲ方案的损失值为：7600-5000=2600(万元)

当需求量一般时，

第Ⅰ方案的损失值为：4700-4000=700(万元)

第Ⅱ方案的损失值为：4700-4700=0(万元)

第Ⅲ方案的损失值为：4700-2000=2700(万元)

当需求量较小时，

第Ⅰ方案的损失值为：1400-(-2000)=3400(万元)
第Ⅱ方案的损失值为：1400-(-5600)=7000(万元)
第Ⅲ方案的损失值为：1400-1400=0(万元)
列表显示如表8-4所示。

经过计算可以得知，在最大损失值中的最小值是5300万元，因而选择第Ⅲ方案即改建方案为最优方案。

表8-4　各方案损失比较表

单位：万元

自然状态 \ 损失值 \ 方案	第Ⅰ方案 (新建)	第Ⅱ方案 (扩建)	第Ⅲ方案 (改建)
需求量较大时	1400	0	2600
需求量一般时	700	0	2700
需求量较小时	3400	7000	0
损失值中的最小值	5500	7000	5300

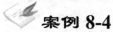

案例 8-4

2000万元投资"折戟"官渡古战场的启示

1. "官渡"之痛：古战场成了新"遗址"

官渡位于河南省中牟县城北3千米处，公元200年著名的"官渡之战"即发生于此。官渡古战场尚有官渡、逐鹿营、水溃村、汉井、拴马槐、曹公台、袁绍岗、拒袁斩将碑等遗址遗迹。1992年，中牟县政府为开发旅游业，投资2000万元兴建了官渡古战场旅游区，规划面积21.45平方千米，景区占地200多亩。整个古战场由门景区、序幕区、模拟古战场艺术宫(主景区)、三国胜景保护区、旅游服务设施区、农经贸综合性市场六部分组成。该旅游区于1993年5月1日剪彩开业后，即引起了旅游界、军事界、商业界人士的密切关注，中外游客络绎不绝。而今，10年一晃而过，曾经轰动一时的官渡古战场旅游区已是一片荒芜，游人罕至，花巨资兴建的人造景观，也变成了新的"遗址"。我们可以从如下一组数字中看出旅游区的惨淡经营：1999年全年收入38 981元，费用支出22 000元，工资24 362元，欠19 366元；2000年1—11月份共收入10 616元，费用支出7555元，工资14 820元，欠11 856元。而2000年以后的收入更是寥寥无几。据一位官员透露，如今的门票收入每天不到30元，也就是每天不到两个游人。

2. 2000多万元投资打了水漂儿

中牟县官渡旅游区始建于1992年10月,1993年8月18日,县政府为加大旅游区开发建设,大力吸引外资,将旅游区卖给了郑州市黄河旅行社,并签订了产权转让合同。双方权利义务比较清楚,合同约定,黄河旅行社应付给县政府资金2850万元,分7年付清。县政府给郑州市黄河旅行社办理了土地开发及道路等一切手续。合同签订后,郑州市黄河旅行社仅付给县政府20万元,尚有2830万元及利息未付。县政府应给对方办理的土地开发、道路规划等证件手续未及时办理,合同约定县政府为其减免税款等为无效条款。该转让合同一是未实际履行,二是部分条款违反法律法规,双方均有一定的过错责任。于是,双方协商的基础上解除了合同,2000年11月,旅游区重新归县政府管理。在此之前,通过各种渠道投入到旅游区建设的经费达2000多万元,至此全部投资却是血本无归。

3. 盲目投资焉能不败

中牟官渡古战场旅游区的败笔曾引起了社会各界的关注,也成了投资旅游业失败的一个反面典型。业内人士指出:一是官渡古战场旅游区的建设正处于旅游业在我国刚刚起步的时期,旅游者发育规模还非常有限;二是开发者缺乏应有的资金实力,其投资均是通过国家、集体、外来等多种渠道的资金,使投资较为分散;三是投资决策者既缺乏这一背景下的旅游投资经验,又缺乏旅游相关的理论指导,对该项目没有进行科学的可行性分析和论证;同时,在各种因素欠成熟的情况下,长期计划经济所形成的惯性,使投资决策者在尚未科学掌握旅游市场变化规律的情况下,便套用过去的或其他部门的投资运作模式,不造成败笔才怪!同时,旅游投资决策者中,绝大部分并不是资金所有者,交给他们的资金分别来自国家财政、集体或者外商。也就是说,他们是在花国家的钱或花别人的钱。由于我国过去很长时间内没有建立对投资决策者的投资决策行为监控、检查及激励、惩处机制,从而导致投资决策者对旅游建设项目不做认真负责的可行性研究,不作深入的市场调研,仅凭热情或一厢情愿地想当然就拍板定案,如此造成投资失误便可想而知。

(资料来源:http://www.zhiyin.com.cn/)

第五节 旅游投资决策的方法与风险分析

一、旅游投资决策的方法

旅游投资的理想目标就是用最小的投资成本取得最大的投资利润,能够达到或者接近该目标的即为最优方案。为了选择最优方案,必须运用一定的决策方法,具体来说,旅游投资决策的方法有以下四种。

(一)投资返本法

投资返本法是一个静态分析指标,是指投资项目税后现金量抵偿原始投资量所需时间的方法。该方法要求先确定一个标准还本期,一般用年来表示,然后计算出各方案的回收期,再与要求的回收期相比较,小于标准还本期的方案可以接受,还本期最短的方案为最优选择。具体计算方法为:

(1) 当各年的税后现金量相等时,

$$预计回收期(年) = \frac{原始投资总量}{1年的税后现金量}$$

(2) 当各年的税后现金量不相等时,

$$预计回收期(年) = (n-1)\frac{n年初尚未收回的投资量}{第n年的税后现金量}$$

例如,某酒店有甲、乙两个长期投资方案,具体资料如表8-5所示。

表8-5 投资方案比较表

单位:元

	投资方案	
	甲	乙
0	−200 000	−200 000
1	70 000	50 000
2	70 000	60 000
3	70 000	60 000
4	70 000	70 000

甲方案的预计回收期=200 000/70 000≈2.86(年)
乙方案的预计回收期=(4−1)×(200 000−50 000−60 000−60 000)÷70 000
　　　　　　　　　=3×30 000/70 000=1.28(年)

如果该酒店的还本期为两年,由于甲方案的预计回收期大于两年,因而该方案不可取,而乙方案的预计回收期小于两年,故乙方案是可以接受的方案。投资还本法的优点在于计算简便、易于操作,可以促使企业尽可能缩短投资回收期,但由于这种方法没有考虑货币的时间价值,忽略了投资还本期后的赢利状况,一般只作为投资方案初期的评价指标。

(二)净现值法

净现值法(NPV)是指根据投资方案净现值的正负数来确定该方案是否可行的决策方法。如果NPV>0,表明该投资方案有利可图;如果NPV=0,表明该投资方案的预期收益刚够还本付息;如果NPV<0,表明该投资会导致亏本。

净现值(NPV)是指投资回收量(税后现金量)与原始投资量之间的差额。用公式表示为:

$$净现值(NPV) = 历年税后现金量 - 原始投资量$$
$$= \sum_{t=1}^{n} \frac{A_t}{(1+k)^t} - PV$$

式中：K——贴现率(或利率)；

PV——原始投资量；

A_t——t时期税后现金量。

例如，某项目的投资量为3000万元，四年来的税后现金量分别为1500万元、1200万元、900万元和300万元，贴现率为10%，试问该方案是否可以接受？

$$NPV = \frac{1500}{1+10\%} + \frac{1200}{(1+10\%)^2} + \frac{900}{(1+10\%)^3} + \frac{300}{(1+10\%)^4} - 3000$$
$$= 3240 - 3000 = 240(万元)$$

由于 NPV>0，说明该方案是可行的。

净现值是一个绝对量指标，当多个方案相比较时，如果各个方案的原始投资额不等，则用这个指标计算的结果没有可比性，而要用"现值指数法"来弥补。

(三)现值指数法

在备选原始投资额各不相等的情况下，可采用现值指数法(PVI)来评价各方案的优劣。现值指数(PVI)是指投资方案未来的税后现金量与原始投资量之间的比率。用公式表示为

$$现值指数(PVI) = \sum_{t=1}^{n} \frac{A_t}{(1+k)^t} \div PV$$

当 PVI>1 时，表明备选方案可以接受，其中 PVI 值最大的为最优方案。

当 PVI≤1 时，则表明备选方案不能接受。

依照前例，计算的现值指数为

$$PVI = \sum_{t=1}^{n} \frac{A_t}{(1+10\%)^t} \div PV = \frac{32\,400}{30\,000} = 1.08$$

由于 PVI>1，说明该方案可以接受。

(四)内部报酬率法

内部报酬率(IRR)是投资方案预期的税后现金量与原始投资量相等，即净值(NPV)等于零时的利率或贴现率，它明确反映了方案的投资报酬率。用公式表示为

$$NPV = \sum_{t=1}^{n} \frac{A_t}{(1+r)^t} \text{ 或 } \sum_{t=1}^{n} \frac{A_t}{(1+r)^t} - PV = 0$$

式中：r——内部报酬率。

例如，某投资项目的原始投资量为100万元，其他数据如表8-6所示(注：假定资金成

本率为 9%，则第 1 年为 $\frac{1}{1+9\%}=0.9174$，第 2 年为 $\frac{1}{(1+9\%)^2}=0.8417$……第 5 年为 $\frac{1}{(1+9\%)^5}=0.6499$）从表 8-6 中的计算得知，当资金成本率为 9%时，净现值 NPV 为 (1 028 760-1 000 000)=28 760 元，大于 0；当资金成本率为 11%时，净现值为(980 350-1 000 000)=-19 650 元，小于 0。可见，该项目的内部报酬率在 9%～11%之间，设该项目的内部报酬率为 x，则 1 028 760÷(1-19 650)=(x-9)÷(11-x)=10.19，即该项目的内部报酬率为 0.19%。

表 8-6　某投资项目数据

单位：元

	历年税后现金率	9%资金成本率	现值	11%资金成本率	现值
1	200 000	0.9174	183 480	0.9009	180 180
2	300 000	0.8417	252 510	0.8116	243 480
3	500 000	0.7722	386 100	0.7312	365 600
4	200 000	0.7084	141 680	0.6587	131 740
5	100 000	0.6499	64 990	0.5935	59 350
合计			1 028 760		980 350

　　以上是进行投资决策时最常用的几种方法，它们的分析角度不同，各有其利弊，决策者在进行项目优选时，一定要综合分析，根据企业的目标及约束条件，选择不同的评价方法。如果各个项目相互独立，NPV、PVI、IRR 可做出完全一致的决策，但当评估项目互相排斥时，一般应该以 NPV 的评判标准为基准。

二、风险分析

　　通常来讲，旅游投资方案的结果是不确定的。这是因为旅游投资决策的要素或依据有着较大的变动性，政治、经济、社会、自然等各个方面的变化都会影响旅游投资项目的进度、成本和效益。上述种种因素变化对投资结果产生的不确定性就称作投资风险。为了减少投资风险，必须利用有关资料分析这些因素变化的可能性，具体办法就是利用概率论来测定投资方案的风险。

(一)图表显示

　　表 8-7 说明，A 方案与 B 方案的期望收益总和相同，均为 260 万元，但二者的风险程

度却不一样。A方案的概率分布相对集中，B方案中的概率分布相对分散，说明后者比前者的风险性大。B方案的现金收益在不同的市场状况下的变动幅度较大，即风险性较大。

表8-7 投资风险分析

单位：万元

方案 市场状况	A方案			B方案		
	现金收益	概率分布	期望收益	现金收益	概率分布	期望收益
好	400	0.3	120	600	0.2	120
中	300	0.4	120	280	0.5	140
差	100	0.2	20	0	0.3	0
合计		1.0	260		1.0	260

(二)标准差和变化分数

标准差用来反映现金收益与期望收益之间的偏离程度，它们之间的差距越大，说明有关方案的风险性越大；反之，则说明实际发生的数值更接于期望效益，即该方案包含的风险性越小。标准差的具体公式为

$$标准差\ S = \sqrt{\sum_{i=1}^{n}(x_i - \bar{x})^2 \cdot P_i}$$

式中：S——标准差；

x_i——第i种市场状态下的现金收益；

$\bar{x}$——各种市场状态的期望收益；

P_i——在第i种市场状态下现金收益的概率。

若各个投资方案的期望收益相同，可以用标准差来比较其风险大小；若各个方案的期望收益不同，则可以用变化系数来测定其风险性。

变化系数是一个相对量指标，具体公式为$v = S/\bar{x}$。在不同的情况下，我们应当用不同的方法来计算投资方案的风险程度。例如，表8-8列出了A方案和B方案的有关资料，可以据此进行如下分析。

表8-8 A、B方案的投资风险分析

单位：元

方案 市场状况	A方案		B方案	
	X_i	P_i	X_i	P_i
好	3000	0.25	300	0.25
中	2000	0.50	200	0.50
差	1000	0.25	100	0.25

A 方案：

$\bar{x} = 3000 \times 0.25 + 2000 \times 0.5 + 1000 \times 0.25 = 2000(元)$

$S = \sqrt{(3000-2000)^2 \times 0.25 + (2000-2000)^2 \times 0.5 + (1000-2000)^2 \times 0.25} = 707.10$

B 方案：

$\bar{x} = 3000 \times 0.25 + 200 \times 0.5 + 100 \times 0.25 = 200(元)$

$S = \sqrt{(300-200)^2 \times 0.25 + (200-200)^2 \times 0.5 + (100-200)^2 \times 0.25} = 70.71$

从上述结果我们可以看出，A 方案的标准差比 B 方案的标准差大 10 倍左右，好像是 A 方案的风险大于 B 方案。但是，A、B 两种方案在不同市场状态下现金收益的比例和概率分布完全相同，由此看出，两方案的风险性相等，这个结论可以通过计算 A、B 两个方案的变化系数后得知。

$V_A = 707.1 \div 2000 = 0.354$

$V_B = 70.71 \div 200 = 0.354$

可见，两个方案的风险性完全相同。据此，我们应当准确运用标准差与变化系数两个指标，恰当地发挥它们各自的用途。

(三)风险性投资的评价

通过对方案风险程度的计算，可以使我们比较准确地把握风险因素对投资收益的影响。风险投资收益率=无风险投资收益率+风险附加率，风险附加率是以变化系数为基础，通过一定的数量关系计算得出的。下面举例说明如何分析风险因素并进行投资决策。

例如，某一旅游企业有 A、B 两个可供选择的投资方案，已知该企业不包含风险因素的贴现率为 6%，包含风险因素的贴现率分别为 7% 和 10%，有关资料如表 8-9 所示。

表 8-9 投资方案资料

单位：元

	方案 A		方案 B	
	原投资额	年收益量	原投资额	年收益量
0	10 000	—	10 000	—
1		6000		4000
2		5000		5000
3		3000		6000

先分析不包含风险因素的净现值：

$$NPV_A = \sum_{t=1}^{3} \frac{C_t}{(1+6\%)^t} - 10\,000 = 3207(元)$$

$$NPV_B = \sum_{t=1}^{3} \frac{C_t}{(1+6\%)^t} - 10\,000 = 4150(元)$$

因为 $NPV_B > NPV_A$

所以方案 B 要优于方案 A。

再分析包含风险因素的净现值:

$$NPV_A = \sum_{t=1}^{3} \frac{C_t}{(1+7\%)^t} - 10\,000 = 3084(元)$$

$$NPV_B = \sum_{t=1}^{3} \frac{C_t}{(1+10\%)^t} - 10\,000 = 3636(元)$$

因为 $NPV_B > NPV_A$

所以方案 B 仍略优于方案 A。

以上例证告诉我们,在有风险因素影响投资效益时,应当根据包含风险因素在内的贴现率进行计算并分析评价。如此,才能全面反映投资效益并做出正确的投资决策。

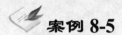

案例 8-5

三峡旅游为何跌入低谷

多年的恶性竞争已使三峡在海外的声誉严重受损,黄金旅游线现在成了一条冷线。1999 年 1—10 月,三峡接待境外游客流量不到 5 万人,游船平均载客率 34%,比保本点低 30%,本已亏损累累的各家游船公司,家家血本无归。进入 11 月,全线 60 艘豪华游轮,除了两艘被外商包租仍在苦撑危局外,其余全部"停摆",惨状为历年所少有。

早在 1987 年,国务院旅游协调小组就预测,即使按每年 15%的正常增长速度,2000 年到三峡旅游的海外游客也不过 20 万人,20 艘游轮即已足够。这个当时广为发布的消息,并未引起旅游界、航运界重视,在高额利润的引诱下,沿江各地一哄而起,竞相建造购置豪华游轮。1991 年后,"中国王朝号"、"东方皇帝号"、"锦绣中华号"、"西施号"、"伯爵号"、"长江天使号"等纷纷下水,争先恐后奔向三峡。到 1994 年,游船公司达到 28 家,豪华游轮猛增到 60 艘,共有客位近 8000 个,一年可载客 60 万人。但是,三峡境外客流上升缓慢,1994 年不过 10 万人。为了争客流,各公司掀起了"游船大战",借三峡工程炒作"告别三峡游"。这一剂"强心针"一度使境外客流窜升,大江截流的 1997 年达到创纪录的 22 万人。但令各公司伤心的是,这一年的游船载客反而只有 30%,与 65%的盈亏平衡点相去甚远。1998 年,三峡旅游海外客流跌落到 5 万人。

供过于求,28 家游船公司展开了"自杀式竞争",从 1994 年开始连年亏损,10 多家公司濒临倒闭。势力最为雄厚的长江轮船海外旅游总公司，先后投资 8 亿多元建造 15 艘豪华游轮，近几年效益一路走低，1998 年亏损高达 8500 万元，2001 年 4 月企业几近关门。中国旅游车船协会副会长朱宁说，三峡旅游已元气大伤，市场复苏之路漫长。这些豪华游轮总投资 30 多亿元，都采用银行贷款建造，目前偿还困难。

通过分析该案例，可以得出四点结论：第一，旅游企业的投资决策必须经过慎重、科学的可行性分析，决不能盲目跟风。第二，政府应该在发挥市场作用的基础上，主动进行科学、适度的宏观调控。第三，旅游行业组织必须充分发挥其"协调、服务、沟通、自律"的职能，不能形同虚设，无所作为。第四，广告宣传要适当、合理，有战略眼光。

（资料来源：林南枝，陶汉军. 旅游经济学[M]. 天津：南开大学出版社，2001.）

本章小结

旅游投资是一个国家或地区旅游经济发展必不可少的前提条件，也是旅游业实现扩大再生产的物质基础。本章从旅游投资分析的角度阐述了旅游投资的种类、特点，介绍了旅游投资的可行性研究方法以及投资决策的类型、方法、风险分析和投资方案评价的原理与方法。

投资是指经济主体垫支货币或物资以获取价值增值手段的一种活动过程。投资有广义和狭义之分，广义的投资是指固定资产投资、流动资产投资和证券投资，狭义的投资仅指固定资产投资。我们在本章所讲的旅游投资指的是狭义的投资，即固定资产投资。投资具有广泛性、周期性、实施的连续性和收益的风险性等一系列特点。从资金来源的角度看，旅游投资可以分为国家投资、银行贷款、利用外资和自筹资金四大类。

旅游业的建设项目主要是指为旅游活动兴建或包含旅游发展目标的工程建设项目，它可以由一个或多个单项工程组成，但必须是在一个经济上实行统一核算、行政上实行统一管理的基本建设单位。旅游业建设的程序是指建设项目从决策、设计、施工、竣工、验收到交付使用过程中的先后顺序。我国旅游业建设的程序一般分为六个阶段：提出项目建议书；可行性研究；编制项目初步设计文件；编制年度建设计划；申报开工报告；竣工验收，交付使用。

可行性研究是对拟建项目进行技术评估和经济论证的一种科学方法，是建设项目前期工作的主要内容，是基本建设工程的组成部分之一。可行性研究一般分为投资机会研究、初步可行性研究和最终可行性研究三个阶段。旅游投资项目的可行性研究主要包括七个方面的内容：市场调研、基础条件分析、项目建设分析、项目运行分析、财务分析、环境保护分析、附加信息处理。

决策是指人们为达到预期目标，提出实现目标的多种方案，并从多种方案中选择最有效的行动方案的过程。投资项目的决策类型多种多样，一般分为确定型、非确定型和风险型三种类型。旅游投资决策的方法有以下四种：投资返本法、净现值法、现值指数法和内部报酬率法。

习 题

(一)单项选择题

1. 狭义的投资指的是( )。
   A. 固定资产投资 　　　　　　　　B. 流动资产投资
   C. 无形资产投资 　　　　　　　　D. 证券投资
2. 建设秦兵马俑博物馆、修葺华清池属于( )。
   A. 以获取经济效益为目的的投资
   B. 以获取包括经济效益在内的社会综合效益为目的的投资
   C. 以获取特定的经济或社会效益为目的的投资
   D. 以获取特定的环境效益为目的的投资
3. 按行政隶属关系，可将旅游建设项目分为( )。
   A. 国家直属项目和地方项目 　　　B. 景区项目和饭店项目
   C. 大中型项目和小型项目 　　　　D. 新建项目和扩建项目
4. 旅游基建投资的一个主要来源渠道是( )。
   A. 银行贷款 　　　　　　　　　　B. 国家投资
   C. 利用外资 　　　　　　　　　　D. 自筹资金
5. 人工费、原材料费等属于旅游投资中的( )。
   A. 固定资产支出 　　　　　　　　B. 投资性支出
   C. 日常经营性指出 　　　　　　　D. 专门性支出

(二)多项选择题

1. 投资的特点有( )。
   A. 投资的广泛性 　　　　　　　　B. 投资的周期性
   C. 投资的连续性 　　　　　　　　D. 投资收益的风险性
   E. 旅游需求
2. 从资金来源的角度，旅游投资可分为( )。
   A. 国家投资 　　　　　　　　　　B. 银行贷款
   C. 利用外资 　　　　　　　　　　D. 自筹资金
   E. 股权投资
3. 旅游业建设项目按性质可分为( )。

A. 新建项目 B. 扩建项目
C. 恢复建设项目 D. 大中型项目
E. 小型项目

4. 不确定型决策的方法有( )。
A. 乐观法 B. 悲观法
C. 等概率法 D. 后悔值法
E. 乐观系数法

5. 旅游投资决策的类型主要有( )。
A. 确定型决策 B. 风险型决策
C. 不确定型决策 D. 风险分析
E. 投资返本法

(三)名词解释

1. 旅游投资 2. 可行性研究 3. 投资返本法
4. 净现值 5. 内部报酬率 6. 现值指数
7. 风险分析 8. 标准差

(四)简答题

1. 旅游投资是如何分类的?
2. 简述旅游业建设的一般程序。
3. 为什么要进行旅游投资的可行性研究?
4. 旅游投资可行性研究的主要内容有哪些?
5. 旅游投资决策方案分几种类型?
6. 旅游投资的风险可以从哪些方面分析?

(五)论述题

1. 为什么说旅游投资是一项复杂性、风险极高的投资?
2. 试对某旅游投资项目进行可行性研究。

案例分析题

东郊椰林不成"林",反思海南人造景区败笔

1. 热带海洋世界难见"海洋"

投资 4 个多亿,曾经名噪一时、号称"中国第一个以热带和海洋"为主题的大型主题公园、海口首个国家 4A 景区——海南热带海洋世界开业 4 年多后,从 2011 年 6 月黯然关

门休业至今。该公园位于海口市滨海西路，陆海面积共占地838亩，地处海口黄金海岸线。1997年，北京天鸿集团看中了这片地段，向海口市政府提出投资开发建设的议题，当时，海口市没有一个真正有特色的主题公园，为此，海口市政府将热带海洋世界作为海南省重点建设项目，给予大力扶持。

准确的主题定位、良好的位置、政策的支持为何没有留住景区的辉煌？海口市旅游局规划发展科科长文德林谈起此事无奈地说，当时，该项目规划通过政府部门审批，整个项目分两期开发，项目的核心部分在第二期，建水族馆、海底世界、海洋博物馆。在建成第一期工程后，考虑到开发商的实际情况，政府同意其先开业，边营业、边开发，滚动发展。从这就埋下了隐患。开发商建成第一期后，就对外开业，接待游客，因为园内有特色的景点不多，加上第二期项目迟迟未建成使用，这一主题公园失去了其最突出的主题，游客逐渐稀少，经营状况每况愈下。

有关专家分析说，海南是个海洋大省，好多资源都具备人造景点的基础，但要紧紧抓住海洋文化做文章。该项目最有看点的第二期工程迟迟没有竣工，而园内的景点还修了人工湖、观光塔等严重偏离了海洋主题的产品，游客看不到想看的东西，景区缺乏核心竞争力和吸引力，这样就逐渐失去了游客。游客也普遍反映：花几十元门票看不到什么有特色的景点，热带海洋世界公园见不到海洋生物，名不副实。

2. 东郊椰林不成"林"

东郊椰林风景区位于海南文昌东郊半岛上，东邻铜鼓岭旅游区，西连高隆湾旅游区。椰林面积3万多亩，素有"文昌椰子半海南，东郊椰子半文昌"之誉。独特的旅游资源，曾经使东郊椰林成为具有海滨椰林风光特色的名胜旅游区。2000年，东郊椰林还一举击败其他景区，荣登"国家名片"，与古巴的巴拉德罗海滨共同成为《海滨风光》邮票的主图。

同样是背靠着得天独厚的特色资源，又为何也没能走出衰败窘境呢？百莱玛度假村是在东郊椰林最早成立的旅游企业，总投资4000万元。该公司负责人告诉记者，刚开始没有几家景区酒店，这里的游人很多，生意非常好，不久很多商家都看到这里能赚钱，一拥而上，现在这里景区不像景区，村庄不像村庄，就这样败掉了。另外，据媒体报道，早在1992年1月，文昌市政府就委托天津城乡规划设计院海南分院对东郊椰林进行规划：将东郊椰林分为热作田园景区、红树林名胜景区、椰林自然风景区、文化景区四大功能区。但在开发建设时，却出现了无序招商引资，规划却"束之高阁"。规划没有履行，低层次开发是造成东郊椰林衰败的原因之一。

海南省生态学专家指出，东郊椰林10千米长的海岸拥有近海珊瑚资源，本来是很好的吸引物，由于政府的管理失灵，把本应统一开发的椰林海岸，分成小块出卖，倒卖土地成风，根本没有人是在认真做景区，此外，对于珊瑚礁的保护不到位，附近居民炸珊瑚烧石灰，对环境的破坏极大，没有了美丽的珊瑚、成片的椰林，最终使东郊椰林失去了吸引力，走向了必然的没落。

3. 中华民俗文化村没有"文化"

1994年4月，海南首家以民族风情为主题的民族风情园——海南中华民族文化村开业，该园位于五指山市，由通什国际康乐中心投资建造，计划投资1.2亿元，占地达600余亩，由23个民族村组成。但从它建成开始起就没有赢利一路走亏。为何民俗文化产品也难逃一劫呢？

有专家认为，此景区的败笔在于简单地克隆，而缺少文化内涵的挖掘和提升。自从深圳的锦绣中华民俗文化村红火起来后，很多开发商都不对消费人群、市场需求、地理位置等进行分析，直接模仿，海南的这家就是很典型的例子。所以游客都选择了该园附近的一些真正的黎族村寨，而对这个人造的民族村不感兴趣。

黎族作为唯一分布在海南的少数民族，拥有灿烂的黎族文化遗产，黎族的茅草屋、方言、古代龙被艺术、织锦、饮食文化、黎族歌舞乐器等都可以作出很大的文章，可是开发商没有看到真正的商机，没有意识到土乡土色的本土文化产品才最具吸引力和生命力，把展示全国民族风情的景点放在五指山，市场定位不足，不符合实际情况，显得不伦不类。

据最新了解，五指山市政府将把该园改造成为休闲度假村，建设功能定位为市区文化公园，为游客与市民提供一个休闲游览游憩的去处。

4. 人造景点的发展之路

面对海南人造景点成少败多的现状，并不意味着人造景区就没有发展的空间。在海南，也有成功的典范，南山总裁助理蒋海燕向记者介绍，南山文化旅游区开发成功的经验就在于从规划、开发到管理都很到位，形成了自己一套独特的风格，很有序、很规范，并且在开发时充分利用了地理优势，借南海做足了观音、寿、佛的文化，当把文化与资源相结合得好的时候就会形成特色、形成竞争力。

有关专家指出，人造景观不容易做成功与目前旅游大市场的需求也有很大关系，人们趋向于一种返璞归真的生态化旅游需求，当人造景点不能满足生态化的需求时就难以长久。所以人造景点在开发时一定要注意资源的研究、文化的提升，对市场的把握要通透，要有广阔的视野，以独特的方式挖掘提炼本地特色。

另外，有关专家认为，政府行为对人造景点的成败也有着重要的影响，宏观管理很重要，一方面要以优惠的政策扶持、扶助大企业；另一方面要督促检查，关注、关心企业的发展动态，目光要放长远，不要被短期效益所迷惑，适当地控制人造景点的数量。

（资料来源：http://www.toptour.cn/detail/info56812.htm）

问题：

(1) 海南几大人造景观失败的原因是什么？
(2) 人造景观要成功，应解决哪些关键问题？
(3) 该案例给旅游投资有哪些启示？

第九章

旅游经济结构

【学习目标】

通过本章的学习，要求理解旅游经济结构的概念和旅游经济结构的特点，掌握旅游经济结构的合理化原则，理解旅游行业结构的含义，理解旅游行业结构的合理化和高级化，掌握旅游行业结构的影响因素，理解旅游地区结构的一般含义，掌握旅游地区结构的影响因素，理解旅游地区结构合理化的标志，了解我国旅游地区结构的发展趋势，熟悉我国的旅游产品结构，了解旅游业的组织结构，熟悉旅游业组织结构的特点，理解旅游业所有制结构的含义，理解旅游业所有制结构的合理化原则，掌握我国旅游业的所有制结构。

【关键词】

旅游经济结构　旅游行业结构　旅游地区结构　旅游产品结构　旅游业所有制结构

案例导入

2010年中国饭店业特点

1. 2010年全国星级饭店数量增速放缓，高星级缓慢增长，一、二星级明显减少

与2009年底各星级饭店数量比较，五星级饭店增加了95家，四星级增加了235家，三星级增加了451家，二星级减少了763家，一星级减少了138家。8个省区市饭店总数比去年有所增加，增加最多的是广东省，为128家；减少最多的是云南省，为60家。

2. 2010年全国星级饭店营业状况较稳定，五星级业绩突出，三星级呈现亏损

11 781家星级饭店营业收入为212 378 718.85千元，客房收入占营业收入的42.75%，餐饮收入占营业收入的42.61%，实现利润总额5 069 720.71千元，其中有14个省区市利润总额为负数。从各星级饭店的平均值看，五星级平均营业收入114 767.73千元/家，四星级36 304.65千元/家，三星级11 360.13千元/家，二星级4244.90千元/家，一星级1734.84千元/家；平均每家饭店利润总额五星级11 002.42千元/家，四星级94.75千元/家，三星级-220.36千元/家，二星级10.32千元/家，一星级48.23千元/家。

3. 地区发展不平衡，东部地区优势明显

从星级饭店发展数量看，东部地区的星级饭店总数占全国的51.30%，五星级饭店数量占70.42%，四星级饭店占60.57%；中部地区总数仅占20.15%，五星级占12.27%，四星级占18.57%；西部地区总数仅占28.55%，五星级占17.31%，四星级占20.87%。从财务状况看，东部地区占全国67.94%的固定资产、从业人员数占全国60.14%，营业收入占70.52%，利润总额占99.55%。东部各项平均指标优势明显，中部地区平均出租率较高，其他各项指标远低于东部地区，西部地区人均实现利润为负值。从每间可供出租客房收入、每间客房平摊营业收入、全员劳动生产率和人均实现利润等指标排序看，32个省区市排名中列前6位的均为东部地区省份；50个重点城市中各项指标均位列前10位的城市是上海、三亚、广州和南京等东部城市。

4. 从业人员薪酬差距较小，学历偏低

全国人均年薪酬为23.67千元/人，五星级35.02千元/人、四星级24.69千元/人、三星级19.57千元/人、四星级16.47千元/人、一星级15.51千元/人。各地区中最高的为上海43.16千元/人，最低的为山西16.15千元/人。2010年全国星级饭店从业人员中大专以上学历只占从业人员数的20.16%，大专以上学历从业人员比重较高的是吉林、内蒙古和山东，超过30%，还有10个省区市比重不足20%。

5. 上海、北京、广东和浙江等经济发达地区的发展带动作用明显

从各星级饭店综合指标前100名的分布情况看，五星级各地区数量较多的省区市是：上海33家，北京22家，广东13家，海南5家，浙江5家；四星级上海32家，北京25家，广东13家，浙江12家；三星级北京33家，上海25家，广东10家，山东8家，浙江6家；

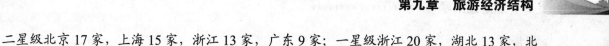

二星级北京 17 家，上海 15 家，浙江 13 家，广东 9 家；一星级浙江 20 家，湖北 13 家，北京 9 家。

(资料来源：国家旅游局质量规范与管理司. 2010 年度全国星级饭店统计公报[OL]. 2011-7-14. http://www.cnta.gov.cn/html/2011-7/2011-7-14-15-28-31572.html)

从上述 2010 年中国饭店业的特点可以看出，我国旅游经济的地区结构、所有制结构、组织结构还不尽合理，这在一定程度上制约了我国旅游业的健康、稳定和可持续发展。如何进一步优化旅游经济结构，已成为旅游业亟须解决的又一课题。

第一节 旅游经济结构概述

一、旅游经济结构的特点

旅游经济结构是指旅游业中的各个地区、各个行业、各类产品、各种经济成分、各种生产组织有机结合形成的经济体系。

旅游业是国民经济体系中的一个子系统，由旅游业的产业性质所决定，旅游经济结构除了具有经济结构的一般特征外，还具有其独到的特点。

(一) 多元性

从不同的角度进行分析，旅游经济结构可以分为地区结构、行业结构、产品结构、生产组织结构和所有制结构。

旅游经济结构的多元性是由旅游活动的综合性决定的。旅游活动包括食、住、行、游、购、娱六个方面，因为自然、历史、社会、经济等方面的原因，每个方面都包含了不同的阶层差别、地区差别和个体差别，由此导致了旅游经济结构的多元性。

(二) 动态性

旅游经济结构是旅游经济活动的全面反映，随着我国国民经济和旅游业的发展，旅游经济结构也在不断完善，也必然会朝着高水平、高级化的方向演进。

(三) 协调性

旅游经济结构的协调性是旅游经济正常运行的基础，其各个部分必须保持恰当的比例关系，只有这样，旅游经济活动才能健康地发展。旅游经济结构的协调性取决于旅游供给与旅游需求的相互关系，在不同时期，旅游需求的方向、内容和层次会发生一定的变化，旅游供给必须据此做出相应的调整，旅游经济结构才能合理化，旅游经济活动才能均衡发展。

二、旅游经济结构的合理化原则

(一)以需求为导向的原则

以需求为导向,即旅游经济结构能够最大限度地满足旅游者的需要,旅游供给与旅游需求能够达到基本平衡。旅游需求的变化性较大,而旅游供给的适应则需要一定的时间,唯一的解决办法就是加强对旅游市场供给的调研,把握各个时期旅游需求的变化趋势,以此确定旅游供给的种类、品种、档次和质量,使旅游供求基本平衡,旅游经济结构不断深化。

(二)核心行业与相关行业协调的原则

旅游业除旅行社、饭店、旅游景区等核心行业外,还包括许多相关行业,它们直接或间接地为旅游者提供各种不同的产品或服务。在旅游业的众多行业中,起主导作用的是旅行社,它将各个行业集合起来,统一进行旅游产品的生产和销售,其他核心行业和相关行业为旅游经济活动提供了相应的物质基础和精神保障,也是旅游经济结构的重要组成部分。因此,在构建旅游经济结构时,既要突出旅行社的主导作用,又要保证其他旅游行业的恰当地位,使各类旅游行业能够相互协调、均衡发展。

(三)同国际旅游经济结构相接轨的原则

随着世界旅游市场竞争的不断激化,一些旅游发达国家相继颁布、实施了一系列有关旅游产品的规范,世界旅游组织与一些地区性的旅游组织也在积极推行关于旅游产品的技术标准,这标志着旅游经济结构必须同国际旅游结构接轨,只有这样,发展中国家才能保住并扩大它们在国际旅游市场上的份额。

第二节 旅游行业结构

一、旅游行业结构的概念

旅游行业结构是指旅行社、饭店业、交通运输业、旅游景观等行业部门在旅游经济体系中的地位、职能和比例关系。上述行业和部门构成了旅游行业,旅游行业结构指的就是这些行业和部门之间的结构。

(一)旅行社

旅行社是专门招徕旅游者、组织旅游活动、独立核算、自负盈亏的旅游企业。旅行社作为旅游业的龙头，既是旅游产品的设计、销售者又是旅游活动的协调、组织者，旅游供给和旅游需求必须通过旅行社的活动才能实现或满足。因此，旅行社的规模、数量和比重，对旅游行业结构无疑具有直接的影响。

专栏9-1 2010年我国旅行社的规模和经营情况

到2010年末，全国纳入统计范围的旅行社共有22 784家，比上年末增长5.2%。

到2010年末，全国旅行社资产总额666.14亿元，比上年增长13.7%；各类旅行社共实现营业收入2649.01亿元，比上年增长46.6%；营业税金及附加12.77亿元，比上年增长0.6%。

2010年，全国旅行社共招徕入境游客1352.04万人次、4614.57万人天，分别比上年增长7.2%和下降17.8%；经旅行社接待的入境游客为2408.06万人次、5610.10万人天，分别比上年增长28.5%和下降11.0%。

2010年，全国旅行社共组织国内过夜游客11 953.31万人次、32 831.73万人天，分别比上年增长18.1%和9.4%；经旅行社接待的国内过夜游客为14 147.25万人次、28 833.21万人天，分别比上年增长3.3%和9.5%。

(资料来源：2010年中国旅游业统计公报，2011)

(二)饭店业

饭店是旅游业发展的物质基础之一，其主要职能就是满足旅游者的食宿需要。饭店业的规模反映了一个国家或地区的接待能力，饭店业的管理水平和服务质量则在很大程度上说明了整个旅游业的管理水平和服务质量，这些对旅游行业结构都会产生举足轻重的影响。

专栏9-2 2010年我国饭店的规模和经营情况

截至2010年底，全国纳入星级饭店统计管理系统的星级饭店共计13 991家，其中有11 779家完成了2010年财务状况表的填报，并通过省级旅游行政管理部门的审核。根据11 779家星级饭店填报的财务数据显示如下。

到2010年末，全国11 779家星级饭店，拥有客房147.64万间，床位256.64万张；拥有固定资产原值4546.77亿元；实现营业收入总额2122.66亿元；上缴营业税金111.36亿元；全年平均客房出租率为60.28%。

在11 779家星级饭店中，五星级饭店545家；四星级饭店2002家；三星级饭店5384家，二星级饭店3636家，一星级饭店212家。

全国 4179 家国有星级饭店，2010 年共实现营业收入 760.15 亿元，上缴营业税 38.22 亿元。

全国外商和港澳台投资兴建的 537 家星级饭店，2010 年共实现营业收入 334.42 亿元；上缴营业税 16.91 亿元。

(资料来源：2010 年中国旅游业统计公报，2011)

(三)交通运输业

交通运输是旅游活动得以进行的前提条件，是旅游业的重要组成部分之一。旅游者要出游，要在旅游目的地游览，必须依赖各种交通工具实现空间位移，可以说，没有发达的交通运输业，就没有发达的旅游业。交通运输业除了具有一般的社会功能之外，还应当根据旅游者要求快捷、安全、方便、舒适的心理，在运输类型、运输方式和服务特点等方面加以改进。在一定时期内，交通运输业的运力和水平必须与旅游者的数量和需求层次相适应，只有这样才能避免瓶颈现象，真正推动旅游业的发展。

(四)旅游景观

旅游景观包括自然景观和人文景观，这些景观在特定的区域集中或组合起来便形成了旅游点或旅游地，旅游景观的数量和特色是旅游吸引力的物质基础，也是旅游产品的核心内容。通过对旅游资源的开发和利用，形成具有某种吸引力的旅游景观，进而又形成一定数量的旅游点和旅游地。在一定时期内，旅游地的客容量和接待能力应当同旅行社、饭店业、交通运输业的规模相适应。

综上所述，旅游业由旅行社、饭店、交通运输、旅游景观等行业或部门组成，旅游行业的结构主要包括这些行业、部门的地位、作用和比例关系。

此外，旅游业还包括商业、娱乐业、文物园林、邮电通信业、旅游组织等许多相关行业，它们从不同的方面参与了旅游经济活动，向旅游者提供了产品和服务。因此，从广义上讲，旅游行业结构是指直接或间接为旅游者提供产品和服务的各个行业、各个部门之间的经济技术联系和比例关系，这些行业和部门既相互促进又相互制约，共同组成了一个国家或地区的旅游行业结构。

专栏 9-3　旅游业的构成

根据联合国的《国际产业划分标准》，并对从事旅游经营的具体部门加以分析，旅游业主要由三部分构成，即旅行社、交通客运部门和以旅馆为代表的住宿业部门，属于这 3 个部门的企业因而也构成了 3 种类型的旅游企业。而越来越多的人则认为，旅游业是以旅游目的地(主要是国家或地区)为单位来划分的，如中国的旅游业、香港的旅游业等。从国家或地区的旅游发展角度来看，旅游业则主要由五大部分组成，即除了上述 3 个组成部分之外，还包括游览场所经营部门和各级旅游管理组织。这5个主要组成部分分别如下。

1. 住宿接待部门
   (1) 饭店、宾馆；
   (2) 出租公寓、别墅；
   (3) 个人公寓；
   (4) 度假村；
   (5) 会议、展览中心(供住宿)；
   (6) 野营营地；
   (7) 提供住宿设施的船坞。
2. 游览场所经营部门
   (1) 主题公园；
   (2) 博物馆；
   (3) 国家公园；
   (4) 野生动物园；
   (5) 花园；
   (6) 自然历史遗产游览点。
3. 交通运输部门
   (1) 公共汽车、长途汽车公司；
   (2) 铁路运输部门；
   (3) 海运公司；
   (4) 航空公司。
4. 旅游业务组织部门
   (1) 旅游经营商；
   (2) 旅游经纪人、批发商；
   (3) 旅游零售代理商；
   (4) 会议安排组织商；
   (5) 预订服务代理商。
5. 旅游目的地的旅游组织部门
   (1) 国家旅游组织；
   (2) 地方旅游组织；
   (3) 旅游协会。

之所以这样划分是因为就一个旅游目的地的旅游业而言，上述5个部分之间存在着共同的目标和不可分割的相互关系。这便是通过吸引、招徕和接待外来旅游者，促进旅游目的地的经济发展。虽然其中某些组成部分，如旅游目的地的各级旅游管理组织，不是以直接赢利为目的的组织，但它们在促进和扩大商业性经营部门的赢利方面起着重要的支持作用。在构成旅游业的各类企业中，可将其划分为直接旅游企业和间接旅游企业。所谓直接旅游企业，是指有赖于旅游者的存在而生存的企业，其典型代表便是旅行社、交通客运企业和旅馆企业。那些虽然也为旅游者提供商品和服务，但其主要供应对象并非旅游者，或者说旅游者的存在与否并不危及其生存的企业，可称之为间接旅游企业，如餐馆和零售业便属此类。由此我们不难看出，对旅游业构成的一般看法是建立在直接旅游业这一基础上，而较为全面看法的基础则既包括直接旅游企业也包括间接旅游企业，同时还包括支持发展旅游的各种旅游组织。以上的直接旅游企业、间接旅游企业及旅游支持系统，共同组成了旅游区的引力系统以及现代社会的"大旅游"业。

(资料来源：郝索.旅游经济学[M].北京：中国财政经济出版社，2009.)

二、旅游行业结构的合理化和高级化

(一)旅游行业结构的合理化

旅游行业结构的合理化是指旅游业中的各个行业、各个部门的职能明确，比例适当，彼此之间有较强的协调性和互补关系，能够保证整个旅游业的健康运行。对此，我们可从静态和动态两个方面进行分析。

从静态上来看，旅游行业结构的协调性表现在三个方面：一是各行业部门之间质的关联方式相互协调，各行业部门形成了明显的层次和有机的组合，能够相互适应、相互促进；二是各行业部门之间量的比例关系相互协调，各行业部门的规模合理，没有过剩或瓶颈现象；三是各行业部门在管理组织、劳动者素质及服务水平等各方面基本相当，能够做到同步发展。

从动态上来看，旅游行业结构的协调性表现在两个方面：一是各行业部门的发展速度相互协调，即各行业部门的增长速度基本一致，没有因局部超前或个别滞后引起的结构失衡问题；二是各行业部门的发展水平与旅游需求的层次变化相适应，能够推动旅游行业结构由低级向高级演进。

(二)旅游行业结构的高级化

旅游行业结构的高级化是指在合理化的基础上，顺应科技进步和生产社会化的趋势，不断提高旅游生产要素的综合利用率，加大高附加值、高科技旅游产品的比重，提高各行业部门对世界客源市场的适应能力，使旅游业向集约化、高效益、可持续的方向发展。

三、旅游行业结构的影响因素

要实现旅游产业结构的合理化和高级化，必须了解影响旅游行业结构的若干因素，对此，我们将从以下三个方面进行分析。

(一)需求因素

需求是影响行业结构的主要因素。众所周知，旅游业是以满足旅游者需求为目标的，旅游需求的变化趋势不仅决定着旅游经济的发展方向和发展水平，对旅游行业结构也产生着极其重要的影响。

需求因素主要包括消费需求和投资需求两个方面。旅游者的消费需求直接导致旅游产业结构的变化，如果旅游者对某种旅游产品的需求增加，必然会引起该产品供给的增长，使得旅游行业结构发生变化。投资需求也是影响行业结构的一个重要因素，投资是扩大供给的一种手段，可以拉动旅游消费需求，对旅游产业结构也具有直接的调整作用。总之，消费需求和投资需求相互作用，共同对旅游产业结构产生着不同程度的影响。

(二)资源与科技因素

旅游资源对旅游行业结构的影响是显而易见的，可以说，有什么样的旅游资源，就有什么样的行业结构。科技因素对旅游行业结构的影响尤为突出，科技进步改变了旅游资源开发的方式和效果，改善了交通工具和通信手段，加快了旅游设施建设，极大地丰富了旅游活动的内容，促进了旅游行业结构的高级化。

(三)政策和体制因素

从政策方面来看，国家的产业政策对旅游行业结构的变化和发展具有直接的促进或制约作用，我国采取的加快发展第三产业及旅游业超前发展的政策无疑对旅游行业结构的发展和完善有着十分重要的推动作用。

从体制方面来看，市场经济体制有利于资源、资金和劳动力的合理配置，有利于行业结构的优化，但在一定时期内也会造成行业结构的失衡。因此，我们在建立、完善社会主义市场经济体制的同时，仍要坚持政府主导型的发展战略，坚持国家的宏观调控职能，充分发挥市场经济对产业结构的积极作用，限制其消极影响。

第三节　旅游地区结构

一、旅游地区结构的一般含义

旅游地区结构是指旅游生产力在空间上的分布与协作状态，即一国范围内旅游业的地区布局。旅游地区结构反映了各个地区的旅游资源条件和社会发展状况，这些条件和状况是形成旅游地区结构的物质基础。同时，旅游地区结构反映了旅游业在地域上的不同分工。在社会分工的条件下，不同的旅游地区之间必然形成一定的经济联系和比例关系，具体表现为旅游地区结构。

二、旅游地区结构的影响因素

旅游地区结构的形成受多种因素的影响，这些因素主要包括以下几个方面。

(一)社会生产力的发展水平

社会生产力的发展水平可以促进或者阻碍旅游业的发展，进而影响旅游业的地区结构，较高的社会生产力水平可以为旅游业的发展创造各种条件，较低的社会生产力则会制约旅游业的发展，由此导致了旅游业在不同地区的布局或比重，即旅游地区结构。

(二)旅游地区的资源条件

旅游资源条件是影响旅游地区结构的重要因素之一，旅游资源条件不仅决定了旅游地区的类型，而且对旅游生产力的规模、水平和配置也有重要影响。一般来说，垄断性的旅游资源具有较高的开发价值，往往成为旅游地区结构的主导因素。

(三)区位和交通条件

地理位置和交通条件对旅游客源流向、流量有很大的影响，优越的区位和良好的交通状况可以提高旅游地的吸引力，扩大旅游需求量。反之，则会降低旅游地的吸引力，减少旅游需求量，由此导致了旅游供给的地区差异，形成旅游地区结构。

三、旅游地区结构合理化的标志

(一)以旅游生产力在全国的均衡分布为标志

具体表现为：在全国范围内制定了旅游资源开发和旅游设施建设的总体规划，实施了旅游业的发展战略，形成了配套的旅游交通网络，基本消除了旅游路线不合理的现象，各地区的旅游资源和旅游设施得到了充分的利用，重点旅游城市和区域旅游中心已经形成。

(二)以各地区的旅游优势能够充分发挥为标志

以上所讲的旅游生产力的均衡分布并非是指平均分布，而是指最佳分布。由于各个地区的资源条件不同，基础设施不同，旅游业发展状况和特点也会不同，合理的旅游地区结构应当能发挥各地区的优势，能够使各地区的优势互补，整体合力达到最大化。

(三)以旅游经济在全国范围内的均衡发展为标准

合理的旅游地区结构，不仅有利于发挥优势，也有利于我国旅游经济的全面发展。

四、我国旅游地区结构的发展趋势

受社会、经济、资源等因素的影响，我国旅游地区结构呈现出以下特点。

(一)趋向于沿海地区

纵观我国旅游生产力在空间的分布与组织，一个明显的特征是：形成了以东部沿海地区为主体的格局，即以北京为枢纽，由长江三角洲、海南岛、四个经济特区和十几个沿海城市构成的半月地带。这些地区经济比较发达，位置优越，交通便利，基础设施较好，对外开放程度也比较高，具有发展旅游业的经济优势、地理优势和政策优势。经过30多年的发展，这些地区已经成为我国的重点或热点旅游地区，旅游业已经成为这些地区的支柱产业。

(二)趋向于旅游资源丰富的地区

由于自然、历史等方面的原因，各个地区的旅游资源存在着很大的差异。那些旅游资源比较丰富的地区具有较大的吸引力，这在一定程度上决定了旅游需求的指向和旅游生产力的分布。根据我国旅游业的总体发展战略，除沿海发达地区外，随着改革开放的深入和中西部地区拓展的优势，旅游地区结构在以沿海地区为主体的同时，也表现出逐渐向其他旅游资源丰富地区偏移的倾向。

总之,我国旅游业已基本形成了以东部沿海地区为主体、以中西部旅游资源丰富地区为侧重点的旅游地区结构,这种格局在相当长的一个时期内不会发生根本性的变化。

专栏9-4 2010年度中国旅行社业总体结构情况

1. 区域分布

2010年度旅行社数量排在前10位的地区依次为山东(1842家)、江苏(1805家)、浙江(1639家)、广东(1247家)、河北(1148家)、辽宁(1145家)、河南(1096家)、湖北(931家)、北京(905家)、安徽(904家),上述地区的旅行社总量占全国旅行社总量的55.57%。

2. 经营状况分布

2010年度旅行社三大市场组织(外联)接待人次(人天)汇总排序前10位的地区依次为广东、浙江、上海、山东、北京、江苏、辽宁、湖南、四川、湖北。

经对各省(区、市)旅行社2010年度旅游业务营业收入、旅游业务利润、实缴税金(营业税金及附加与所得税之和)、旅游业务利润等四项指标进行综合排序,前10名的地区依次为广东、江苏、北京、上海、山东、浙江、湖北、河南、福建、安徽。

3. 类别分布

2010年出境游组团社的旅游业务营业收入1380.47亿元,占全国的58.58%;旅游业务毛利润65.55亿元,占全国的52.25%;实缴税金9.55亿元,占全国旅行社的48.48%;入境外联人天、入境接待人天分别为3848.32万、4212.98万,占全国的83.39%和75.10%。

2010年外商投资旅行社旅游业务营业收入17.44亿元,占全国的0.74%;旅游业务毛利润2.22亿元,占全国的1.77%;实缴税金0.30亿元,占全国的1.52%;入境外联人天、入境接待人天分别为182.37万、170.57万,占全国的3.95%和3.04%。

(资料来源:国家旅游局监督管理司.国家旅游局关于2010年度全国旅行社统计调查情况的公报[OL].
2011-7-26. http://www.cnta.gov.cn/html/2011-7/2011-7-26-15-10-19897.html)

专栏9-5 2010年度全国旅行社数量情况表

2010年度全国旅行社数量情况表如表9-1所示。

表9-1 2010年度全国旅行社数量情况表

序号	地区	2010年度	2009年度	增长率
1	山东	1842	1802	2.22%
2	江苏	1805	1704	5.93%
3	浙江	1639	1501	9.19%
4	广东	1247	1085	14.93%

续表

序 号	地 区	2010年度	2009年度	增长率
5	河北	1148	1116	2.87%
6	辽宁	1145	1110	3.15%
7	河南	1096	1052	4.18%
8	湖北	931	886	5.08%
9	北京	905	875	3.43%
10	安徽	904	847	6.73%
11	上海	867	873	−0.69%
12	山西	755	744	1.48%
13	四川	730	666	9.61%
14	福建	718	686	4.66%
15	江西	699	666	4.95%
16	湖南	681	624	9.13%
17	内蒙古	677	616	9.90%
18	黑龙江	601	549	9.47%
19	陕西	596	546	9.16%
20	云南	531	484	9.71%
21	吉林	521	545	−4.40%
22	广西	428	434	−1.38%
23	重庆	379	359	5.57%
24	甘肃	352	344	2.33%
25	天津	310	281	10.32%
26	海南	299	236	26.69%
27	新疆	263	293	−10.24%
28	贵州	261	237	10.13%
29	青海	197	196	0.51%
30	新疆兵团	93	124	−25.00%
31	宁夏	86	88	−2.27%
32	西藏	78	80	−2.50%
	合计	22 784	21 649	5.24%

注：按2010年度旅行社数量排序。

(资料来源：国家旅游局关于2010年度全国旅行社统计调查情况的公报，2011)

专栏 9-6　2010 年全国各地星级饭店数量分布情况

2010 年全国各地星级饭店数量分布情况如表 9-2 所示。

表 9-2　2010 年全国各地星级饭店数量分布情况

单位：家

地　区	五星级	四星级	三星级	二星级	一星级	总　数
全国	595	2219	6268	4612	297	13 991
北京	58	131	261	232	26	708
天津	10	34	46	17	2	109
河北	16	108	234	130	7	495
山西	11	60	141	140	1	353
内蒙古	8	18	83	139	11	259
辽宁	17	68	247	141	13	486
吉林	7	40	86	74	1	208
黑龙江	4	48	110	83	5	250
上海	43	63	123	67	2	298
江苏	59	193	399	212	0	863
浙江	45	160	392	424	46	1067
安徽	14	88	176	157	3	438
福建	23	101	197	89	1	411
江西	7	65	203	95	1	371
山东	26	150	479	247	2	904
河南	11	70	254	162	4	501
湖北	14	75	245	251	22	607
湖南	16	54	240	226	13	549
广东	92	195	649	229	10	1175
广西	13	52	221	136	3	425
海南	19	53	99	27	6	204
重庆	15	56	126	57	1	255
四川	19	76	202	186	12	495
贵州	5	32	133	151	16	337
云南	15	62	199	448	42	766

续表

地区	五星级	四星级	三星级	二星级	一星级	总数
西藏	0	10	54	55	12	131
陕西	8	38	204	101	0	351
甘肃	3	38	136	135	14	326
青海	1	14	49	51	6	121
宁夏	1	10	43	9	0	63
新疆	15	52	211	126	15	419
新疆兵团	0	5	26	15	0	46

(资料来源：2010年度全国星级饭店统计公报，2011)

第四节 旅游产品结构

一、旅游产品结构概述

旅游产品可以从不同的角度分为多种类型，从需求类型来说，可以分为观光型、度假型、娱乐型、疗养型、享受型、探险型产品等；从组合形式来说，可以分为综合产品、单项产品等；从旅游活动的环节来说，可以分为资源产品、饭店产品、娱乐产品、旅游商品等。

旅游产品结构是指各类旅游产品之间及其内部的比例关系，是旅游经济结构的重要组成部分。

旅游产品的比例关系主要表现在：第一，各旅游行业或部门提供的单项旅游产品之间的比例关系，如交通运力与旅游景区容量或饭店床位数之间的比例关系。第二，同一旅游行业或部门提供的旅游产品之间的比例关系，这些旅游产品的类型相同，但在规格、档次和具体内容上却有着较大的差异，如不同星级标准的饭店产品，不同旅游线路的观光型产品等。

总之，旅游供求关系及其矛盾决定了旅游产品结构，旅游目的国或旅游目的地应根据旅游市场的变化趋势，及时调整旅游产品结构，保证旅游业的均衡发展。

二、我国的旅游产品结构

经过30多年的发展，我国已经形成了一大批以风景、历史、文化为主的观光型旅游产品，也出现了一些专项或主题型的旅游产品，如探险旅游、宗教旅游、修学旅游等。在旅游产品的销售方式中，团体包价或半包价的形式仍占主导地位，散客旅游近年来虽然有所增加，但所占比重较低，仍然居于从属地位。

当前，我国旅游产品结构主要存在以下问题：品种单一，观光型旅游产品的比重大，非观光型旅游产品的比重小，团体旅游产品的比重高，散客旅游产品的比重低。

为解决上述问题，建立多样化的旅游产品结构，我们应当充分利用我国丰富的旅游资源，抓紧做好以下三个方面的工作。

(1) 以旅游市场需求为导向，坚持观光产品与非观光产品并重的原则。

(2) 改善旅游产品的销售体系，建立适应市场经济要求的团体、家庭、散客并举的销售模式与接待系统。

(3) 根据旅游产品的生命周期，建立相应的升级换代机制。

第五节 旅游业的组织结构

一、旅游业组织结构概述

旅游业的组织结构主要是指旅游企业的规模结构和组织结构。

旅游企业的规模结构是指大中小型旅游企业在旅游业中的地位、作用和比例关系。旅游企业的规模差异是旅游企业发展过程中的必然现象，是由旅游需求的层次和数量决定的。合理的旅游企业规模结构不仅可以满足旅游者的各种需求，而且可以提高旅游业的经济效益，促进旅游业的健康发展。

旅游企业的组织结构反映了旅游业的经济关系，它包括两个方面：一是企业间的相互关系及其组织网络；二是企业内部的机构设置及其管理模式。旅游行业协会就是一种典型的企业组织形式，其主要职能是协调不同旅游行业及其内部的各个企业之间的相互关系，为旅游业的均衡发展创造条件。由于旅游企业的类型、规模和层次不同，其内部机构设置的管理模式也会不同。例如，外资或合资企业的机构设置和管理模式一般是由董事会推举董事长，董事长行使所有权的职能，由董事会任命总经理，总经理行使经营管理权的职能。

专栏9-7 2010年中国旅行社行业规模和经营效益

1. 行业规模

截至2010年底，全国旅行社的总数为22 784家，同比增长了5.24%。东中部7个省的旅行社数量均超过1000家，其中山东和江苏均超过1800家，增幅最大的为海南；少于500家的有11个省、自治区、直辖市，其中新疆兵团、宁夏、西藏不足100家；有7个省、自治区、直辖市旅行社数量减少，减幅最多的新疆兵团减少了25%。

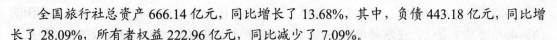

全国旅行社总资产 666.14 亿元，同比增长了 13.68%，其中，负债 443.18 亿元，同比增长了 28.09%，所有者权益 222.96 亿元，同比减少了 7.09%。

全国旅行社直接从业人员为 277 262 人，同比减少了 18.67%，其中大专以上学历为 170 872 人。

2. 经营效益

2010 年度全国旅行社营业收入 2649.01 亿元，营业成本 2393.69 亿元，营业利润 32.34 亿元，利润总额 33.89 亿元，营业税金及附加 12.77 亿元，所得税 6.93 亿元。旅游业务营业收入 2356.67 亿元，同比增长 35.01%；旅游业务毛利润为 125.45 亿元，旅游业务毛利率为 5.32%。

2010 年度全国国内旅游业务营业收入 1485.35 亿元，同比增长 30.40%，占全国旅行社旅游业务营业收入总量的 63.03%；国内旅游业务毛利润为 76.03 亿元，同比减少 0.40%，占全国旅行社旅游业务毛利润总额的 60.60%，毛利率为 5.12%。

2010 年度全国入境旅游业务营业收入为 289.58 亿元，同比增长 30.35%，占全国旅行社旅游业务营业收入总量的 12.29%；入境旅游业务毛利润为 19.19 亿元，同比增加 2.67%，占全国旅行社旅游业务毛利润总额的 15.30%，毛利率为 6.63%。

2010 年度全国出境旅游业务营业收入 581.74 亿元，同比增长 51.36%，占全国旅行社旅游业务营业收入总量的 24.68%；出境旅游业务毛利润为 30.23 亿元，同比增加 19.71%，占全国旅行社旅游业务毛利润总额的 24.10%，毛利率为 5.20%。

(资料来源：国家旅游局关于 2010 年度全国旅行社统计调查情况的公报，2011)

二、旅游业组织结构的特点

旅游业是由众多部门和企业组成的综合性行业，旅游产品的集合程度高，旅游市场的可进入性强，旅游企业的组织结构也表现出一些与众不同的特点。

(一)旅游企业布局的分散化

旅游资源的地域分布决定了旅游企业布局的分散化态势，这种状况与工业企业的布局截然不同，工业企业的区位相对集中，具有集聚性的特点。旅游企业布局的分散化程度则是与旅游资源的地域分布和旅游需求的地域指向相一致的，随着旅游资源的相继开发与旅游需求的不断转移，相应的旅游供给亦随之产生，旅游企业正是在这种情况下形成了比较分散的布局。

(二)旅游企业规模的中小型化

造成旅游企业规模中小型化的主要因素是旅游需求的多样性和多变性特征。多样性是指旅游需求的结构、类型、层次复杂繁多；多变性是指旅游需求的数量、指向受各种因素的影响经常发生变化，在这种情况下，大型旅游企业很难完全适应，而大量的中小型旅游企业则可以及时满足各种各样的旅游需求。

(三)旅游企业组织的集团化

旅游经济活动的飞速发展，客观上要求旅游业具有较大的规模优势和网络体系，旅游企业的分散化和小型化特点显然是一个障碍。在此情况下，组建跨地区、跨行业的大型旅游企业集团无疑是一种上佳选择，可以说，旅游企业组织的集团化趋势顺应了旅游经济活动进一步发展的客观要求。

三、旅游业组织结构的合理化

(一)实行旅游企业的专业化经营

旅游企业的专业化经营是指服务内容的专业化和企业职能的专业化。服务内容的专业化是指在服务对象、服务项目、服务方式上具有专业化的特点，在此基础上形成了产品类型各异、服务层次分明的旅游企业组织结构。企业职能的专业化是指旅游企业在经营范围和目标市场上的专业性。2009年我国颁布实施的《旅行社条例》，将旅行社分为两类：经营国内旅游业务和入境旅游业务的旅行社、经营出境旅游业务的旅行社，从而使旅行社的专业化得到加强，组织结构更趋于合理。

总之，在旅游需求多样化和旅游市场细分化的情况下，实现专业化经营是促进我国旅游业组织结构合理化的一个重要方面。

(二)实现旅游生产过程的协作化

旅游生产过程的协作化是旅游业组织结构合理化的另一个重要方面。要实现旅游生产过程的协作化，必须打破旅游企业的部门所有制和地区所有制，按照以资产为纽带、产品一体化的原则，组建大型旅游企业集团，即组建包括旅行社、旅游饭店、旅游景区、文化娱乐业和航空公司在内的旅游企业集团。

近十多年来，我国相继成立和组建了一批旅游企业集团，如北京旅游集团公司、上海旅游集团公司、云南旅游集团公司、陕西旅游集团公司等。旅游企业集团的形成和发展，有利于我国旅游业组织结构的调整和优化，对于提高我国旅游业的总体竞争力也具有重要意义。

第六节　旅游业的所有制结构

一、旅游业所有制结构的含义

旅游业所有制结构是指不同所有制的旅游企业在旅游业中的地位、作用和相互关系。由于出资者不同，对资产的所有、占有和使用关系也不同，由此形成了不同所有制形式的旅游企业，它们在旅游经济中的地位、作用和相互关系就构成了旅游业的所有制结构。

不同时期、不同国家，社会经济制度各不相同，企业资产的所有、占有、支配和使用关系也不一样，由此导致了旅游业所有制结构的时间差异和国别差异。

二、旅游业所有制结构的合理化原则

(一)与国民经济所有制结构相适应的原则

旅游业是一个综合性的行业，旅游业的发展水平当然以国民经济的总体发展水平为基础。在市场经济条件下，生产的社会化程度越来越高，经济一体化的进程越来越快，旅游经济的所有制结构必然与国民经济的所有制结构趋于一致。例如，我国目前处于社会主义的初级阶段，在国民经济体系中存在着以公有制为主体的多种经济成分，在旅游业中也存着以公有制为主体的多种所有制形式，它符合我国旅游业的生产力水平，有利于我国旅游业的迅速发展。

(二)与不同时期国家政策相适应的原则

当前，我国实行改革开放、培育社会主义市场经济体制、加快发展第三产业等政策，这些政策必然对国民经济的所有制结构产生决定性的作用。旅游业作为国民经济体系中的一个有机组成部分，其经济结构也必然与这些政策相吻合。

(三)与旅游业发展水平相适应的原则

生产关系一定要适应生产力水平，旅游业的所有制结构也一定要适应旅游业的发展水平，换句话说，旅游业的发展变化必然会引起旅游业所有制结构的相应变化。例如，近几年来我国旅游业的所有制结构产生了重大变化，为适应国内旅游飞速发展的需要，许多个体、集体所有制形式的旅游企业应运而生，为适应国际旅游持续发展的需要，一大批合资、独资形式的旅游企业也相继出现，可见旅游业的所有制结构与旅游业的发展水平是相适应的。

三、我国旅游业的所有制结构

(一)我国旅游业的所有制结构是由我国的生产力水平和旅游业的客观状况决定的

众所周知,我国旅游业发展之初的障碍主要是资金问题,要在短时间内形成较大的旅游业规模,单纯依靠国家投资是不行的,只有实行投资主体多元化的政策,即实行国家、地方、部门、集体和个人一起上的方针,才能加快旅游业的发展,产生较大的社会经济效益。可见,建立以公有制为主体、多种经济成分并存的旅游业所有制结构是我国在现阶段必须采取的基本国策。

(二)引进外资、发展中外合资企业是我国旅游业发展的明智举措

积极引进外资,大力发展独资、合资、合作形式的旅游企业,是我国旅游业发展的明智举措。这样可以利用国外资金发展我国的旅游事业,弥补我国国内资金的不足;可以扩大我国旅游业的规模和档次,提高旅游业的国际竞争力;可以学习国外先进的管理经验,加快培养我国旅游业的经营管理人才;可以吸纳大批劳动力,扩大我国的就业市场等。

(三)我国旅游业所有制结构的主要形式

现阶段,我国旅游业所有制形式主要包括以下几个方面。

1. 国有经济

国有经济是指生产资料归国家所有的一种经济形式。

2. 集体经济

集体经济是指生产资料归公民集体所有的一种经济形式。

3. 私营经济和个体经济

私营经济和个体经济是指生产资料归公民个人所有,以雇用劳动或个体劳动为基础的一种经济形式。

4. 股份制经济

股份制经济是指全部资本由股东共同出资,以股份公司为企业类型的一种经济形式。

5. 外商投资经济

外商投资经济是指外国投资者根据我国有关的法律、法规,以独资、合资或合作方式

6. 港、澳、台投资经济

港、澳、台投资经济是指港、澳、台地区的投资者按照我国有关的法律、法规，以独资、合资或合作方式为企业类型的一种经济形式。

总之，在社会主义初级阶段必然存在着多种所有制形式的旅游企业，加强国有旅游企业的主导地位，鼓励各种所有制经济形式的旅游企业共同发展，无疑是改善我国旅游业所有制结构的正确决策。

专栏 9-8　2010 年全国星级饭店类型及其经营情况

2010 年全国星级饭店类型及其经营情况如表 9-3 所示。

表 9-3　2010 年全国星级饭店类型及其经营情况

饭店类型和星级	饭店数/座	客房数/万间/万套	床位数/万张	客房出租率/%	营业收入/亿元	营业税金/亿元	固定资产/亿元
一、饭店经济类型							
合计	11 779	147.64	256.64	60.28	2122.66	111.36	4546.77
内资企业							
国有企业	4 179	53.32	95.11	60.53	760.15	38.22	1799.56
集体企业	494	5.08	9.26	58.79	61.64	3.32	134.93
股份合作企业	254	2.89	5.23	60.23	34.22	1.82	74.28
国有联营	11	0.14	0.25	55.03	1.47	0.08	4.18
集体联营	19	0.17	0.30	61.24	1.27	0.07	3.08
国有与集体联营	9	0.11	0.20	57.18	1.28	0.07	3.98
其他联营	5	0.03	0.06	61.23	0.45	0.02	0.28
国有独资公司	367	5.65	9.15	63.06	107.28	5.79	195.81
其他有限责任公司	1246	17.82	30.53	59.98	251.97	13.89	505.56
股份有限公司	575	8.04	14.03	60.69	115.33	6.14	231.75
私营独资	1492	12.04	21.48	59.16	113.27	6.38	210.53
私营合伙	383	3.61	6.01	60.74	42.84	2.41	58.18
私营有限责任公司	1514	17.33	30.31	60.22	199.60	10.90	334.71
私营股份有限公司	172	2.34	4.14	56.81	21.55	1.19	45.97
其他	522	5.91	10.08	58.92	75.92	4.15	147.19

续表

饭店类型和星级	饭店数/座	客房数/万间/万套	床位数/万张	客房出租率/%	营业收入/亿元	营业税金/亿元	固定资产/亿元
港澳台商投资							
与港澳台商合资经营	147	3.87	5.98	60.16	96.79	4.87	249.76
与港澳台商合作经营	34	0.92	1.39	62.03	26.66	1.26	39.93
港澳台商独资	74	1.60	2.60	61.82	40.58	2.06	103.14
港澳台商投资股份有限公司	24	0.50	0.83	55.10	11.97	0.61	26.14
外商投资							
中外合资经营	114	2.77	4.35	62.55	73.66	3.85	188.75
中外合作经营	47	1.29	1.96	59.08	33.29	1.67	58.23
外资企业	77	1.80	2.81	61.54	42.90	2.16	110.74
外商投资股份有限公司	20	0.38	0.59	63.69	8.58	0.43	20.07
二、饭店星级							
五星级	545	20.01	30.28	60.40	627.12	33.22	1503.48
四星级	2002	40.50	67.74	61.79	726.35	37.32	1535.97
三星级	5384	61.39	110.34	60.16	611.14	32.57	1198.75
二星级	3636	24.73	46.37	58.35	154.36	8.05	300.58
一星级	212	1.00	1.91	50.06	3.68	0.20	7.98

(资料来源：2010年中国旅游业统计公报，2011)

本章小结

  旅游经济结构是旅游经济运行模式的反映，是旅游经济运行的结果，也是国民经济总体状况在旅游经济领域的综合表现。本章从旅游经济结构的概念、特点入手，比较全面地分析和阐述了旅游行业结构、地区结构、产品结构、组织结构和所有制结构的特征、构成、体系的建立及发展趋势等问题。

  旅游经济结构是指旅游业中的各个地区、各个行业、各类产品、各种经济成分、各种生产组织有机结合形成的经济体系。旅游经济结构具有多元性、动态性、协调性等特点。旅游经济结构的合理化原则有：以需求为导向的原则、核心行业与相关行业协调的原则、同国际旅游经济结构相接轨的原则。旅游行业结构是指旅行社、饭店业、交通运输业、旅游景观等行业部门在旅游经济体系中的地位、职能和比例关系。旅游行业结构的影响因素主要有需求因素、资源与科技因素、政策和体制因素。旅游地区结构是指旅游生产力在空间上的分布与协作状态，即一国范围内旅游业的地区布局。旅游地区结构的影响因素有社会生产力的发展水平、旅游地区的资源条件、区位和交通条件。我国旅游地区结构趋向于沿海地区和旅游资源丰富的地区。旅游产品结构是指各类旅游产品之间及其内部的比例关系，是旅游经济结构的重要组成部分。旅游业的组织结构主要是指旅游企业的规模结构和组织结构。旅游企业的规模结构是指大中小型旅游企业在旅游业中的地位、作用和比例关系。旅游企业的组织结构反映了旅游业的经济关系，它包括两个方面：一是企业间的相互关系及其组织网络；二是企业内部的机构设置及其管理模式。旅游业的所有制结构是指不同所有制的旅游企业在旅游业中的地位、作用和相互关系。由于出资者不同，对资产的所有、占有和使用关系也不同，由此形成了不同所有制形式的旅游企业，它们在旅游经济中的地位、作用和相互关系就构成了旅游业的所有制结构。

习　题

(一)单项选择题

1. 旅游经济结构的多元性是由旅游活动的(　　)决定的。
   A. 综合性　　　　　　　　　B. 季节性
   C. 大众性　　　　　　　　　D. 复杂性
2. 旅游业的龙头是(　　)。
   A. 旅行社　　　　　　　　　B. 饭店
   C. 交通运输　　　　　　　　D. 旅游景观
3. 旅游产品的核心内容是(　　)。
   A. 旅行社　　　　　　　　　B. 饭店
   C. 交通运输　　　　　　　　D. 旅游景观
4. 影响旅游行业结构的主要因素是(　　)。
   A. 需求因素　　　　　　　　B. 资源和科技因素
   C. 政策和体制因素　　　　　D. 竞争因素
5. 三十多年来，我国旅游的重点或热点旅游地区是(　　)。
   A. 东部沿海地区　　　　　　B. 中部地区
   C. 西部地区　　　　　　　　D. 华南地区

(二)多项选择题

1. 旅游经济结构的特点有(　　)。
   A. 多元性　　　　　　　　　B. 动态性
   C. 协调性　　　　　　　　　D. 连续性

E. 综合性
2. 旅游经济结构包括( )。
   A. 地区结构   B. 行业结构
   C. 产品结构   D. 生产组织结构
   E. 所有制结构
3. 下列属于旅游核心行业的是( )。
   A. 旅行社   B. 饭店
   C. 交通运输   D. 旅游景观
   E. 商业
4. 影响旅游行业结构的因素有( )。
   A. 需求因素   B. 资源和科技因素
   C. 政策和体制因素   D. 竞争因素
   E. 供给因素
5. 我国旅游业所有制形式主要有( )。
   A. 国有经济   B. 集体经济
   C. 股份制经济   D. 外商投资经济
   E. 私营经济和个体经济

(三)名词解释

1. 旅游经济结构   2. 旅游行业结构   3. 旅游地区结构
4. 旅游产品结构   5. 旅游业组织结构 6. 旅游业所有制结构

(四)简答题

1. 什么是旅游经济结构？有何特点？
2. 试述旅游行业结构的内容及影响因素。
3. 影响旅游地区结构的因素有哪些？
4. 旅游地区结构合理化的标志是什么？
5. 如何建立多样化的旅游产品结构？
6. 旅游业组织机构的合理化包括哪些内容？

(五)论述题

1. 试述我国旅游行业结构如何实现合理化和高级化。
2. 试述如何解决我国旅游地区结构不平衡的问题。

第九章 旅游经济结构

案例分析题

2010年中国饭店业经营情况

截至2010年底星级饭店统计管理系统共计13 991家星级饭店,其中有12 201家完成了2010年财务状况表的填报,并通过了省级旅游行政管理部门的审核,完成率为87.21%。

一、总体情况

(一)基本情况

全国共有饭店13 991家,客房数1 709 966间,床位数2 981 277张。其中,五星级饭店595家,客房数218 064间,床位数330 068张;四星级饭店2219家,客房数449 207间,床位数751 216张;三星级饭店6268家,客房数714 850间,床位数1 284 670张;二星级饭店4612家,客房数313 871间,床位数588 516张;一星级饭店297家,客房数13 974间,床位数26 757张。

按注册登记类型划分,在全国13 991家星级饭店中,国有饭店4713家,占全国星级总数的33.69%;集体饭店为590家,占4.22%;港澳台投资饭店为298家,占2.13%;外商投资饭店为274家,占1.96%;联营、股份、私营等其他注册登记类型的饭店共有8116家,占全部星级饭店总数的58.01%。

(二)财务状况

共计12 201家星级饭店完成了2010年度财务状况数据的填报,其中,五星级549家,占五星级饭店总数的92.27%;四星级2034家,占四星级饭店总数的91.66%;三星级5550家,占三星级饭店总数的88.55%;二星级3833家,占二星级饭店总数的83.11%;一星级235家,占一星级饭店总数的79.13%。

完成填报的12 201家星级饭店中,有420家停业,11 781家星级饭店资产合计539 836 301.96千元,固定资产原值合计454 942 490.32千元,流动资产总额162 942 283.41千元,营业收入212 378 718.85千元,利润总额5 069 720.71千元,实缴税金16 642 852.79千元;从业人员1 581 772人,其中大专以上学历318 862人,占20.16%。

2010年全国星级饭店平均房价为295.10元/间夜,平均出租率60.27%,每间可供出租客房收入177.87元/间夜,每间客房平摊营业收入143 792.55元/间,经营毛利率46.33%。全员劳动生产率132.34千元/人,人均实现利润3.01千元/人,人均实现税收10.29千元/人,人均年薪酬23.67千元/人,人均占用固定资产原值286.34元/人,百元固定资产创营业收入44.53元。

二、各地区情况

星级饭店总数超过 500 家的地区有：广东 1175 家、浙江 1067 家、山东 904 家、江苏 863 家、云南 766 家、北京 708 家、湖北 607 家、湖南 549 家、河南 501 家。平均房价排名在前 10 位的省区市依次为上海、北京、天津、广东、海南、浙江、江苏、四川、山东和吉林，其中上海为 681.94 元/间夜，远超过其他地区；较低的省区市有新疆兵团、广西、西藏、甘肃、云南、贵州、新疆、江西、河南和青海，最低为 167.15 元/间夜。平均出租率排名在前 10 位的省区市依次为湖南、新疆兵团、山东、上海、四川、福建、贵州、浙江、湖北和河南，其中湖南为 71.33%；较低的省区市有西藏、青海、黑龙江、天津、甘肃、云南、内蒙古、吉林、宁夏和北京，最低为 43.62%。每间可供出租客房收入排名在前 10 位的省区市依次为上海、北京、广东、海南、山东、四川、浙江、江苏、天津和福建，其中上海为 445.65 元/间夜；较低的省区市有西藏、甘肃、云南、青海、广西、新疆、新疆兵团、江西、贵州和黑龙江，最低为 75.82 元/间夜。

三、三大区域情况

东部地区拥有星级饭店 7178 家，中部地区 2819 家，西部地区 3994 家，分别占全国总数的 51.30%、20.15%、28.55%。东、中、西部营业收入占全国营业总收入分别为 70.52%、12.93%、16.55%；固定资产原值占全国固定资产原值总数分别为 67.94%、12.62%、19.45%；从利润总额看，东、中、西部地区赢利，三大区域占全国利润总额分别为 99.55%、0.40%、0.06%；从业人员数占全国总数分别为 60.14%、17.54%、22.32%。

从三大区域的总体财务状况看，东部地区平均房价、全员劳动生产率、人均实现利润和人均实现税收均最高，分别比全国平均值高 59.83 元/间夜、22 430 元/人、2010 元/人和 2210 元/人；中部地区的平均出租率最高，高于全国平均值 2.83 个百分点，而全员劳动生产率和人均实现税收为三个区域中最低，分别低于全国平均值 34 200 元/人和 3690 元/人；西部地区的平均房价、平均出租率和人均实现利润均为三个区域最低，分别低于全国平均值 82.91 元/间、1.4 个百分点和 3120 元/人。从三大区域各星级财务情况看，一星级东部地区的平均房价和人均实现税收高于中、西部地区，人均实现利润为负数。中部地区的平均出租率和全员劳动生产率为最高，其中平均出租率比西部地区高出 26.35 个百分点。西部地区人均实现利润最高。二星级东部地区的平均房价、全员劳动生产率和人均实现税收最高，人均实现利润为负数。中部地区的平均出租率最高。西部地区人均实现利润最高。三星级东部地区的平均房价、全员劳动生产率和人均实现税收最高。中部地区的平均出租率最高。三大区域人均实现利润均为负数。四星级东部地区的平均房价、全员劳动生产率、人均实现利润和人均实现税收最高。中部地区的平均出租率最高。西部地区各项指标均为最低。

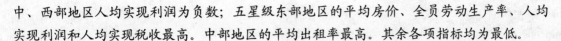

中、西部地区人均实现利润为负数；五星级东部地区的平均房价、全员劳动生产率、人均实现利润和人均实现税收最高。中部地区的平均出租率最高。其余各项指标均为最低。

(资料来源：2010年度全国星级饭店统计公报，2011)

问题：

(1) 根据材料，分析中国饭店业的地区结构特点。
(2) 如何解决中国饭店业的地区不平衡问题？

第十章

旅游经济效益

【学习目标】

通过本章的学习,要求熟悉旅游经济效益的概念、构成,认识到经济效益是判断旅游业对国民经济贡献大小的主要标准;掌握旅游微观经济层面中对旅游企业经济效益评价的指标体系;了解旅游宏观经济层面上提高旅游经济效益的途径,思考如何促进旅游业的持续发展。

【关键词】

旅游经济效益　　旅游企业成本　旅游利润　经济效益评价指标　盈亏平衡点

案例导入

旅游业的发展对焦作经济的影响

河南焦作旅游业的发展，对焦作经济的增长、社会就业的提高、对外开放的推动等方方面面都产生了巨大的影响。特别是在焦作经济增长方面，旅游业的贡献最为突出。发展旅游业以来，焦作的国民生产总值年均增长11.8%，由1999年的211.7亿元增加到2003年的334.2亿元；人均国民生产总年均增长10.7%，达到9800元；地方财政收入平均增长21.5%，达到16.9亿元；全社会固定资产投资达106.2亿元，比1999年增长2倍。旅游业已成为焦作市名副其实的新的经济增长点。

旅游对焦作经济的影响还表现在对相关产业的拉动上，旅游业的快速发展有力地带动了交通运输、餐饮住宿、商贸服务等第三产业的繁荣发展。到2003年年底，第三产业占全市经济总量的30%多，全社会消费品的零售总额突破100个亿，增长10.2%，宾馆饭店的日平均入住率由1999年的不足50%跃至2001年以来的90%以上。

（资料来源：许长仁. 解析"焦作现象" [OL]. http://www.landscapecn.com，2004-08-31）

焦作旅游业在2003年后的快速发展，诞生了以云台山为龙头的旅游体系，拉动了焦作经济，产生了明显的、影响面较广的经济效益，那么什么是旅游经济效益？宏观层面上如何提升旅游经济效益？这是本章要解决的问题。

第一节 旅游经济效益概述

一、旅游经济效益的概念

经济效益是指人们在经济活动中的投入与产出之比。投入既包括物质资料的耗费也包括活劳动的耗费，产出则是指获得的物质产品或其他劳动成果，投入与产出的比较一般以价值形式表示，即费用与收入之比。投入一定，产出越多，经济效益越高，反之则低；产出一定，投入越少，经济效益越高，反之则低。

旅游经济效益是指人们在旅游经济活动中的投入与产出之比，用价值形式表示就是生产旅游产品的费用和销售旅游产品的收入之间的比较。

二、旅游经济效益的范畴

旅游经济活动既包括核心旅游企业、辅助旅游企业和一些相关企业的活动，也涉及与此有关的国民经济活动和社会公共活动。因此，旅游经济效益就包括两大范畴，一是各类旅游企业和相关企业在旅游经济活动中投入和产出的比较，即微观经济效益；二是旅游经济活动对一个国家或地区经济发展的综合影响，即宏观经济效益。只有两种效益并重，旅游经济活动才能持续发展。

三、旅游经济效益的影响因素

旅游企业市场运作会受到来自宏观、微观、外部和内部多重因素的影响，为了有效提高旅游经济效益，就必须对影响旅游经济效益的主要因素进行科学的分析和探讨，影响旅游经济效益的因素主要有以下几个方面。

(一)旅游者数量

在旅游市场中，主体是旅游者，旅游者是旅游企业的服务对象，旅游者数量的多少与旅游经济活动中所占用和消耗的劳动量之间存在着一定的比例关系，用较少的劳动付出及成本向旅游者提供更高质量的服务，那么经济效益较高。旅游者数量对经济效益的影响体现在：一方面，旅游者数量增加，旅游收入必然相应增加，经济效益也相应增加；另一方面，旅游经济活动中劳动占用和消耗，特别是固定费用部分，如员工工资、设备折旧和管理费用等，在一定范围内会随着旅游者数量的增加而相对减少，于是在其他条件不变的情况下，旅游者数量越多，单位旅游者所占用和消耗的成本费用相对就越少，经济效益就会提高。

(二)旅游者构成

在现实市场的旅游消费中，旅游者来自不同国家和地区，其消费水平和购买力均不同，消费需求的水平和程度也不同，旅游者的异质性在旅游产品消费方面表现得很明显，在旅游者数量既定的情况下，平均价格越高，旅游者的平均支出就越大，旅游目的地的经济效益就越好；对旅游品质要求较高的旅游者，愿意为旅游产品规格支出更多，消费目的地的旅游经济效益就越高。

(三)旅游基础设施及其利用率

旅游基础设施包括各种旅游景观、旅游接待设施、旅游交通设施、旅游辅助设施等，旅游基础设施的水平与规格将对旅游经济效益产生直接影响，高标准的旅游服务设施将吸引更多对品质有要求的旅游者，从而提高当地的旅游收入，劳动占用和消耗会相对减少，继而增加旅游经济效益。因此，旅游业应该加强旅游基础设施建设，尽可能配备现代化程度较高的基础设施，以提高劳动效率、减少劳动消耗、增加经济效益。此外，提高旅游设施的利用率,花费在每一位游客上的劳动占用和消耗就会减少,从而降低了旅游成本,提高了经济效益。

(四)旅游活动的安排

旅游市场中需求和供给是相辅相成的,针对需求的旅游供给将能够获得较高的经济效益。有效合理地安排旅游者的旅游活动,将能够提升旅游经济收入,在其他条件既定的情况下,如果旅游活动安排得有针对性和个性化,旅游者比较认可,就能够刺激更多的旅游消费,从而增加旅游经济效益;如果旅游安排没有超过计划时间,就不会增加成本,或者减少旅游成本;如果旅游活动安排丰富且吸引人,客源会增加就会增加经济效益。

在旅游活动安排中,尽量满足旅游者的个性化需求,线路内容丰富,服务周到,使旅游者感到满意,以增加旅游收入。

(五)旅游业的科学管理

提高劳动生产率是产业提升其经济效益的主要途径,也是产业科学管理的重要目标,对于旅游业来讲也是这样。旅游业属于智力密集型产业,劳动者是其生产要素中最重要也是最具有活力的,是劳动生产率能否提高的关键,因此,积极对旅游者进行岗位培训,充分调动起其劳动积极性和培养职业荣誉感,实现科学管理,将有助于提高劳动生产率,从而提升经济效益。

第二节 旅游微观经济效益

一、旅游微观经济效益的含义

旅游微观经济效益是指旅游企业和其他相关企事业单位(包括旅行社、饭店、餐馆、游览点、娱乐场所、商店、交通运输部门及有关的公共服务部门等)在旅游经济活动中的投入与产出之比,用价值形式表示就是成本与利润之比。

二、旅游企业的收入与成本

(一)旅游企业收入

旅游企业的营业收入是在出售旅游产品或提供旅游服务中所实现的收入,包括基本业务收入和其他业务收入。营业收入的高低不仅反映了旅游企业经营规模的大小,还反映了企业经营水平的高低。例如,通过旅游营业收入同企业职工人数的比较,可以直接反映旅游企业的生产率水平。公式为：

$$S = \frac{TS}{H}$$

式中：S——人均旅游营业收入；

TS——年旅游营业总收入；

H——年职工平均人数。

(二)旅游企业成本

1. 旅游企业成本的概念

旅游企业成本是指旅游企业在生产、经营旅游产品时所发生的各种费用的总和，是旅游产品总价值的一部分，是转移到或凝结在产品中的物化劳动价值和活劳动价值的总和。随着旅游产品的销售，旅游企业的成本得以补偿，再生产过程得以进行。

旅游企业的生产成本可以分为两类，即固定成本和流动成本。

固定成本是指旅游企业用于建造、购置或租赁建筑物、旅游设施、办公用品、交通运具等所花费的那一部分生产成本，随着生产经营活动的进行，这部分成本的价值会逐渐转移到产品中去，随着产品的销售，转移的这部分价值得到实现并以折旧费的形式保留下来。由于旅游酒店和旅游景区的经营活动主要依靠建筑物和各类设施等，因而其固定成本在总成本中所占比重较大。

流动成本是指旅游企业用来购置原材料、燃料、配料、辅助材料、劳动力的生产成本及其用于经营管理的那一部分生产成本，这部分成本的价值在生产经营活动中一次转移到产品中去，随着产品的销售全部实现并以货币的形式收回。旅行社、餐馆和旅游商店的固定成本较少，流动成本在总成本中所占的比重较大。因此，不同的旅游企业，控制成本的侧重点应当有所不同。

2. 旅游企业成本的分类

1) 按照经济用途分类

按照经济用途分类，可以把旅游企业的生产成本分为营业成本、营业费用、管理费用和财务费用。

营业成本是指旅游企业在生产经营过程中发生的各项直接支出。例如，旅行社支付的交通费、餐费、房费、文娱费、门票费、劳务费，旅游饭店支付的原材料费、燃料费、洗涤费、照相费、洗染费，修理部门用于购置原材料的费用，旅游商店购置物品的进价成本以及有关的税金和手续费等。

营业费用是指旅游企业在经营过程中发生的各项费用，如运输费、包装费、保管费、水电费、邮电费、广告宣传费、展销费、工资、奖金及其他福利性费用。

管理费用是指旅游企业在管理过程中发生的各项费用，以及由企业统一负担的费用，如公司经费、工会经费、职工教育经费、劳动保险费、待业保险费、租赁费、咨询费、审计费、环境保护费、会议费、差旅费、土地使用费、公关费、各种摊销费、外事接待费、上级部门的管理费和税金等。

财务费用是指旅游企业在经营期间发生的利息净支出、汇兑净损失、金融机构手续费及筹资发生的其他费用等。

根据以上划分，我们可以了解产品的成本结构，并考核各项费用指标，尽量减少费用支出，以控制产品的成本和单位成本。

2) 按照计入产品成本的方法分类

按照计入产品成本的方法分类，可以把旅游企业的生产成本分为直接成本和间接成本。

直接成本是指生产经营某种产品直接发生的费用，如设施或设备的折旧费、原材料费、配件或材料费、燃料费、低值易耗品、旅行社已计入营业收入的各项费用、其他旅游企业在经营活动中发生的各项费用等。

间接成本是指为生产经营某种产品而由多个企业共同发生的耗费，如公司经费、工会经费、劳动保险费、租赁费、环保费、水电费、外事接待费、交际费、会议费、差旅费和各种摊销费等。

三、旅游企业的利润

旅游企业的利润量是指旅游产品的销售收入扣除生产或经营成本后的余额，即旅游产品总价值与成本之间的差额。用公式表示为：

企业利润＝企业收入－生产经营成本－各项费用

在正常情况下，旅游企业的利润分为税金、股息、公积金和公益金等。旅游企业的生产目的是在满足旅游者需要的同时最大限度地获取利润，如果旅游企业的成本降低，利润量就会增加，竞争力也将大大提高。旅游企业的经营管理应该尽量降低生产成本，努力提高企业利润，只有这样旅游供给才能不断扩大，旅游业才能更快地发展。

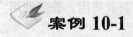

案例 10-1

昆明酒店过多，逼出价格联盟

2001年，昆明5家五星级和14家四星级酒店开始实施酝酿了一年多的酒店价格联盟价格协议，协议规定：从7月1日起，昆明五星级酒店的座位不得低于30美元，四星级酒店不得低于22美元，联盟组成立专门小组进行监督检查。据《21世纪经济报道》介绍，联盟内违规酒店将被降低酒店星级，不得接待定点旅游团队，并处以罚款，对举报违规者施以5000~10 000元的重奖；联盟协议执行得好的，云南省旅游局在促销时将予以最优惠的条件，在政府的大型接待活动中享有优先权。

早在1999年世博会期间就有人预计昆明大规模地上酒店项目将酿成灾难。实际上，由于酒店建得过多，世博会并未真正带来滚滚利润。在近一年的时间里，昆明五星级酒店的价位普遍在170元左右，四星级酒店在120~150元，三星级更是在100元以下。在最严重的时候，一些四星级酒店的价位竟降到80元。一位从业人员指出，昆明90%的国有酒店虽然亏损却不破产，结果把整个酒店行业拖进了死胡同。

(资料来源：靳慧.昆明酒店过多，逼出价格联盟[N].北京晨报，2001-08-01.)

四、旅游企业经济效益的评价指标

我国旅游企业经济效益的评价指标主要包括销售利润率、总资产报酬率、资本收益率、资本保值增值率、资产负债率、流动比率、应收账款周转率、存货周转率、社会贡献率和社会积累率等。这些指标从投资者、债权人、社会贡献等方面考察了旅游企业的经济效益。

(一) 偿债能力指标

偿债能力是指旅游企业偿还各种到期债务的能力，可以揭示旅游企业的财务实力和风险程度，偿债能力包括短期和长期两种。

1. 短期偿债能力分析

短期偿债能力是指旅游企业偿付流动负债(如应付款)的能力。流动负债需以现金来偿付，常用的比率分析如下。

(1) 流动比率，即流动资产与流动负债的比率，公式为

$$流动比率 = \frac{流动资产}{流动负债} \times 100\%$$

流动比率越高，偿债能力越强，但过高则说明流动资产利用率不高，一般认为流动比率在200%为宜。

(2) 速动比率，即速动资产与流动负债的比率。

$$速动比率 = \frac{速动资产}{流动负债} = \frac{流动资产-存货}{流动负债} \times 100\%$$

速动比率越高，说明短期偿债能力越强，一般认为速动比率为100%较为合适。

(3) 现金比率，即现金资产与流动负债的比率，公式为

$$现金比率 = \frac{现金+现金等价物}{流动负债} \times 100\%$$

现金比率越高，说明短期偿债越有保障，但过高说明资金没能充分利用，一般认为现金比率在15%~25%比较合适。

2. 长期偿债能力分析

长期偿债能力是指旅游企业偿还长期负债的能力。常用的比率分析如下。

(1) 资产负债率，即负债总额与资产总额的比率，亦称负债比率或举债经营比率，反映旅行社资产总额中债务所占的比重，公式为

$$资产负债率 = \frac{负债总额}{资产总额} \times 100\%$$

资产负债率越高，说明偿还债务的能力越差，一旦资产负债率超过100%，说明已经是资不抵债。

(2) 所有者权益比率，亦称资产股权比率，是指旅游企业资产所有者(股东)权益总额与资产总额的比率，公式为

$$所有者权益比率 = \frac{所有者权益总额}{资产总额} \times 100\%$$

所有者权益比率越大，资产负债率越低，偿还长期债务的能力就越强。

(3) 产权比率，亦称负债股权比率，是指负债总额与股东权益总额的比率，公式为

$$产权比率 = \frac{负债总额}{股东权益总额} \times 100\%$$

产权比率越低，说明长期财务状况良好，风险小，偿还长期债务的能力越强。

(二)营运能力指标

营运能力是指旅游企业资金利用效率，即资金周转的速度及其有效性。通过营运能力分析，可以得知营业状况和管理水平。具体指标如下。

1. 应收款周转率

应收款周转率是指旅游企业在一定时期赊账收入净额与应收款平均余额的比率，反映了应收款的周转速度，公式为

$$应收款周转率 = \frac{赊账收入净额}{应收款平均余额} \times 100\%$$

其中，

$$应收款平均余额 = \frac{期初应收款余额 + 期末应收款余额}{2}$$

应收款周转率越高，说明催收账款的速度越快，坏账损失越少，资金流动性就越强。

2. 流动资产周转率

流动资产周转率是指旅游企业营业收入与流动资产平均余额的比率，反映的是全部流

动资产的利用效率,公式为

$$流动资产周转率 = \frac{营业收入}{流动资产平均余额} \times 100\%$$

其中,

$$流动资产平均余额 = \frac{期初流动资产 + 期末流动资产}{2}$$

该指标表明在一个会计年度内旅游企业流动资产周转的次数越多,比率越高,说明流动资产的利用效率就越好。

3. 固定资产周转率

固定资产周转率也称固定资产利用率或固定资产销售率,是指旅游企业营业收入净额与固定资产平均净额的比率,公式为

$$固定资产周转率 = \frac{营业收入净额}{固定资产平均净额} \times 100\%$$

其中,

$$固定资产平均净额 = \frac{期初固定资产 + 期末固定资产}{2}$$

固定资产周转率越高,说明固定资产的利用率越高,管理水平就越高。

4. 总资产周转率

总资产周转率也称总资产利用率,是指营业收入净额与资产平均总额的比率,公式为

$$总资产周转率 = \frac{营业收入净额}{资产平均总额} \times 100\%$$

其中,

$$资产平均总额 = \frac{期初资产总额 + 期末资产总额}{2}$$

总资产周转率过低,说明企业经营效率较差,已经严重影响获利能力。为此,需要大幅提高营业收入,或者及时妥善处置不良资产,或者两者兼而有之。

(三)赢利能力指标

赢利能力是旅游企业赚取利润的能力,具体指标如下。

1. 营业利润率

营业利润率是指旅游企业利润总额与营业收入净额的比率,它表现在一定时期内每一元的营业经营净收入能够产生多少利润,公式为

$$营业利润率 = \frac{利润总额}{营业收入净额} = \frac{利润总额}{营业总收入-营业总成本} \times 100\%$$

营业利润率越高,说明旅游企业通过扩大营业额获得利润的能力越强。

营业利润率还可以分解为如下具体指标。

$$毛利率 = \frac{营业收入-营业成本}{营业收入} \times 100\%$$

$$营业收入利税率 = \frac{利率总额}{营业总收入} \times 100\%$$

$$分配前利润率 = \frac{净利润+工资奖金}{营业总收入} \times 100\%$$

$$纯利润率 = \frac{利润-所得税}{营业总收入} \times 100\%$$

2. 成本费用利润率

成本费用利润率是指旅游企业利润总额与成本费用总额之间的比率,反映了在经营过程中为取得利润而消耗的成本费用情况,公式为

$$成本费用利润率 = \frac{利润总额}{成本费用总额} \times 100\%$$

成本费用利润率越高,说明旅游企业付出的成本费用越低,获利能力就越强。

3. 资产利润率

资产利润率是指利润额与资产平均占用额之间的比率,表明一元资产所获得的利润是多少,资产利润率按不同资产分类有以下几种计算方法。

$$总资产利润率 = \frac{利润额}{平均资产总额} \times 100\%$$

$$流动资产利润率 = \frac{利润额}{流动资产平均占用总额} \times 100\%$$

$$固定资产利润率 = \frac{利润额}{固定资产平均占用总额} \times 100\%$$

资产利润率与营业利润率、资产周转率成正比。

4. 资本金利润率

资本金利润率是指利润额与资本金总额的比率,反映了每一元资本金所获得的利润多少,用以衡量投资者投入旅游企业的资金获利能力,公式为

$$资本金利润率 = \frac{利润额}{资本金总额} \times 100\%$$

资本金利润率越高,说明获利水平越高,当资本金利润大于银行贷款时,旅行社可采

取适度的举债经营策略。

(四)社会贡献能力指标

1. 社会贡献率

该指标反映了旅游企业为社会创造价值的能力,公式为

$$社会贡献率=\frac{社会贡献额}{资产总额}\times 100\%$$

社会贡献额包括企业工资总额、各种福利性支出、利息支出、各项税收和净利润等。

2. 社会积累率

该指标反映了旅游企业向国家上交税收的能力,公式为

$$社会积累率=\frac{各项税收额}{资产总额}\times 100\%$$

五、关于旅游企业微观经济效益的分析

(一)关于盈亏平衡点的分析

盈亏平衡点分析又称量本利分析,它阐明了企业成本、利润与业务量之间的互动关系,可以为企业经营决策提供极有价值的数量依据。

在进行量本利分析时,首先要明确盈亏平衡点的概念,然后将成本划分为固定成本和变动成本。盈亏平衡点又叫保本点,是指企业销售收入等于固定成本与变动成本之和时的销售额。固定成本是指成本总额不随业务量的增减而相应变动的成本,如建筑物、设施、设备等。变动成本是指成本总额随业务量的增减而按一定比例相应变动的成本,如原材料、燃料、配料等。

盈亏平衡分析法的公式和程序为

$$QE=\frac{FC}{P-VC}$$

式中:QE——保本点销售量;
　　　FC——固定成本总额;
　　　VC——单位变动成本;
　　　P——单位产品价格。

例如,某饭店有客房100间,每天摊销的固定成本总额为5000元,每间客房的变动成本为50元,每间客房的价格为150元,按公式计算:

(1) 饭店达到保本点的日销售量为

$$QE = \frac{FC}{P - VC} = \frac{5000}{150 - 50} = 50(间)$$

(2) 饭店达到保本点的日销售额为

$P \cdot QE = 150 \times 50 = 7500(元)$

(3) 饭店达到保本点的开房率为

饭店开房率=50÷100×100%=50%

以上公式表明，当该饭店的开房率为50%时，日销售额等于每天的固定成本总额与变动成本总额之和，该饭店达到了保本点，如果开房率高于50%，该饭店就能赢利，如果开房率低于50%，该饭店则会亏损。

(二)关于目标利润的分析

企业在进行投资或生产经营活动之前，必须掌握可能发生的劳动耗费和物质耗费，并确定相应的目标利润。

在成本和价格不变的情况下，销售量成为影响企业利润的决定因素，旅游企业可以根据以下公式计算出达到目标利润时的最低销售量。

$$Q = \frac{FC + Pf}{P(1 - T_s) - VC}$$

式中：Q——销售量；

FC——固定成本总额；

Pf——目标利润；

P——单位价格；

T_s——营业税率；

VC——单位变动成本。

例如，某家旅游饭店有客房150间，每间房价100元，每天摊销的固定成本总额为2500元，每间客房每天的变动成本为15元，营业税率为5%，该饭店客房的年目标利润为200万元，一年按360天计算，若要达到此目标利润，则每天的客房销售量、销售额和平均出租率各是多少？

解：每天的客房销量 $= \dfrac{(2500 \times 3600) + 2\,000\,000}{100 \times (1 - 5\%) - 15} \div 360 = \dfrac{2\,900\,00}{80} \div 360 \approx 101(间)$

每天的客房销售额=101×100=10 100(元)

每天的客房平均出租率=101/150=66.7%

当销售量不变时，如果固定成本增加，利润额就会减少；如果价格不变，单位变动成本提高，也会使利润额减少。在成本不变的情况下，价格的变动会导致利润的变化，提高价格则利润额增多，反之则减少。

(三)关于目标利润最大化的分析

同其他企业一样，旅游企业的生产经营目的也是为了最大限度地获取利润，即追求目标利润的最大化，为了实现这一目的，有必要对边际收益、边际成本的概念作一些说明。

MP 为边际收益，即每增加一个单位产品的销售量所导致的总收入的增加量；MC 为边际成本，即每增加一个单位产品的销售量所导致的总费用的增加量。

当产品销售量达到某一数量 Q_1 时，边际收入大于边际成本，即 MP>MC，表明当产品销售量为 Q_1 时，收入的增加大于成本的增加，企业成本增加但仍然有利可图。因此，产量为 Q_1 时的利润不是最大利润。随着产品销售量的增加，变动成本也相应增加，当产品销售量达到一定数量 Q_2 时，边际收入小于边际成本，即 MP<MC，表明当产品销量为 Q_2 时，所增加的收入不足以弥补所增加的成本，企业利润下降。因此，产量为 Q_2 时的利润也不是最佳利润。只有当边际收入等于边际成本，即 MP=MC 时，表明产品销售量达到某一数量 Q_0 时，企业所增加的收入和增加的成本相抵，企业利润达到了极限，若再扩大，利润则会开始减少，因此，只有当边际收入等于边际成本时，企业的利润额才是最多的，即实现了利润的最大化。

另外，产品销售结构对企业利润也有影响，由于不同产品的利润率不同，产品销售结构的变化必然会引起企业利润的变化。旅游企业的经营管理者应当充分考虑市场、资金、技术等多种因素，以确定最佳的产品销售结构。

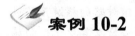

案例 10-2

香格里拉的发现导致旅游热

"香格里拉"的原形在藏族自治州迪庆，其发现引起了世界轰动，作为香格里拉腹心地的中甸自然也备受世人的关注，从而掀起了香格里拉——中甸旅游的热潮，这主要是由于"香格里拉"不仅具有优美、神秘的自然景观，而且蕴藏着人与自然和谐相处、人与人和睦相处及人自身平衡相融的精神内涵。随着人与自然和谐相处的理念被世人广泛接受，从而引发了人们对香格里拉的向往，于是萌生了亲自到香格里拉一睹风采的愿望，使得中甸一下子成为国内外旅游的热点。1995 年到迪庆旅游的人数仅为 43 306 人次，1996 年由于寻访香格里拉热潮兴起，旅游人数达 14.5 万人次，1997 年旅游人数攀升至 22.67 万人次，1998 年更是达到了 51 万人次，1999 年进一步飙升至 120 万人次，宾馆床位则从 2000 年的 2000 多张增长到 2004 年的 1.8 万多张。整个迪庆的地方财政收入也从 1998 年的 1000 万元增加到 2004 年的 1.1 亿元，增长近 10 倍，从而顺利实现了从"木头财政"到"旅游财政"

的转变。

(资料来源：杨桂红，孙炯.香格里拉的腹心地——中甸旅游业发展及管理模式探讨[J].
经济问题探索，2001(2))

案例 10-3

"姑苏城外寒山寺"旅游产品

中国的古诗词在日本影响甚广，一般日本人都爱吟唱中国古诗，且尤喜唐诗。张继的《枫桥夜泊》和《寒山寺》在日本可谓妇孺皆知。苏州国旅针对日本游客的这一偏好，结合日本人有除夕在寺内敲钟的习俗，决定复原张继诗中的意境，开发除夕夜寒山寺敲钟的旅游产品。

客人们抵达苏州先饱览姑苏城秀色，然后再到各大饭店吃中式火锅，中间还安排一些联欢节目。年夜饭结束后是专场文艺演出。演出结束，千余名日本客人上车前往寒山寺，沿途随处可见的是舞狮、舞龙、荡船等传统的中国舞蹈。当车队驶进寒山寺内，气氛立即变得庄严肃穆。寒山寺住持方丈在门口双手合十迎接来宾。四五十个身着袈裟的僧侣口诵佛经，钟鼓齐鸣，人们也纷纷合掌膜拜，默默地祈祷。午夜 11 点 42 分 10 秒起，德高望重的法师在钟楼上敲响寒山寺的第一声钟响，此后每隔 10 秒钟敲一响。最后一响即第 48 响正好是零点正。于是爆竹齐鸣，除夕夜欢庆活动进入高潮。"姑苏城外寒山寺"这一旅游产品的开发，适应了旅游者的消费偏好，获得了巨大成功，在日本的影响越来越大。

评析：随着旅游市场的不断发展，旅游者的消费行为日渐成熟，出现了旅游需求多样化和个性化的发展趋势。对于旅游企业来说，适应市场变化、开发适销对路的旅游产品成为提高企业经济效益的关键，这就要求经营者密切注意旅游者的消费偏好及其变化，向旅游者提供满足其需求的产品和服务。本案例中"姑苏城外寒山寺"的成功，正是经营者抓住了日本游客的消费需求，满足其消费偏好的结果。

(资料来源：郝索.旅游经济学[M].北京：中国财政经济出版社，2009.)

第三节 旅游宏观经济效益

一、旅游宏观经济效益概述

旅游宏观经济效益是指一个国家或地区在旅游经济活动中的劳动耗费与劳动成果的比较，即旅游总投入与总收入的比较。由于旅游经济活动涉及国与国、地区与地区、企业与企业、个人与个人之间的相互关系，旅游经济效益必然影响旅游目的国(地区)的社会、经济、文化、环境等诸多方面。从这个意义上说，研究旅游宏观经济效益有着广泛、深远的意义。

旅游宏观经济效益中的总投入是指全社会在一定时期内为发展旅游业所付出的全部成本，既包括旅游企业活劳动的耗费，也包括相关行业或部门为发展旅游而付出的活劳动和物化劳动的耗费，还包括国家在开发旅游资源、兴建旅游设施、开展旅游营销活动中的各种费用等。旅游宏观经济效益中的总收益是指全社会在一定时期内从旅游经济活动中所获得的全部收入，包括旅游企业的利润和外汇收入，各相关行业或部门的利润和外汇收入，国家和各级地方政府从旅游企业和相关行业、部门收缴的税金，其他产业乃至全社会从旅游业的发展中获得的其他收益等。

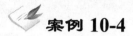

案例 10-4

奥运会的旅游经济效益

事实证明，奥运会的成功举办能够对一个举办城市和地区的旅游业发展产生难以估量的推动作用，其带来的旅游经济效益远远大于一般的旅游活动。奥运会期间，来自世界各地的旅游者云集于举办城市。这些旅游者除了人数众多的运动员、教练员、随队工作人员、记者以外，还有规模更为庞大的"拉拉队员"和观众。资料显示，洛杉矶、汉城、巴塞罗那、亚特兰大奥运会期间，入境的游客分别达到 23 万人次、22 万人次、30 万人次和 29 万人次。而悉尼奥运会，在旅游与奥运的结合上，比以往任何一届都做得更好，比赛期间共接待国外旅游者达 50 万人次。

奥运会吸引来的大量旅游者及其进行的旅游活动，不仅使举办地旅游业的外汇收入大幅度增加，而且创造了无限的旅游商机。奥运会期间，入境国际游客无论在住宿、交通、通信、餐饮、观看比赛，还是在旅游购物的消费水平上都比平时超出一倍或数倍，集中消费程度高，使举办地的旅游收入十分可观。在 1992 年巴塞罗那奥运会期间，旅游外汇收入达到 30 多亿美元；巴塞罗那奥运会前，巴塞罗那三星级以上饭店的住宿率不足 60%，一、二星级饭店的住宿率也只有 60%，而奥运会期间，其三星级以上豪华饭店客房住宿率为 97%，一、二星级饭店的住宿率也达到 95%。2000 年悉尼奥运会期间的旅游外汇收入更高达 42.7 亿美元。

（资料来源：http://www.0432hy.net/serverlist.php?id=625）

二、关于旅游宏观经济效益的分析

旅游宏观经济效益的内容包括以下几个方面：是否以较少的劳动耗费生产出了较多的旅游产品；是否以较少的资金投入取得了较多的旅游收入；是否有效地利用资金或资源取得了最大的社会效益。据此，旅游宏观经济效益的衡量指标主要有以下几个。

1. 投资效果

投资效果是指一定时期内旅游投资额与赢利额之比,反映了单位投资的赢利水平,又称投资利润率或投资回收率,公式为

$$投资效果 = \frac{该投资产生的利润额}{投资额} \times 100\%$$

2. 投资回收期

投资回收期是指旅游投资额全部收回的时间,即投资额与年利润额之比,公式为

$$投资回收期 = \frac{投资额}{该投资的年利润额}$$

3. 劳动生产率

劳动生产率是指一定时期内旅游接待人数与旅游业员工人数之比,反映了单位旅游产品的活劳动耗费,公式为

$$劳动生产率 = \frac{旅游接待人数}{旅游业员工人数}$$

4. 就业率

就业率是指一定时期内旅游从业人员数量与同一时期旅游经济总量之比,反映了旅游经济的单位资本量所形成的就业能力,公式为

$$就业率 = \frac{一定时期旅游从业人员的数量}{同一时期旅游经济的总量}$$

5. 外汇收入能力

外汇收入能力是指一定时期内旅游投资获得外汇净收入的能力,也叫旅游换汇成本,公式为:

$$外汇收入能力 = \frac{一定时期的外汇收入 - 同一时期的外汇成本}{同一时期的投资成本(本币)}$$

6. 接待能力

接待能力是指一定时期内旅游投资与同一时期旅游接待人数之比,反映了单位旅游投资所形成的接待能力,公式为

$$接待能力 = \frac{一定时期的旅游接待人数}{同一时期的投资成本}$$

7. 边际收益率

边际收益率是指旅游投入的增加量与旅游产出的增加量之比,反映了旅游业在发展过程中的效益状况,公式为

$$边际收益率 = \frac{产出增加量}{投入增加量} \times 100\%$$

三、提高旅游宏观经济效益的途径

(一)宏观决策科学化

旅游宏观决策主要包括旅游发展战略与区域规划、旅游资源开发决策、旅游投资决策、旅游经济技术决策、旅游教育与培训计划等。为保证宏观决策的科学性,必须制定一套严格的宏观决策程序,本着实事求是的原则,先由有关基层单位提出建议,再经专家班子和职能机构充分论证,最后由主管部门决策。

(二)管理体制行业化

旅游业是一个综合性的产业,与此相适应,旅游管理机构也应该是跨行业、跨地区的综合性部门。按照社会主义市场经济的要求,旅游行政管理部门的职责主要是:制定旅游业发展战略与发展规划,制定有关的政策、法规,开展整体宣传与统一促销,引导市场并对旅游企业实行行业管理,协调各地区、各部门之间的关系,为旅游业的发展创造一个良好的社会环境。

(三)企业组织集团化

旅游活动是一种国际化、社会化、一体化的经济活动,为顺应旅游经济活动的发展趋势,有必要组建若干个大型旅游企业集团,从根本上提高我国旅游业的综合实力。集团化经营可以扩大企业规模,增加旅游企业在市场营销、资源开发、景区管理、旅行社与饭店服务等方面的能力,还可以使分散在各个地区、各个行业的旅游业联合起来,既优化了旅游产业结构,又更好地满足了旅游者的多种需要,从而大大提高了旅游经济效益。

案例 10-5

首旅集团的重组

2004 年 4 月 17 日,三家分别来自北京旅游业、商业和餐饮业的强势企业——首都旅游集团、北京新燕莎控股公司和中国北京全聚德集团公司宣布合并重组,合并后新集团的总

资产达到 155 亿元，经营业务将组成一条完整的旅游产业链。参加重组的 3 家企业都是北京市政府国有资产授权经营的国有独资公司，合并的方式是将新燕莎控股公司和全聚德集团公司的国家所有权益 11.72 亿元资产整体划入首都旅游集团公司的国家资本金。

合并后的首都旅游集团公司仍为北京市人民政府出资的国有独资公司，北京市国资委依法履行出资人职责。合并后的首旅集团将对现有的饭店业、旅行行业、餐饮业、汽车服务业、旅游商业、会展业和景区景点业"七大板块"进行整合，酒店业将形成符合国际惯例的、高中低档次配置合理的运营体系，使首旅集团投资及管理的酒店总数超过 100 家；旅行社业则将形成以北京为中心、辐射全国及海外主要客源市场的接待体系，完成旅游产业链的有机衔接；餐饮业将充分发挥多家著名老字号的餐饮品牌和 200 多家连锁经营店的经营优势，组成颇具实力的餐饮集团；汽车服务业将按照规模化的发展思路，通过对首汽、友联经营资源的整合，形成拥有 8000 多辆运营汽车的相对完善的汽车综合服务体系；旅游商业将着重突出燕莎品牌优势，开发建设高档旅游商务服务中心；会展业将充分发挥北京展览馆及酒店会展设施的资源优势，实现会展市场开发及接待服务整体效益最大化；景区景点业将以资源开发为重点，形成旅游客源地与旅游目的地的有机联系，以此促进其他相关业务的市场拓展。

此次三强硬态度联合的背景是国际资本大举进入中国旅游业，对本地产业形成了巨大压力。近几年，国际资本大举进入中国的饭店、旅行社等行业，国内尚处于小、散、弱、低状态的旅游行业感受到了巨大压力。合并重组的动力是抓住北京承办奥运会的发展契机加速发展，合并后的首旅集团提出，在未来五年内实现总资产、经营规模和利润 3 项指标翻一番。

(资料来源：张舵，孙玉波. 京三企业组成旅游产业链[OL]. http://www.xhby.net，2004-04-18)

(四)经营管理手段现代化

旅游经济活动是一种高层次的消费活动，旅游业则是一个需要广泛使用现代化手段的朝阳产业。使用现代科技手段和高新技术设备，有利于旅游企业加强市场预测，确定或调整产品类型，有利于旅游企业提高产品质量和服务水平，有利于旅游企业提高劳动生产率和监控能力，从而最终提高旅游经济效益。

(五)员工素质高层次化

旅游产品是以无形服务为主体的，因而员工素质是影响旅游产品质量的关键因素，这也是影响旅游经济效益的重要因素。提高员工素质的关键是人才的开发和培养，应当通过岗前教育、岗位培训、业余和脱产学习等多种方式和途径，提高旅游业员工的文化程度、技术能力和道德水平，进而达到提高旅游经济效益的目的。

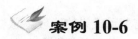

案例 10-6

一箭多雕——黄龙洞委托经营

1998年1月1日，张家界市武陵源区人民政府按照"产权清晰、权责明确、政企分开、管理科学"的要求，对黄龙洞景点实行了委托经营——经营权与所有权分离。

1984年到1997年，黄龙洞景点同武陵源区直接经营管理期间，平均每年接待客人约20万人，年均旅游收入不足300万元。最好的1997年客流量为34.9万人，旅游收入为1512万元，上缴税收64万元。

1998年黄龙洞景点实行委托经营，4年时间内其客流量、旅游收入、入库利税分别为：1998年接待游客30.1万人，旅游收入1357.2万元，上缴税收175万元，同1997年相比分别下降14%、10%及上升173%(当年张家界曾发生"7·23"特大洪灾)。1999年接待游客45.6万人，旅游收入2443.2万元，上缴税收386万元，同1997年相比分别增长31%、62%、503%。2000年接待游客67.03万人，旅游收入3669.9万元，上缴税收504万元，同1997年相比分别增长92%、143%、688%。2001年1月至11月份接待游客75.43万人，旅游收入4111.5万元，上缴税收600万元，同1997年相比分别增长116%、172%、838%。

与黄龙洞景点一同"委托"的161名员工的月平均工资也由1997年的680元上涨至2001年的1100元，增幅为62%。另外，受托单位在此4年内还向当地政府上缴委托经营费、景区建设费等费用7600万元，相当于黄龙洞景点1984年至1997年旅游总收入的1.8倍。

(资料来源：游四方. 黄龙洞委托经营一箭多雕[N]. 中国旅游报，2001-12-26)

本章小结

经济效益是宏观经济与微观经济共有的命题，获得效益是任何活动的最终诉求。同理，提高经济效益是旅游活动的基本原则，是判断旅游业对国民经济贡献大小的主要标准。本章对旅游经济效益的概念、范畴等进行分析，提出了在微观层面对旅游企业成本、利润进行理解，并将旅游企业经济效益评价指标全面呈现在读者面前，特别是对微观经济效益的分析方法给予了强调；此外，还从宏观层面提出了分析宏观经济效益的方法，以及提高宏观经济效益的途径。

微观经济效益是指旅游企业和相关企事业单位在旅游经济活动中的投入和产出之比，是成本和利润之比，旅游企业成本分为固定成本和流动成本，固定成本随着生产经营，其部分成本价值将转移到产品中去。流动成本的价值是在生产经营中一次性转移到产品中去的。正常情况下，企业利润分为税金、股息、公积金和公益金。对企业微观经济效益的分析包括盈亏平衡点分析、目标利润和目标利润最大化分析。

旅游宏观经济效益是一国或地区在旅游经济活动中的劳动耗费与劳动成果的比较。总收益是一定时期所获得的全部收入，包括旅游企业的利润和外汇收入、各相关行业利润和外汇收入。提高宏观经济效益的途径有宏观决策科学化、管理体制行业化、企业组织集团化、经营管理手段现代化、员工素质高层次化。

习　　题

(一)单项选择题

1. 以下(　　)不是对旅游经济效益的描述。
   A. 旅游产品投入与产出的比较
   B. 旅游产品费用与收入的比较
   C. 旅游产品所费与所得的比较
   D. 旅游产品收入与利润的比较

2. 旅游成本按其经济内容分，不包含哪项?(　　)。
   A. 营业成本　　　　　　　　B. 管理费用
   C. 财务费用　　　　　　　　D. 变动成本

3. 关于经济效益的说法，以下正确的是(　　)。
   A. 旅游微观经济效益就是旅游企业的经济效益
   B. 旅游宏观经济效益是旅游微观经济效益的基础
   C. 旅游微观经济效益必须以旅游宏观经济效益为前提和条件
   D. 当旅游宏观经济效益与旅游微观经济效益发生矛盾时，前者应当服从后者

4. 下列指标中，(　　)不属于经济效益指标。
   A. 旅游总收入　　　　　　　B. 旅游投入产出比
   C. 旅游带动系数　　　　　　D. 旅游企业经营成本

5. 当旅游产品总收入增加，但人均旅游产品收入减少时，此时(　　)。
   A. 旅游业经营效益提高，客源市场扩大
   B. 旅游业经营效益提高，客源市场不变
   C. 旅游业经营效益提高，客源市场缩小
   D. 旅游业经营效益不变或下降，客源市场扩大更多

(二)多项选择题

1. 旅游经济效益的影响因素有(　　)。
   A. 旅游者数量及构成　　　　B. 旅游物质技术基础及其利用率

C. 旅游活动组织和安排　　　　D. 旅游业的科学管理
2. 下面几点中，(　)属于旅游宏观成本的范畴。
　A. 旅游吸引物的开发投入
　B. 旅游活动对生态环境的破坏
　C. 高机会成本的损失
　D. 旅游基础设施的投入
3. (　)属于旅游业商品性收入。
　A. 交通收入　　　　　　　　B. 生活用品收入
　C. 特产收入　　　　　　　　D. 饮食收入
4. 按照费用的经济用途划分，旅游企业成本可分为(　)。
　A. 固定成本和变动成本　　　B. 直接成本和间接成本
　C. 营业成本与营业费用　　　D. 财务费用和管理费用
5. 以下费用属于固定成本的是(　)。
　A. 水电费用　　　　　　　　B. 原材料费用
　C. 服务人员工资　　　　　　D. 管理人员工资

(三)名词解释

1. 旅游经济效益　　2. 旅游微观经济效益　　3. 固定成本
4. 流动成本　　　　5. 管理费用　　　　　　6. 直接成本
7. 旅游企业的利润量　8. 资产负债率　　　　9. 净资产收益率
10. 社会贡献率　　　11. 盈亏平衡点　　　　12. 旅游宏观经济效益

(四)简答题

1. 什么是旅游经济效益？
2. 旅游企业经济效益的评价指标有哪些？
3. 举例说明盈亏平衡点的分析方法。
4. 如何提高旅游宏观经济效益？
5. 衡量旅游宏观经济效益的指标主要有哪些？
6. 结合实际，阐述提高旅游宏观经济效益的重要意义。

(五)论述题

1. 讨论旅游经济效益评价的标准。
2. 比较旅游企业以及旅游经营者经济效益评价的方法。
3. 比较旅游宏观经济效益的评价指标和内容。

案例分析题

旅游业成为拉动香港经济的重要因素

2005年9月12日香港迪士尼乐园开门迎客，香港人对此寄予了很高的期望，因为据专家评估，乐园开张后40年内可为香港带来1480亿港元的收益。除这项耗资近35亿美元的巨大工程外，香港还有两大旅游工程——投资9.5亿港元的东涌至昂平吊车工程项目与耗资5.2亿港元、占地64公顷的香港湿地公园第二期工程，它们都在2006年初建成。香港大型旅游基建项目的陆续建成，进一步增强了香港多元化、多层面的旅游吸引力。旅游业已成为拉动香港经济的重要因素，发展旅游业是香港经济转型期的重要应对之策。特区政府把旅游业列为四大支柱产业之一，过去数年，香港为开发旅游资源已经投入了310亿港元。虽然目前香港旅游产业只占本地生产总值的7.5%，但旅游业的兴旺可以带动相关行业，如零售业、餐饮业、酒店业的增长。以酒店业为例，根据香港旅游发展局预测，未来两年内香港将增加1.4万间酒店客房。过去两年，内地放宽了个人赴香港旅游的政策，内地游客的到来也促进了香港经济的复苏与繁荣。据统计，2004年内地赴港旅游人数上升44%，超过1220万人次，而内地游客的消费额已占香港去年零售业总额的12%，这个比例比2000年上升了5个百分点。

与此同时，恒生指数在过去12个月内上升了22%，失业率呈现缓慢下降的趋势，已从两年多前的8.7%降至5.9%。渣打银行经济师许长泰说："消费物价指数上升主要是受以内地游客赴港'个人游'的带动加上近期楼市兴旺和失业率下降，市场的消费信心已经开始恢复，零售商也有更好的叫价能力，因此物价有所上升。"

经济界人士认为，在物价指数上，得益于进口商品增多、零售和餐饮业生意快速反弹，市面一片繁荣景象刺激了香港内部市场需求向好。"拉动香港经济的一个重要因素就是旅游业，来自内地的大批游客促进了香港人的消费。""香港明天更好。"基金会行政总裁袁金浩说。

(资料来源：白冰，潘晓燕. 旅游业成为拉动香港经济的重要因素[OL].
http://www.xinhuanet.com,2005-06-27)

问题：

(1) 阅读案例，请分析提升香港旅游经济效益的途径有哪些。

(2) 就香港旅游的现状，请讨论香港旅游经济增速放缓的原因，并思考如何进一步发展香港旅游经济。

第十一章

旅游经济发展战略及旅游规划

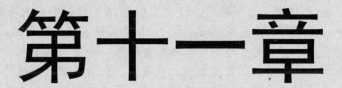

【学习目标】

通过本章的学习,要求了解我国旅游经济发展战略,对我国旅游发展战略的现状及选择背景要认知,特别是对四个现行旅游发展战略要熟悉。此外,了解旅游发展规划的类别、理论体系及组成,旅游规划涉及的编制程序。

【关键词】

旅游经济发展战略　旅游规划　政府主导型　可行性论证

> **案例导入**

东盟合作办旅游

在 2004 年的东盟旅游论坛上,东盟 10 国的旅游部长共同签署了一项"万象宣言",并重申,通过大力开发旅游业,到 2010 年最终实现区域内旅游业一体化的目标。东盟 10 国旅游资源丰富多彩,旅游业基础相当雄厚,一旦联起手来,必将对世界及地区旅游业的格局以及发展前景产生重大影响。事实上,东盟任何一国接待的国际旅游者,大部分来自邻国,为了保证这种互访通道畅通无阻,有关国家已经拟订并实施了一系列宏大的规划。例如,按照有关协议,一条连接泰国、缅甸、老挝和柬埔寨的跨国公路即将修筑,这项工程的首个项目是在湄公河上修建一座大桥,沟通老挝旅游胜地琅勃拉邦与泰国内地的交通。在东南亚的南部,马来西亚与新加坡正在研究联合组建一个旅游委员会,以便及时处理与解决双方旅游业交往中的问题。该委员会还有可能把泰国吸收进来,有关各方希望这个新的组织机构能够促进业界取得事半功倍的成效。

东盟是一个统一的旅游目的地,大力拓展区域内旅游势在必行。实行免签证无疑可以大大促进本地居民在区域内自由流动,是实现旅游业一体化的助推器。实际上,近几年来,东盟一些国家在改进签证制度方面已经做了大量工作,相应的举措包括对部分国家的游客给予免签证、落地签证待遇,减收签证费等。只是由于恐怖活动的不断出现,进一步的举动被中止或拖延下来了。在东盟地区旅游业界人士看来,实现区域旅游业的一体化,是提高自身竞争能力的有效途径。世界旅游组织已经断言,到 2020 年,中国将成为世界最大的旅游市场。有的东盟国家与会业界代表直言不讳地说,中国旅游资源的丰富性,金榜性超过了东盟各国的总和。东盟形成统一的旅游目的地后,要考虑与中国展开竞争。其实既竞争又合作,已是全球旅游市场的普遍法则,即便东盟国家之间也是如此,但毫无疑问的是,谁竞争力最强,谁就能笑到最后。

(资料来源:孔晓宁.值得关注的东盟旅游业一体化[N].人民日报(海外版),2004-03-21)

东盟是跨国的政府间合作组织,合作办旅游体现了带动周边旅游经济发展的远期战略,那么国家的旅游发展战略都包括什么,我国旅游战略的具体内容,以及旅游规划涉及的内涵都是本章将要一一讲述的。

第一节 旅游经济发展战略

一、旅游经济发展战略概述

旅游经济发展是指一定历史时期内有关旅游经济发展的大政方针、策略、步骤和方法。

第十一章　旅游经济发展战略及旅游规划

旅游经济发展战略的基本内容主要是旅游经济的发展目标、发展任务、发展道路和发展模式。

二、制定旅游经济发展战略的必要性和原则

(一)制定旅游经济发展战略是旅游经济发展的客观要求

自 1978 年以来，我国旅游业取得了长足的发展，产业规模逐步壮大，产业组织逐渐健全，产业地位日益重要，社会经济效益也越来越显著。与此同时，旅游经济发展过程中的一些问题也暴露无遗：旅游资源开发过度，生态环境遭到破坏，旅游饭店数量过多，旅游产业结构极不合理，城市基础设施陈旧，相关产业相对滞后，与旅游业的发展步伐不相适应等。上述种种原因，促使了我们必须尽快制定一项科学合理的旅游发展战略，指明我国旅游业的长远方向，统筹我国旅游业的全局，保证我国旅游业能够持续、稳定、协调发展。

(二)制定旅游经济发展战略的原则

1. 与国民经济发展相适应的原则

旅游业是一个综合性的产业，其发展依赖于国民经济的总体发展状况。整个国民经济的发展规模、发展速度和发展水平从根本上制约着旅游业的发展规模、发展速度和发展水平。因此，我们应当从中国国情出发，充分考虑国民经济和相关产业的发展状况，考虑旅游业的生产力水平和社会化程度，以此来制定符合我国特点的旅游经济发展战略。

2. 旅游系统结构相协调的原则

按照系统论的观点来分析，旅游业犹如一个大系统，旅行社业、旅游饭店业、交通运输业、文物和园林业、商业和服务业等就是这个大系统中的各个子系统。根据系统论的有关原理，大系统中的各个子系统必须摆正自己的位置，明确自己的职能，系统的整体利益才能得到维护。从这个原理出发，只有各个子系统即各地区、各行业、各部门通力合作，旅游业这个大系统才能正常运行。因此，在制定旅游经济发展战略时，一定要注意局部与全局的关系，坚持旅游系统结构相协调的原则。

三、旅游业的发展道路与战略选择

由于社会经济的发展水平不同，世界各国旅游业的发展道路也不一。根据旅游业的发展道路，制定相应的旅游发展战略，可以说是唯一正确的选择。

根据世界各国旅游业的发展历程，我们可以将旅游业发展道路分为以下两大类。

(一)旅游业的常规型发展道路

旅游业的常规型发展道路是指某些国家在生产持续发展、国民的日常消费需求得到满足以后，国内旅游活动首先兴起，国际入境旅游和出国旅游继而发展起来。这些国家主要是指那些经济发达国家，它们不存在消费早熟和外汇紧缺现象，发展旅游业一是社会经济发展的必然结果，二是为了解决国内总需求相对不足的问题。

根据各发达国家旅游业的发展历程，旅游业的常规型发展道路如表11-1所示。

表11-1 旅游业的常规型发展道路

经济发展阶段		第一阶段	第二阶段	第三阶段
国内旅游		发展	发展	发展
国际旅游	入境旅游	不发展	发展或不发展	发展
	出国旅游	不发展	发展或不发展	发展

在第一阶段，国内旅游率先发展，国际旅游业则没有开展。第二阶段，国内旅游继续发展，国际入境旅游和出国旅游因各国情况不同而在发展顺序上有所不同。例如，德国等国，为了赚取外汇，在国内旅游发展的同时，优先发展国际入境旅游，而后发展出国旅游；而美国等国，为了解决生产过剩问题，在国内旅游发展的同时，优先发展出国旅游，然后再发展入境旅游。第三阶段，国家经济繁荣，收支平衡，国内旅游和国际旅游均有较大的发展。

(二)旅游业的非常规型发展道路

旅游业的非常规型发展道路是指某些国家为赚取外汇优先发展国际入境旅游，当经济逐步发展，人民生活水平有所提高时，国内旅游开始兴起；当人民生活水平大幅度提高时，出国旅游也兴盛起来。这些国家主要是指那些人均收入较低的发展中国家，也包括一些新兴工业化国家和地区，它们发展旅游业的主要目的是赚取大量外汇，以推动本国经济的发展。

旅游业的非常规型发展道路如表11-2所示。

表11-2 旅游业的非常规型发展道路

经济发展阶段		第一阶段	第二阶段	第三阶段
国内旅游		不发展	发展	发展
国际旅游	入境旅游	发展	发展	发展
	出国旅游	不发展	不发展	发展

第十一章　旅游经济发展战略及旅游规划

在第一阶段，由于外汇紧缺，人均 GNP 较低，不发展出国旅游和国内旅游，只发展入境旅游。当人均 GNP 达到 800 美元时，旅游业的发展进入第二阶段，国内旅游大规模兴起，国际入境旅游继续扩大，但外汇依然紧缺，出国旅游仍较困难，只有少量短距离出境旅游。到第三阶段，人均 GNP 超过 3000 美元，经济繁荣，外汇紧缺解除，出国旅游(包括远程洲际旅游)开始迅速发展起来。我们知道，可自由支配的货币是旅游行为产生的基本条件，人均 GNP 可以清楚地反映一国国民的经济状况，也是衡量一个国家旅游发展程度的重要指标。

美国、日本、欧盟诸国人均 GNP 高达 1 万美元以上，属经济发达国家，它们是国际旅游业的主体，是远程洲际旅游的主要客源国。亚洲新兴工业化国家和地区近几年来经济高速增长，旅游活动亦随之腾飞。20 世纪 70 年代，这些国家人均 GNP 已超过 800 美元，短距离出国旅游萌生，但洲际旅游尚为数不多；80 年代，这些国家各地区的人均 GNP 超过 3000 美元，进入中上等收入国家之列，其出国旅游活动亦向大范围、远距离的方向发展，成为世界旅游市场不容忽视的竞争者。经验数据表明，以人均 GNP 800 美元和 3000 美元界定旅游业非常规型发展道路的三个阶段是适宜的。

案例 11-1

我国出境管理的改革措施

为了适应中国出境旅游的需要，2004 年，国家外汇管理局和中国人民银行继 2003 年居民出境换汇和出入境携带外汇政策的放宽，对支票使用和出入境携带人民币的政策作出了一系列调整，其连动形成的态势不仅使我国出境旅游者的出行更加方便，而且使得 2003 年已有措施的推力得以更充分的发挥，从而使得 2004 年成为了全球旅游目的地更加重视中国出境旅游的一年。

2003 年 10 月，国家外汇管理部门已经对个人购汇政策进行了较大调整，出境前购汇的指导性限额已由原来的等值 2000 美元(港澳地区等值 1000 美元)提高为：出境时间在半年以内的每人每次可购汇等值 3000 美元；出境时间在半年以上的每人每次可购汇等值 5000 美元；上述规定在适用于出境旅游时，购汇限额可不包含旅行社收取的团费部分(团费可由旅行社另行购汇支付)。国家外汇管理局和海关总署联合制定的《携带外币现钞出入境管理暂行办法》规定，从 2003 年 9 月 1 日起，旅客(包括居民和非居民)个人一次携带外币现钞出境在等值 5000 美元以下的已不需申领《携带外汇出境许可证》，可直接携带出境。由于更加方便的新的购汇政策的实施，2003 年 10 月至 2004 年 2 月，出境旅游(含港澳游)的购汇次数与购汇金额的同比增长已经分别达到了 82.0%和 164.1%，其中内地居民赴香港旅游的个人购汇额的同比增长竟高达 3 倍多。

2004 年 4 月，国家外汇管理局《关于外币旅行支票代售管理等有关问题的通知》的实施，更增加了人们出境旅游的携款方式。这种兼具有现钞流动性和信用卡安全性的旅行支票,再度提高了我国出境旅游的现代适应力。

一方面,考虑到原有规定中国居民每人每次6000元的出入境携钞限额已不能满足中国居民出境旅游的需要,同时内地旅游者赴我国香港、澳门地区和周边亚洲国家的日益增多,而且内地旅游者又有在当地大量购物的偏好(同时许多国家和地区也愿意接受人民币),2004年12月,中国人民银行发布公告,决定调整国家货币出入境限额,自2005年1月1日起中国公民出入境每人每次携带的人民币限额由原来的6000元调整为2万元。

另一方面,外国旅游者在中国境内的花费也不断提高,而且随着人民币流出境外的数量不断增加,持有人民币的境外人员也希望提高人民币的入境限额,因此,中国人民银行12月发布的公告也是外国人入境每人每次携带的人民币限额由原来的6000元调整为2万元,入境旅游也由此受益。

(资料来源:刘德谦.影响2005年中国旅游业走向的十大事项[OL]. http://www.people, com.cn,2005-03-05)

四、旅游经济发展模式的类型

(一)超前型发展模式和自然发展模式

1. 超前型发展模式

超前型发展模式是指旅游业形成和发展超越了国民经济总体发展的一定阶段,通过发展旅游业带动和促进国民经济中与其关联性的其他产业和地区发展的一种发展模式。这种模式一般发生在经济欠发达的发展中国家,在本国政府的支持下首先发展入境旅游业,以获得经济发展所需的外汇和推动相关产业和地区发展。

2. 自然发展模式

自然发展模式是指由于国民经济发展到一定阶段后,旅游业顺其自然地形成和发展起来的一种模式。这种模式是收入、生产力到达一定水平之后,自然形成对旅游业的需求,符合客观发展规律。

(二)市场型发展模式和政府主导型发展模式

1. 市场型发展模式

市场型发展模式是指依靠市场调节来推动的一种发展模式。它通过价格、供求关系和竞争等综合作用实现旅游产业资源的有效配置来推动产业内部的自行调节和自行均衡。

2. 政府主导型发展模式

政府主导型发展模式是指以各个时期政府制定的旅游产业发展规划或通过制定旅游产业政策来实现其发展的一种发展模式。这些政策包括经济、行政和法律的多种方式,市场调节居于辅助地位。

(三)延伸型发展模式和推进型发展模式

1. 延伸型发展模式

延伸型发展模式是指旅游业发展先以发展国内旅游为先导,在国内形成旅游产业的基础上,再发展入境和出境旅游,最终实现国内旅游、入境旅游和出境旅游全方位发展的模式。

2. 推进型发展模式

推进型发展模式是指以发展入境旅游为主,在初级入境旅游产业基本形成的基础上,逐步扩大、规范入境旅游产业,直接激活和发展国内旅游,最终实现入境旅游的规模化和效益化,从而推动国内旅游和适度出境旅游的全面发展。

(四)经济发展导向型发展模式和创汇创收导向型发展模式

1. 经济发展导向型模式

经济发展导向型模式以促进本地区国民经济总体发展作为发展旅游业的基本目标和任务。

2. 创汇创收导向型模式

创汇创收导向型模式以获取旅游业的直接收入作为发展旅游业的基本目标和任务。这一模式与上一模式并不矛盾,是相辅相成的。旅游业是关联产业,外汇收入增长将为相关产业经济发展做出贡献。

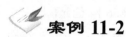

案例 11-2

SARS 后上海旅游业的振兴

伴随 SARS 危机和各种限制性政策的解除,各地旅游市场逐渐复苏。部分旅游企业为了抓时机、抢客源,纷纷削价促销,个别地方和旅游企业以超低价甚至免价炒热市场人气,更多的地方和旅游企业大有跟进之势。价格大战一触即发。价格混乱、无序竞争的混乱局面给地区旅游形象造成了极大的负面影响,中国旅游市场陷入了另一场危机——地区形象危机。

与此形成鲜明对比的是:上海旅游业在政府的全面支持下取得了喜人成绩。为了尽快恢复旅游业,上海启动了全面振兴旅游市场的"彩虹计划",以先行恢复洲内国际市场。上海首先推出了上海旅游形象代言人,这位形象代言人以健康、有活力、积极向上的形象,向全世界展示了上海在经历了 SARS 风暴后仍然充满朝气与活力的城市形象和永不言败的城市精神。

在政府主导、企业参与的形式下，各方面的利好消息不断传来。2004 年 7 月前后，受 SARS 影响跌到谷底的上海酒店市场也出现了强劲反弹，沪上酒店平均客房出租率 5 月初仅为 17%，7 月初就已经突破了 50%大关，一些旅游企业，如五星级的万豪虹桥大酒店、东方滨江大酒店还一度出现 100%的客房出租率。经历了 SARS 危机的上海旅游业井然有序的发展向世人展现了一个富有朝气与活力的上海，巩固了上海在游客心目中的国际大都市旅游目的地的形象。

(资料来源：舒伯阳. 政府主导与旅游目的地形象推广研究[J]. 桂林旅游高等专科学校学报，2003(5))

第二节 我国的旅游经济发展战略

一、我国旅游业的发展道路和发展阶段

我国人口多，经济不发达，外汇短缺，这些基本国情决定了我国旅游业走的是一条非常规型的发展道路。为赚取国家建设急需的外汇，解决劳动力相对过剩问题，优先发展了以接待外国旅游者、外籍华人和港澳台同胞为主的入境旅游。在基础设施落后，相关产业不发达的情况下，依靠开放政策，大量引进外资，兴建了一大批旅游综合服务设施，并对原有的旅游服务设施进行了改造，在此基础上利用我国丰富的旅游资源和独特的吸引力，使我国的国际旅游业从无到有、由小到大，发展成为一个重要的第三产业部门。目前，我国已拥有一大批举世闻名的旅游点和具有相当基础设施与人文资源的国际旅游城市。截止到 2010 年末，全国纳入星级饭店统计管理系统的星级饭店共计 13 991 家，全国纳入统计范围的旅行社共有 22 784 家，比上年末增长 5.2%。全国旅行社资产总额 666.14 亿元，比上年增长 13.7%；各类旅行社共实现营业收入 2649.01 亿元，比上年增长 46.6%；营业税金及附加 12.77 亿元，比上年增长 0.6%。

可以说，我国旅游业已经形成了综合配套的服务体系和较大的接待能力。

如前所述，三大产业间有其既定的比例关系，不能随人的主观愿望任意改变。第三产业的发展水平从根本上仍然取决于一国的经济发展水平和第一、第二产业的发达程度。旅游业属第三产业，其发展主要受到社会基础设施和文化娱乐设施的限制，这些设施工程复杂、投资巨大，必须按照国民经济总体发展战略由第一、第二产业来逐步承建。如果不顾国情国力，纯粹为发展旅游业而兴建，既不堪重负，也得不偿失。在第一阶段，我们可以利用外交和国家原有的基础设施，集中力量发展旅游业。而一旦进入第二阶段，受综合国力和产业结构的制约，旅游业的进一步发展就必须有所控制，除了在有大规模旅游资源和

基础设施的地区继续发展国际旅游业外,其他地区只能发展国内旅游业。经过一段时间的努力,国家经济实力增强,已达到世界中等发达国家的水平,人均收入大幅度提高,与国外旅游者的需求层次接近,外汇紧缺解除,社会基础设施已相当完善,旅游业将进入全面发展的第三阶段,那时,我国的绝大部分旅游设施将适用于所有国内外旅游者。我国的国际旅游业既包括接待外国人的收入旅游,也包括组织我国人民出国的支出旅游。根据我国的经济增长水平和有关国家和地区的经验,第二阶段大约持续15~20年,本世纪初,我国人均 GNP 已达到 800 美元,旅游业的发展开始进入第二阶段,到 2020 年左右,我国人均 GNP 将达到 3000 美元,旅游业发展将进入第三阶段。

专栏 11-1　世界正在等待中国游客

　　AC 尼尔森与世界免税协会联合进行的最新调查结果,令全世界大吃一惊:虽然中国还是一个发展中国家,境外游项目也只是处于起步阶段,中国游客境外旅游的平均购物花费却高达 987 美元,位居世界首位。

　　对于世界旅游业来说,中国是一个巨大的市场。目前,全世界已有 69 个国家和地区成为中国的旅游目的地国家。随着个人可支配收入的不断增长,中国消费者开始倾向出境游,探索新鲜、有趣的旅游胜地。无疑,消费者对境外游的热情为旅行社、免税店以及奢侈品等相关行业带来了积极的信号。

　　虽然中国消费者在单次旅游总花费上略低于日本,位居全球第二,但在购物上的支出却已经位居第一,而购物支出平均占旅游总预算的 1/3。中国出境游的增长很快,但仍处于婴儿期,42%的中国游客是第一次出境游。中国游客去欧洲旅游时购物花费更多,平均达1781 美元,其中上海游客的平均购物花费高于其他城市的消费者。同时,由于中国境外休闲游客主要人群为女性,时装(53%)、化妆品(50%)、糖果(50%)等高居中国游客购物清单前列。这一消费习惯与欧洲的游客全然不同,他们更倾向于购买酒类、香水及烟草。

　　中国出境游的发展主要得益于四个方面:其一,中国潜在的出境游人数高达 6000 万,约占总人口的 5%;其二,中国健康的经济增长和家庭收入增加;其三,出境游政策的自由化;其四,飞中国路线的亚洲低成本航空公司的进入,如泰国航空、曼谷航空、新加坡的惠旅航空等。此外,VISA 卡的普及也给中国的出境游夯实了基础。在过去 4 年,中国的国际 VISA 卡增长率达 300%,2009 年超过 5000 万,中国 VISA 卡用户大多数在亚洲消费,而消费增长最快的地区是欧洲和加拿大。其主要原因如下:中国稳定、积极的宏观经济前景,国内银行的竞争,零售业金融服务急速发展,消费者信用的改善,以及政府支持民众使用信用卡。

(资料来源:金姬. 世界正在等待中国游客[OL]. http://finance.sina.com.cn,2005-07-27)

二、我国旅游业的发展战略

我国旅游企业从最早的政府主导，国有经营到自负盈亏的独立核算主体，经过了漫长的发展历程，旅游业的发展策略也在探索和实践中形成了多种形式。

(一)政府主导型战略

所谓政府主导型旅游战略，就是按照旅游业自身的特点，在市场机制的基础上，充分发挥政府的主导作用，促进旅游业更好更快地发展。政府主导型战略的主体是政府，基础是市场和旅游企业。在制定和实施这一战略时，政府的作用应当体现在政策、资金和立法等多个方面。具体来说，政府通过制订旅游发展规划和旅游法规、实施旅游产业政策、引导并筹措旅游投入，加强宏观调控等手段，营造良好的投资环境，使旅游业按照市场经济的要求，实现有序繁荣和快速增长。政府主导型战略的主要内容是旅游发展战略、旅游形象宣传、行业管理、公益性建设、公共问题处理和危机应对措施等。

专栏 11-2　以色列、土耳其的政府主导型旅游业

(一)以色列

1. 管理机构

内阁旅游部内设公关与促销司、基础资料司、会议司、大型活动司和国际司等部门，编制230人。以色列旅游部在全国18个地区设有旅游办事处，负责管理当地旅游业和回答旅游者问讯；在世界20多个国家和地区设有省外旅游办事处，负责以色列旅游业的对外促销。以色列旅游部设有一所直属旅游学校，承担导游的考试、培训任务。

2. 资金

行政开支由国家全额拨款，基建资金来自中央财政；年度基建预算不固定，由旅游部按年申请。近年来为改善旅游区的基础设施，中央财政已拨给旅游部1亿美元。

3. 职责与权限

拥有旅游业管理的全面职责，如规划、计划、投资、行业管理、教育培训、统计信息、市场开发与监督检查等。投资者无论内资还是外资，只要投资建设旅游部导向的重点旅游项目，均获得项目总投资额25%的政府补贴，这种补贴不是贷款，而是赠款。游客使用外币支付有关旅游费用，可免交18%的销售税(不仅免税，还可省去兑换)；如果在旅游部特别指定的商店购物，游客还可享受5%的折扣。

4. 行业管理

以色列旅游部对旅游区、旅行社、饭店、餐馆、商店、旅游车船、导游员等实行全面的行业管理，如旅行社成立的审批制、全行业的定点管理、导游培训和考试制度等。

(二)土耳其

1. 管理机构

内阁原设文化旅游部，负责文化和旅游两个部门的业务。1989年1月24日，为了加强旅游业，经内阁提议，报议批准，正式单独设置旅游部。旅游部现有工作人员2300人(含海外和地方旅游办事处人员)，而目前号称大部分的外交部只有700余人。

2. 资金

旅游部利用政府给予的由联合国开发计划署提供的援助资金，在全国的重点旅游区建有12个直属旅游培训中心，主要培训饭店技术人员和导游。行政开支由国家全额拨款，基建资金有两大来源：一为国拨资金，性质为贷款，所有符合旅游发展方向的旅游基建项目均可申请，期限为15年，若能在5年内偿还，则为无息贷款，超过5年每年罚息40%。二为土耳其旅游银行(根据土耳其《鼓励旅游法》专为旅游业而设)掌握的世界银行和其他国际商业贷款。此外政府还建立了"旅游周转基金"，专为"旅游地区、旅游区、旅游中心"的开发建设和旅游促销而设，资本高达25亿里拉，合3.2亿美元。该基金隶属于旅游部，由土耳其旅游银行具体管理，还款期限为20年，其中15%用于海外市场促销。

3. 职责与权限

根据1989年1月4日通过的土耳其《关于旅游部组织与职责法令》的规定，土耳其旅游部有五大职责：①利用、开发和促销全国的旅游资源，使旅游业成为国家经济的有利部分；②吸引内外资金用于旅游业；③取得和征用涉及旅游投资项目的固定资产并在此区域内实施调研、设计和建设工作；④引导、鼓励与有关组织、机构合作；⑤利用各种形式在国内外宣传推广土耳其的旅游业。

土耳其旅游部依法拥有以下三大权限：①投资、建设和经营管理。土耳其旅游部依法对所有旅游投资项目、建设项目和经营项目实行许可证管理。例如，某财团计划建一家饭店，必须首先向旅游部申领经营许可证，否则不得投资、建设和经营。②土耳其旅游部依法拥有对全国游艇旅游业实行行业管理的权力，管辖范围包括游艇经营，游艇码头的投资建设和经营，进入土耳其领水的外国游艇管理，乃至游艇旅游业的"导向和发展"。③划定旅游地区、旅游区、旅游中心。为了有利于成片旅游的开发和集中统一管理，土耳其《鼓励旅游法》授权旅游部在全国划定若干旅游区域，分别命名为旅游地、旅游区和旅游中心。上述旅游区域由旅游部负责开发、招商和管理，区域内的土地和建筑由旅游部征用，公用不动产无偿划拨给旅游部。上述旅游区域是土耳其旅游业的主体。

(资料来源：何光韦. 以色列、新世纪、新产业、新增长[M]. 北京：中国旅游出版社, 1999)

(二)经济增长点战略

所谓经济增长点战略，就是选择有发展前途的产业予以扶持，使其优先发展的战略。事实证明，我国旅游业是最具活力和潜力的新兴产业，已经成为国民经济新的增长点。发展旅游业可以吸引投资，促进国际经济合作，扩大就业，带动相关产业发展，增加国民收入。可以说，旅游业为我国国民经济的发展作出了重大贡献。

在我国大多数地区，旅游业已经成为拉动当地经济发展的支柱产业、优势产业或先导产业。因此，经济增长点战略既是旅游发展战略的组成部分，也是当地经济发展战略的组成部分。

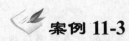

案例 11-3

喜达屋中国提速

作为最早进入中国的国际酒店管理集团，喜达屋酒店及度假村集团正加快在中国的扩张步伐。目前，喜达屋在中国正式运营的酒店共计 18 家，而目前已经确定在今后两年内开业的酒店数量有 15 家，此外，还有一些正在进行谈判中的项目。

同 20 多年前第一次进入中国市场相比，喜达屋此刻切实感受到了中国市场的巨大变化。以前很少有来自中国境内的客人入住喜达屋酒店，大部分是在中国进行商务活动的境外客人，而现在来自中国境内的客人数量越来越多。以位于三亚的喜来登酒店为例，虽然它的房价目前是亚洲所有喜来登酒店中最高的，但其平均入住率依然超过了 70%，而且酒店的客人大部分来自于境内。

正是看到了中国市场的巨大发展，喜达屋后来又引进了瑞吉、威斯汀、福朋等品牌。其中，瑞吉主要面对寻求非常私人化空间的客人，在服务上，瑞吉为每一位入住瑞吉的客人从入店开始都配备了专职的管家，24 小时都有一对一的服务。中国市场的快速发展和多元化，加速了喜达屋对不同品牌的引进速度。喜达屋旗下的酒店品牌在今后将悉数进入中国酒店业市场。

(资料来源：姚峰. 喜达屋中国提速[J]. 21 世纪经济报道，2009-06-26)

(三)旅游强国战略

改革开放以来，我国开始发展国际入境旅游业。随着市场经济的发展和收入水平的提高，国民的旅游需求进一步上升，国内旅游和出境旅游迅速发展。2010 年，我国旅游业明显复苏，全年保持较快增长。国内旅游市场平稳较快增长，入境旅游市场实现恢复增长，出境旅游市场继续加速增长。全年共接待入境游客 1.34 亿人次，实现国际旅游(外汇)收入 458.14 亿美元，分别比上年增长 5.8%和 15.5%；国内旅游人数 21.03 亿人次，收入 12 579.77 亿元人民币，分别比上年增长 10.6%和 23.5%；中国公民出境人数达到 5738.65 万人次，比上年增长 20.4%；旅游业总收入 1.57 万亿元人民币，比上年增长 21.7%。

可以说，发展旅游业是我们建设社会主义现代化强国的必然选择之一。为此，必须做到以下几点。

(1) 继续深化旅游管理体制改革，改善旅游业运行的宏观环境。

第十一章 旅游经济发展战略及旅游规划

(2) 加快旅游企业的市场化竞争,形成一批有竞争力的国际旅游集团。

(3) 加大旅游产品的开发力度,推出一大批具有中国特色的旅游线路与旅游产品。

(四)可持续发展战略

"可持续发展"一词于1980年出现在国际自然保护同盟制定的《世界自然保护大纲》中,其后被广泛应用于经济学和社会学范畴,并加入了一些新的内涵。在《我们共同的未来》的报告中,"可持续发展"被定义为"既满足当代人的需求又不危害后代人满足其需求的发展",是一个涉及经济、社会、文化、技术和自然环境的综合概念。"旅游可持续发展的实质就是要求旅游与自然、文化和人类生存环境成为一个整体,自然、文化和人类生存环境之间的平衡关系使许多旅游目的地各具特色,旅游发展不能破坏这种平衡关系。"(《旅游可持续发展宪章》)

环境与资源是旅游业发展的基础,旅游业必须实施可持续发展战略,积极开发生态旅游、环保旅游,促使旅游业在实现经济效益的同时又获得良好的社会效益和环境效益。

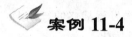

案例 11-4

"黄金周"旅游是寅吃卯粮

假日经济正借长假而繁荣起来,但仔细研究一下"黄金周"期间与期后旅游业、交通运输业和商业的表现,所谓的繁荣无非是"寅吃卯粮"罢了。

首先从黄山看旅游。往年的"五一",游客一般在5万人左右,2000年居然达到了创纪录的15万人,蜂拥而至的游客大大超过了旅游景点的接待能力,但有关专家指出,"五一"期间的集中出游不但使各大景点透支了今后一段时间的游客来源,也因接待的不如意挫伤了许多人今后假日出游的积极性,其后遗症不是短时间能够消除的。

再从民航看交通。假日期间民航所有的正班、加班和包机常常"爆棚",绝大部分航班的客座率都在90%以上。但随着假日的结束,航班客座率急转直下。以国内平常算不上繁忙的合肥机场为例,假日期间日旅客吞吐量最高达到3000多人次,整个假日7天的旅客吞吐量达到创纪录的近1.8万人次,可假日一结束,日吞吐量锐减至高峰期的一半,平素客座率较高的合肥—广州航班,有的班次居然客座率不到两成。业内人士认为,出现此种情况与目前的整体消费水平关系较大,五一期间的乘机热其实也透支了今后一段时期的客源。民航是这样,铁路和公路也未尝不是如此。

最后以王府井看商业。据央视新闻报道,北京王府井各商场的销售额节中、节后截然不同,节后王府井商场的日销售额从五一期间的最高680万元一下就掉到了不足150万元,还不如平时多,其他几家商场的日销售额也比平时跌了三成以上。老百姓整体购买力并未显著增长,只是把平时要花的钱省下来专门集中到假日期间消费,集中消费行为仅仅是一时一地的消费行为，假日期间花费的钱中很难说没有对未来的透支，随后出现购买疲软也就不足为奇了。

(资料来源：张迪. 假日经济是寅吃卯粮[J]. 中国青年报，2000-05-19)

第三节 旅游规划

一、旅游规则概述

旅游规划是旅游发展战略的明晰化。具体来说，旅游规划是指根据旅游市场的供求状况，通过分析研究，找出重新配置旅游资源、发展旅游业的现实途径和具体措施。由此可以看出，旅游者和旅游目的地的关系是旅游规划解决的核心问题，其关键环节是对旅游设施和旅游服务的安排，通过对旅游设施和旅游服务的合理配置，使旅游者的需求和旅游目的地的供给相互吻合或趋于一致。

旅游规划包括旅游发展规划和旅游建设规划。旅游发展规划是旅游发展战略的行动纲领和实施方案，旅游建设规划则是对旅游发展规划的进一步详细化和具体化。

二、旅游规划的类别

(一)按照地理范围划分

1. 国际范围的旅游规划

国际范围的旅游规划是由世界旅游组织、亚太旅游协会等国际旅游机构制定的跨国性旅游规划。这种旅游规划对于开拓国际旅游市场，开发世界级的旅游产品，推动旅游活动在全球的发展具有重要的意义。

2. 国家旅游规划

国家旅游规划包括国家有关旅游业的政策和发展战略、总体规划及实施细则等。旅游政策和发展战略是指国家对旅游业发展方向和发展道路的抉择以及一些政策措施等。旅游总体规划包括我国旅游业发展的总体目标，旅游业的产业规模、产业结构和产业布局，我国旅游地区和旅游行业的分布规划，旅游宣传促销的整体策略等。

3. 区域旅游规划

区域旅游规划包括旅游区内的旅游政策和发展战略、客源市场预测和宣传促销规划、旅游资源的开发规划、旅游景点和服务系统的建设规划、旅游区内的交通网络和线路设计等。

4. 旅游地规划

旅游地规划是在国家旅游规划和区域旅游规划的指导下，有关旅游地建设的具体规划，一般包括旅游地的概况、旅游地的类型、旅游地的项目、旅游地的旅游设施、食宿设施、文化和娱乐设施、旅游地的商业、交通、空地、保护地及基础设施等。

(二) 按照基本内容划分

1. 总体规划

总体规划是总体上一个国家或地区旅游业发展的蓝图，一般包括旅游业发展的基本经验、旅游业发展的指导思想和总目标、各分部规划概述、旅游业发展的政策措施和保证条件等。

2. 分项规划

分项规划是旅游业各组成部分的具体规划，包括旅游市场拓展规划、旅游资源开发规划、旅游景区建设规划、旅游环境保护规划、旅游业资金筹措规划、旅游交通和旅游设施建设规划、旅游教育培训规划等。

三、旅游规划的理论体系

旅游规划的理论体系包括可行性论证、旅游规划模式、旅游经济区的规划。

(一) 可行性论证

旅游资源是旅游业的物质基础，在制定旅游规划之前，必须首先考察旅游资源，即进行可行性论证。只有这样，才能避免因盲目开发而导致的不良后果。可行性论证的具体内容包括如下几个方面。

1. 旅游资源评估

旅游资源评估是对旅游资源的历史文化价值、艺术欣赏价值、科学考察价值、环境容量、规模与质量开发条件等因素进行评价。

2. 客源市场分析

客源市场分析的主要指标有旅游者和潜在旅游者的数量、旅游者的构成和旅游动机、客源地至旅游地的经济距离和文化距离等。

3. 区域经济论证

区域经济论证主要研究旅游地所在区域的经济实力，具体指标包括：资金状况，投资环境，交通、通信、原材料及能源条件，劳动力价格等。

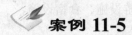

案例 11-5

切尔诺贝利之行

乌克兰两家旅行社推出了"切尔诺贝利游"，费用仅300美元，切尔诺贝利这一地区因核泄漏被污染而出名。组织者说，这是一次"极限和生态旅游"，旅游者可以穿着防核辐射的服装进入核污染地区，参观城市、沙漠中的学校、旅馆、幼儿园，与隔离区的人们接触，还可以在核反应堆前留影。不过，要想看核放射的状况就要再交200美元，受污染地区的村民会带领旅游者到他们的村庄和家里参观。这里的核放射率是允许范围的4倍以上。

这一旅游项目的负责人说："这种旅行是应一些企业家的要求而开发的，我们不需要遮遮掩掩，因为所有人都有权知道切尔诺贝利发生的事情，这已经不是什么国家机密了。"该负责人是反间谍机构的成员，这家旅行社是由乌克兰紧急状况部提供资金支持的。

对于危机和突发事件只要规划得当，危机有时候也可以成为促进旅游发展的一个利好因素，不过其可行性开发需要耗费很多人力物力来完成。

（资料来源：邱逊. 欧洲旅游[OL]. http:// www.hexun.com，2005-01-05)

(二) 旅游规划模式

旅游规划模式一般分为两种类型：一种是资源导向型模式，另一种是市场导向型模式。前者取决于旅游资源结构，后者取决于客源市场结构。旅游资源结构是旅游规划的物质基础，主要包括资源的质量水平、价值含量、景观的组合状况、规模及容量等因素。客源市场结构包括旅游者的数量、构成、旅游动机、消费水平、需求层次和类型等。随着旅游业由卖方市场向买方市场转变，客源市场结构对旅游业影响越来越大，我们应当根据旅游地的客源市场结构和旅游资源结构选择旅游规划的模式，进而确定旅游地的类型、功能和发展方向。

(三) 旅游经济区的规划

旅游经济区的规划包括以下几个方面

1. 风景区规划

风景区规划主要包括风景区的性质、规模、功能、土地结构和景观设计等。

2. 旅游开发规划

旅游开发规划是根据开发资金、开发主体、区域经济实力、资源承载能力和与客源市场的关系等多种因素来决定旅游开发的序列、层次和程度。旅游开发一般分为全面开发和阶段性开发两种形式。

3. 服务产业规划

服务产业规划主要包括产业结构规划和产业布局规划，即根据旅游资源特征和客源市场特征确定企业类型、企业规模、企业分布、产品质量和生命周期等。

4. 环境保护和资源保护规划

为了实现旅游业的可持续发展与旅游资源的永久利用，有必要做好生态环境和旅游资源的保护工作，各有关部门应该根据旅游经济区的自然地理环境和旅游资源特点，制定相应的保护规划并付诸实施。

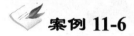

案例 11-6

九华山的公路文化风景线

五九(青阳县五溪至九华山)公路是安徽省规划两山一湖(九华山、黄山、太平湖)的重要旅游干线公路，是连接"莲花佛国"九华山核心风景区的唯一通道。为营造"车在路上行，犹如画中游"的优美道路交通环境，安徽省将五九公路列为全省第一条融安全、舒适、环保、文化为一体的景观公路。

2005年3月起，设计单位根据地形、地貌、地质特点等因素，结合当地风土人情，灵活运用技术，让边坡外、防护栏杆、边沟、标牌富于变化，创新性地引进了具有特色的生态扩坡、树桩栏杆等。

九华山山脚下的五溪至桥庵公路依山傍水，拓宽改造难免破石开山，开挖山体最高落差达50米，岩石边坡风化严重，坡高壁陡。为保证山体防护，减少水土流失，同时避免毁坏景区自然环境，经择优确定了生物防护与工程防护相结合的设计，从而最大限度地减少了人工构造痕迹。如今，在五溪至桥庵段14.5公里的护坡上，精心选种的根系发达、生根性强的各种草种已茁壮成长，四季更替焕发绿色，它们与路旁的文广玉兰、国槐等风景苗木遥相呼应。

进入桥庵至九华街段公路，那些随路盘蜒的警示栏、挡墙等公路附属设施也体现了人性化设计，并在设计上突出了九华文化的独特性。池州市公路局按"弯弯不同、自然和谐、体现人文、内实外秀"的要求，对盘山公路99道拐弯处设置了不同的防护设施。在附属设施的植物外表，变化中又体现了九华文化特色；对山溪凸凹相间的新建警示桩、防护栏，运用曲线形、V字形、菱形等多种镶面工艺，使其在均匀一致中呈现多变。同时，还配合公路沿线分区明确、丰富多彩的自然景色，设置典型圆镜式景观区域标志。

五九公路20多公里附属设计已经成了一道文化风景线。

(资料来源：赵柒斤. 九华山：打造公路文化风景线[N]. 中国旅游报，2005-12-07)

四、旅游规划的编制及实施程序

旅游规划的编制及实施分为以下六个阶段。

(一)调研准备阶段

通过调研，获取所需要的参考资料，同时组建旅游规划工作小组。小组成员应该包括国土规划专家、市场营销专家、旅游经济学家、建筑设计人员以及文物、园林、交通等方面的专业工作者。

(二)目标确定与野外考察阶段

在初期调研和专家讨论的基础上确定旅游规划的目标，随着分析研究的深入，对规划目标进行必要的修改。野外考察的具体内容包括旅游地的自然环境状况、社会经济状况、土地使用状况、交通条件、旅游吸引物、旅游设施、旅游机构、旅游接待状况、投资政策与资金来源、相应的旅游法规等。

(三)分析综合阶段

分析综合的核心是客源市场分析，具体内容包括旅游者的行为特征和旅游方式、现在及潜在的旅游吸引物、旅游地与客源市场的距离等。通过客源市场分析，可以对游客的各种需求作出准确的预测，并采取相应的针对性策略。

(四)规划战略阶段

此阶段的任务是：在野外考察和分析综合的基础上，提出一系列可供选择的政策和规划纲要，从旅游业的发展状况、经济效益、环境及社会文化的影响、相关政策的协调程度等方面加以评述，最终选定规划方案。

(五)项目方案阶段

被选定的规划方案具体包括：主要的旅游吸引物、旅游项目和旅游线路的设计，提高经济效益的途径，环境保护措施，社会及文化影响的控制手段，市场管理和人才培训计划等。

(六)实施和追踪阶段

此阶段的任务是：对拟定的规划加以评述，及时发现问题并对规划进行必要的修改，根据市场的变化趋势对规划所阐述的开发进程、建设方式和宣传促销手段进行及时的调整。

五、旅游规划的内容

旅游规划的内容主要包括：旅游业的发展状况和基本经验、旅游业发展的指导思想和总体目标、旅游客源市场分析和宣传促销规划、旅游资源开发规划、旅游景区建设规划、旅游交通规划、旅游饭店建设规划、旅游商品开发规划、旅游科研和教育规划、实现旅游规划的制度保证和政策措施等。

六、旅游规划的基本模式

旅游规划的编制应当确定旅游产业在国民经济中的地位、作用，提出旅游业的发展目标，拟定旅游业的发展规模、要素结构与空间布局，安排旅游业的发展速度，并指导和协调旅游业健康发展。其发展基本模式如下。

(一)确定一个发展目标

旅游规划的目的在于对旅游业发展提出宏观管理和科学决策，指导和规范今后相当长时间内旅游发展的进展，实现规划时段和规划期末的具体目标。这一目标将决定旅游业的产业地位和发展速度，是整个规划的核心，也是旅游发展的纲领性指标体系。在总目标下分解出分目标，以期形成目标体系。

(二)进行两个基本分析

两个基本分析分别是市场分析和资源分析，具体包括：分析需求方国际、国内、本地客源市场的数量和特征，现状和未来预测，对区域旅游形象进行设计、传播，为旅游目的地营销和宣传定下基调；根据同类方案和评价指标，对区域旅游资源进行调查和评价，特别是资源转化为产品的适应性评价，对旅游资源开发的空间布局规划、重点资源开发与保护地段的选择、旅游线路设计等提供基础性帮助。

(三)设计三个发展板块

第一板块为前位板块，直接吸引旅游者前来参与旅游活动的吸引物，就是狭义的旅游产品和项目；第二板块为中间板块，为旅游者提供各种服务，即交通、住宿、娱乐、购物等服务和设施；第三板块为后位板块，即旅游区内外的物质环境和社会环境。而三个板块均需要规划时间安排、空间安排和政府投资安排。

(四)构建一个支持系统

三个板块的实施有赖于政府及相关职能方的管理和支持，以保障措施的落实。在规划中需考虑如何从政府管理角度对方案提出政策保障，这些支持系统包括政府管理与政策、法规，人力资源，投资金融，社区支持，科技保障等。

本章小结

旅游经济发展战略是一个国家或地区一定时期内关于旅游经济发展的全局性的筹划和布局。本章阐述了旅游经济发展战略的必要性和原则，分析了旅游业发展的常规型与非常规型道路；介绍了旅游规划的类别、理论体系及旅游规划的编制和实施程序。

制定旅游经济发展战略的原则主要是与国民经济发展相适应和与旅游系统结构相协调。本章提出旅游业发展道路有常规型和非常规型两种，而我国的发展道路属于非常规发展道路，以入境旅游为发展点，后发展国内旅游。我国旅游业发展的主要策略有政府主导型战略、经济增长点战略、旅游强国战略、可持续发展战略。

此外，本章还简单提到了旅游规划，旅游规划是旅游发展战略的明细化，讲到了旅游规划的类别、理论体系，包括可行性论证、旅游规划模式以及旅游经济区规划，还有旅游规划的编制和实施程序。

习 题

(一)单项选择题

1. 对于经济比较落后的发展中国家，其旅游经济发展模式一般是率先发展( )。
   A. 国内旅游　　　　　　　　B. 出境旅游
   C. 入境旅游　　　　　　　　D. 边境旅游
2. 经济发达国家一般采用( )的旅游经济发展模式。
   A. 国内旅游—出境旅游—入境旅游
   B. 出境旅游—国内旅游—入境旅游
   C. 出境旅游—入境旅游—国内旅游
   D. 入境旅游—出境旅游—国内旅游

第十一章 旅游经济发展战略及旅游规划

3. 对于经济比较发达的国家,其旅游经济发展模式一般是率先发展( )。
   A. 国内旅游 B. 出境旅游
   C. 入境旅游 D. 边境旅游

4. 发展中国家旅游经济一般采用的发展模式是( )模式。
   A. 超前型和市场型 B. 滞后型和延伸型
   C. 超前型和延伸型 D. 超前型和推进型

5. 推进型旅游发展模式的基础是( )。
   A. 国内旅游 B. 出境旅游
   C. 入境旅游 D. 边境旅游

(二)多项选择题

1. 旅游经济发展模式的类型有( )。
   A. 超前型发展模式和自然发展模式
   B. 市场型发展模式和政府主导型发展模式
   C. 延伸型发展模式和推进型发展模式
   D. 经济发展导向模式和创汇创收导向模式
   E. 可持续发展模式和经济增长点模式

2. 以下属于我国旅游业的发展战略的是( )。
   A. 政府主导型战略 B. 市场型发展战略
   C. 经济增长点战略 D. 旅游强国战略
   E. 可持续发展战略

3. 以下属于政府主导战略内容的是( )。
   A. 旅游形象宣传 B. 行业管理
   C. 旅游发展战略 D. 公益性建设
   E. 公共问题处理

4. 按照地理范围,旅游规划可分为( )。
   A. 国际范围的旅游规划 B. 国家旅游规划
   C. 区域旅游规划 D. 旅游地规划
   E. 总体规划

5. 旅游规划模式的两种类型是( )。
   A. 资源导向型模式 B. 市场导向型模式
   C. 生态导向型模式 D. 经济导向型模式
   E. 发展导向型模式

(三)名词解释

1. 旅游经济发展战略　　2. 经济增长点战略　　3. 可持续发展
4. 常规型模式　　　　　5. 非常规型模式　　　6. 旅游规划

(四)简答题

1. 旅游经济发展战略应主要包括哪些内容?
2. 为什么说我国旅游业走的是一条非常规型的发展道路?
3. 制定旅游经济发展战略应遵循哪些原则?
4. 旅游规划是如何分类的?
5. 简述旅游规划的编制及实施程序。
6. 旅游规划的内容主要包括哪些方面?

(五)论述题

1. 试论述旅游企业跨国经营行为的原因与前景。
2. 试论加入WTO对我国旅行社行业的影响。
3. 结合实际,分析当前世界旅游业的发展趋势。
4. 结合中国发展旅游业的基本条件,试论述我国应选择怎样的旅游经济发展战略。

案例分析题

"丝绸之路"开发计划

"丝绸之路"开发计划是世界旅游组织在印度尼西亚巴厘岛第10次全体大会上通过并于1993年开始实施的,根据参与各国在其中承担义务的不同,世界旅游组织将项目实施分为3个中心组:第一小组由里海以东广大中亚地区的国家组成,这些国家为发展旅游而开放边界,世界旅游组织在这个小组的主要工作是在相关行动计划、人员培训、法规制定、边境设施建设和统计等方面提供支持,帮助它们获得预计的旅游增长;第二个小组由那些已经开放了的丝绸之路遗址并在该产品开发上有一定经验的国家组成,包括中国、巴基斯坦、伊朗和土耳其,世界旅游组织在该小组的主要工作是帮助它们巩固正在进行的旅游开发和促销工作;第三小组包括在丝绸之路两端的国家和地区,如日本、朝鲜半岛、东盟各国以及阿拉伯国家和欧洲,世界旅游组织在该小组的主要任务是在这些国家推广对丝绸之路的认知,因为这些国家是丝路游的主要客源国。在进行了以上地域的划分后,世界旅游组织提出了综合的内聚的丝绸之路营销战略。

由于丝绸之路是一个跨国界的概念,所以相关各国之间的边境合作就显得非常重要,为了将这种潜在的资源开发成综合的旅游产品,还需要包括饭店、旅游代理商和旅行经营商的积极参与。为此,世界旅游组织于1996年6月17—20日在我国陕西省西安市举办了

第十一章 旅游经济发展战略及旅游规划

"丝绸之路"论坛，会议有来自 25 个国家及包括联合国教科文组织和联合开发计划署代表在内的 110 个旅游主管部门官员、旅游经营商、饭店业主和学者及记者参加。会议提出了一个得到与会代表一致同意的营销计划。这是世界旅游组织第一次通过一种实质性的方式帮助丝绸之路参与国家与主要客源市场的旅行经营商建立了商业联系。

世界旅游组织于 2002 年 11 月下旬在乌兹别克斯坦的布哈拉召开"丝绸之路"会议，有来自众多国际组织和 25 个国家的代表出席了此次会议。会议强调了各国积极开展双边和多边合作、简化旅游签证和海关手续的重要性。会议还决定，世界旅游组织将在乌兹别克斯坦的千年古城——撒马尔罕设立丝绸之路项目办事处，以开发丝绸之路旅游资源，并指导沿线国家的旅游文化开发的实施工作。在 2005 年 2 月 15—17 日的会议上，丝绸之路区域项目发起者——联合国开发计划署、中国和中亚四国政府(哈萨克斯坦、吉尔吉斯斯坦、塔吉克斯坦和乌兹别克斯坦)在北京开启了"丝绸之路区域项目"实施阶段的战略对话机制，希望通过成立定期的丝绸之路投资论坛、联合国丝绸之路城市认证和单一的区域内旅游签证等一系列方式，复兴中国与中亚四国在贸易、投资和旅游 3 个重点领域的经济合作。

(资料来源：魏小安. 共同的声音——世界旅游宣言[M]. 北京：旅游教育出版社，2003：97-98.)

问题：
(1) 阅读案例，请思考地区旅游合作的途径。
(2) 你对丝绸之旅在中国的旅游规划有什么新的想法？

参 考 文 献

[1] 郝索. 旅游经济学[M]. 北京：中国财政经济出版社，2009.

[2] 李肇荣. 旅游经济学[M]. 北京：高等教育出版社，2008.

[3] 武瑞营，刘荣. 旅游经济学[M]. 北京：化学工业出版社，2008.

[4] 厉新建，张辉. 旅游经济学[M]. 大连：东北财经大学出版社，2002.

[5] 王梓. 旅游经济学[M]. 北京：中国林业出版社，2008.

[6] 冯冬莲. 旅游营销[M]. 石家庄：河北人民出版社，2000.

[7] 屈云波. 旅游业营销[M]. 北京：企业管理出版社，1999.

[8] 蒋一帆. 酒店营销180例[M]. 上海：东方出版中心，1998.

[9] 吴金林. 旅游市场营销[M]. 北京：高等教育出版社，2007.

[10] 梁昭. 旅游市场营销[M]. 北京：中国人民大学出版社，2006.

[11] 马勇. 旅游规划与开发[M]. 北京：高等教育出版社，2006.

[12] 肖树青. 旅行社经营管理[M]. 北京：北京交通大学出版社，2010.

[13] 刘启亮，芬杏娟. 旅游学概论[M]. 重庆：重庆大学出版社，2009.

[14] 王纪忠. 旅游市场营销[M]. 北京：中国财政经济出版社，2008.

[15] 田里. 旅游经济学[M]. 北京：清华大学出版社，2007.

[16] 吕宛青. 旅游经济学[M]. 北京：科学出版社，2009.

[17] 罗明义. 旅游经济学[M]. 天津：南开大学出版社，2006.